COURS DES TRAVAUX DE VOIE FERRÉE FRANÇAIS-CHINOIS

法汉铁路工程教程(上册)

范植礼　编著

中国铁道出版社

2015年·北京

图书在版编目(CIP)数据

法汉铁路工程教程.上册/范植礼编著.—北京：中国铁道出版社，2015.11

ISBN 978-7-113-17546-7

Ⅰ.①法… Ⅱ.①范… Ⅲ.①铁路工程—教材—法、汉 Ⅳ.①U2

中国版本图书馆 CIP 数据核字(2015)第 190431 号

书　　名：法汉铁路工程教程(上册)

作　　者：范植礼

策　　划：徐　艳

责任编辑：徐　艳　　**编辑部电话**：010-51873371

封面设计：郑春鹏

责任校对：王　杰

责任印制：郭向伟

出版发行：中国铁道出版社(100054，北京市西城区右安门西街8号)

网　　址：http://www.tdpress.com

印　　刷：北京海淀五色花印刷厂

版　　次：2015年11月第1版　2015年11月第1次印刷

开　　本：787 mm×1 092 mm　1/16　**印张**：21　**字数**：520千

书　　号：ISBN 978-7-113-17546-7

定　　价：55.00元

序　言

《法汉铁路工程教程》是一部面向全国大专院校，尤其是铁路和工程专业法语高年级学生的概论性教材，也是参与铁路建设工程施工的法语翻译人员的培训教材。主要涉及铁路专业知识、专业词汇和铁路建设方面的基础工程词汇。全书分成上下两册。每课包括课文（及其中译文）、阅读、法译中练习和参考译文、词汇表、工程专业术语，以及中外文资料等。内容丰富、资料翔实，具有高度的专业性、系统性和实用性。

本教材编者范植礼曾在20世纪60年代中期就读于北京大学西方语言文学系法语专业。由于众所周知的原因，学业很快被中断。但他抓紧一切时间并利用一切学习和进修法语的机会，凭借认真和勤奋打下了坚实的外语基本功。自70年代初起，他在长沙铁道学院任教十余年，教授基础法语和专业法语，并编写了一套法语铁路教材。从80年代至今，他多次给铁道部、农业部、水电系统等单位的相关干部和翻译进行法语培训。他还常年奔波于卢旺达、吉布提、科摩罗、刚果（金）、刚果（布）、摩洛哥、阿尔及利亚等地，担任体育场、房建、医院、公路、地铁、农业灌溉等工程的现场口译、文件翻译等工作，在长期的实践中积累了丰富的经验。与他主编并于2012年问世的大作《法汉工程技术词汇》一样，这部《法语铁路和工程教程》是他多年来从事外语教学及参与援外和国际承包工程的经验之总结。

作为北京大学的一名法语教师，本人为曾经的一名学子事业有成、成果丰硕而深感快慰和自豪。同时也盼望这部凝聚着编者心血的《教程》能尽早面世，令更多的人从中受益。

北京大学外国语学院法语系教授

王文融

2015年4月

前　言

《法汉铁路工程教程》是一部关于铁道建筑、机车车辆以及土建工程等方面的概论性大学教材，帮助学习者学习铁路专业知识、法语专业词汇和铁路建设方面的基础工程词汇。本教程着重基础知识和工程施工，特别是土方施工，主要内容涵盖铁路的起源、铁路分类、工程设计和施工等方面的内容，包括选线、上部建筑、下部建筑、桥隧结构物、铁道线路、线路交叉、内燃牵引、电力牵引、机车车辆、高速铁路、发动机等，可作为大专院校法语高年级学生的学习教科书，参加铁路施工和土建工程施工的法语翻译人员的培训教材，工程技术人员的参考书，同时也给对铁路、工程设计和施工感兴趣的广大法语爱好者提供了系统的法语学习教材和内容丰富的参考资料。

全书结构包括课文、阅读、法译中翻译练习、法语工程基础词汇介绍、资料和规范等方面的内容。课文后附有必要的注释和翻译参考。对专业性较强的阅读和翻译练习部分编者附有译文参考，每课都有相关的词汇表。为了提高读者的兴趣，配合课文的内容插入了一些铁路趣闻轶事。在书后的附录里，收录了对国际工程翻译工作有益的资料。

本书的编写主要依据编者本人早年编写的法语铁路教材、法国出版的法国国立桥梁公路大学的铁路教程《Cours de chemins de fer, professé à l'école nationale des ponts et chaussées：Etudes》-Charles Bricka 和法国出版的法国高铁 30 年《30 ans de TGV dans la vie du rail, Tome 1-Sud-Est》，同时还参考了国内出版的相关书籍和资料。

由于编者的专业知识和经验的局限性，全书的编排和译文部分难免会有错误和不足之处，恳请广大法语工作者、铁路和工程界的专业人士和专家不吝赐教和批评指正。

编　者

2015 年 3 月

Table des matières(目录)

Leçon 1
Aperçu historique et classification des chemins de fer

1. Définition et origine des chemins de fer. - On désigne d'une façon générale sous le nom de chemins de fer des voies munies de rails, sur lesquelles circulent des trains remorqués par des locomotives.

Leur invention remonte au commencement du dix-neuvième siècle, mais déjà, avant cette époque, on avait utilisé la diminution de résistance au roulement qu'offrent les surfaces métalliques. On employa d'abord des rails plats munis d'un rebord①, puis des rails en saillie②, et la traction se fit soit au moyen de chevaux③, soit au moyen de machines fixes④.

C'est en 1814 que Georges Stephenson, ingénieur des houillères de Killingworth, construisit la première locomotive pour le service des ces mines; mais c'est seulement en 1829 qu'à la suite d'un concours ouvert par les administrateurs du chemin de fer de Liverpool à Manchester, Stephenson produisit et fit adopter pour l'exploitation de cette ligne la fameuse *Fusée* qui figurait à l'exposition de 1889 et qui est la mère des locomotives actuelles. Elle pesait quatre tonnes, pouvait remorquer en palier une charge de 13 tonnes à la vitesse de 22 kilomètres et atteindre sans charge la vitesse de 45 kilomètres à l'heure, qui était considérable pour cette époque.

La Fusée était bien loin des puissantes locomotives actuelles qui remorquent facilement en palier des trains de 500 à 600 tonnes à la vitesse de 30 kilomètres, des trains de 200 tonnes à l'allure de 70 à 100 kilomètres, et qui, à vide, peuvent atteindre la vitesse de 120 à 140 kilomètres à l'heure. Néanmoins elle renfermait les trois principaux éléments de la construction des machines d'aujourd'hui: l'application du principe de l'adhérence⑤, la chaudière tubulaire, enfin le tirage produit par l'échappement de la vapeur dans la cheminée. En y ajoutant la coulisse, que Stephenson inventa un peu plus tard, on a les quatre éléments sur lesquels est encore basée la construction des locomotives.

2. Création des chemins de fer français. - Peu après l'ouverture du chemin de fer de Liverpool à Manchester, qui date de 1830, eut lieu en France, la construction du premier chemin de fer à traction de locomotive, entre Lyon et St-Etienne, qui, en 1832, fut ouvert au transport des voyageurs et des marchandises. A partir de ce moment, l'attention publique fut attirée sur les chemins de fer et diverses concessions furent accordées pour la construction de lignes isolées, notamment celle de Paris à St-Germain-en-Laye. Mais c'est seulement de la loi du 11 juin 1842 que date la création du réseau français. C'est en vertu de cette loi que furent créées les principales artères actuelles: les lignes de Paris à la Belgique et à la Manche, à Strasbourg, à Marseille et à Sète, à Nantes et Bordeaux, etc. Les terrains étaient acquis aux frais de l'Etat, des départements et des communes; les travaux d'infrastructure étaient exécutés au compte de l'Etat et directement par ses ingénieurs. Les compagnies concessionnaires auxquelles fut confiée l'exploitation furent chargées de la superstructure, c'est-à-dire de l'établissement de la voie et des stations et de la fourniture du matériel roulant.

3. Développement des chemins de fer. - Depuis leur création, les chemins de fer n'ont pas cessé de s'étendre non seulement en France et en Europe, mais dans le monde entier. Leur développement dépasse aujourd'hui⑥ 38. 000 kilomètres en France, 228. 000 kilomètres en Europe et 635. 000 kilomètres dans le monde entier. Le nombre de locomotives en circulation, en France et en Algérie seulement est de plus de 13. 000 représentant une force de 3. 900. 000 chevaux environ, tandis que la force totale des machines fixes en service sur les mêmes territoires ne représente que 920. 000 chevaux.

4. Conséquences économiques. - Les conséquences économiques de l'extension des voies ferrées ont été considérables, et telles qu'à aucune époque antérieure il ne s'était produit une semblable révolution. Elles sont dues non seulement à l'abaissement du prix des transports, qui a été réduit de plus de trois quarts, mais encore à l'accroissement de la vitesse pour les voyageurs et à l'énorme augmentation de la capacité de transport des voies de communication.

Le nombre de voyageurs transportés à un kilomètre⑦ par les chemins de fer en France dépasse actuellement neuf millions, soit environ 240 kilomètres parcourus par habitant, et la quantité des marchandises également transportées à un kilomètre dépasse onze millions de tonnes, soit en moyenne 292 tonnes transportées à un kilomètre⑧ par habitant. Une telle circulation eût été matériellement impossible avant l'établissement des voies ferrées, quels que fussent le développement des routes et la multiplication du nombre des chevaux.

5. Classification des chemins de fer. - Au point de vue légal les chemins de fer se divisent en trois catégories: les chemins de fer d'intérêt général, les chemins de fer d'intérêt local et les tramways.

On désigne sous le nom de *chemins de fer d'intérêt général*⑨ les lignes qui, soit par les communications qu'elles établissent entre d'autres lignes, soit par l'importance des centres qu'elles desservent sont appelées à participer aux échanges entre les différentes parties du pays.

On désigne sous le nom de *chemins de fer d'intérêt local*⑩ les lignes dont le but exclusif ou principal est de créer des relations entre les localités qu'elles traversent.

Enfin on donne spécialement le nom de tramways aux chemins de fer d'intérêt local qui suivent sur la totalité ou la plus grande partie de leurs parcours la chaussée ou les accotements des routes.

Nous ne ferons pas de distinction de principe entre les diverses catégories de chemins de fer; mais nous tâcherons de faire ressortir, soit à propos de la construction, soit à propos de l'exploitation, les conditions dans lesquelles les installations et l'organisation du service peuvent être proportionnées au trafic.

---

① 在铁轨上做出一个凸缘,以防止车轮滑脱,这样的铁轨叫做角铁轨。

② 1789 年,英国有个叫杰索普(W. Jessop)的人创造了凸形铁轨,使铁轨发展较完善的程度。这时的车轮改成凸缘的,铁轨表面改成平的,每条铁轨不超过 1 m,横截面是菌形的,菌伞用来支持车轮,菌柄用来增强铁轨的强度。

③ 1825 年,用机动车牵引车列在轨道上行驶于城市之间以输送货物或旅客的运输方式在英国出现,这就是铁路史的开始。1825 年以前,也曾有过马拉车在轨道上行驶或把蒸汽机装在车辆上以驱动车辆在道路上行驶,但是这些都并非是铁路运输方式。

④ machine fixe:固定机械,这里指的是把蒸汽机装在车辆上以驱动车辆在道路上行驶。

⑤ adhérence:黏着力,亦称附着力或粘附力,指的是两种不同物质接触时,表面分子间的相互吸引力。

⑥ 这里指的是 19 世纪 90 年代。

⑦ voyageurs transportés à un kilomètre=voyageur-kilomètre(又称 passager-kilomètre):人公里。运输部门计算客运工作量的专用词,将一位旅客运送一公里称为 1 人公里。

⑧ tonne kilométrique ou tonne-kilomètre:吨公里。货物运输的计量单位,1 吨货物运输 1 公里为 1 吨公里,如 3 吨货物运输 100 公里,就是 300 吨公里。

⑨ chemins de fer d'intérêt général:干线铁路,是指在铁路网中起骨干、联络或辅助作用,区别于支线、专用线的铁路,是在铁路网中具有重要地位的铁路线。凡能保证全国运输联系,并具有重要政治、经济和国防意义,或达到规定客货运量的铁路,都属于铁路干线。

⑩ chemins de fer d'intérêt local:地方铁路,指的是主要由地方自行投资修建或者与其他铁路联合投资修建,担负地方公共旅客、货物短途运输任务的铁路。

Lecture

Première mais éphémère apparition du rail

Le premier chemin de fer construit en Chine fut celui de Shanghai à Wusong. Long de 14,5 km, il avait pour but de permettre un accostage plus facile aux grands navires marchands qui avaient des difficultés à remonter l'estuaire du fleuve. Accessoirement, il permettait des excursions motorisées à la population européenne et américaine déjà nombreuse, de la concession internationale, en un temps où n'existait en guise de taxi que le "pousse".

Financée par des capitaux privés, concédée par les autorités locales d'abord longtemps réticentes, construite par la main-d'œuvre chinoise sous la direction de spécialistes anglais, cette ligne à l'écartement de 76 cm, fut achevée en 1876. Mais la mort accidentelle d'un passager qui s'était couché sur le ballast le 3 août, déchaîna une vague de xénophobie qui entraîna la fermeture de la ligne: les rails furent même en partie arrachés par la population l'année suivante. Le chemin de fer de Shanghai à Wusong n'a vécu qu'un an et onze mois.

Après cette tentative malheureuse, ce qu'on peut plus justement considérer comme l'embryon du réseau chinois fut un chemin de fer minier, à l'écartement standard (1 435 mm).

Version

1. Instructions aux soumissionnaires

ARTICLE 1:DEFINITION DU PROJET

1.1 L'Entreprise métro d'alger invite, par le présent appel d'offres national et international, les Groupements de constructeurs industriels à présenter leurs offres, sous pli fermé, pour réaliser les études, les fabrications, les fournitures, les transports, le montage, les essais en usines et sur sites, la mise en service, la formation, l'assistance technique à la maintenance en phase exploitation, l'atteinte des performances aux différentes étapes du Système Métro conformément aux spécifications fonctionnelles et techniques qui seront arrêtées définitivement dans le cadre du marché.

1.2 Consistance des prestations

- Matériel roulant Lot - 20
- Équipements d'entretien du matériel roulant et autres installations fixes (Énergie, voie, …) Lot - 21
- Voie Lot - 30
- Escaliers mécanique Lot - 40
- Épuisement des eaux Lot - 41
- Traitement de l'air Lot - 42
- Fourniture des câbles de traction Lot - 53

…………

2. Cahier des prescriptions spéciales Clauses administratives (CPS-CA)

CHAPITRE 1

CLAUSES ADMINISTRATIVES GÉNÉRALES

ARTICLE 01:OBJET DU MARCHÉ

Le présent marché a pour objet l'exécution des travaux de doublement de la voie avec rectification du tracé entre les gares d'El Affroun et Khemis Miliana (55 km) de la ligne Alger-Oran.

ARTICLE 02:MODE DE PASSATION DU MARCHÉ

Le présent marché est passé après appel d'offres national et international restreint conformément aux dispositions du décret présidentiel n° 02-250 du 24 juillet 2002 portant réglementation des marchés publics modifiée et complétée, article 23 alinéa 2 et 25.

ARTICLE 03: TEXTES APPLICABLES

Les textes applicables au présent marché sont la législation et la réglementation en vigueur en Algérie, et notamment le décret présidentiel n° 02/250 du 24 juillet 2002 portant réglementation des marchés publics modifiée et complétée, notamment le titre Ⅲ section 1.

ARTICLE 04: DOCUMENTS CONTRACTUELS

Les documents contractuels constituant le marché sont dans l'ordre:

1 Soumission

2 Déclaration à souscrire

3 Cahier des prescriptions spéciales:

 3.1 Clauses administratives (CPS-CA)

 3.2 Spécifications techniques générales (CPS-STG)

 3.3 Spécifications techniques particulières (CPS-STP)

4 Définition des prix et mode de mesurage

5 Bordereau des prix unitaires

6 Bordereau des quantités et des prix

7 Les sous-détails des prix

8 Le planning de réalisation

9 Le dossier des plans d'exécution

10 Le cahier des clauses administratives générales travaux (CCAGT)

ARTICLE 05: PRIORITÉ DES DOCUMENTS

En cas de divergence entre certains chapitres ou articles des documents mentionnés à l'article 4 ci-dessus, l'ordre de priorité des documents sera l'ordre des pièces de l'article 4 ciavant.

VOCABULAIRE

aperçu *n.m.* 概述,概况,简介

classification *n.f.* 分类

classification des chemins de fer 铁路的分类

chemin (*n.m.*) de fer 铁路

définition *n.f.* 定义

origine *n.f.* 起源

désigner *v.t.* 意味着,是指,指的是

désigner d'une façon général 一般指的是

de façon, d'une façon (十形容词)…地,以…的方式

sous le nom de 叫做…

voie *n.f.* 道路;线路;铁路

(être) muni *adj.* (*de*) 装有,带有,备有

rail *n.m.* 钢轨,铁轨,轨道

circuler *v. i.* 运行
train *n. m.* 列车
remorquer *v. t.* 拖曳,牵引
remorquer des trains 牵引列车
remorqué *adj.* 被牵引的
locomotive *n. f.* 机车
remonter *v. i.* 追溯,起始于,起源于
commencement *n. m.* (时间、空间上的)开始,初始,起点
commencement de ce siècle 本世纪初
diminution *n. f.* 减少,减小
résistance *n. f.* 阻力;强度
résistance au roulement 滚动阻力;运动阻力
offrir *v. t.* (*qch. à qch.*) 使…承受…
surface *n. f.* 面,表面,面层
rail (*n. m.*) plat 平头钢轨
rails plats munis d'un rebord 有凸缘的平头铁轨
rails en saillie 凸形铁轨
rebord *n. m.* 凸缘
saillie *n. f.* 凸出部分,突出部分
en saillie 突出的,凸出的
traction *n. f.* 牵引
machine *n. f.* 机械;机车
machine fixe 固定机械
George Stephenson 乔治．斯蒂芬森(1781～1848,英国发明家,蒸汽机的发明人)
houillère *n. f.* 煤矿(=mine de charbon)
Killingworth 基林沃思(这里是煤矿名)
construire *v. t.* 制造,设计制造
construire une locomotive 制造机车
service *n. m.* 运输
mine *n. f.* 矿,矿山
mine de charbon 煤矿
à la suite *de* 鉴于,由于
concours *n. m.* 竞赛,比赛
△ organiser (ouvrir) un concours 组织(开始)比赛
ouvrir *v. t.* 开始
ouvrit un concours 为比赛开幕
administrateur *n. m.* 管理人
Liverpool 利物浦(英国地名)
Manchester 曼彻斯特(英国地名)

produire *v.t.*　制造
exploitation *n.f.*　运营，行车
exploitation de la ligne　线路运营
adopter *v.t.*　采用，选定
fameux, se *adj.*　著名的，出名的
fusée *n.f.*　火箭；这里的 Fusée 指的是乔治·斯蒂芬森参加比赛的"火箭号"蒸汽机车
figurer *v.i.*　（＋地点）出现在，列入
mère *n.f.*　起源
la mère des locomotives actuelles　现代机车的起源
peser *v.i.*　（＋数量）重…，重量是…
tonne *n.f.*　吨，吨数
tonne kilométrique　吨公里（运费计算单位）
tonne transportée　运送货物吨数
remorquer *v.t.*　牵引，拖曳
palier *n.m.*　平道，平路
en palier　在平道上，在平路上
charge *n.f.*　载重，重量；载货量
sans charge　无负载地，空载地
considérable *adj.*　可观的，显著的
loin *de*　与…相差很多，离…尚差得远
puissant *adj.*　大功率的
puissante(*n.f.*) locomotive　大功率机车
allure *n.f.*　速度
à vide　空着，空载地
kilomètre (*n.m.*) à l'heure　每小时公里数，时速…公里（单位为 km/h）
renfermer *v.t.*　包含，含有（指抽象事物）
élément *n.m.*　组成部分；因素，要素
construction *n.f.*　生产，制造
construction des locomotives　机车设计制造
construction de machine　机车设计制造（machine＝locomotive）
application *n.f.*　使用，应用，采用
adhérence *n.f.*　黏着力，附着力
chaudière *n.f.*　锅炉
chaudière tubulaire　管式锅炉
tirage *n.m.*　（烟囱的）通风
tirage d'une cheminée　烟囱的通风
échappement *n.m.*　排出，排气
échappement de la vapeur　蒸汽的排放，排汽
coulisse *n.f.*　滑环

coulisse de Stephenson　斯蒂文森滑环
basé *a.* (*sur*)　建立在…基础上
création *n. f.*　兴建；铺设(铁路)
création des chemins de fer　铁路兴建，铺设铁路
création de lignes nouvelles　铺新线
ouverture *n. f.*　(道路等的)开通
ouverture d'un chemin de fer　铁路(建成)通车
dater *v. i.* (*de*)　始于
chemin (*n. m.*) de fer à traction de locomotive　机车牵引的铁路
Lyon　里昂
St-Etienne　圣艾蒂安
ouvrir *v. t.*　开放；开始
ouvrir au transport des voyageurs et des marchandises　开始客货运输
transport *n. m.*　运输
transport des voyageurs　客运
transport des marchandises　货运
attirer l'attention *de qn sur qch.*　引起某人注意某事
concession *n. f.*　(政府对开采、经营、土地使用等的)特许，特许权，特许经营权
accorder *v. t.*　给予
isolé *adj.*　孤立的，单独的
St-Germain-en-Laye　圣日耳曼昂莱(法国)
réseau *n. m.*　网；线路；铁路，铁路网
réseau de chemin de fer　铁路网
réseau de voie ferrée　铁路网
réseau ferroviaire　铁路网
en vertu *de qch.*　按照，依照，根据
en vertu de cette loi　根据这项法令
artère *n. f.*　干线，交通干线；铁路干线
artère principale　干线；铁路干线
créer *v. t.*　创建，建立，形成
se créer *v. pr.*　形成
Sète　塞特(法国)
terrain *n. m.*　土地，地皮
acquis *adj.*　取得的，获得的
acquérir *v. t.*　(通过购买、交换、继承等办法)获得，得到，取得
acquérir un terrain　得一块地皮
frais *n. m.*　费用，开支
△ aux frais *de*　由…承担费用
△ aux frais de l'Etat　由国家出资

infrastructure *n. f.* （建筑物、道路、机场、桥梁等的）基础部分，下部建筑
infrastructure de la voie 线路下部建筑
travaux *n. m. pl.* 工程
travaux d'infrastructure 基础工程，下部工程
exécuter *v. t.* 实施，施工
exécuter les travaux 施工，工程施工
au compte *de qn* 由…负责；费用由…负担
compagnie (*n. f.*) concessionnaire 法定特许公司
confier des travaux à un entrepreneur 把工程包给某一承包商或承包公司
exploitation *n. f.* 营运，运营
être chargé *de* 负有…责任，负责
superstructure *n. f.* （铁道线路的）上部建筑
superstructure de la voie 线路上部建筑
établissement *n. m.* 兴建，修建，铺设（线路、路面）
établissement de la voie 铺设线路
établissement des stations 修建车站
avant l'établissement des voies ferrées 铁路兴建以前
fourniture *n. f.* 提供，供给，配送
fourniture du matériel roulant 配送机车车辆
matériel *n. m.* 车辆，交通工具
matériel roulant 机车车辆，车辆
ne (pas) cesser *de* 继续，不停地，一直不断地
s'étendre 延长；增长，发展，扩大
circulation *n. f.* 运行，行车；交通量，流量
locomotives (*n. f. pl.*) en circulation 运行中的机车
représenter *v. t.* 相当于（指数量）
force *n. f.* 力；动力
force de traction 拉力，牵引力
cheval *n. m.* 马力（功率单位，1 马力等于每秒钟把 75 kg 重的物体提高 1 m 所作的功）
en service 在使用中，运营的，运转的
territoire *n. m.* 境域，地域；管辖地区
conséquences *n. f. pl.* 后果，结果，成果
conséquences économique 经济成果，经济影响
extension (*n. f.*) des voies ferrées 铁路的发展（扩大）
voie (*n. f.*) ferrée 铁路
révolution *n. f.* 急剧的变革，深刻的巨变
(être) dû, due *adj.* (*à qch.*) 归因于，因，由于
abaissement (*n. m.*) du prix de transport 运费降低，运价降低
accroissement (*n. m.*) de la vitesse 速度提高

accroissement de la vitesse pour les voyageurs 客运速度提高
capacité (*n. f.*) de transport 运输能力,运输量
voies (*n. f. pl.*) de communication (铁路、公路等的) 交通线,交通道路,道路
communication *n. f.* 联络;交通,交通线
nombre (*n. m.*) des voyageurs transportés 旅客运送人数,客运人数
voyageur (*n. m.*) transporté à un kilomètre 人公里(=voyageur-kilomètre ou passager-kilomètre)
parcourir *v. t.* 行驶,运行;走过,走完
quantité (*n. f.*) des marchandises transportées à un kilomètre 运送货物吨公里数(=tonnage kilométrique des marchandises transportées)
tonne (*n. f.*) kilométrique ou tonne-kilomètre 吨公里
moyenne *n. f.* 平均,平均数;平均值
en moyenne 平均
sur *prép.* 在这里表示距离或范围,意为:在…中,在…范围里
matériellement *adv.* 事实上,实际上,实在地
matériellement impossible 实际上不可能的,的确是不可能的
quel que+*subj.* 不管…,不论(无论)…(引出让步从句,从句中动词用虚拟式)
multiplication *n. f.* 增加,增多
point de vue *n. m.* 观点
au point de vue légale 从法定的观点来看,按规定(=légalement)
se diviser *v. pr.* (*en qch.*) 分,分成,分为
catégorie *n. f.* 类别,种类
chemin (*n. m.*)de fer d'intérêt général 干线铁路
chemin de fer d'intérêt local 地方铁路
tramway *n. m.* 电车轨道,有轨电车线路
centre *n. m.* 城市;地方
desservir *v. t.* (交通工具)通达,通往
être appelé *à qch.* /*inf.* 被认定为…,将会
participer *v. t. indir.* (*à qch.*) 参与,促成
partie *n. f.* 部分;区域
but (*n. m.*) exclusif 唯一的目的
relation *n. f.* (交通、通信上的)联系;运输
localité *n. f.* 地方;场所
traverser *v. t.* 通过
donner un nom *à qch.* 给…命名
parcours *n. m.* 行程;经过的路线
chaussée *n. f.* 公路,马路
accotement *n. m.* (公路两旁的)路肩(位于道牙和排水沟之间),路边
accotement des routes 公路的路肩(路边)

distinction (*n. f.*) de principe 原则的区别(差别)
faire une ou la distinction entre A et B 将 A 和 B 区别开来,确立差别
tâcher *v. t.* (*de* +*inf.*) 努力,尽力,争取
faire ressortir *qch.* 突出某物
à propos *de qch.* 有关…,关于…方面
installation *n. f.* 设备
installation de transport 运输设备
organisation *n. f.* 组织(方式)
organisation du service 运输组织
proportionner *v. t.* 使成比例,使相称
proportionner (*qch. à qch.*) 使…成比例;使…与…相称,使…与…相适应
trafic *n. m.* 运输,运输量,运量

VOCABULAIRE COMPLÉMENTAIRE

éphémaire *adj.* 短暂的
accostage *n. m.* 靠岸,泊岸
navire (*n. m.*) marchand 商船,货船
remonter *v. t.* 逆(河流)而上,逆水而上
estuaire *n. m.* 江湾,小港湾
estuaire du fleuve 江湾
accessoirement *adv.* 次要地,附带地,其次
motorisé *adj.* 机械化的,乘机动车的
concession *n. f* 租界,租借地
en guise *de* (*loc. prép.*) 作为,当作,代替
pousse, pousse-pousse *n. m.* 人力车,黄包车
financer *v. t* 提供资金,出资,出钱
capital(*n. m.*) privé 私人资本
concéder *v. t.* 准许;让步
autorités (*n. f. pl.*) locales 地方当局
réticent *adj.* 有所保留的,迟疑不决的
main-d'œuvre *n. f.* 劳动力
xénophobie *n. f.* 排外,仇外
écartement *n. m.* 间距;轨距
écartement standard 标准轨距
mort (*n. f.*) accidentelle 事故死亡
ballast *n. m.* (铁路)道砟,道床
déchaîner *v. t.* 激起,激发,引起
xénophobie *n. f.* 排外,仇外,厌恶外国人
fermeture *n. f.* 关闭,停止,停业

fermeture d'une ligne　线路停运
fermeture d'une ligne au service　线路停办客货运业务
embryon *n. m.*　雏形,初期阶段

Alger　阿尔及尔(阿尔及利亚首都)
Instructions (*n. f. pl.*) aux soumissionnaires　投标人须知
groupement *n. m.*　集团;联营体
constructeur (*n. m.*) industriel　工业制造厂家
présenter leurs offres sous pli fermé　密封投标
montage *n. m.*　安装
essai (*n. m.*) en usine　工厂试验
essai sur sites [in situ]　现场试验,工地试验
mise (*n. f.*) en service　投入使用,投入运行
assistance (*n. f.*) technique　技术援助,技术咨询服务
maintenance *n. f.*　维修,保养
phase (*n. f.*) d'exploitation　运营阶段
atteinte *n. f.*　到达,来临,实现
performances *n. f. pl.*　工作特性;试验结果
système *n. m.*　系统,设备
spécification *n. f.*　技术要求(条件、规格、规范)
spécification fonctionnelle　功能规格,功能技术条件
spécification technique　技术规格,技术条件
consistance *n. f.*　内容;构成,组成;组成部分
consistance des prestations 承包工程内容
équipement (*n. m.*) d'entretien　维修设备
installation (*n. f.*) fixe　固定设备
énergie *n. f.*　能,能量;电源
escalier (*n. m.*) mécanique [roulant, mobile]　自动扶梯,电梯
épuisement (*n. m.*) des eaux　排水
traitement (*n. m.*) de l'air　空气处理
câble (*n. m.*) de traction　牵引索
lot *n. m.*　一组,一批,部分

Cahier (*n. m.*) des prescriptions spéciales (CPS)　(标书)特殊规定
clauses (*n. f. pl.*) administratives　行政条款,管理条款
clauses administratives générales　一般管理条款
objet (*n. m.*) du marché　合同的标的,合同内容
exécution (*n. f.*) des travaux　工程施工,施工
doublement (*n. m.*) de la voie　铺设复线

rectification (*n. f.*) du tracé (de la voie) 拨道
El Affroun: 阿夫龙(阿尔及利亚),El 阿拉伯语冠词,凡是以此冠词开头的阿拉伯语地名,概以其后随的部分检索。
Khemis 海米斯(阿尔及利亚)
Miliana 米利亚纳(阿尔及利亚)
Oran 奥兰(阿尔及利亚)
passation (*n. f.*) du marché 签订合同
dispositions (*n. f. pl.*) du décret présidentiel 总统令条文
réglementation (*n. f.*) des marchés publics 市政工程承包合同规定
marché (*n. m.*) public 市政工程承包合同
texte (*n. m.*) applicable 适用的法律文本(条文)
la législation et la réglementation en vigueur 现行的法律法规
titre *n. m.* (法典中通常用罗马字母标出的)编
documents(*n. m.*) contractuels 合同文件
soumission *n. f.* 投标;(投)标书
déclaration (*n. f.*) à souscrire 签署申报,签字声明
spécifications (*n. f. pl.*) techniques générales 一般技术条款
spécifications techniques particulières 特殊技术条款
définition (*n. f.*) des prix 价格定义
mode (*n. m.*) de mesurage 测量方法,测量方式
bordereau *n. m.* 明细表,清单
bordereau de prix unitaires 单价明细表,单价表
bordereau des quantités et des prix 数量和价格表
sous-détail *n. m* (价格)分类表,明细表
sous-détail des prix 价格明细表,价格分类表,单价分析
planning (*n. m.*) de réalisation 施工进度表
dossier (*n. m.*) des plans d'exécution 施工图文件
ordre (*n. m.*) de priorité 优先顺序
divergence *n. f.* 分歧,不一致

Termes de construction

■ 工程

1. Construction(s) *n. f.*:广泛地指建设工程,一般指有一定规模的工程,例如一条铁路,一所住宅,一座工厂或一大片房屋等,例如"主要工程":constructions principales,"附属工程":constructions annexes,"这类工程":ce genre de construction。
2. Travaux *n. m. pl.* (只用多数):指一般工程或局部工程,例如,"新工程":travaux neufs,"道路工程":travaux de voirie,"屋顶工程":travaux de couverture,"拆除工程":travaux de démolition (指拆除旧建筑物的工作),"维修工程":travaux d'entretien,"准备工程":travaux préparatoires。

3. Ouvrage (*n. m.*):指工程(大至一座或者一群建筑物,小至一个台阶、一个水池、一个排气口,甚至一个工程的一部分,比如一个楼梯、一扇门窗等都能适用),建筑物,构筑物。中文中提到工程时,有时可译作 Ouvrage,零星小工程一般可用此字。例如,“应当拆除的建筑物或构筑物”:ouvrage à démolir,“工程完工以后”:L'ouvrage une fois terminé…,“几个小工程”:quelques petits ouvrages。“建筑物”一般多指房屋,但有时也泛指各种简称的工程,意义较广泛;“构筑物”则指房屋以外的工程,例如烟囱、水塔、小桥甚至较小的水池、旗杆等,范围较狭窄。就建筑物和构筑物而言,construction 和 ouvrage 都适用,泛指一切工程。
4. Bâtiment (*n. m.*):专指房屋,用途较广泛,一切大小房屋都适用,相当于中文的“房屋”。例如,“拟建房屋”:bâtiment projeté,意为“设计的房屋”,可以解释为“规划中的房屋”,也可以解释为“本期要施工的房屋”,视具体情况而定。bâtiment(s) à réaliser 指待建或待施工的房屋,意思较明确些。在分期施工的工程中,如果要更清楚地表明第一期施工时,可以写成:bâtiment(s) à réaliser dans la 1ère tranche des travaux.“附属房屋”或“附属建筑”:bâtiment annexe 或 dépendances (*n. f. pl.*). 以上“拟建房屋、拟建建筑”、“附属房屋或附属建筑”中的 bâtiment 也可以用 ouvrage 或 construction 来代替。
5. Maison (*n. f.*):主要指居住房屋,也用于一般房屋,但是在建筑文件中则很少使用,只用于个别词组,例如:“居住房屋”:maison d'habitation,“预制的装配式房屋”:maison préfabriquée,“道口看守房”:maison de garde,等。

■ 施工

1. Réalisation:原意“实现”,例如,“施工实际完成以后”:après sa réalisation effective…。
2. Travaux:例如,“施工过程中”:au cours des travaux…。
3. Exécution des travaux:例如,“工程是严格按照图纸施工的”:L'exécution des travaux est strictement conforme aux plans。
4. Construction:例如,“建筑工地”或“施工场地”:le chantier de construction。

■ 建筑材料

Matériaux de construction,单数 matériau 一般为工程师、建筑师等工程技术人员的书面用语,施工中一般使用复数。同样,“挖方”:单数 déblai-复数 déblais;“填方”单数 remblai-复数 remblais。

"课文"翻译参考

第1课 铁路的发展史简介和铁路的分类

1. 铁路的定义及其起源-人们通常把装有铁轨的线路称为铁路,列车在机车的牵引下在铁路上运行。

铁路的发明始于19世纪,但是在此之前人们就已经会利用减少金属表面所承受的运动阻力。人们起初使用有凸缘的平头铁轨,后来使用凸形铁轨,用马牵引或用固定机械牵引。

1814年,基林沃思煤矿工程师乔治·斯蒂芬森设计制造了第一台机车,用于基林沃思煤矿的运输。只是在1829年,由于(英国)利物浦-曼彻斯特铁路的管理人组织了一场比赛,斯蒂芬森制造了著名的"火箭号"蒸汽机车。"火箭号"蒸汽机车被选定用于这条线路的运营,后来出现在1889年的博览会上,这就是现代机车的起源。"火箭号"蒸汽机车重4 t,在平道上可以拉13 t的货物,运行速度是22 km/h,空载时的运行速度达到45 km/h,这在当时来说已经相当可观了。

"火箭号"蒸汽机车离现代大功率机车还相差甚远,后者在平道上轻易地牵引500～600 t重的列车以30 km/h的速度行驶,200 t重的列车以70～100 km/h的速度行驶,而空车的行驶速度可以达到120～140 km/h。但是,"火箭号"蒸汽机车却包含了现代机车的三大要素:运用黏着力原理、管式锅炉和烟囱排气通风,加上后来不久斯蒂芬森发明的滑环,就有了至今仍以为基础的机车设计制造的四大要素。

2. 法国铁路的兴建-1830年(英国)利物浦-曼彻斯特铁路建成通车以后不久,法国修建了第一条机车牵引的铁路,这是一条里昂-圣艾蒂安的铁路,于1832年开始客货运输。

从这时候开始,铁路引起了公众的注意,(政府)给予了修建孤立线路的各种特许权,特别是巴黎-圣日耳曼昂莱 (法国)铁路线。但只是从1842年6月11日的法令开始才形成法国铁路网。从巴黎到比利时、拉芒什海峡、斯特拉斯堡、马赛和塞特、南特和波尔多这些当代的铁路干线正是根据这一法律建成的。地皮由国家、各省和市镇出资获得;基础工程的施工由国家出资、由国家工程师直接负责实施。把线路营运包给的法定特许公司负责线路的上部建筑,也就是说负责铺设线路、修建车站和配送机车车辆。

3. 铁路的发展-铁路自从兴建以来,不仅在法国和欧洲,而且在全世界都在不停地发展。如今法国铁路的增长超过了38,000 km,欧洲铁路超过了228,000 km,全世界的铁路超过了635,000 km。运行中的机车数:仅在法国和阿尔及利亚就超过了13,000台,其动力相当于3,900,000马力左右,然而同样在这两个地区运转的固定设备的总动力仅仅相当于920,000马力。

4. 铁路发展的经济成果是巨大地,以前的任何一个时期都没有产生如此巨大的变革。这不仅是由于运价降低了四分之三以上,而且是由于提高了客运速度和道路的运输能力得到了巨大的提高。

法国铁路运送的人公里数目前超过了九百万,也就是说每人走了大约 240 km,同样运送货物吨公里数超过了 1 100 万吨,也就是说平均每人运送货物 292 吨公里。这样的交通量在铁路修建以前,无论公路怎么发展,无论增加多少马力实际上都是不可能的。

5. 铁路的分类-铁路按规定分为三类:干线铁路、地方铁路和有轨电车线路。

我们把那些在其他线路之间建立联络,或者由于通达重要的城市而将会促成国家各地区之间交流的线路叫做干线铁路。

我们把那些唯一的目的或主要的目的是为了对其所通过的地区之间建立联系的线路称之为地方铁路。

最后,我们给那些其全部行程或大部分行程都沿着公路或公路路肩行驶的地方铁路专门命名为有轨电车线路。

我们对各种类别的铁路将不做原则的区别,但是我们在建筑方面或运营方面将尽力突出运输设备和运输组织能够与运量相称的条件。

“翻译练习”译文参考

1. 投标人须知

第 1 条:项目定义

1.1 阿尔及尔地铁公司通过本次国内、国际招标,邀请工业制造厂家联营体根据本合同范围内最终确定的功能规格和技术规格为完成设计、制造、供货、运输、安装、厂家试验及现场试验、投入运行、培训、运营阶段的维修技术咨询服务、实现地铁系统各个阶段的试验结果来进行密封投标。

1.2 工程承包的内容

- 机车车辆	第 20 号标
- 机车车辆及其他固定机械(电源、线路…)的维修设备	第 21 号标
- 线路	第 30 号标
- 自动扶梯	第 41 号标
- 排水	第 41 号标
- 空气处理	第 42 号标
- 提供牵引索	第 53 号标

……………

2. 特殊规定
行政条款(CPS-CA)

第一章
一般行政条款

第 1 条:合同的宗旨(标的、内容)

本合同的标的是阿尔及尔—奥兰线上 EL AFFROUN 至 KHEMIS MILIANA 车站间(55 km)铺设复线施工和线路拨道。

第 2 条:合同的签订方式

本合同按照 2002 年 7 月 24 日颁布的关于修改和补充的市政工程承包合同规定的总统令条文第 23 条第 2 段和第 25 段,在国内和国际有限招标后签订。

第 3 条:适用的法律文本

本合同适用的法律文本是阿尔及利亚现行的法律法规,特别是 2002 年 7 月 24 日颁布的关于修改和补充的市政工程承包合同规定的总统令,尤其是第三编第一节。

第 4 条:合同文件

构成本合同的合同文件依次如下:

1. 投标书
2. 签署申报(或签字声明)
3. 特殊规定

3.1 行政条款(CPS-CA)

3.2 一般技术条款(CPS-STG)

3.3 特殊技术条款(CPS-STP)

4. 价格定义和测量方法

5. 单价明细表(或单价表)

6. 数量与价格表

7. 价格分类表(或单价分析)

8. 施工进度表

9. 施工图文件

10. 工程一般行政条款(CCAGT)

第5条:文件的优先顺序

上述第4条所提及的文件中的某些章节或条款之间若出现不一致的情况,这些文件的优先顺序为以上第4条所列文件的顺序。

参考资料

1. 轨道的起源

最初的轨道或许从车辙得到启示。早在5 000年前,古埃及就有人力车或兽力车在道路上行驶。天长日久,道路被压出两条坚硬的车辙,车辆沿着车辙行驶就会轻快地前进,尤其在雨天或雨后沿着车辙则可顺利行驶。这种车辙就是轨道的前身。

后来,大路改进了,改用石头铺设路面,由石匠在路面上凿出车槽来。在古希腊甚至还凿出错车槽来。至今在意大利南部的古城废墟上还可以看到这类完整的古车道。

大约在1500年以前,出现了一种新的轨道。人们把长长的树杆加工成木轨道,固定在矩形铺设的横木上,把木制车轮都挖成凹形,使其正好嵌在木轨道上,避免滑下来。这是一个巨大的进步。因为小车在硬木上运行比在泥质或石质槽里运行轻快得多。这可以称为世界上最早的轨道。

据欧洲古代道路史记载:希腊及埃及时代,确有轨道模型,凿石为辙,置车其上,用牛马曳之。这就是石轨。据说古代埃及人就是利用这种辙道把每块重两吨半的大石块运到金字塔的建筑工地上去的。

到了16世纪德国人把这种石轨用于矿山专运矿石。1660年,英国纽卡斯安坦矿山开始将石轨改为木轨。我国古代河工筑堤运土也铺过这种木板道路。后来为了防止木轨磨损,在木轨上钉上板条,而后又改为铁条。但是木质轨道不能经久,承受不住越来越多的货物运输,人们才开始用铁铸成铁道,这就是铁道的起源。

2. 钢轨的诞生

在人类的发明史上,往往有这种情况,某种发明是由于偶然的发现加上思考和智慧而结晶成的。1767年由于英法之间长达7年的殖民战争结束了,谁也不需要购买军火,因此英国的金属大跌价。施洛普夏地方的科阿罗克德尔生铁公司的老板整日忧心忡忡。在探索出路的反复思考的时候,他的女婿雷诺尔茨(Reynolds)想出一个主意,为了不致亏本,于是把工厂里库存的生铁铸成板条形的铁条,铺在工厂的道路上,打算等铁价上涨以后再拆下来卖。可是大家发现,车辆行驶在铺着铁条的轨道上非常省力,在光滑的金属上的摩擦力要比木头上的摩擦力小得多,因而想到用它来修筑铁道,这就是凹形铁轨产生的开端。以后又在这样的铁轨上做出一个凸缘,以防止车轮滑脱,这样的铁轨叫做角铁轨。可是角铁轨也不耐久,很快就会损坏,而且这种铁轨里很容易积下垃圾和石子,妨碍车辆通行。

到了 1789 年,英国有个叫杰索普 (W. Jessop) 的人创造了凸形铁轨,使铁轨发展到较完善的程度。这时的车轮改成凸缘的,铁轨表面改成平的,每条铁轨不超过 1 m,横截面是菌形的,菌伞用来支持车轮,菌柄用来增强铁轨的强度。

19 世纪初期,由于蒸汽机车的出现,钢轨逐渐代替了铁轨。由于菌状钢轨很不稳定,沉重的蒸汽机车很容易压坏脆弱的钢轨,使火车出轨,甚至造成翻车,于是就把两条菌状钢轨合而为一,做成上下两面都有菌伞,中间由一个菌柄连接的所谓"双头钢轨",它的样子像是一个哑铃,打算顶面磨损以后反过来再用。不料,钢轨顶部磨耗了,底部也受到很大的损伤,不能使用。因此,人们逐渐把它的下部加宽,设计成工字型钢轨。这种钢轨既节约材料,又稳定可靠,自 1830 年在美国出现后很快被普遍采用,直至今日,成为世界各国铁路的基本轨形。

3. 世界上第一条铁路的诞生

世界上第一条铁路是英国人 1825 年修建的斯托克顿-达林顿铁路。斯托克顿和达林顿相距 21 km,地处产煤地区。1822 年 5 月 23 日在斯托克顿开工,用了三年多的时间修建成功。铁轨是鱼肚形的熟铁轨,每码重 28 磅(合 13.9 kg/m)。机车只有两台,大小不及现代普通机车的 1/20,有一对直立的汽缸和一对直径 48 英寸(约合 122 cm)的动轮,后加一个煤水车,总重量只有 9 t,行速 8 英里/h(约合 13 km/h)。

1825 年 9 月 27 日,世界上第一条铁路正式通车运营。斯托克顿-达林顿铁路是世界上正式办理客货运营业务的第一条铁路。因此,人们把 1825 年作为世界上第一条铁路诞生的时间。1825 年,用机动车牵引车列在轨道上行驶于城市之间以输送货物或旅客的运输方式在英国出现,这就是铁路史的开始。1825 年以前,也曾有过马拉车在轨道上行驶或把蒸汽机装在车辆上以驱动车辆在道路上行驶,但这些都不是铁路运输方式。

4. 世界上第一台能实用的蒸汽机车

自从英国人瓦特在 1769 年发明蒸汽机之后,许多人便开始研究以蒸汽作为动力的车辆。斯蒂芬森经过多年的苦心研究,终于在 1814 年设计制造了一种蒸汽机车,叫做"半筒靴"号。机车重 6.5 t,整备重量约 8 t,汽缸是 9.5 英寸×24 英寸,动轮直径 4 英尺,轨距 4 英尺 8 英寸(合 1 423 mm)。通过试车首次获得成功。

随后,斯蒂芬森经过改进,又设计制造出"旅行号"蒸汽机车,轨距是 4 英尺 8 英寸半(即 1 435 mm)。1825 年 9 月 27 日,世界第一条标准铁路——达林顿铁路正式通车,他亲自驾驶这台机车,以时速 15 英里、牵引 18 t 重的车厢驶完全程,从而开创了铁路运输的新纪元。

5. 斯蒂芬森制造的"火箭号"蒸汽机车

1829 年 10 月间,当英国利物浦—曼彻斯特铁路修成时,曾悬赏 500 金镑征求优良的蒸汽机车。当时应征的机车有 5 种,最后只有 3 台参加了比赛,其中一台就是乔治·斯蒂芬森和他的儿子罗伯特·斯蒂芬森共同制造的"火箭号"。

比赛刚开始,其中一台锅炉接缝的地方就破裂了,另一台行驶了 44.2 km 汽缸就破损了,只有"火箭号"在行驶 112.6 km 的区间内,最高速度达到 46.4 km/h,平均速度 22 km/h,牵引达 17 t,一帆风顺,没有发生故障,从而获得了冠军。从此,蒸汽机车成为一种先进的运输工具登上了历史的舞台,斯蒂芬森也获得了"蒸汽机车之父"的光荣称号而闻名世界。

6. 帝国主义强行修建的中国第一条铁路——吴淞铁路

在1840年鸦片战争后的几十年内,由于西方侵略势力的渗入,上海逐渐成为中国最大的一个对外贸易口岸,吴淞扼长江入海口,地位险要,这就使帝国主义对它垂涎三尺,也使这里成为第一个修筑铁路的目标。1872年,美国驻上海副领事奥立维·布拉特福(Oliverb·Bradford)在美国的上海领事乔治·西华、美国驻北京公使娄斐迪的核准下,以及美国国务院知情人士的支持下,未经中国准许,就组织了一个"吴淞道路公司",诡称要修建一条"寻常马路"而骗取了上海道台沈秉成的允许。后来,"吴淞道路公司"又由于缺乏资金,又转让给英商怡和洋行,由它组织了"吴淞铁路公司",于1874年在伦敦正式登记,成为一个英国政府认可的公司,设总办事处在伦敦,以怡和洋行为在华代理人。接着,英国上海领事麦华陀以建筑"一条寻常马路"为名,向上海当局提出购买上海—吴淞间地皮的要求。外国侵略者的这个计划,由于清朝政府态度暧昧,一一得以实现。1875年底,从英国运来了钢轨、机车和车辆,英国领事欺骗说这是"车路之用的铁器"。1986年1月,在已成的路基上开始铺轨,2月14日通行试车。6月12日第一次开行至江湾。6月30日,上海—江湾段完工试车,7月3日正式通车运营。这是一条窄轨铁路,轨距30英寸(合76.2 cm),采用每码重26磅(合13 kg/m)的钢轨。用一台叫做"先导号"(Pioneer)的机车,重量仅为15 t,速度为每小时15～20英里(合24～32 km/h)。吴淞铁路通车以后,营业很旺,收入很大。但是,又由于原来在吴淞港口工作的搬运工人及上海—吴淞间的运输工人在铁路修通后大批失业,沿线大批农民也遭破产,他们心头燃烧着仇恨的怒火。8月3日,吴淞铁路通车后的一个月零三天,货车轧死了一名中国士兵。这就像一根导火索,使上海人民心中的仇恨怒火爆发了,有男女老幼八九百人齐聚江湾一带,坚决阻止火车开行。在上海人民的强烈要求下,清政府通知暂停行车。九月开始谈判,十月在南京会商,结果中英双方签订了"收买吴淞铁路条款,规定由清政府以二十八万五千两白银从怡和洋行手中买回吴淞铁路,钱在一年内分三次付清。在全价没有付清以前,吴淞铁路仍由怡和洋行经营。在此期间,怡和洋行加紧搜刮,在赎路条款签订后的两个多月,即1876年12月1日,这条从上海到吴淞长14.5 km的铁路竟全线通车。

1877年12月20日,最后一期购路款付清后,怡和洋行将吴淞铁路交给了清政府。负责接管的官吏当即命令工人撬掉道钉,搬除钢轨,勾平路基,拆毁设备,昏庸地把这条已经赎回的铁路拆掉了。

吴淞铁路只存在了一年零十一个月。等到重新建筑现在的吴淞铁路时,已是二十年之后的事了。

Leçon 2
Etudes(1)

Etudes préalables

Lorsqu'il s'agit d'établir un chemin de fer, la première question à résoudre, avant de commencer toute étude sur le terrain, est de savoir s'il faut le construire et dans quelles conditions on doit le construire.

Ⅰ. Evaluation du trafic probable

Etudes préalables. - C'est aux pouvoirs publics qu'il appartient de décider l'exécution des chemins de fer, mais ces décisions ne sont pas prises sans études préalables, et les ingénieurs peuvent, à ce point de vue, rendre de grands services en fournissant des données sérieuses destinées à éclairer les Conseils généraux ou le Ministre sur le trafic probable à espérer. La décision de ce trafic est d'ailleurs nécessaire pour l'étude des conditions d'établissement des lignes.

Ⅱ. Condition d'établissement

Généralités. - Lorsqu'on s'est rendu compte, au moins grosso modo, du trafic probable de la ligne, il faut déterminer dans quelles conditions elle sera exécutée.

Si on examine les divers éléments de la construction d'une ligne, il est facile de reconnaître qu'ils ne sont pas tous dans les mêmes conditions au point de vue des transformations futures.

Il est des éléments sur lesquels il est impossible ou à peu près de revenir. Si on admet des déclivités trop prononcées ou des courbes de rayon trop faible et surtout si on adopte la voie étroite au lieu de la voie large, on accroît les frais de traction, on met un obstacle à l'augmentation des vitesses et du trafic au delà d'une certaine limite, ou encore on rend impossible le transit.

Ces trois derniers éléments: déclivités; rayon de courbes et largeur de la voie influent donc d'une manière absolue sur l'avenir de la ligne. Ils constituent la base du trafic.

Etudes définitives

Ⅰ. Marche à suivre pour les études

Etude sur la carte. - La première étude se fait sur la carte. Cette première étude ne donne pas toujours une seule direction à suivre. Dans ce cas on trace sur la carte les diverses variantes à examiner et on fait de chacun d'elles l'objet d'une étude sur le terrain; cette étude est poussée aussi loin qu'il est nécessaire pour reconnaître avec certitude qu'un des tracés doit être préféré aux autres.

Etude sur le terrain. - Lorsqu'on a déterminé sur toute la longueur du tracé et sur les variantes que l'on a retenues la direction générale à suivre et la largeur de la zone à étudier, on lève le plan coté du terrain dans cette zone. On opère soit par triangulation, soit au moyen d'une ligne de base① et de profils en travers.

Le choix de la méthode dépend du terrain et des habitudes des opérateurs. La méthode de triangulation② est en général préférable en pays plat et très cultivé; les levers peuvent alors être faits en suivant les chemins, les limites des propriétés, les bords des ruisseaux etc. , mais en pays accidenté il vaut mieux employer la méthode des profils en travers.

Le plan coté est rapporté sur le papier à l'échelle de 1/2 000, puis on trace, à l'aide des cotes relevées, des courbes de niveau espacées en général de 2m en 2 m auxquelles on donne au besoin des couleurs différentes pour faciliter la lecture du relief du terrain. Il est utile d'indiquer sur ce plan les constructions, les clôtures, les cours d'eau, etc. ; lorsque le plan du cadastre est exact (ce qui n'a pas toujours lieu) on peut s'en servir comme point de départ et y rapporter les cotes et les courbes de niveau. Outre ces courbes, il est bon d'inscrire sur le plan les cotes réellement levées.

Il ne suffit pas, pour faire un plan coté d'études, de relever les cotes nécessaires pour tracer les courbes de 2 mètres en 2 mètres. Il faut faire toutes les opérations qu'exige l'étude du terrain. Ainsi dans les ravins et au droit des dénivellations brusques, on doit relever toujours les cotes utiles pour bien en définir la forme et permettre d'établir les avant-projets d'ouvrages ou la cubature des terrassements.

Etude dans le bureau. - Sur le plan au 1/2000, on fait l'étude détaillée du tracé en le plaçant par tâtonnement de façon à obtenir la meilleure répartition des pentes et des rampes, la meilleure position pour les ouvrages d'art et les traversées de chemins, le minimum de cube des terrassements, etc. On pousse cette étude, pour les diverses variantes, aussi loin que le demande la comparaison. Puis, la direction définitivement adoptée, on la complète.

Il arrive souvent, même avec un plan coté bien levé, que les cotes dont on dispose sont insuffisantes en certains points, soit qu'il n'y en ait pas assez pour définir exactement le relief du terrain, soit qu'après mûr examen on trouve intérêt à sortir de la zone déjà relevée. Dans ce cas, il ne faut pas hésiter à retourner sur le terrain.

Ⅱ. Profils en travers-types

Fossés. -Lorsque la voie est en tranchée, on place de chaque côté un fossé pour l'écoulement des eaux③. La plateforme d'un chemin de fer n'est pas comme une chaussée de route dont le bombement dirige naturellement les eaux vers les fossés ④ ; malgré le soin que l'on prend souvent de la régler avec une inclinaison vers l'extérieur, elle ne tarde pas, si elle est argileuse, à se ramollir, à se déformer sous le poids des trains⑤ et à présenter à sa surface des cuvettes dans lesquelles l'eau séjourne⑥· C'est donc presque exclusivement par drainage d'on peut l'assécher; les fossés latéraux forment des drains d'autant plus efficaces qu'ils sont plus profonds.

Talus en déblai⑦. - L'inclinaison à donner aux talus dépend de la nature du terrain. Pendant longtemps on a eu l'habitude de prévoir dans les projets les talus en terre à 45° et les talus en rocher à 1/5; on est revenu en général et avec raison de ce système qui conduisait à des mécomptes. A moins d'avoir une très faible hauteur, les talus ne tiennent pas sous l'inclinaison de 45° dès que le terrain est un peu argileux.

Dans le rocher, l'inclinaison de 1/5 n'est pas non plus toujours rationnelle. Il y a des roches qui tiennent parfaitement à pic; il y en a au contraire d'autres qui, quoique compactes, ne peuvent être taillées à 1/5; il faut, dans ce cas, également se rendre compte, d'après les dépenses, s'il y a intérêt à adoucir les talus ou à les revêtir.

Talus de remblais. - Le talus normal des remblais est de 3 de base pour 2 de hauteur; c'est l'inclinaison que prend naturellement la terre coulante⑧.

---

① ligne de base 基线:指的是在三角网测量中,经精确测定长度的直线段。

② triangulation 三角测量:三角测量法是在地面上选定一系列的点,并构成相互连接的三角形,由已知的点观察各方向的水平角,再测定起始边长,以此边长为基线,即可推算各点的经纬度坐标。主要应用在各种地形、工程测量中。特别是测量中遇有高大障碍物、遇到重要跨越、无法得到平距等情况的时候,更要用到三角测量来测定未知点的坐标和高程。

③ 如果是路堑线路,则在线路的两侧修筑排水沟。

④ 路面的横向断面做成中央高于两侧,具有一定坡度的拱起形状,叫路拱。路面表面做成直线或抛物线型,其作用是利用路面横向排水。

⑤ 黏土质路基很快就变软,在列车的重压下变形。

⑥ 里面积水。

⑦ déblai et remblai:路堤和路堑:路基以填方方式构成的为路堤,以挖方方式构成的为路堑。路堤是指高于原地面的填方路基,路堑是指从原地面向下开挖而成的路基形式。

⑧ 这是流动土自然形成的坡度。

Lecture

Le Chemin de Fer Congo-Océan(CFCO)

Le tracé sinueux de sa traversée

Rappels historiques:

La vaste plaine du Niari qui ouvre l'accès à Brazzaville et à la grande voie navigable que constitue le fleuve Congo en amont de cette ville, est séparée de l'océan par une complexe chaîne montagneuse, le Mayombe. Cette formation géologique, si elle n'est pas très élevée, ne présente pas moins un relief prononcé couvert d'une puissante forêt équatoriale et une géologie difficile auxquels il faut ajouter une pluviosité très abondante.

Construction d'un pont sur l'ancien tracé

Travail dans le tunnel long

Dès les années 1880, l'illustre aventurier Stanley, qui explora pour le compte de la Belgique, la rive est du Congo alors que De Brazza, pour la France, remontait la rive ouest, avait pressenti le besoin de construire un chemin de fer de l'océan au Stanley Pool.

Une voie ferrée est étudiée dès 1887, pour être achevée en 1898 entre le port de Matadi et Léopoldville, future Kinshasa, juste en face de Brazzaville sur l'autre rive du fleuve. Du côté français, les missions d'étude se succèdent dès 1886, pour aboutir au premier coup de pioche du Chemin de Fer Congo-Océan, le 6 février 1921. Il sera inauguré le 10 juillet 1934.

Le CFCO et le Mayombe seront avides de vies humaines. Une étude évalua le nombre des victimes, arrivant au nombre de 16 000 morts de 1921 à 1934, d'autres sources donnent une fourchette entre 15 000 et 23 000 morts. Sur un total de 127 250 travailleurs recrutés le pourcentage de pertes avoisinait les 15%. Le chemin de fer aurait coûté "*Un manœuvre par traverse et un européen par kilomètre*…".

Lancement d'un pont

Un cours d'eau de la forêt du Mayombe

La Belgique avait pris une avance de 36 ans sur sa voisine la France, mais cette dernière possédait, en baie de Pointe-Noire un port en eau profonde, dont Matadi ne bénéficiait pas. Le CFCO prit donc logiquement de l'ascendant sur le transport de marchandise entre l'Océan et l'axe Congo-Oubangui qui ouvre l'accès à toute l'Afrique centrale.

Le tracé de sa traversée, très sinueux est lent, des glissements de terrain emportent les voies ou les déforment, les talus se dérobent. Les ouvrages d'art, ponts et tunnels se révèlent vulnérables. La forêt se referme sur la plate-forme et des arbres s'abattent fréquemment en travers dcs rails. Le trafic s'accroît sans cesse. (à suivre)

Dégagement de la voie

Glissement de terrain

Version

1. Description et consistance des travaux

Maître d'ouvrage(MO): Société Nationale des Autoroutes du Maroc représentée par son Directeur Général.
Maître d'œuvre (MO. E): Chef de la Division des Travaux de l'Autoroute Chichaoua - Argana.
Projet: Travaux de construction de l'autoroute Marrakech - Agadir, Tronçon Inintanout - Argana.

Marché N°44/07/S

A. 1. 1 - Nature des travaux à effectuer

Le présent Cahier des Clauses Techniques Particulières (CCTP) définit les spécifications à appliquer pour l'exécution des travaux relatifs à la section située entre le PK13+200 et le PK Fin du tronçon Imintanout - Argana de l'autoroute Marrakech - Agadir.

Il comprend les lots suivants:

Lot A: Installation de chantier, études, topographies et contrôles

Lot B: Dégagement des emprises, terrassement, drainage et assainissement, végétalisation

Lot C: Construction des chaussées

Lot D: Construction d'ouvrages d'art et de génie civil.

A. 1. 2 - Consistance des travaux

A. 1. 2. 1 - Généralités

Les travaux compris dans l'entreprise concernent les ouvrages ou parties d'ouvrages suivants:

a) L'autoroute proprement dite;

b) Les viaducs;

c) L'aire de service;

d) L'échangeur d'Argana et sa gare de péage;

e) Les rétablissements de communications;

f) L'aménagement et le raccordement aux voies rétablies;

g) Les voies latérales et de désenclavement;

h) Les bassins déshuileurs aux droits des oueds traversés.

A. 1. 2. 2-Lot D:

Ouvrages d'art et de génie civil

Les travaux comprennent la construction d'ouvrage en béton pour le rétablissement des communications, le franchissement des oueds et vallées, les rétablissements hydrauliques et les ouvrages de génie civil:

- Ouvrages de franchissement (viaduc);
- Ouvrages hydrauliques (dalots simples et multiples) et des ouvrages voûtés;
- Passages supérieurs et passerelles;
- Passages inférieurs;
- Passages véhicules;
- Passages piétons;
- Ouvrages pour protection de réseaux (eau, irrigation, etc. , ...);
- Bassins déshuileurs;
- Génie civil de la barrière de péage de l'échangeur d'Argana;
- Les barrières en béton de type DBA, GBA et LBA.

L'entreprise comprend toutes les fournitures et les mises en œuvre nécessaires à la complète exécution des ouvrages et notamment:

- Les installations spécifiques et les installations particulières à chacun des ouvrages, les dispositifs de protection (signalisation notamment) et de sécurité spécifiques à ces travaux inclus dans le Lot A;
- Les levés topographiques pour les calages des fils d'eau des petits ouvrages hydrauliques inclus dans le Lot A;
- L'implantation de bornes rapprochées à partir de la polygonale de base incluse dans le Lot A;
- Les plans d'adaptation, les études d'exécution des ouvrages provisoires et les études de sécurité en cours d'exécution inclus dans le Lot A;
- Les déviations provisoires des oueds y compris les ouvrages de franchissement provisoires, puis leur démolition, remblaiement et remise en état;

- Les déviations définitives des oueds;
- Le comblement des anciens lits des oueds déviés;
- Le blindage, soutènement et confortement provisoires nécessaires à l'exécution des fouilles;
- Les fouilles, épuisements et protections, quelle que soit leur importance, contre les eaux de toute nature, avec mise en dépôt provisoire des produits de fouille en cas de réemploi et mise en dépôt définitif pour les produits non réutilisables;
- Les purges et substitutions sous remblais contigus ou techniques quand il y lieu, y compris la fourniture des matériaux de substitution, et le remblaiement des fouilles;
- Le béton de substitution, le béton de propreté① sous les ouvrages;
- L'ensemble des ouvrages provisoires et opérations nécessaires à l'exécution des ouvrages définitifs: étaiement, cintres, passes charretières.

---

① béton de propreté:素混凝土:由水泥、砂(细骨料)、石子(粗骨料)按一定比例混合后加一定比例的水拌制而成。不添加外加剂、纤维等功能材料。素混凝土是针对钢筋混凝土、预应力混凝土等而言。

2. Une nouvelle voie ferrée à travers la plus grande région forestière du pays

Ouverture au trafic d'une nouvelle ligne au travers du grand Khingan - notre plus vaste région forestière. Une ligne d'importance capitale pour l'exploitation planifiée des forêts vierges, pour l'amélioration des relations entre la région frontière septentrionale et le reste du pays. Et aussi pour le renforcement de la grande unité de toutes nos nationalités et la consolidation de notre défense nationale.

Parallèlement à sa construction, cette voie ferrée entraîne la création, le long de la ligne, de nombreuses usines, entreprises forestières et nouvelles agglomérations d'où plusieurs millions de stères de bois sont transportés chaque année dans toutes les régions du pays. Tandis que les convois acheminent vers le reste du territoire national l'important volume de céréales produit par des fermes d'Etat nouvellement fondées, ils reviennent chargés d'engrais chimiques, d'insecticides, de machines agricoles et d'articles de consommation courant, jusqu'au cœur de ces forêts denses et de ces vallées reculées où vivent les Olunchons, les Owenkhs, les Dawo'er et d'autres minorités nationales.

Coup d'œil rapide sur les conditions climatiques de cette région: huit mois de gel par an; une moyenne de température annuelle inférieure au zéro degré centigrade, avec des minima inférieurs à moins 50.

VOCABULAIRE

étude *n. f.* 研究;考察;设计(整个设计中的一部分);勘测设计
étude préalable 初步设计,预测,可行性研究
étude définitive 正式设计

étude sur la carte 在图纸上设计
étude sur le terrain 外业勘测,现场勘测;现场调查;实地考察
étude du terrain (外业)勘测
étude dans le bureau 内业设计;室内研究
étude détaillée du tracé 线路选线详细设计
terrain *n. m.* 土,土壤;地层;地带
terrain argileux 黏土地带,黏土地层
évaluation *n. f.* 估计,估算,预计;鉴定
trafic *n. m.* 运输,运输量
trafic probable 可能的运量
pouvoirs (*n. m. pl.*) publics 当局,政府
il appartient *à qn. de+inf.* (*v. impers.*) 该某人做;做…是某人的责任
exécution *n. f.* 实施,施工;修建
prendre une décision 作出决定
à ce point de vue 从这方面看
rendre de grands services 提供大量帮助,作出重大贡献
en fournissant des données sérieuses 通过提供可靠的数据(副动词 en fournissant 在这里表示方式方法)
données (*n. f. pl.*) sérieuses 可靠的数据,重要的资料
éclaire *qn sur qch.* 对…向某人阐明
conseil (*n. m.*) général 省议会
établir un chemin de fer 修建一条铁路
établissement des lignes 铺设线路
généralités *n. f. pl.* 概述
se rendre compte *v. pr.* (*de qch.*) 懂得,了解
grosso modo *loc. adv.* [拉]大体上,大致地
examiner *v. t.* 审查,研究,探讨,分析
élément *n. m.* 因素,要素;参数,数据,资料
reconnaître *v. t.* 认出,看出
au point de vue des transformations futures 从未来的改建来看
transformation *n. f.* 改建
il est *v. impers.* 有,存在(=*il y a*)
à peu près 几乎,差不多,大致
revenir *v. i.* 改变看法,重新考虑
admettre *v. t.* 同意,允许,许可
déclivité *n. f.* 坡度,坡道
déclivité prononcée 陡坡
courbe *n. f.* 曲线
courbe de niveau 等高线

courbe de niveau de 2 mètres en 2 mètres　2 m 间隔的等高线
rayon *n. m.*　半径
rayon de courbes　曲线半径
adopter *v. t.*　采用，选定
voie *n. f.*　线路；铁路；轨道
voie étroite　窄轨，窄轨线路
voie ferrée　铁路
voie large　宽轨线路
voie en tranchée　挖方线路，路堑线路
accroître *v. t.*　增加
frais *n. m. pl.*　费用，开支
traction *n. f.*　牵引
obstacle *n. m.*　障碍，困难
mettre obstacle *à qch.*　阻碍，妨碍某事
augmentation *n. f.*　提高
augmentation des vitesses　提速
augmentation des vitesses sur rai　提高行车速度
augmentation du trafic　提高运量
au(-)delà *de qch.*　在…以外；超过
limite *n. f.*　极限，限度；极限值
transit *n. m.*　过境运输，联运，直达运输
largeur *n. f.*　宽度
largeur de la voie　轨距
influer *v. t. ind.* (*sur qch.*)　对某事有影响，影响到
d'une façon（十形容词）　以…方式，以…方法，…地
constituer *v. t.*　组成，构成
base *n. f.*　基础，基本原则，根据
marche *n. f.*　步骤，做法，办法
carte *n. f.*　图，地图；图纸；地形图，地势图
direction *n. f.*　方向，走向
direction générale (du tracé)　（线路的）总走向
direction de voie　线路走向
direction définitivement adoptée　最终选定的线路走向
tracer *v. t.*　划线；制图，绘图；拟订线路，标出路线
tracer des courbes de niveau　划等高线
variante *n. f.*　比较方案
variante du tracé　线路比较方案，选线比较方案
faire *qch. de qch.*　把…变为…，使…成为…
objet *n. m.*　目标，对象

pousser *v.t.* 深入进行
certitude *n.f.* 确实性,可靠性
△ avec certitude 确实地;确信地
Un des tracé doit être préféré aux autres 同其他的线路相比,其中有一条线路是最令人喜欢的
retenir *v.t.* 保留;考虑
lever *v.t.* 测绘,绘图
plan *n.m.* 图,平面图
plan coté 标有尺寸的平面图,标有高程的平面图
plan coté du terrain 标有尺寸的地区平面图
plan coté bien levé 测绘得很好的、标有高程的平面图
plan du terrain 地区图,地盘图
plan du cadastre 地籍图,地亩图,土地测量图
plan d'étude 设计图
opérer *v.i.* 测量
triangulation *n.f.* 三角测量
ligne de base 基线
profil *n.m.* 断面,剖面
profil en travers 横断面
profil en travers type 标准横断面
au moyen *de qch.* 用…的方法,以…手段,通过
méthode *n.f.* 法,方法
méthode de triangulation 三角测量法
méthode des profils en travers 横断面测量法
terrain *n.m.* 地形
opérateur *n.m.* 操作人员,测量员
en général 一般地,一般地说;通常
préférable *adj.* (*à qch.*) (比…)更可取的,(比…)更好的
pays *n.m.* 国,国家;地区,地方
pays cultivé 耕种地区
pays plat 平原
pays accidenté 起伏不平的地区,山区
lever *n.m.* 测绘(同 levé)
limite *n.f.* 范围,区域,边界,边线
limites des propriétés 用地范围,用地边线
bord *n.m.* 边,边缘;岸边,河岸
bords des ruisseaux 河边
ruisseau *n.m.* 小河,小溪
il vaut mieux (+ *inf.*) 最好,还是…为好

rapporter *v. t.* 标示(尺寸)
rapporter le plan coté sur le papier à l'échelle de 1/ 2 000 在绘图纸上按 1/2 000 的比例标示有高程的平面图
rapporter les cotes et les courbes de niveau 标示高程和等高线
papier *n. m.* 纸;绘图纸
papier à dessin [à dessiner] 绘图纸
échelle *n. f.* 比例尺
cote *n. f.* 标高,高程
cote relevée 测定的标高
cote utile 有效标高
espacé *adj.* 有间隔的,相隔一段距离的
de … en … 表示周期性间隔
au besoin 必要时,需要时,在必要的情况下
lecture *n. f.* (符号、图表等的)辩读,查看
relief *n. m.* 地形,地势,地势的起伏
relief du terrain 地势的起伏
relief prononcé 起伏明显的地形
indiquer *v. t.* 显示,表明,说明
construction *n. f.* 建筑物,构筑物
clôture *n. f.* 围墙,栅栏,篱笆
cours *n. m.* 水流,河流
cours d'eau 河流,水流
point *n. m.* 点;地点,位置
point de départ 出发地点;起点,始点
se servir *v. pr.* (*de qch.*) 使用,利用
outre *prép.* 除…之外
inscrire *v. t.* 记入,记在,写在
inscrire *qch.* (*sur*, *dans*, *à…*) 把某事列入(记入,记在,写在)…
relever *v. t.* 测定位置
relever les cotes 测定标高
relevé *adj.* 测定的
opération *n. f.* 作业;测量
ravin *n. m.* 溪谷,沟壑;冲沟
au droit de 在某处,靠近某处(并不确定上下左右的具体位置)
au droit des dénivellations brusques 在高低差突变处
dénivellation *n. f.* 高低不平,起伏不平;不平度;[测]高差,落差,水平差 ;高度变化
dénivellations brusques 高度突然变化,高低差突变
définir *v. t.* 说明特征;确定
forme *n. f.* 形状,外形

établir *v. t.* 制定,编制
avant-projet *n. m.* 初步设计;初步方案
ouvrage *n. m.* 工程;建筑物,结构物,构造物
ouvrage d'art (道路、铁路的)桥隧工程,桥隧结构物,桥涵构造物
cubature *n. f.* 容积,体积;求体积法
cubature des terrassements 计算土方工程量
terrassement *n. m.* 土方工程;土方
placer *v. t.* 安放,安置,安排
placer *qch.* (+地点状语/+方式状语)将某物置于某处(合适的位置或状态)
tâtonnement *n. m.* 摸索,探索,反复试验
△ par tâtonnement 摸索着
répartition *n. f.* 分布
pente *n. f.* 斜坡,坡道,下坡道
rampe *n. f.* 斜坡,坡道,上坡道
position *n. f.* 位置;配置,分布,布局
traversée *n. f.* 交叉,交叉点
traversée de chemin 道路交叉
minimum *n. m.* 最小值,最低值
cube *n. m.* 立方,立方体
cube des terrassements 土方工程量
pousser *v. t.* 深入进行
comparaison *n. f.* 比较
comparaison des variantes 方案比较
compléter *v. t.* 补充,补足,使齐全,使完整
disposer *v. i.* (*de qch.*) 拥有…,掌握…
soit *que* (+ *subj.*), soit *que* (+ *subj.*) 也许…也许…
après mûr examen 经再三研究
mûr *adj.* 经过深思熟虑的,考虑成熟的
examen *n. m.* 审查,研究,推敲
trouver intérêt (*à* + *inf*). 发现做…有好处
sortir *v. i.* (*de qch.*) 离开(某地)
zone *n. f.* 地带,地区,区域
zone déjà relevée 已经测定的地区
hésiter *v. i.* 犹豫
ne pas hésiter àr etourner sur le terrain 毫不迟疑地返回现场
lorsque *conj.* 在…情况下
placer *v. t.* (*qch.* +地点用语)把某物设在(放在)某处
de chaque côté 在两侧
fossé *n. m.* 边沟,排水沟

fossé d'écoulement 排水沟
fossé latéral 边沟
tranchée *n. f.* 路堑
écoulement *n. m.* (水的)流动,排出
plateforme, plate-forme *n. f.* (公路、铁路的)路基
plate-forme d'un chemin de fer [de voie ferrée] 铁路路基
chaussée *n. f.* 路面;公路,马路
chaussée de route 公路路面
bombement *n. m.* (路面的)凸起,鼓起,隆起
bombement de la chaussée 路面的隆起,路拱
diriger *v. t.* 引导,引向
diriger *qch.* (*vers*) 把…引向
diriger naturellement les eaux vers les fossés 使水朝边沟自流
prendre soin *de* + *inf.* 注意,留心,想到
régler *v. t.* 调整
inclinaison *n. f.* 倾斜度,坡度
inclinaison vers l'extérieur 向外坡度
inclinaison à donner aux talus 边坡的(设计)坡度
ne pas tarder (*à* + *inf.*) 立即做…,马上做…,很快就…
se ramollir *v. pr.* 变得柔软,软化
déformer *v. t.* 使变形
se déformer *v. pr.* 变形
présenter *v. t.* 呈现,有(指形态、性质等)
surface *n. f.* 表面,面层
à sa surface 在其表面
cuvette *n. f.* 坑,穴
séjourner *v. i.* 滞留,积(雪、水等)
exclusivement *adv.* 唯一地
drainage *n. m.* 排水;排水法;排水系统
assécher *v. t.* 排水,排干
assécher la plateforme 将路基的水排干,排干路基
former *v. t.* 构成
drain *n. m.* 排水沟
d'autant plus *que* + *ind.* 因为…更好…,因为…更加…
d'autant plus efficaces qu'ils sont plus profonds (排水沟)越深排水效果越好
efficace *adj.* 有效的
talus *n. m.* 边坡
talus en déblai 路堑边坡
talus en terre 土边坡,土堤边坡

talus en rocher 岩石边坡
talus de [en] remblais 路堤边坡
talus normal des remblais 标准(正常)的路堤边坡
nature *n. f.* 性质;种类
nature du terrain 土质,土壤性质,土壤种类
avoir l'habitude (*de* + *inf.*) 有…的习惯,习惯于
prévoir *v. t.* 规定
projet *n. m.* (初步)设计
terre *n. f.* 土,土壤
terre coulante 流动土,浮土
rocher *n. m.* 岩,岩石
revenir *v. i.* (*de*) 摆脱,抛弃
avec (juste) raison 以正当理由,做…是有道理的
système *n. m.* 方法,方案
conduire *v. t.* 导致,致使
mécompte *n. m.* 计算错误,误算,失算
à moins de 除非…
tenir *v. i.* (状态,位置)稳得住,立得住
dès que (+*ind.*) 一旦…就…
argileux *adj.* 黏土的,黏土质的
rationnel *adj.* 合理的
roche *n. f.* 岩,岩石,岩块
à pic 垂直地,直立地,陡峭地
compact *adj.* 坚固的,坚硬的
tailler *v. t.* 割,凿,修琢
dépense *n. f.* 开支,费用
dépense de construction 工程费,建筑费用
il y a intérêt *à* + *inf.* 做…有益,做…有好处
adoucir *v. t.* 使缓和
adoucir les talus 减缓边坡坡度
revêtir *v. t.* 加保护层,加覆盖层;铺面
prendre *v. t.* 具有,呈现
coulant *adj.* 易流的,流动的

VOCABULAIRE COMPLÉMENTAIRE

Le Chemin de Fer Congo-Océan(CFCO) 刚果大洋铁路
rappels (*n. m. pl.*) historiques 历史的回顾
Niari 尼阿里河(刚果)
Brazzaville 布拉柴维尔(刚果共和国首都)

plaine (*n. f.*) du Niari 尼阿里平原
ouvrir l'accès *à* 能通往…
voie (*n. f.*) navigable 航道,可航行的水路
le fleuve Congo, le Congo 刚果河(又称:扎伊尔河)
chaîne (*n. f.*) montagneuse 山脉
le Mayombe 马永贝山脉
formation *n. f.* 组成,构成;结构
formation géologique 地质组成,地质构造
couvert d'une puissante forêt équatoriale 覆盖着赤道地区茂密的森林
équatorial *adj.* 赤道(地区)的
géologie *n. f.* 地质(学)
géologie difficile 复杂的地质
pluviosité *n. f.* 多雨;(降)雨量
pluviosité abondante 雨量丰富
illustre *adj.* 著名的
aventurier, ère *n.* 探险家
Stanley 斯坦利(人名)
explorer *v. t.* 探测,勘察,勘探;探险
Stanley Pool 斯坦利湖
Brazza 布拉柴(人名)
remonter *v. t.* 重登,再上
pressentir *v. t.* 预感到
achever *v. t.* 完成,完工,竣工
Matadi 马塔迪(扎伊尔港口)
Léopoldville 利奥波德维尔(现名金沙萨)(扎伊尔首都)
Kinshasa 金沙萨(扎伊尔首都)
mission *n. f.* 任务
mission d'étude 设计任务
se susséder *v. pr.* 连续进行,逐步进行
aboutir *v. t. indir.* (*à*) 导致,以…为结果
inaugurer *v. t.* 为…举行开幕典礼,为…举行落成仪式
inaugurer le Chemin de Fer Congo-Océan 举行刚果大洋铁路通车典礼
êtrer avide de la vie humaine 吞噬人的生命
victime *n. f.* 伤亡者;遇难者
fourchette *n. f.* (预测、推测、评价等的)上下限差差距,差幅
donner une fourchette entre 15 000 et 23 000 morts 估计死亡人数在 15 000～23 000 之间
recruter *v. t.* 招收,招聘
pourcentage *n. m.* 百分比,百分率,百分数
pertes *n. f. pl.* (人员的)伤亡;伤亡者

pertes en vies humaines 人员的伤亡
avoisiner *v. t.* (数值)相近,接近
coûter *v. t.* 使付出(代价),使遭受(损失)
manœuvre *n. m* 非技术工人,普通工人
traverse *n. f.* 轨枕,枕木
lancement *n. m.* (桥梁)架设
lancement d'un pont 架桥
la forêt du Mayombe 马永贝森林
baie *n. f.* 港湾,小海湾
Pointe-Noire 黑角(刚果的港口城市)
port (*n. m.*) en eau profonde 深水港
ascendant *n. m.* 影响力,巨大影响
prendre de l'ascendant *sur* 取得对…的巨大影响
transport (*n. m.*) de marchandises 货运
axe *n. m.* 干线,要道,大动脉
axe de communication 交通要道
Oubangui 乌班吉河(非洲中部)
Afrique (*n. f.*) centrale 中非
sinueux *adj.* 曲折的,蜿蜒曲折的,弯弯曲曲的
glissement *n. m.* 滑动,滑移;崩塌,滑塌
glissement de terrain 坍方,塌方,滑坡
emporter *v. t.* 带走;卷走,冲走
déformer les voies 使线路变形
se dérober *v. pr.* 下陷,塌陷
tunnel *n. m.* 隧道
tunnel long 长大隧道
se révéler *v. pr.* 显得
vulnérable *adj.* 易损坏的,脆弱的
se refermer *v. pr.* (*sur qch.*) 围困,阻碍
s'abattre *v. pr.* 突然倒下
en travers *de* (*qch.*) 横在…上,横在…中央
dégagement *n. m.* 清除障碍,清障
dégagement de la voie 清除线路障碍,开通线路

---

description (*n. f.*) et consistance des travaux 工程性质和工作范围说明
consistance (*n. f.*) des travaux 工程内容
Maître (*n. m.*) d'ouvrage (MO) 业主
Société (*n. f.*) nationale des autoroutes du Maroc 摩洛哥国营高速公路公司
Maître (*n. m.*) d'œuvre (MO. E) 业主代表,监理

Chef (*n. m.*) de la Division des Travaux de l'Autoroute 高速公路工程处处长
Chichaoua 希沙沃(摩洛哥)
Argana 艾尔加奈(摩洛哥)
Marrakech 马拉喀什(摩洛哥)
Agadir 阿加迪尔(摩洛哥)
Imintanout 伊明塔努特(摩洛哥)
projet *n. m.* (建设)项目
tronçon *n. m.* 段,线路区段
nature (*n. f.*) des travaux 工程性质
Cahier (*n. m.*) des Clauses Techniques Particulières (CCTP) 特殊技术条款
spécification *n. f.* 技术要求,技术条件,技术规范
lot *n. m.* (工程的)一部分
installation (*n. f.*) de chantier 建立工地,建点
topographie *n. f.* 地形测量
topographie au sol 地面测量
dégagement (*n. m.*) des emprises 占地范围清障
végétalisation *n. f.* 用草类植物覆盖,植草
construction (*n. f.*) des chaussées 路面工程,路面施工
construction des ouvrages d'art 桥涵施工
construction de génie civil 土木工程
entreprise *n. f.* 承包,承揽
viaduc *n. m.* 高架桥
aire (*n. f.*) de services (高速公路的)服务区
échangeur *n. m.* (公路)立交桥
gare (*n. f.*) de péage 收费站
gare de péage sur échangeur 立交桥收费站
rétablissement (*n. m.*) des communications 恢复交通(线)
aménagement *n. m.* (线路)改建
raccordement *n. m.* 连接
raccordement aux voies rétablies 与恢复道路连接
les voies (*n. f. pl.*) latérales et de désenclavement 公路两侧的便道和通道
désenclavement *n. m.* 被围住地区出现通道
bassin (*n. m.*) déshuileur 除油池
rétablissements(*n. m.*) hydrauliques 修复水工构造物(工程),重建过水构造物(工程)
oued *n. m.* (北非的)河流
ouvrage (*n. m.*) en béton 混凝土工程,混凝土建筑物
ouvrage hydraulique 水工构造物,过水构造物
ouvrage de génie civil 土建工程
ouvrage de franchissement 桥梁,跨越构造物

ouvrage voûté 拱形构造物,拱形结构物
dalot *n. m.* 箱涵
dalot simple 单孔箱涵
dalot multiple 多孔箱涵
passage (*n. m.*) supérieur (PS) (高速公路)上部通道,上跨线桥
passage inférieur (PI) (高速公路)下部通道,下跨线路
passage véhicule (PV) 汽车通道
passage (pour) piétons (PP) 行人通道
ouvrage de protection des réseaux (eau, irrigation) (给水、灌溉)管道系统防护构造物
génie (*n. m.*) civil 土木工程
barrière *n. f.* 栅栏,道口栏木,栅门
barrière de péage 收费站栅门(栏木),收费处
mise (*n. f.*) en œuvre 施工
exécution (*n. f.*) des ouvrages 施工,工程实施
installation *n. f.* 设备,装置,设施
spécifique *adj.* 特殊的,专门的
particulier *adj.* (*à*) 所特有的
dispositif (*n. m.*) de protection 保护装置
dispositif de signalisation 信号装置
dispositif de sécurité 安全装置
signalisation *n. f.* 信号,信号装置
levé *n. m.* 测量,测绘
levé topographique 地形测量
calage *n. m.* 定位
fil (*n. m.*) d'eau 水流
implantation *n. f.* (建筑物)定位
implantation de bornes rapprochées 接近构造物的控制点定位,(桥梁)构造物控制点定位
borne (*n. f.*) rapprochée 接近构造物的控制点,(桥梁)构造物控制点
polygonale *n. f.* 导线
polygonale de base 基本导线(一级导线)
plan (*n. m.*) d'adaptation 补充设计图纸
ouvrages (*n. m. pl.*) provisoires 临时建筑物(构造物),临时工程
ouvrages définitifs 永久性工程
ouvrages de franchissement provisoires 临时跨越构造物(桥梁)
études (*n. f. pl.*) de sécurité en cours d'exécution 施工中安全方法的规划
déviation (*n. f.*) provisoire des oueds (北非)河流临时改道(工程)
déviation définitive des oueds (北非)河流正式改道(工程)
démolition *n. f.* (建筑物的)拆除
remblaiement *n. m.* 填土,回填

remblaiement des fouilles 基坑回填
remise (*n. f.*) en état 恢复
comblement (*n. m.*) des anciens lits des oueds déviés 改道河流旧河床填平
blindage *n. m.* (隧道、基坑等的)支护
soutènement *n. m.* 支撑,支架,支柱
confortement *n. m.* 加强,加固
confortement provisoire 临时加固
exécution (*n. f.*) des fouilles 基坑施工,基坑开挖
fouille *n. f.* 挖掘,开挖,挖方,挖土;基坑
épuisement *n. m.* 排水
protection *n. f.* 防护;防护设施(措施)
protection contre les eaux 防水设施
mise (*n. f.*) en dépôt provisoire 临时堆放
mise en dépôt définitif pour les produits non réutilisables. 不能利用材料在永久弃渣场堆放,挖方弃土在弃渣场堆放
produits (*n. m. pl.*) de réemploi 再使用材料
produits non réutilisables 不可利用材料,挖方弃土
les purges (*n. f. pl.*) et substitutions (*n. f. pl.*) sous remblais contigus ou techniques (桥涵构造物)相邻填方或技术区填方底层清理和换土
matériaux (*n. m. pl.*) de substitution 替换土石料
béton *n. m.* 混凝土
béton de substitution 重新灌注的混凝土
béton de propreté 素混凝土
étaiement *n. m.* (用支柱)支撑,支护;支撑架
cintre *n. m.* 拱架
passe (*n. f.*) charretière 大车道

Grand Khingan 大兴安岭
région (*n. f.*) frontière septentrionales 北部边疆地区
entreprise (*n. f.*) forestière 林木企业
agglomération *n. f.* 城镇
stère *n. m.* 立方米(量木材单位)
acheminer *v. t.* 运送
vallée (*n. f.*) reculée 深山
Olunchun 鄂伦春
Owenkh 鄂温克
Dawo'er 达斡尔

Termes de construction(工程词汇)

○ 设计文件 Dossier du projet

设计任务书,设计要求 programme (*n. m.*) 指建设单位或主管单位对设计人提出的要求或文件。但设计人在图纸上或说明书上注明的对施工单位的"设计要求"不能称 programme 而应译作 exigences (*n. f. pl.*) 或 prescriptions (*n. f. pl.*)

设计① projet (*n. m.*) 指整个设计过程或设计成品,包括图纸、文件。例如"中央医院工程的设计"Le projet de construction de l'Hôpital central;"土质与设计依据不同时…"Lorsque la nature du sol est différente de celle des données du projet …

②études (*n. f. pl.*) 指整个设计中的一部分,常用来组成一个词组,例如"钢筋混凝土设计"études de béton armé;"门厅内部装修设计" études pour la décoration intérieure du vestibule;"本设计按一下资料进行" Les études de l'actuel projet sont conforme aux données suivantes。

③conception (*n. f.*) 原意"构思",表示设计的总意图,有时也作为整个设计的一个概括名词,例如"设计的总意图"la conception générale du projet,"框架方案" conception de l'ossature;"设计和建造"conception et réalisation。

④dessin (*n. m.*), plan (*n. m.*) 中文中有时"设计"一词实际上是指图而言,在此情况下应译作 dessin 或 plan,例如"在设计中所表示的"indiqués sur les dessins [plans]设计单位[机构] organisme (*n. m.*) projecteur。

设计人 ①architecte (*n. m.*) 指个人,也指集体或集体指派的具体负责的个人,例如"应征得设计人同意"doit obtenir l'assentiment de l'architecte;… 由设计人临时指定之 … sera désigné par l'architecte au moment voulu。

②ingénieur (*n. m.*) 建筑工程中其他专业设计人(如结构设计人、设备设计人等),为了更明确哪一专业,可用 ingénieur 一词,例如"施工中遇到基压在现有管线上时,应征得有关设计人同意"Lorsque les fondations doivent être exécutées au-dessus d'une canalisation existante, il faut obtenir l'accord de l'ingénieur responsable du projet。

③projeteur (*n. m.*) (设计员), dessinateur (*n. m.*) (绘图员), calqueur (*n. m.*) (描图员)。

设计范围 domaine (*n. m.*) des études

设计阶段 phase (*n. f.*) des études

设计进度 avancement (*n. m.*) des études

建筑原理 principes (*n. m. pl.*) architecturaux

建筑布局 disposition (*n. f.*) architecturale;
composition (*n. f.*) architecturale

集中布局 disposition (composition) (*n. f.*) compacte

分散布局 disposition (composition) (*n. f.*) en ordre dispersé

初步方案(初步设计的一个阶段) études préliminaires

设计文件(内容包括全部图纸和用文字写成的各种文件),严格说来:"设计文件"有"初步设计文件"和"施工图设计文件"两种,但只提"设计文件"时,大都指"施工图设计文件"

documents (*n. m. pl.*)在建筑文件中,指包括图纸在内的全部"设计文件"documents du projet d'exécution;"初步设计文件"documents de l'avant-projet。

文件 textes (*n. m. pl.*), documents écrits (*n. m. pl.*) 都指设计文件中的文字部分。

文卷,卷宗 dossier (*n. m.*) 指整套的文件

图纸(设计文件中的图纸部分)

①documents (*n. m. pl.*) graphiques 较广泛,包括图,也包括表格等。

②dessins (*n. m. pl.*), plans (*n. m. pl.*) 例如:

"兹寄上设计文件一套,内容包括 52 个项目:计图纸 43 张,文件 9 张"Nous vous envoyons ci-joint un dossier du projet d'exécution complet, comportant 52documents: 43 dessins et 9 textes。

合同 ①marché (*n. m.*) 完成一项工程的合同都用此字。

②contrat (*n. m.*) 在一定期限内双方应遵守某些义务的合同用此字。例如招聘临时工的合同,租用建筑机械的合同等。

③pièces (*n. f. pl.*) du marché 指合同文件,例如:"本合同包括…"Les pièces du marché comportent …

工程合同,承包合同 marché (*n. m.*) des travaux

招标 appel (*n. m.*) d'offre

投标 adjudication (*n. f.*), soumission (*n. f.*), remise (*n. f.*) des offers

说明书,施工说明书:在法国图纸之外另有几种与图纸同等重要的文件,例如:

①devis (*n. m.*) descriptif "工程说明书",内容主要是工程个部位的规格、质量和做法等。

②cahier (*n. m.*) des prescriptions techniques "技术说明书","施工说明书"。

③cahier (*n. m.*) des charges "技术要求,技术说明书,施工说明书"。

技术上②和③内容主要是各种工程的操作规程及具体要求等,每种文件都可能再分成若干个专题文件。

方案(一个具体的方案)

①parti (*n. m.*) 一栋房屋或一片工程的方案。

②solution (*n. f.*) 处理的方法。

方案比较 comparaison des partis

初步设计 avant-projet (*n. m.*)

施工设计 projet (*n. m.*) d'exécution 包括设计文件和图纸

施工图 dessins (*n. m. pl.*) d'exécution,
plans (*n. m. pl.*) d'exécution

○ 常用术语 Termes usuels

规范 règles (*n. f. pl.*)，一般情况的规范、法规、规定称之为 règlements (*n. m. pl.*)，有时亦称 code (*n. m.*)．但是其法定结构规范（分成钢结构和钢筋混凝土结构）用 règles．即：

①"钢结构设计与施工规范" règles pour le calcul et l'exécution des constructions métalliques

②"钢筋混凝土结构设计与施工规范" règles pour le calcul et l'exécution des constructions en béton armé

同样，其他结构规范可用类似称法，例如：

③"木结构设计与施工规范" règles pour le calcul et l'exécution des constructions [ouvrages] en bois

④"建筑物抗震设计[计算]规范" règles pour le calcul des ouvrages soumis aux effets des séismes

⑤"砖石结构设计与施工规范" règles pour le calcul et l'exécution des constructions en maçonnerie

⑥"施工[工程]验收规范" règles pour la réception des travaux

⑦"防火规范[条例]" réglementation (*n. f.*) pour la protection contre l'incendie

⑧"卫生条例" règlements d'hygiène

⑨"设计规范，建筑规范" règlements de construction

计算书 notes (*n. f. pl.*) de calcul

参考资料 documents (*n. m. pl.*) de référence

勘测报告 rapport sur le résultat des sondages et des études géophysiques，报告的结论称之为 conclusion (*n. f.*)

计算依据 données des calculs

条件 conditions (*n. f. pl.*)

计算图表 abaque (*n. m.*)

应力图形 diagramme (*n. m.*) des contraintes

计算草图 figure (*n. f.*) schématique pour le calcul

几何尺寸 dimension (*n. f.*) géométrique

最不利情况 cas (*n. m.*) le plus défavorable

断面选择 détermination (*n. f.*) de la section

定律 loi (*n. f.*)

定理 théorème (*n. m.*)

公式 formule (*n. f.*)

方程式 é quation (*n. f.*)

单位 unité(*n. f.*)

正的，负的 positif，négatif

正号、负号 signe positif，signe négatif

大于 plus grand que…，supérieur à …

小于 plus petit que …，inférieur à …

等于 égal à …，identique à …

按比例 proportionnellement à …

最大 maximum (*n. m.*)

最大值 valeur (*n. f.*) maximale

最小 minimum (*n. m.*)

最小值 valeur (*n. f.*) minimale

极限 limite (*n. f.*)

近似值 valeur (*n. f.*) approchée

假设 hypothèse (*n. f.*)

假定 admettons，supposons que …

采用 prendre … pour

代入 remplacer … par

求出 obtenir

确定 déterminer

同样 de même

可忽略 négliger

可忽略的值 quantité (*n. f.*) négligeable

值，量 valeur (*n. f.*)，grandeur (*n. f.*)，quantité(*n. f.*)

绝对值 valeur (*n. f.*) absolue

未知数 inconnue (*n. f.*)

总和 somme (*n. f.*)

总数，合计，总计 somme (*n. f.*) globale

误差 erreur (*n. f.*)

同时地 simultanément *adv.*

轮流的 alternativement *adv.*

验算 vérification (*n. f.*)

相符的 vérifié *a.*

不符的 pas vérifié

偏差，偏移 déviation (*n. f.*)

偏心 excentricité (*n. f.*)

积分 intégration (*n. f.*)

积分常数 constante (*n. f.*) d'intégration

微分方程 éuation (*n. f.*) différentielle

平衡条件 conditions (*n. f. pl.*) d'équilibre

稳定条件 conditions (*n. f. pl.*) de stabilité

理论学说 théorie conditions (*n. f.*)

审查，核对 contrôle (*n. m.*)，verification

有关部门 organisme (*n. m.*) intéressé

主管部门 organisme (*n. m.*) compétent

上级机关 autorité (*n. f.*) supérieure

协作部门[单位] organisme (*n. m.*) collaborant

兄弟单位 confrère (*n. m.*)，organisme (*n. m.*) similaire

○ 指标,系数

指标,指数 indice (*n. m.*)

技术指标 indice technique

经济指标 indice, index économique

系数 coefficient (*n. m.*)

造价,总造价 montant (*n. m.*) des travaux

单方造价 prix (*n. m.*) e la construction par mètre carré

单项造价 prix unitaire

面积 surface (*n. f.*), superficie (*n. f.*)

体积 volume (*n. m.*)

基地面积 surface (*n. f.*), supérficie (*n. f.*) du terrain occupé

(建筑)占地面积 superficie (*n. f.*) couverte, surface bâtie

建筑密度 densité (*n. f.*)de construction

建筑面积 surface (*n. f.*) des planchers (意为地板面积)

surface (*n. f.*)développée (意为展开面积)

使用面积 surface utile (意为有效面积)

交通面积 surface des circulations

结构面积 surface en plan oxccupée par les murs et cloisons etc.

建筑红线 alignement (*n. m.*)

使用率,占用率 coefficient (*n. m.*) d'occupation

使用系数 coefficient (*n. m.*), indice (*n. m.*) d'utilisation

绿化面积 surface (*n. f.*) des espaces verts

○ 部位和方向(Position et direction)

部位,位置:①emplacement (*n. m.*) ②position (*n. f.*)

使用地点,使用处:lieu d'emploi

上和上部:supérieur, e / partie supérieure

下和下部:inférieur, e / partie inférieure

在上面:①en haut 在(较)高处。②au-dessus 在上面或上部

在下面:①en bas 在(较)低处。②en-dessous 在下面或底部

在中央,在中心:①au centre。②au milieu (亦可表示时间)

在两边:sur les côtés

中间:intermédiaire 例如:中间各层 les étages intermédiaires (含义是除了底层和顶层以外的各层);中等质量:qualité intermédiaire (既不是最高级也不是最低级)

在(…)前面:devant (*prép.*, *adv.*); 前部,前面:devant (*n. m.*)

在(…)后面:derrière (*prép.*, *adv.*); 后部,后面 derrière (*n. m.*)在左(边,面):à gauche

在右(边,面):à droite

在里面,在室内:à l'intérieur

在外面,在室外:à l'extérieur

纵向:longitudinal *adj.*

横向:transversal *adj.*

方向:①direction *n. f.* 指东西南北等方位,或有一定目标的朝向,例如:往东南方:en direction du sud-est 往北京去的货车:train en direction de Beijing。②sens *n. m.* 向哪一面,与方位或目的无关,例如:顺时针方向 dans le sens des aiguilles d'une montre; 单行道 rue à sens unique

双向:dans les deux sens, à double sens, à deux sens; dans deux directions, à deux directions; bidirectionnel, le *adj.*

单向:à sens unique 单向的 à une direction 单向的

朝向:orientation *n. f.*

面:①surface *n. f.* 面积,表面。例如:全部面积 toute la surface; 光面 surface polie。②face *n. f.* 在哪一面,例如:上面(上皮) face supérieure; 下面(下皮) face inférieure; 内面(内皮) face interne; 外面(外皮) face externe; 后面 face postérieure; 侧面 face latéral; 斜面 face inclinée; 结构面(毛面) face brute。③arasement *n. m.* 原意是墙或柱子的某一水平面,中文常用"线"字来表达,例如:柱顶线 arasement des poteaux 意思是柱子的顶皮;墙砌到+6,24 m 时:Lorsque le mur est maçonné jusqu'à l'arasement de +6,24 m。④nu *n. m.* 水平的面、垂直的面都能用,例如:柱子面 nu du poteau; 梁的上皮 nu supérieur de la poutre

梁的两侧:jouées (*n. f. pl.*) des poutres 这是一个专用词,只有梁的侧面能用此词

在某处 au droit de … 靠近某处,并不确定上下左右的位置,例如:

靠近门处 au droit de la porte

靠近柱子处;柱下 au droit du poteau

高低交接处 au droit du décalage de niveau

交错排列 (梅花桩式):arrangement en quinconce

"课文"翻译参考

第2课 设计(1)

初步设计

当修建一条铁路的时候,在任何外业勘测开始之前首先要解决的问题是知道是否应该修建这条铁路和应该在什么条件下修建这条铁路。

Ⅰ. 估算可能的运量

初步设计 -决定修建铁路是政府的事情,但是如果没有初步设计是做不出这些决定的。从这方面看,工程师通过向省议会或部长阐明所期待的可能运量提供可靠的数据,可以做出巨大的贡献。另外,规定这种运量对于修建铁路条件的研究是很必要的。

Ⅱ. 修建铁路的条件

概述在了解了铁路线可能的运量之后,至少是大概的运量,应该确定修建铁路线的条件。

如果分析了修建一条线路的各种因素,就不难看出从未来改建的角度看,这些因素并非全都具备相同的条件。

有些因素是不可行的或几乎需要重新考虑的。如果允许的坡道太陡或者允许的曲线半径太小,特别是采用窄轨铁路而不是宽轨铁路的话,就会增加牵引的费用,超过一定的限度就会妨碍提速和提高运量或者使过境运输不能实现。

以上这三种因素:坡度、曲线半径和轨距绝对影响到线路未来的发展,构成了运量的基础。

正式设计

Ⅰ. 正式设计的步骤

在图纸上设计-最初的设计在图纸上进行。这种在图纸上进行的最初的设计不是总产生一条线路走向。在这种情况下,要在图纸上画出各种选线比较方案来进行分析并且对每种比较方案都要进行现场勘测。这种最初的设计尽可能深入地进行,为的是确实地识别出哪条线路同其他的线路相比是最符合条件的。

现场勘测(外业勘测)-根据保留的比较方案对选线的整个长度确定了线路总的走向和应设计的选线区域的宽度以后,就可以在该区域测绘标有尺寸的地区平面图了。可以使用三角测量,也可以使用基线和横断面测量。

测量方法的选定取决于地形的情况和测量员的习惯。一般三角测量法比较适合平原和耕种密集的地区,可以沿道路、地界、河边等进行,但是在起伏不平的地区最好使用横断面测量法。

在绘图纸上按 1/2 000 的比例标示有高程的平面图,然后用测定的标高划等高线,通常等高线的间距为 2 m,必要时涂上不同的颜色以便于查看地势的起伏。在图纸上显示建筑物、围墙、河流等是有益的。在地籍图准确的情况下(情况并非总是这样),可以用地籍图作为始点,并在上面标示高程和等高线。除了等高线之外,有必要在图纸上写上实际测量的高程。

为划间距 2 m 的等高线而测量高程对于绘制带有标高的设计图来说是不够的,还应该做外业勘测所需要的一切测量。因此,在溪谷和高低差突变的地方,为了正确地确定外形和能够编制工程的初步设计或计算土方工程量总还要测量有效标高。

内业设计-在 1 比 2 000 的图纸上进行线路选线详细设计,为了得到上下坡到的最佳分布,人们摸索着寻找为桥涵建筑物、道路交叉和把土方工程量降到最少的最佳位置。为各种不同的方案进行所要求的比较,尽可能深入地进行设计。然后,待线路的正式走向选定之后,再把走向补充完整。

即便是标高测量很准确的图纸,经常会发生某些点所有的高程对于准确确定地势的起伏来说还是不够的,或者在经过再三的研究(推敲)之后,发现还是离开已经测量的区域为好。在这种情况下,应该毫不迟疑地返回现场。

Ⅱ. 标准横断面

边沟 - 如果是路堑线路,则在线路的两侧修筑一条排水沟。铁路的路基与公路的路面不同,公路路面的路拱使水朝边沟自流。尽管人们经常注意调整路基使之产生一个向外坡,但是如果路基是黏土质的话,它很快就会变软,在列车的重压下变形并且在表面出现坑穴,里面积水。因此,大概只有排水法才能将路基的水排干。边沟这样的排水沟越深排水效果越好。

路堑边坡-边坡的设计坡度取决于土壤性质。在长时期内,人们在设计时习惯于规定土边坡的坡度是 45°,岩石边坡的坡度为 1∶5。通常摆脱这种导致计算错误的方法是有道理的。除非高度很低,一旦土壤是黏土质的话,45°的边坡就稳不住了。

就岩石而言,1∶5 的坡度也并非总是合理的。有的岩石非常陡峭地立着,反之,其他的岩石有的无论多么坚硬,也不能修成 1∶5 的坡度,在此情况下,同样应该根据费用了解是减缓边坡坡度好还是给边坡铺面好。

路堤边坡-标准的路堤边坡的坡度为 3∶2(底是 3、高是 2),这是流动土自然形成的坡度。

“阅读”翻译参考

刚果大洋铁(CFCO)

历史的回顾：

宽阔的尼阿里平原通向布拉柴维尔和该城市上游的刚果河宽敞的河道，它与大西洋之间隔着一条地质构造复杂的山脉——马永贝山脉。这种地质构造虽不是很高，但地势起伏明显，上面覆盖着赤道地区茂密的森林，还有复杂的地质和常年很丰富的降雨量。

从1880年起，为比利时勘查刚果河东岸的著名探险家斯坦利已经预感到在斯坦利湖地区修建一条大洋铁路的必要性，而此时德·布拉柴却为法国重新登上了刚果河东岸。

铁路线从1887年开始设计，马塔迪港到利奥波德维尔区段于1898年完工，利奥波德维尔也就是后来的金沙萨，在刚果河对岸布拉柴维尔的正对面。在法国人那边，大洋铁路的设计从1886年开始逐步进行，结果在1921年2月6日动工，1934年7月10日建成通车。

大洋铁路和马永贝吞噬了很多人的生命。有研究估计1921年到1934年间死亡的人数达到1.6万人，其他资料估计死亡人数在15 000～23 000之间。在招募的劳工总数127 250人中，伤亡的人员总数近乎占到15%。修这条铁路遭受的损失是“每根枕木一个劳工，每公里线路一个欧洲人”。

法国修建的大洋铁路比其邻国比利时在刚果河东岸修建的铁路整整晚了36年，但是法国在黑角湾有一个深水港，这是马塔迪港所不具备的。因此，从道理上讲，大洋铁路对大西洋与刚果河—乌班吉河大动脉之间的货运产生了巨大的影响，而乌班吉河能通往整个中非地区。

大洋铁路所通过的线路蜿蜒曲折，速度很慢，塌方卷走了轨道或使线路变形，边坡塌陷了。大型建筑物，桥梁和隧道看来很容易损坏。森林把路基困住了，树木经常倒下横在铁轨上。运量在不断地增长。

“翻译练习”译文参考

1. 工程性质和工作范围说明

业主(MO):摩洛哥国营高速公路公司,法定代表人是公司总经理。
监理(MO. E):希沙沃(Chichaoua)—艾尔加奈(Argana)高速公路工程处处长。
项目:马拉喀什(Marrakech)—阿加迪尔(Agadir)高速公路,伊明塔努特(Inintanout)—艾尔加奈(Argana)区段建筑工程。

合同号:N°44/07/S。

A. 1. 1 -工程性质

本特殊技术条款(CCTP)规定了为马拉喀什(Marrakech)—阿加迪尔(Agadir)高速公路,伊明塔努特(Inintanout)—艾尔加奈(Argana) PK13+200 和 PK 终点之间的线路区段工程施工使用的技术要求。

包括以下部分:

Lot A:建点,设计,地形测量和控制;

Lot B:占地范围清障,土方工程,排水和净化,植草;

Lot C:路面施工;

Lot D:桥涵施工和土木工程。

A. 1. 2-工程内容

A. 1. 2. 1-概述

承包工程包括以下构筑物或以下部分构筑物:

a)高速公路本身;
b)高架桥;
c)高速公路服务区;
d)艾尔加奈(Argana) 立交桥和收费站;
e)恢复交通线;
f)线路改建和与恢复道路连接;
g)公路两侧的便道和交通通道;
h)穿越河流位置的除油池。

A. 1. 2. 2-Lot D:

桥涵工程和土建工程

工程包括恢复交通、跨越河流和峡谷的混凝土建筑物施工,重建过水构造物工程和土建工程:

- 桥梁 (高架桥);
- 过水构造物工程(单孔箱涵和多孔箱涵)和拱形构造物;
- 上跨线桥和人行桥;
- 下跨线路;

- 汽车通道；
- 行人通道；
- (给水、灌溉)管道系统防护构造物；
- 除油池；
- 艾尔加奈(Argana) 立交桥收费处的土木工程；
- DBA，GBA et LBA 型混凝土栅栏。

承包工程包括一切材料和为构造物全面施工所需要的施工，主要包括：

- 专用设备和每个构造物的特有设备、保护装置(主要是信号)和 Lot A 项所包括的那些工程的专用安全装置；
- Lot A 项所包括的小型过水构造物水流定位所需要的地形测量；
- 从 Lot A 项包含的基本导线开始的构造物控制点定位；
- Lot A 项所包括的补充设计图纸，临时工程施工设计和施工中安全方法的规划；
- 河流临时改道工程，包括临时桥梁及其后来的拆除、填土和恢复；
- 河流正式改道工程；
- 改道河流旧河床填平；
- 基坑开挖需要的支护、支撑和临时加固；
- 开挖、排水和各种防水设施(不论它们的规模如何)，包括可利用的开挖土石的临时堆放和挖方弃土的弃渣场堆放；
- (桥涵构造物)相邻填方或技术区填方底层必要的清理和换土，包括提供替换土石料和基坑回填；
- 重新灌注的混凝土，构筑物底层的素混凝土；
- 永久性工程施工需要的所有临时工程和施工：支撑、拱架、大车道。

参考资料

刚果河和大洋铁路

刚果河(Fleuve Congo)：刚果河流经中非大部分地区，全长约 4 700 km，宽从 1 km～15 km 变化不等，流域面积约 370 万 km^2。就其长度而言在非洲仅次于尼罗河位居第二，就其流量而言位居世界第二大河。刚果河及其支流遍及中非，为该地区的 3 千万人民提供了丰富的食物和生计，在客货运输方面起着重要的作用。民主刚果(刚果金)首都金沙萨位于刚果河东岸，刚果共和国(刚果布)的首都布拉柴维尔位于西岸，每日轮渡频繁往来于隔河相望的两国首都之间，河边停靠着揽客运输的私人独木舟和小船。

马永贝山地(Le Mayombe)：马永贝是一条宽 30～60 km 的山脉，位于刚果西部的奎卢区腹地，几乎与大西洋平行，往北延伸到加蓬(称为：克黎斯达山地“Monts de Cristal”)，往南延伸到扎伊尔(现名：民主刚果)，全长大约 450 km。大洋铁路犹如一条蟒蛇在马永贝森林腹地蠕动，蜿蜒行驶。

大洋铁路(CFCO)：在刚果河西岸，连接刚果市最大的港口城市黑角和首都布拉柴维尔的刚果大洋铁路(CFCO)全长 517 km，它不仅是刚果经济发展的重要保障，也是整个中非地区交通运输网络的重要组成部分。大洋铁路是一条轨距 1 m 的窄轨铁路，是刚果的交通命脉，担负着客货运营任务。大洋铁路从 1886 年开始设计，1921 年 2 月 6 日动工，1934 年 7 月 10

日建成通车,比刚果河东岸刚果金的铁路整整晚了 36 年。

大洋铁路穿过沼泽地带和热带雨林,全程穿越 12 座隧道和 172 座桥梁。从黑角到多利吉,中途经过姆武蒂,铁路从西南向东北穿隧道跨桥梁。现在火车每周上行和下行各开两班,上行是从多利吉到黑角(周 2 和周 5),下行是从黑角到多利吉(周 3 和周 6)。

大洋铁路另有一条长 286 km 的支线通达加蓬共和国的内地城市莫安达,用于把这个交通闭塞的内陆地区的矿石运出来。

Leçon 3
Etudes(2)

Etudes définitives(suite)

Ⅲ. Tracés

Compensation des déblais et des remblais. -Théoriquement, si le prix du déblai est invariable, le maximum d'économie doit être obtenu en compensant exactement les déblais et les remblais; en effet, si on a un excès de déblais, on peut, en relevant le tracé, diminuer leur cube jusqu'à ce que l'excédent de remblai nécessaire pour ce relèvement soit égal à la diminution obtenue sur le déblai. Pratiquement, cette compensation rigoureuse n'a pas toujours beaucoup d'importance.

Etude géologique du terrain. -L'étude rationnelle d'un tracé suppose toujours la connaissance complète du terrain dans lequel il est établi. On a dit que *tout ingénieur doit être doublé d'un géologue* ; cela est exact, si par géologie on entend la connaissance des diverses natures de terrain et de leur stratification[①]. L'étude du terrain doit être faite par l'Ingénieur lui-même, non pas lorsque le tracé est arrêté, mais pendant les opérations de lever préparatoires. Il faut suivre les différents tracés de l'avant-projet dès le début des études; il faut également suivre le tracé définitif, et autant que possible dans les deux sens, avant le lever des profils définitifs; enfin il faut examiner spécialement les parties qui paraissent présenter un intérêt particulier. Cette étude conduira à l'application de règle dont les principales peuvent se résumer de la manière suivante:

Déblais. -*Dureté des déblais.* - En premier lieu, on évaluera la dureté des déblais, de manière à obtenir, comme nous l'avons dit, une compensation des déblais et des remblais aussi économique que possible, non point en cube, mais en argent; il faut pour cela étudier non seulement les tranchées, mais aussi les emprunts possibles.

Terrains argileux. - Le plus grand ennemi de l'ingénieur qui fait des terrassements, c'est l'argile; et c'est un ennemi d'autant plus dangereux qu'on le rencontre sous des formes et avec des propriétés très différentes. Il y a des argiles qui ne causent aucun ennui, d'autres qu'il est impossible de maintenir sans des dépenses énormes. Il n'est guère possible de connaître l'argile autrement que par l'expérience; toujours on peut dire que les argiles mêlées de cailloux sont en général de bonne qualité; elles se maintiennent bien. Au contraire les éboulis de roche et d'argile sont les plus souvent très mauvais, leur équilibre est presque toujours plus ou moins instable. Il en est de même des argiles blanches et des argiles irisées qui se détrempent très facilement et se réduisent en bouillie.

La nature du terrain conduit quelquefois à abandonner complètement un tracé pour suivre une autre direction. Il faut au moins éviter les tranchées profondes, s'efforcer de rester à fleur de sol, et ne pas hésiter à faire des sacrifices pour obtenir ces résultats si on est sûr de la mauvaise qualité du terrain.

Remblais. - *Nature des remblais.* - On dit souvent qu'il faut, lorsqu'on trouve de l'argile dans les tranchées, la mettre en dépôt au lieu de l'employer en remblai. Il ne faut se conformer qu'avec beaucoup de circonspection à cette théorie, dont l'application est très coûteuse. D'abord, il n'est pas toujours facile de remplacer par de bonne terre l'argile des tranchées; dans les régions argileuses, il arrive souvent qu'on trouve partout de l'argile, sauf une mince couche de terre végétale. D'un autre côté c'est une erreur de croire qu'on ne puisse pas faire des remblais stables avec des terres argileuses②. Toutes les terre tiennent en remblai, c'est une question de talus et d'assainissement; si on a affaire à de mauvaises terres, en adoucissant les talus et au besoin en mettant de large contrefort au pied, on évite la plupart des accidents auxquels les remblais sont exposés.

Assiette des remblais. - Il ne suffit pas de se rendre compte de la nature des terres qu'on emploie en remblai, il faut encore reconnaître le sol sur lequel on doit les établir. Les terrains tourbeux, les argiles molles et les vases s'écrasent sous la charge de remblais un peu élevés. Il en résulte non seulement l'enfouissement d'un cube plus ou moins important de remblais, mais aussi des difficultés très grandes pour l'établissement des ouvrages d'art qui y sont intercalés, ou des mouvements sérieux dans ces ouvrages après leur construction. Il faut, quand on le peut, éviter les terrains compressibles, même au prix d'un supplément de dépense.

Ⅳ. Étude des points spéciaux

Traversée des routes et chemins. - On peut traverser les routes et chemins par-dessus, par-dessous, ou à niveau. Les traversées de chemins sont fort gênantes pour le tracé, si on ne les fait pas à niveau, parce qu'il faut alors entre le chemin et le dessus des rails une distance verticale d'environ cinq mètres. Mais les traversées à niveau peuvent devenir pour l'exploitation une charge assez lourde et quelquefois, lorsque la fréquentation devient très active, un véritable danger, elles sont, en tout cela, une sujétion.

Passages à niveau. - Le nombre moyen des passages à niveau par kilomètre varie avec la longueur et l'importance de la ligne et avec la nature des passages.

Il y a trois catégories de passages: les passages gardés, les passages manœuvrés à distance et les passages libres.

Les passages gardés sont ceux qui sont surveillés en permanence, ou tout au moins au moment du passage des trains, par un garde-barrière. En général, les garde-barrières sont des ouvriers de la voie qui sont logés dans une maison de garde construite à côté du passage.

Passages par-dessus. - On appelle *Passages par-dessus ou passages supérieurs*, les passages au moyen desquels les chemins franchissent la ligne au-dessus de la voie. La hauteur libre réglementaire à laisser au-dessus du niveau des rails pour le passage des trains est fixée par les cahiers des charges à 4. 80 m.

Si le pont est métallique, il faut en tenant compte de l'épaisseur du tablier et de la chaussée, un minimum de 5. 30 m entre le dessus de la chaussée et le dessus du rail; si le pont est voûté, il faut compter de 5. 50 m à 6 mètres.

Les dimensions que nous venons d'indiquer s'appliquent exclusivement aux lignes à voie normale.

Passages par-dessous. - Le passage est dit par-dessous lorsque le chemin traverse la voie sous les rails. La hauteur réglementaire à réserver au-dessus de la chaussée est alors de 4. 30 m si le pont est métallique à poutres droites, et de 5 mètres sous la clef si le pont est voûté. Dans le premier cas, la différence de niveau entre le dessus du rail et le dessus de la chaussée est d'environ 5 mètres; cependant si la largeur du chemin est faible, l'emploi des poutres à caisson permet de réduire ce chiffre au minimum de 4,70m. Dans le second cas, en tenant compte de l'épaisseur de la voûte et de celle du ballast, il faut compter 6 mètres.

Les passages par-dessous ne sont pas une sujétion pour l'exploitation de la voie ferrée. Ils ne pourraient devenir une gêne pour les chemins traversés que s'ils étaient mal établis, si, par exemple, on n'était pas préoccupé d'y assurer l'écoulement des eaux ou si on n'avant pas songé à bien dégager la vue pour éviter les accidents de voitures.

Chemins déviés. - Les traversées de chemins sont une sujétion pour l'exploitation, si elles se font à niveau, et une dépense assez forte pour la construction, si elles se font par-dessus ou par-dessous; on peut en éviter un certain nombre en détournant les chemins pour les réunir à d'autres. Dans les pays peu accidentés, il y a souvent intérêt à déplacer le tracé pour permettre ces déviations.

Chemins latéraux pour desserte des propriétés. - Il ne suffit pas, lorsqu'on fait un chemin de fer, de maintenir les communications sur les chemins existants; il faut, en général, établir pour les propriétés traversées soit des communications entre les deux côtés du chemin de fer, soit, au moins, des moyens d'accès sur les chemins existants. Le rétablissement des communications n'est pas une obligation légale, mais si on supprime tout moyen de communication entre les deux parties d'une grande propriété, ou si on laisse une partie de champ enclavée, il en résulte un dommage qui coûtera en général beaucoup plus cher que le rétablissement des communications. On est conduit alors, pour éviter de multiplier les passages à niveau, à établir des chemins latéraux le long de la voie.

---

① stratification 层理(分层):层理是沉积岩在形成过程中,由于沉积环境的改变,所引起的沉积物质的成分、颗粒大小、形状或颜色沿垂直方向发生变化而显示出的成层现象。

② c'est une erreur de croire qu'on ne puisse pas faire des remblais stables avec des terres argileuses. 要是以为用黏土不能建筑稳固的路堤,那就错了。

Lecture

Le Mayombe Express

Le Mayombe mystérieux

Locomotive de ligne du CFCO

La gare de Pointe-Noire

L'esplanade de la gare de Pointe-Noire, transformée en parking dès 6h30 était méconnaissable ce dimanche matin.

La rame composée de neuf voitures de voyageurs et d'un wagon de matériel, attelés à une locomotive, attend sagement ses passagers.

Le train s'enfonce dans la forêt et les ponts se succèdent, 19 en tout, et deux petits tunnels. Le train fait un arrêt en plein Mayombe pour que nous puissions aller voir des travaux récents réalisés pour refaire un remblai qu'une crue a emporté. On perd un peu de temps quelques voyageurs s'étant un peu éloignés. Nouvel arrêt à l'entrée sud du tunnel long.

La Gare de Dolisie

C'est à 14 h que tout le monde rembarque dans le train tandis qu'une forte bourrasque annonce un orage qui durera 10 mn. De Dolisie à Les Bandas (gare portant le nom d'une tribu centrafricaine dont les hommes fournirent de la main d'œuvre au tracé historique) la voie emprunte une rampe que le convoi a bien du mal à franchir.

Peu avant d'arriver au tunnel du mont Bamba, le train doit faire une nouvelle halte pour que le personnel dégage la voie sur laquelle un arbre est tombé. Il est même un moment question de revenir en marche arrière à Dolisie, mais nous allons de l'avant et passons ce tunnel de plus de 1600 mètres qui dans les années trente fit tant de victimes.

La Gare de Mvouti (en 2009)

L'arrivée sur Mvouti est une splendeur, là aussi une large boucle contourne le village que nous découvrons à la lumière dorée du soleil couchant. La population se presse sur les quais de la gare pour vendre les quelques aliments de production locale.

Le train repart avec de nombreux arrêts alors que la nuit tombe et ne permet plus de voir la beauté du paysage.

Un python dans la brousse ?

Le train en plein Mayombe

Le retour sur Pointe-Noire se fera sans encombre et dans la nuit. Le train s'immobilise en gare à 1h45 avec six heures de retard sur l'horaire prévu.

En tout cas ce fut une belle journée dont le souvenir ne quittera sans doute jamais les participants.

Version

1. Largeur à réserver en dehors des talus

Il faut réserver, en dehors de l'arête des talus, si l'on est en déblai ou en remblai, et en dehors de l'arête extérieure des fossés si l'on est à fleur de sol, une certaine largeur pour la pose des clôtures, afin de permettre de circuler au-delà des talus, et pour que des éboulements partiels ne donnent pas lieu à une contestation avec les riverains, etc. Sur les lignes traitées largement, on réserve 2^{m}. Si l'on veut construire très économiquement, on peut réduire cette largeur à un mètre, ce qui permet encore de placer une haie vive dont la distance à la propriété voisine doit, en vertu du Code civil, être au minimum de $0^{m}50$.

2. Position des ouvrages d'art par rapport aux courbes et déclivités

Une règle importante, qu'on oublie trop souvent, est celle-ci: il faut éviter de placer les ouvrages d'art et surtout les ponts métalliques à l'origine des déclivités ou des courbes et même dans la partie où se fait le raccordement du profil ou du devers. Les motifs de cette précaution sont faciles à comprendre. Les raccordements ont pour but d'éviter les chocs brusques et les déformations qui pourraient en résulter; or, à l'abord des ouvrages d'art et surtout des ponts métalliques, la voie passe brusquement d'une partie où elle est absolument fixe à une autre où elle repose sur un sol compressible; les déformations y sont donc particulièrement faciles.

3. Position relative des déclivités et paliers

Une autre règle, également importante et souvent négligée, concerne la position relative des paliers et des déclivités; comme nous le verrons plus loin, il n'y a pas de bonne voie sans plateforme saine et il n'y a pas de plateforme saine sans écoulement des eaux. Il faut donc éviter, et, si on n'est pas en très bon terrain, proscrire absolument les tranchées dans lesquelles les fossés ne pourraient avoir une pente bien prononcée, cela n'oblige d'ailleurs pas, dans les tranchées courtes, à établir la voie en pente; car on peut alors obtenir la pente du fossé en lui donnant des profondeurs croissant progressivement du milieu de la tranchée aux extrémités; mais si le terrain n'est pas très bon et si la tranchée est un peu longue, il ne faut pas hésiter à donner à la plateforme elle-même une pente d'au moins 2 à 3mm, ce qui n'offre d'ailleurs aucun inconvénient pour la traction.

VOCABULAIRE

tracé *n. m.* 路线,线路;选线,定线

tracé définitif 定线,定测
compensation *n. f.* 补偿,平衡,调整
compensation des déblais et des remblais 挖填方土石方(平衡)调配
déblai *n. m.* 挖方
déblais *m. pl.* 挖方量
remblai *n. m.* 路堤;填土,填方,回填
remblai élevé 高填土;高路堤
en remblai 填方,回填
maximum *n. m.* 最大值,最高值,极大值
compenser *v. t.* 补偿,平衡
excès *n. m.* 过剩,过量,过多
relever *v. t.* 提高,增高
relever le tracé 增高线路,升高线路
relèvement *n. m.* 升高,提高,增高
cube *n. m.* 立方,立方体,方量
cube de déblais 挖方量
cube de remblais 填方量
cube des terrassements 土方工程量
excédent *n. m.* 过剩,超过额
excédent de remblai 填方超过的数量
rigoureux *adj.* 精确的,准确的
étude *n. f.* géologique du terrain 地质勘探,地质调查
étude de tracé d'un chemin de fer 铁路选线(设计)
étude du terrain (外业)勘测
étude rationnel d'un tracé 一条线路的合理设计
supposer *v. t* (*qch.* +表语) 假定…是…
terrain *n. m.* 土,土壤;地区,地带,地段
terrain argileux 黏土地带,黏土地层
terrain tourbeux 泥炭地(带),泥炭层
terrain compressible 可压缩性土
établir *v. t.* 建立,建筑
établir le tracé 定线
ingénieur (*n. m.*) qui fait des terrassements 土方工程师
doublé *adj.* 重复的,加倍的,成双的
doublé (*de qn/qch.*) 既…又…;同时是…,也是…
géologue *n.* 地质学者,地质学家
géologie *n. f.* 地质学
entendre *par* A+B 所谓 A 指的是 B
nature *n. f.* 性质;种类,类别

nature des remblais 路堤的性质,填方的性质
nature du terrain 土质,土壤性质,土壤种类
nature des terres 土质,土壤性质
nature des passages 道口的种类,通道的种类,交叉的种类
stratification *n. f.* 层理,分层
arrêter *v. t.* 决定,确定;选定
opérations (*n. f. pl.*) de lever 测量
opération préparatoire 准备工作
lever (*n. m.*) des profils définitifs 正式纵断面(图)测绘
profil *n. m.* 断面;纵断面,断面图
suivre *v. t.* 注意,关注
début *n. m.* 开始
début des études 设计开始
examiner *v. t.* 考虑,审查;研究,分析
partie *n. f.* 部分;有关方面
présenter un intérêt particulier 特别有利,有特别的好处
conduire *v. t.* (*à*) 导致,致使,促使
principal *n. m.* 主要的事,主要点
se résumer *v. pr.* 归结为,被概括
se résumer de la manière suivante 归纳如下
dureté *n. f.* 硬度
évaluer *v. t.* 估计,估算
non point … mais … 不是…而是…
emprunt *n. m.* 取土,借土,借方
argile *n. f.* 黏土
argile blanche 高岭土,瓷土,白土
argile irisée 红色黏土
argile molle 软黏土
dangereux *adj.* 危险的,有害的
forme *n. f.* 垫层
propriété *n. f.* 性质,特性
ennemi *n. m.* 危害物,大敌,大害
ennui *n. m.* 烦恼,麻烦(多用复数)
causer des ennnuis (*à qn*) 使人烦恼,给人带来麻烦
maintenir *v. t.* (*qch.*) 使…固定,固定…
se maintenir *v. pr.* 持原状,维持原状
autrement *que* … 不相同,除了…之外
mêlé *adj.* (*de*+无冠词名词) 混有…的,掺杂…的
caillou *n. m.* 碎石,卵石,小石子

éboulis *n. m.* 积成堆的崩塌物,岩屑堆
éboulis de roche 崩塌的岩石堆
éboulis d'argile 崩塌的黏土堆
équilibre *n. m.* 平衡,平衡状态;稳定性
équilibre instable 不稳定平衡
instable *adj.* 不稳定的
irisé *adj.* 呈现彩虹色的
se détremper *v. pr.* 变软
réduire *v. t.* 减少,减小,降低
se réduire *en qch.* 变为…,化为
bouillie *n. f.* 糊,泥
en bouillie 成糊状,变成泥状
suivre une autre direction 朝另一方向走
tranchée (*n. f.*) profonde 深路堑
à fleur *de* 跟…相齐,与…齐平,与…同在一个水平面上
à fleur du sol 高度与地面齐平
sacréfice *n. m.* (经济上的)牺牲,破费
faire des sacréfices(*pour f. qch.*) 为干某事做出牺牲,破费钱财
mettre en dépôt 堆放
employer en remblai 用于回填
se conformer *v. pr.* (*à*) 按照,遵循
circonspection *n. f.* 谨慎,审慎,慎重
avec beaucoup de circonspection 非常谨慎地
application *n. f.* 运用
application de cette théorie 这种理论的运用
coûteux *adj.* 花钱多的,费用大的
remplacer *v. t.* (*qch. par qch.*) 用…代替…
région (*n. f*) argileuse 黏土地区
terre (*n. f.*) végétale 腐殖土,壤土
terre argileuse 黏性土,亚黏土,黏土
bonne terre (*n. f.*) 好土
couche *n. f.* 层
une mince couche de de terre végétale 一层薄薄的壤土
d'un côté … d'un autre côt 一方面…,另一方面…
stable *adj.* 稳固的,坚固的
assainissement *n. m.* 净化;排水,排干
avoir affaire *à qch.* 接触某事
contrefort *n. m.* 扶垛,墙垛,护墙
pied *n. m.* 脚;坡脚

pied de talus　边坡坡脚,坡底
exposé *adj*.(*à*)　面临…危险的
assiette *n. f.*　路基,路床
assiette des remblais　填土路基,填方路基
reconnaître *v. t.*　勘查,探测
reconnaître le sol　地面勘察,土质调查,工程地质勘察
vase *n. f.*　淤泥,污泥
s' écraser *v. pr.*　被压碎,被压烂
charge *n. f.*　荷载,载荷;负担
il en résulte *qch. v. impers.*　由此得出…,由此导致…,由此引起
enfouissement *n. m.*　埋,掩埋,陷入
intercaler *v. t.*(*qch. dans*)　插入,嵌入,接入
mouvement *n. m.*　移动,滑动,位移
mouvement sérieux　严重的移动
au prix *de*　以…为代价,付出
supplément *n. m.*　追加,附加,补充,增加
supplément de dépense　追加费用,增加费用,新增费用
traversée *n. f.*　横穿,穿过;交叉
traversée de chemins　道路交叉
traversée de route　公路交叉
traversée à niveau　平面交叉
chemin (*n. m.*) dévié　绕行道路,改道
chemins latéraux　铁路两侧的便道(通道)
chemins existants　现有道路
traverser *v. t.*　通过,穿过;相交,交叉
gênant *adj*.　不方便的
dessus *n. m.*　上面,顶部;表面,面层
dessus du rail [des rails]　钢轨面,轨顶
dessus de la chaussée　路面面层
rail *n. m.*　钢轨,轨道;铁路
distance (*n. f.*) verticale　垂直距离,垂直间距
exploitation *n. f.*　运营,运行,行车
exploitation de la voie ferrée　铁路行车
fréquentation *n. f.*　经常来往的人,往来的行人
en cela　在这点上,在这方面
sujétion *n. f.*　约束,束缚,不方便
passage *n. m.*　通过;通道,道口,交叉
passage à niveau　平交道(口),平面交叉
passages (à niveau) gardés　有人看守的(平交)道口,有护栏的(平交)道口

passages (à niveau) non gardés 无人看守的(平交)道口,无护栏的(平交)道口
passages manœuvrés à distance=passage à niveau avec barrières manœuvrées à distance 遥控(平交)道口,装有遥控栏木的平交道口
passages libres=passages (à niveau) non gardés 无人看守(平交)道口,无护栏(平交)道口
passage par-dessus [en dessus], passage supérieur (*route sur voie ferrée*) 公路-铁路立体交叉,公路跨线桥(公路在铁路上层的立体交叉)
passage par-dessous [en dessous], passage inférieur(*route sous voie ferrée*) 铁路-公路立体交叉,铁路跨线桥(公路在铁路下层的立体交叉)
passage des trains 列车通过
surveiller *v. t.* 看管,看守,守护
en permanence 一直,永久地
garde-barrière *n. m.* (铁路)道口看守员
ouvrier (*n. m.*) de la voie 养路工
maison (*n. f.*) de garde [de garde-barrière] 道口看守房
à côté *de* 在…旁边;置于…的一侧
à côté du passage 在道口的一侧,在道口旁边
appeler *v. t.* (*qch.* +表语) 称…为…
franchir *v. t.* 通过,越过,跨过
ligne (*n. f.*) à voie normale 准轨铁路线
hauteur (*n. f.*) libre 净空高度
réglementaire *adj.* 规定的
niveau *n. m.* 水平面,平面
niveau des rails 钢轨踏面
fixé *adj.* 规定的,确定的
cahier *n. m.* 说明书
cahier des charges 技术要求,技术规格,技术规范
cahier des charges SNCF 法国国营铁路技术规范
épaisseur (*n. f.*) de la chaussée 路面厚度
épaisseur du tablier 桥面厚度
épaisseur de la voûte 拱的厚度
épaisseur du ballast 道床厚度
chaussée *n. f.* 路面,行车道
tablier *n. m.* 桥面,桥面板
minimum *n. m.* 最小值,最低值
au minimum 至最低程度,达到最低限度
compter *v. t.* 有,拥有(=avoir).
s'appliquer *v. pr.* (*à*) 适合,符合,适用于
exclusivement *adv.* 唯一地,只是,仅仅
dit *adj.* (+名词,形容词) 称作(=*appelé*)

pont (*n. m.*) métallique 钢桥
pont métallique à poutres droites 矩形梁钢桥
pont vouté 拱桥
poutre *n. f.* 梁;桁架
poutre droite 矩形梁
poutre à caisson 箱形梁,箱梁
clef, clé *n. f.* 拱顶石,拱心石
clé de voûte 拱顶石,拱心石(拱的最上面一块)
différence (*n. f.*) de niveau 水平(高)差,水准差
permettre de réduire 可以减少,可以降低
permettre ces déviations 使这些线路能够改道
épaisseur (*n. f.*) de la voûte 拱的厚度
ballast *n. m.* (铁路)道砟,道床
gêne *n. f.* 危害,有害影响
songer *v. t. indir.* (*à*+*inf.*) 想到,考虑
dégager *v. t.* 清理,清除,清除障碍
dégager la vue 使视野开阔
dévié *adj.* 绕道的,改道的
détourner *v. t.* 改变方向,改道
détourner les chemins 道路改道
réunir *v. t.* 使连接
pays (*n. m.*) accidenté 起伏不平的地区,山区
pays peu accidenté 地势起伏不大的地区
desserte *n. f.* 通达;运输
desserte des propriétés 农地交通运输
propriété *n. f.* 农地,地产
grande [petite] propriété (农业中)大[小]地产
enclavé *adj.* 被他人土地包围的,飞地的;封闭的,与外界隔离的
champ *n. m.* 场地
champ enclavé 飞地
communication *n. f.* 交通,交通线
traversé *adj.* 被阻挡的,被横穿的
établir des communications entre les deux côtés du chemin de fer 打通铁路两侧
établir des moyens d'accès sur les chemins existants 修建通往现有道路的通道
moyen *n. m.* 方法,手段;设备,工具
moyen *de* (+无冠词名词)…的手段
moyen d'accès 通路,通道
moyens de communication 交通工具(手段)
accès *n. m.* 进出;通路,进路 ,通道

rétablissement *n. m.* 修复,恢复
rétablissement des communications 恢复交通(包括原有道路修复、改线或绕行)
obligation *n. f.* 义务,责任
obligation légale 法定义务
multiplier *v. t.* 增多,增加

VOCABULAIRE COMPLÉMENTAIRE

Le Mayombe express 马永贝快车
locomotive *n. f.* 机车
locomotive de ligne 干线机车
esplanade *n. f.* (大建筑物前的)广场
méconnaissable *adj.* 难于认出的,认不出来的
rame *n. f.* 列车
voiture *n. f.* 车辆;客车
voiture de voyageurs (铁路)客车
wagon *n. m.* (铁路)货车,车辆
atteler *v. t.* (*qch. à qch.*) 把…连接在,把…挂在
s'enfoncer *v. pr.* (*dans qch.*) 隐没,消失
s'enfoncer dans la forêt 消失在森林中;深入森林中
se succéder *v. pr.* 相继而来,接连而来
tunnel *n. m.* 隧道
faire un arrêt 停车
arrêt *n. m.* 停车;停车地点,车站
en plein (+无冠词名词) 在…中心处,在…深处,在…腹地
réalisé *adj.* 实施的,完成的
refaire *v. t.* 翻修,整修
emporter *v. t.* 卷走,冲走
s'éloigner *v. pr.* 离开,远离,走远了
entrée *n. f.* 入口
Dolisie 多利吉(刚果地名)
rembarquer *v. i.* (*dans le train*) 重新上(列)车
bourrasque *n. f.* 狂风,阵风,旋风
annoncer *v. t.* 预报,预示
Les Bandas 莱班达
gare *n. f.* portant le nom d'une tribu centrafricaine 用中非一个部落的名字命名的车站
tribu *n. f.* 部落
centrafricain, e *adj.* 中部非洲的,中非的
emprunter *v. t.* 走…道,经过
emprunter une rampe 走坡道,经过一个坡道

convoi *n.m.* 列车
avoir du mal (*à* + *inf.*) 做…很困难,做…很费劲,做…很吃力
le mont Bamba 邦巴山
halte *n.f.* (行进中或旅行中)休息,歇脚;停车
faire une nouvelle halte 又一次停了下来
dégager la voie 清除线路上的障碍物
il est question *de* 正在讨论,正在谈起
marche *n.f.* 运行
marche arrière 后退
aller de l'avant 向前行驶
passer *v.t.* 通过,越过,驶过
faire tant de victimes 造成那么多人伤亡
Mvouti 姆武蒂(刚果地名)
splendeur *n.f.* 光辉
splendeur du soleil 太阳的光辉
boucle *n.f.* 环,环形物
contourner *v.t.* 勾画轮廓
à la lumière *de qch.* 在…光线下,在…照耀下
doré *adj.* 金色的,金黄色的
population *n.f.* 居民,村民
se presser *v.pr.* 紧紧挨着,拥挤
quai (*n.m.*) de la gare 车站站台
quelques *a.indéf.* (复数用在定冠词后)表示"极少的几个"
repartir *v.i.* 重新出发,继续上路
alors *que* (+ *ind.*) = tandis *que* 当,在…时候
beauté *n.f.* 美;美丽
beauté du paysage 景色的优美
python *m.* 蟒蛇
brousse *n.f.* (热带地区的)丛枝灌木区,丛林地带
sans encombre 顺利地,毫无困难地
s'immobiliser *v.pr.* 停止

---

réserver *v.t.* 保留,预留
en dehors *de qch.* 在…的外面,在…之外
arête *n.f.* 脊,棱边,边缘
arête de talus 坡顶
arête extérieure des fossés 边沟外侧边缘
à fleur de sol 与地面齐平的
pose (*n.f.*) des clôtures 砌筑围墙

éboulement *n. m.* 坍塌,塌陷,塌方,滑坡
éboulements partiels 局部塌方
circuler *v. i.* (液体等流体的)流通
donner lieu à une contestation 引起争议,引起争吵
riverain *n. m.* 铁路沿线居民
haie *n. f.* 篱笆;栅栏围墙
haie de vive 绿篱
en vertu du Code civil 根据民法

---

raccordement *n. m.* 连接,连接线;缓和曲线
raccordement du profil ou du devers 竖曲线,线路变坡点竖曲线
choc (*n. m.*) brusque 急剧冲击
à l'abord *de* 在接近…时
sol (*n. m.*) compressible 压缩性土

---

proscrire *v. t.* 禁止使用
pente (*n. f.*) prononcée 陡坡
voie (*n. f.*) en pente 坡道,上下坡线路

Termes de construction(工程词汇)

1. 专业和工种

(1)专业名称:"Partie"(*n. f.*)。我国现行习惯将建筑设计分为几个专业,图纸都由各专业分别绘制。民用建筑一般分为建筑、结构、设备、电气等专业,也有分得更细些,例如钢筋混凝土结构、钢结构、给水、排水、采暖、通风、照明、动力、弱电等专业。工业建筑则专业更多些。在法国和西方国家,虽然图纸也是分别绘制,但不一定由同一个设计单位绘制,也没有"专业"这个名称,所以通常译作 Partie, 意思是"部分"代表设计中的一部分。例如:

电气专业:Partie installation électrique,意思是"电气安装部分"。

结构专业:Partie construction (structure)

法文过去没有这个专业的概念(英文中有用 structural 一字)近来法文也采用 structure 一字,但不一定指一个专业,更多是指某种构造形式的总概念,只有分得再细些,例如:

钢筋混凝土部分:Partie béton armé

钢结构部分:partie métallique

设备专业:Partie plomberie-sanitaire(原意是管子工程和卫生器具)

集中采暖:chauffage (*n. m.*) central

空气调节:conditionnement (*n. m.*) d'air / climatisation

电气图纸:dessins (*n. m.*) des installations électriques

照明系统:réseau (*n. m.*) d'éclairage

弱电系统:réseau (*n. m.*) de bas-voltage

动力系统:réseau (*n. m.*) force

钢结构：construction (*n. f.*) métallique

广播系统：réseau (*n. m.*) de radio-distribution

电话系统：réseau (*n. m.*) téléphonique

(2)工种：corps (*n. m.*) d'état，corps de métier

设计上分工称作“专业”,施工上分工称为“工种”。

圬工工程(砖石工程)：maçonnerie (*n. f.*)

木工工程：

1)menuiserie (*n. f.*)，门窗等

2)charpenterie (*n. f.*)，做屋架等大型木工工程

铁工工程：serrurerie-ferronnerie (*n. f.*)，包括铸工、锻工、铆工、焊工等在内的一个笼统的词汇

管子工程：plomberie-sanitaire (*n. f.*) ,包括给排水、卫生、煤气等在内的工种

电气工程：installations (*n. m. pl.*) électriques

2. 文件 Documents

设计文件：包括全部图纸和文字书写的文件，严格说来有“初步设计文件”和“施工图设计文件”两种，但只提“设计文件”时，大都指“施工图设计文件”。Documents (*n. m. pl.*) 在建筑文件中则指包括图纸在内的全部文件。

施工图设计文件：documents du projet d'exécution

初步设计文件：documents de l'avant-projet

设计文件的文字部分：textes (*n. m. pl.*) 或 documents écrits

Dossier (*n. m.*)：指整套文件

比较方案：comparaison (*n. f.*) des parties

初步设计：l'avant-projet (*n. m.*)

工程合同：marché (*n. m.*) des travaux

"课文"翻译参考

第3课 设计(2)

正式设计(续)

Ⅲ. 定线

挖方和填方的土石方平衡调配-从理论上讲,如果挖方的价格不变的话,定线最经济的结果应该是准确地平衡挖方量和填方量。的确,如果挖方量过多,可以通过增高线路的方法把挖方量减少到该线路增高所需要的填方超过的数量与挖方减少的数量相等。实际上,不是总有很重要的意义。

地质勘探-一条线路的合理设计总是假定对修筑线路地区的土质完全了解。人们说任何一位工程师同时又是一位地质学家,确实是这样的,如果所谓地质学指的是各种土质及其层理(分层)的话,(外业)勘测应该由工程师本人做,不是在线路已经选定的时候而是在测量准备工作中就进行勘测。从设计开始就应该关注初步设计的各种选线,还应该在正式纵断面测绘之前尽可能在两个方向上注意定线。最后,应该特别考虑那些看来特别有利的方面。该设计导致使用的规则要点归纳如下:

挖方-挖方的硬度。首先,要估算挖方的硬度,以便得到前面所说的挖方和填方尽可能经济的平衡,不是指方量平衡,而是指金钱平衡。为此不仅应该研究路堑,还应该研究可能的借方。

黏土地带。黏土对土方工程师是最大的危害,而黏土如果是出现在垫层里,并且性质各异的话,这种危害就更大。有些黏土不会给人带来任何麻烦,其他的黏土如果没有巨额费用不可能使它们平稳。除了经验之外没有可能认识黏土。人们总是说混有小石子的黏土一般质量好,能很好地保持原状。反之,崩塌的岩石堆和崩塌的黏土堆通常最不好,它们的平衡状态总是不大稳定。白土(高岭土)和红色黏土也如是,它们很容易变软和变成泥状。

有时候由于土质不好而导致完全放弃一条定线而朝另一方向走。至少应该避免深路堑,尽量保持高度与地面齐平,而当确定土质不好的时候则应该为了得到这些结果毫不迟疑地做出牺牲。

填方-填土的种类。人们常说如果在路堑里发现黏土应该堆放而不能用于回填。只能非常谨慎地遵循该理论,因为运用这一理论是费用很大的。首先,用好土代替路堑的黏土往往并非易事,经常会发现除了薄薄一层壤土外到处都是黏土。另一方面,要是以为用黏土不能建筑稳固的路堤,那就错了。任何土填方都能稳得住,这是一个边坡和排水问题。如果遇有土质不好的土,可以通过减缓边坡的坡度,必要时用在坡底修筑扶垛的办法来避免路堤面临的大多数危险。

填土路基-仅仅了解了回填土的性质是不够的,还应该对修筑路堤的地面进行勘查。泥炭地带,软黏土和淤泥在较高路堤的荷载下被压烂。不仅由此引起不少的填方量被掩埋,而且还给接入的桥涵建筑物的修建造成很大的困难或者在这些桥涵建筑物修建以后造成建筑物内部严重的移动。可能的话,应该避免可压缩性土,即便以增加费用为代价也如是。

Ⅳ. 特殊点的设计

公路交叉和道路交叉-可以与公路和道路从上面交叉、下面交叉或平面交叉。除非是平面交叉,道路交叉对铁道线路很不方便,因为要在道路和(钢)轨顶(面)之间设置一个大约 5 m 的垂直间距。但是平面交叉对运营来说可能会是一个相当沉重的负担,有的时候,当行人的来往变得很频繁的时候确实很危险,在这方面平面交叉是不方便的。

平交道口(平面交叉)-每公里平交道口的平均数随线路的长度、线路的重要性和交叉的种类而变化。有三种平交道口:有人看守的平交道口、装有遥控栏木的平交道口和无人看守的平交道口。

有人看守的平交道口是一直由看守人员看守的道口或者至少在列车通过的时候有道口看守人员守护的道口。一般来说,道口看守员是养路工,他们住在道口一侧修建的道口看守房里。

公路跨线桥(公路在铁路上层的立体交叉)-我们把公路从铁路上面通过的立体交叉称作公路跨线桥。钢轨踏面上方用于列车通过应留的规定净空高度技术规范确定为 4.80 m。

如果是钢桥的话,由于要考虑桥面厚度和路面厚度,路面面层和轨顶之间的最小高度应该是 5.30 m;如果是拱桥的话,应该在 5.50～6 m 之间。

以上说明的尺寸仅适用于准轨铁路线。

铁路跨线桥(公路在铁路下层的立体交叉)-公路在轨道下方穿过铁路的交叉称之为铁路跨线桥。公路上方应留的规定高度:矩形梁钢桥是 4.30 m;拱桥拱顶石以下高度为 5 m。第一种情况的轨顶和路面面层之间的水平高差大约是 5 m,但是如果公路不宽,在使用箱型梁的情况下可以把该尺寸最小减到 4.70 m。第二种情况,由于要考虑拱的厚度和道床的厚度,高度应该是 6 m。

铁路跨线桥对铁路行车没有造成不便,不会危害所交叉的公路,除非修得不好,例如没有做排水或者没有考虑使视野开阔以避免车辆交通事故。

改道-在道路交叉里,平面交叉给行车带来诸多不便,而立体交叉的建设费用又很高,可以通过公路改道使它们与其他公路相接来避免一些交叉。在地势起伏不大的地区,往往移动铁路线路走向使这些公路改道是有利的。

铁路两侧的便道-修建一条铁路的时候,只维护现有道路的交通还不够,通常还应该为穿越的农地修建铁路两侧之间的交通线,或者至少修建与现有道路连接的通道。恢复交通不是法定义务,但是如果取消了大地产两部分之间的交通工具,或者留下一块飞地的话,往往造成的损失比恢复交通的费用多得多。于是,为了避免增加平交道口而致使沿着铁路修建两侧的便道。

"阅读"翻译参考

马永贝快车

这个星期天的早晨，黑角火车站的站前广场，从六点半开始就像停车场那样停放了很多汽车，让人认不出来了。

列车由挂在一台机车后面的九节客车和一节装着器材的货车组成，静静地等候着乘客。

列车隐没在森林中，桥梁接连而过，总共19座桥和2个小隧道。列车在马永贝腹地停下了，使我们能去看看最近完工的工程，那是一座被洪水冲垮的路堤重新修好了。有几个旅客走远了，我们耽搁了一点时间。在一个长大隧道的南洞口又停车了。

下午2点，大家重新上车，一阵狂风预示着暴风雨的来临，暴雨下了十分钟。从多利吉到莱班达(这是用中非一个部落的名字命名的车站，这个部落的人给历史上的线路提供过劳力)线路经过一个坡道，列车很吃力地通过了。

到邦巴山隧道前不久，列车不得不又一次停了下来，一棵树倒在了轨道上，让旅客们清除线路上的障碍物。甚至有一会还在谈论退回到多利吉，可是我们向前行驶了，通过了这座在20世纪30年代造成那么多人伤亡、长达1 600多米的隧道。

一缕光辉笼罩着姆武蒂，此时在金黄色的夕阳下我们看见一束宽大的光环环绕着村庄。村民们拥挤在车站站台上卖着那么几个当地产的食品。

列车继续上路，中途停了许多次，夜幕降临了，不能再观看优美的景色了。

夜晚顺利地回到黑角。1点45分列车停在车站，晚点6 h。

不管怎样，这是每个参加旅行的人或许永远回忆的美好的一天。

“翻译练习”译文参考

1. 必须在路堑边坡或路堤边坡坡顶以外以及与地面平齐的边沟外侧边缘以外，为砌筑围墙预留一定的宽度，以使水能流到边坡以外，局部塌方不致引起与沿线居民的争议。在已经做了横向加宽处理的线路上，预留 2 m。如果想造价很低，可以把宽度缩小到 1 m，同样还可以修建绿篱，绿篱与相邻地产之间的距离根据民法最少是 0.5 m。

2. 桥涵建筑物与曲线和坡道的相对位置

有一条很重要的规则常常容易忘记，那就是：必须避免把桥隧建筑物特别是钢桥放置在坡道起点、曲线起点甚至线路变坡点竖曲线部分。这种预防措施的原因很容易理解。缓和曲线的作用在于避免急剧冲击和由此引起的变形，但在接近桥涵建筑物尤其是钢桥时，轨道从绝对固定的部分突然过渡到基础的压缩性土的部分，因此在这里特别容易引起变形。

3. 坡道和平道的相对位置

另外一条关于坡道与平道相对位置的规则也很重要，但往往没有得到足够的重视。正如我们下面要讲到的那样，没有净化的路基就没有良好的线路，而没有排水就没有净化的路基。因此，应该绝对避免使用那些边沟的坡度不能修的很陡的路堑，尤其是当土质不是很好时。不过，这并非要求在短的路堑里必须修建坡道线路。因为可以从边坡的中部开始逐渐向两头方向挖深来获得边沟的坡度，但是，如果土质不是很好，而路堑又比较长的话，应该毫不犹豫地给路基本身产生一个 2∶3 的坡度，而且这不会对牵引造成任何妨害。

Leçon 4
Etude de tracé d'un chemin de fer

Choix du tracé[①]

L'étude d'une ligne de chemin de fer est une question assez complexé. La première chose à faire est la reconnaissance du terrain sur lequel il est possible d'établir la ligne; c'est par ce moyen qu'on peut se faire une opinion sur le choix du tracé à adopter. Tout d'abord, on doit réaliser les études de rendement pour recueillir les données indispensables.

Etudes préliminaires

Lorsqu'on a décidé d'établir l'avant-projet, on commence par considérer le côté utilitaire du futur chemin de fer qui sera industriel, agricole, commercial, d'intérêt général ou local, de transit ou stratégique. Ce premier examen détermine les conditions générales de la ligne, fixe les points de passages obligatoires, précise les villes ou les villages qui devront être desservis, etc. On peut ainsi obtenir un tracé et dresser un profil en long et des profils en travers.

Dans le profil en long, on représente le terrain suivant un plan passant par l'axe du tracé, ce qui permet, d'un coup d'œil, de voir de quelle façon la ligne traversera les collines, enjambera les vallées, franchira les cols, et de déterminer la section des remblais à construire, des tranchées et des tunnels à creuser, des viaduc à élever.

Les profils en travers sont des plans destinés à indiquer les futurs terrassements qu'il faudra effectuer, à calculer le cube des remblais à édifier et celui des tranchées à creuser, et à établir une équivalence aussi approchée que possible entre les uns et les autres, afin de n'être pas obligé de porter en dépôt des déblais en excès ou bien dans le cas contraire, d'aller creuser dans le sol, en dehors de la ligne, pour faire les emprunts nécessaires à la constitution des remblais.

L'avant-projet se compose des pièces ci-après:

1. Carte générale du tracé;
2. Plan d'ensemble;
3. Profil en long;
4. Profils en travers;
5. Devis descriptif;
6. Notice explicative avec estimation sommaire de la dépense;
7. Rapport sur les résultats de l'enquête.

Les études de l'avant-projet ont pour but de déterminer la direction générale du tracé, après une reconnaissance du terrain.

Etudes définitives

Pour l'étude du projet définitif, les opérations sur le terrain sont généralement plus détaillées; elles sont en effet spécialement appliquées à une ligne qui est à peu près déterminée par les indications de l'avant-projet ou des parties de variantes par la décision ministérielle approbative.

Tracé des alignements définitif[②]**:** Le tracé des alignements définitif doit être fait avec une très grande exactitude. On le fait au moyen de jalons en bois de 2m de hauteur généralement peints en rouge et blanc par parties alternatives de 0,20 m.

Tracé des courbes: On emploie souvent un théodolite[③] ou une station totale électronique[④] pour mesurer les angles des alignements et on peut ainsi déterminer par un piquet rond, la direction de la bissectrice de l'angle sur laquelle devra se trouver ultérieurement le sommet de la courbe de raccordement des deux alignements. A chaque sommet d'angle, on place une balise. Une fois les angles relevés sur le terrain, on connaît généralement, d'après les données du plan de l'avant-projet, le rayon des courbes s'adaptant le mieux aux conditions du tracé.

Piquetage: les alignements et les courbes étant tracés, on procède au piquetage de la ligne, on place des piquets à tous les points de nivellement selon la configuration du terrain et, en tous cas, à tous les hectomètres. Le numérotage se fait au moyen de la suite naturelle des nombres, en partant du piquet placé à l'origine; le piquet 1 est à 100m, le piquet 2 à 200m, et ainsi de suite jusqu'à la fin.

Sondage: Pour compléter l'étude du projet définitif, il est indispensable de connaître aussi exactement que possible la nature du terrain rencontré dans les tranchées importantes et à l'emplacement des principaux ouvrages d'art. Pour cela, il est nécessaire d'exécuter des sondages sur chaque rive des cours d'eau traversés ou sur chaque bord d'une vallée que doit franchir un viaduc, afin de se rendre compte des couches sur lesquelles on pourra établir les fondations.

Telles sont, à peu près, toutes les opérations sur le terrain qui servent à déterminer ensuite les éléments nécessaires à la rédaction du projet de tracé et de terrassement et du projet d'exécution.

Approbation du projet de tracé: L'approbation du projet de tracé ou de terrassement par l'Administration supérieure détermine la direction définitive de la ligne, fixe la limite des courbes et le maximum des déclivités, le nombre et les dimensions des ouvrages d'art, ainsi que les principales conditions de leur établissement.

On peut dès lors s'occuper de la rédaction des projets de détail de ces ouvrages pour la constitution du dossier du projet d'exécution.

---

①choix du tracé d'un chemin de fer:铁路的选线。铁路选线是对沿线地区社会、经济条件所进行的勘察和研究,以确定线路走向的方案。铁路选线设计的具体内容包括:

a. 线路平面设计：确定线路走向和线路具体位置。

b. 线路纵断面设计：根据地形条件、限制坡度、牵引种类设计线路坡段长度，在线路变坡点处设置合适的竖曲线。

c. 路基横断面设计：根据地形条件和经济情况选择合适的断面形式。

d. 路基土石方调配：根据做好的线路横断面图和纵断面图进行路基土石方的调配。

e. 绘制设计图纸：做出线路平面设计图、纵断面图和几个典型的路基横断面图。

②tracé définitif d'un chemin de fer：铁路定线。铁路线上分布着大量的建筑物和设施，如桥涵、隧道、车站、供电、通信、信号及给排水等。铁路线的位置决定了各项建筑物的配置和设备的位置，反之，有一些建筑物的配置也影响铁路线的位置。铁路线的位置不仅对工程数量和工程费用有巨大影响，而且对运行安全和运输效率产生深远影响。因此，铁路修建之前必须定好铁路线位置，才能进行各种建筑物的具体设计。

③théodolite：经纬仪。经纬仪是测量角度（垂直角及水平角）和坐标的仪器。

④station totale électronique：全站仪。全站仪即全站型电子速测仪（英文：Electronic Total Station），是测量角度、坐标和距离的仪器，可以自动运算，实际上全站仪就是水准仪及经纬仪及测距仪的结合体，功能非常全面，可以测角、测距、测高程、放样、数据采集。

Lecture

La ligne Baoji -Chengdu①

Les travaux de terrassement ont porté sur 68 770 000 m^3 par kilomètre de ligne. Si l'on construisait un mur avec les terres et les roches ainsi déplacées, celui-ci en admettant qu'il mesurât 5/10 mètres②, aurait 1 375 km de long, soit, plus que la distance séparant Beijing de Hankou, c'est dans la section délimitée de Fengzhou et le rivière Huangsha③ que les percements de tunnels et les terrassements ont été les plus importants, le volume des terrains déplacés④ y atteint, en effet, 230 000 m^3 par kilomètre de ligne. Partout où la configuration du terrain rendait difficile l'utilisation d'une main-d'œuvre abondante, on a utilisé les explosifs de manière intensive. C'est ainsi que pour construire la gare Qinshiya⑤, on a abattu 260 000 m^3 de roche dure en une seule explosion, utilisant 334 tonnes d'explosifs. De même, pour détourner des rivières, l'utilisation d'explosifs massifs a permis d'éviter l'exé cution des travaux au-dessous du niveau des eaux. Ces mesures ont permis d'économiser la main d'œuvre dans une large mesure, de réduire les délais d'exécution des travaux et d'en abaisser le prix de revient. Pour l'exécution des travaux de terrassement, il a en outre, été fait largement appel à des moyens mécaniques susceptibles de réduire encore l'importance de la main-d'œuvre nécessaire. L'efficacité de cette dernière s'est ainsi trouvée accrue de 350%.L'emploi d'excavatrices et de niveleuses a eu pour effet non seulement d'accélérer les travaux, mais également d'améliorer la qualité des remblais.

En vue de renforcer la stabilité des remblais et de protéger les rives des cours d'eau contre l'érosion, d'importants travaux de protection ont été effectués. La maçonnerie qui a été nécessaire pour l'édification des murs de soutènement⑥ la protection des rives des cours d'eau atteint 418 948m^3, ce qui équivaut à un mur de 2m de haut, large d'un mètre et le long de 210 km.

Pour mener à bien l'étude de la constitution géologique des terrains traversés⑦, plusieurs dizaines de perforatrices ont fonctionné 24 heures par jour pendant plusieurs années. De plus, afin d'acquérir une connaissance approfondie des caractéristiques géologiques et hydrographiques de ces terrains, on a fait usage des signaux électriques, creusé des galeries et des tranchées ou effectué des forages profonds, adaptant les moyens employés à la nature des difficultés rencontrées (à suivre).

---

① la ligne Baoji - Chengdu:宝(鸡)成(都)线,宝成铁路:宝成铁路北起陕西省宝鸡,南行达四川省成都,与成渝铁路、成昆铁路两线衔接,全长 669 km,是沟通西北与西南地区的第一条山岳铁路。宝成铁路于 1952 年 7 月 1 日在成都动工,1954 年 1 月宝鸡端也开工,1956 年 7 月 12 日,南北两段在甘肃徽县黄沙河接轨通车,1958 年元旦全线交付运营。

② en admettant qu'il mesurât 5/10 mètres:这条墙按高 10 m、宽 5 m 算的话,admettre que…是"假定","姑且认为"的意思,从句的动词通常用虚拟式。

③ la section délimitée de Fengzhou et le rivière Huangsha:凤州到黄沙河路段。

④ le volume des terrains déplacés:移动的土石方量。

⑤ la gare Qinshiya:青石崖车站。

⑥ le mur de soutènement:挡土墙。挡土墙是用来支撑天然边坡、挖方边坡或人工填土边坡的构造物,以保持土体的稳定性。

⑦ Pour mener à bien l'étude de la constitution géologique des terrains traversés:为了搞好(或完成)铁路通过地区的地质结构勘察。

Version

Dégagement des emprises

- Nettoyage du terrain.
- Arrachage et abattage des arbres, taillis, broussailles, haies, anciennes souches.
- Démolitions de toutes natures (chaussées, maçonnerie, ponceaux, ouvrages en béton armé, ouvrages hydrauliques, bâtiments), le comblement des cavités, fouilles, puits, fossés et matmoras.
- Dépose des clôtures existantes et pose des clôtures provisoires des propriétés privées avec barrières amovibles.
- Dépose de panneaux de signalisation.
- Reconnaissance et protection des réseaux rencontrés.

Terrassement

- Décapage de l'assiette des ouvrages ou parties d'ouvrages.
- Préparation initiale du terrain comprenant le compactage, si requis par le CCTP, l'exécution des redans et des bêches.
- Captage de source.
- Substitution de purges.
- Exécution des déblais et des emprunts y compris la mise en dépôt provisoire et/ou définitif

et les opérations de préparation des dépôts.
- Exécution des remblais de toute nature y compris remblais contigus avec les matériaux provenant des déblais et des emprunts.
- Exécution des murs et béton projeté pour soutènement des déblais.
- Réalisation des digues de protection contre les inondations.
- Aménagement des talus et mise en œuvre de terre végétale si nécessaire selon les indications du Maitre d'œuvre.
- Exécution des modelages paysagers.
- Recharge et compactage des plates-formes, talus et bermes.
- Exécution de la couche de forme avec les matériaux fournis par l'entrepreneur.
- Exécution des enduits de protection de la couche de forme.
- Reprise sur dépôts provisoires:
  - ◆ de matériaux pour effectuer des modelages;
  - ◆ des produits de décapage pour revêtement des talus et modelages prévus comme tels;
  - ◆ de déblai en attente de réutilisation en remblai.
- Exécution des dispositions provisoires de protection des plates-formes, talus et zones d'emprunt et de dépôt, en cours d'exécution.
- Les sujétions de la présence des eaux souterraines ou superficielles, y compris l'épuisement des eaux et étanchement.
- Les sujétions de nivellement, modelage et remise en état des emprunts et dépôts quel que soit leur emplacement.
- Nettoyage complet du chantier et de ses abords en fin de travaux.

Assainissement et drainage

L'entreprise comprend toutes les fournitures et mises en œuvre nécessaire à:
- La construction d'ouvrages hydrauliques courants (buses,...), d'ouvrages de protection de l'environnement, de tous les ouvrages de drainage, de collecte et d'évacuation des eaux superficielles et internes comprenant entre autres:
  - ◆ les levés topographiques pour les calages des fils d'eau;
  - ◆ les plans d'adaptation et les métrés correspondants;
  - ◆ l'exécution des fouilles et leur protection y compris la mise en dépôt et leur remblaiement;
  - ◆ la réalisation de canalisations circulaires en béton ou en polychlorure de vinyle, de drains en polychlorure de vinyle;
  - ◆ la construction de regards et puisards de toutes natures, d'ouvrages de tête de canalisation, d'ouvrages annexes et d'ouvrages spéciaux;
  - ◆ La réalisation de fossés de toutes natures, cunettes ou caniveaux, y compris la préparation du terrain (déblais, compactage, substitution, etc.,…);
  - ◆ La fourniture et la pose de descentes d'eau et d'ouvrages de raccordement;
  - ◆ L'exécution de bourrelets;

- ◆ La fourniture et la pose de bordures de trottoirs (hors ouvrage d'art);
- ◆ L'exécution de trottoirs (hors ouvrage d'art);
- ◆ La confection des perrés maçonnés;
- ◆ La fourniture et la pose des enrochements de protection.

- L'exécution de fossés hors emprise jusqu'aux exutoires naturels, et l'évacuation des matériaux qui en résultent.
- Le curage et la modification du gabarit de fossés existants.
- La pose de fourreaux pour réseaux de télécommunication.
- La pose de fourreaux en béton transversalement à l'autoroute et au droit des carrefours.
- L'entretien du réseau d'assainissement jusqu'à la réception provisoire.
- La protection des berges par enrochements.
- La protection des talus par revêtement, enrochement, etc., …
- L'exécution de déviations provisoires des oueds, même non pérennes, et si nécessaire y compris les ouvrages de franchissements provisoires puis leur démolition, remblaiement et remise en état.
- L'exécution des déviations définitives des oueds si nécessaire.
- Le comblement des anciens lits des oueds déviés si nécessaire.
- La fourniture et la mise en œuvre de géotextile① (filtre③, matériaux drainants④, …) et de géomembrane②.
- L'exécution de tous travaux d'assainissement provisoires nécessaires:
  - ◆ Au bon déroulement du chantier et à la préservation de la qualité des eaux;
  - ◆ L'exécution de bassins d'orage et de décantation, notamment nécessaires à la préservation des ouvrages et à la préservation du milieu récepteur hors emprise dans l'attente de la réalisation de l'assainissement définitif.

VOCABULAIRE

étude *n. f.* 研究;设计，勘测设计

étude de tracé d'un chemin de fer 铁路选线设计

étude d'une ligne 线路勘测设计

étude préliminaire 初测,初步设计

étude définitive 定测,正式设计

étude de l'avant-projet 初步设计方案

étude de rendement 效益研究

étude du projet définitif 施工设计,施工图设计

choix (*n. m.*) du tracé 选线

tracé *n. m.* 路线,线路;走向;定线

tracé d'un chemon de fer 铁路线路

tracé définitif (道路)定线,定测

tracé des alignements définitif 直线定线

tracé des courbes 曲线定线
reconnaissance *n. f.* 勘测,勘察,踏勘;检查
reconnaissance de la ligne de chemin de fer 铁路线路勘察
reconnaissance du terrain 察看现场,场地勘察 ,现场勘探
établir *v. t.* 制定;编制;计算;修建,铺设(线路、路面)
établir la ligne 铺设线路
établir l'avant-projet 编制初步设计
recueillir *v. t.* 收集,采集,汇集;取得,得到
recueillir les données indispensables 得到必要的数据
avant-projet *n. m.* 初步设计;初步方案
se faire *qch. sur* [*de*] *qch.* 对…产生…,对…形成…
se faire une opinion sur le choix du tracé à adopter 对应选定的线路形成意见
côté(*n. m.*) utilitaire 效用方面,功用方面
utilitaire *adj.* 实用的
chemin (*n. m.*) de fer 铁路
chemin de fer industriel 厂矿专用线
chemin de fer de transit 过境铁路
chemin de fer stratégique 战略铁路
chemin de fer d'intérêt général 干线铁路
chemin de fer d'intérêt local 地方铁路
(être) d'intérêt + *adj.* 与…相关,属…性的
point de passage 变坡点
point de passage de pentes et rampes 变坡点,纵断面变坡点
dresser *v. t.* 编制,编写,制定,拟定
profil *n. m.* 断面,剖面;断面 图,剖面 图
profil en long 纵断面(图)
profil en travers 横断面(图)
plan *n. m.* 图,图纸,平面图
plan d'ensemble 总图,总平面布置图
axe *n. m.* 轴,轴线,中心线
axe de la ligne de chemin de fer 铁路线中心线
axe du tracé 线路中线
enjamber *v. t.* 跨,跨越,跨过
col *n. m.* 峡谷,山口
section *n. f.* 截面,断面;(公路,铁路等的)段,路段
section de remblais 填方路段,填方断面图
tunnel *n. m.* 隧道
viaduc *n. m.* 高架桥,跨线桥
élever *v. t.* 建立,建造

élever un viaduc 架设高架桥
cube *n.m.* 立方;方量
cube de remblais 填方量
cube des tranchées[de déblais] 挖方量
équivalence *n.f.* 相等;等量,当量
creuser *v.t.*,*et v.i.* 挖掘,开凿;挖坑,挖洞
creuser des tranchées 挖沟
creuser dans le sol 挖地,在地上挖坑
porter *v.t.* 运送,运输,运载
porter en dépôt des déblais en excès 把多余的弃土运到渣场
déblais *n.m.pl.* 挖出的弃土,挖方量
dépôt *n.m.* 渣场,堆放场
dépôt provisoire 临时堆渣场
dépôt définitif 永久弃渣场
carte (*n.f.*) générale du tracé 线路总图
devis (*n.m.*) descriptif (带有概算的)工程说明书
notice *n.f.* 说明书
notice explicative 说明书
notice descriptive 说明书
estimation *n.f.* 估计,估算,概算
estimation sommaire 粗略估算
dépense (*n.f.*) de construction 工程费,建筑费用
rapport (*n.m.*) sur le résultat de l'enquête 调查结果报告
direction *n.f.* 方向,走向
direction générale du tracé 线路总的走向
direction définitive de la ligne 线路的正式走向
projet *n.m.* 设计;方案;草案;(建设)项目
projet définitif 正式设计;施工设计;施工图
projet de tracé et de terrassement 定线方案和土方工程设计
projet d'exécution 施工设计
projet de détail 细部设计
projet détaillé 细部设计
indication *n.f.* 说明
indications de l'avant-projet 初步设计说明
variante *n.f.* 比较方案
variante du tracé 线路比较方案,选线比较方案
décision (*n.f.*) ministérielle 部令
alignement *n.m.* 直线,直线段
exactitude *n.f.* 正确,准确;准确性,精确度

jalon *n. m.* 标桩,标杆,标尺
théodolite *n. m.* 经纬仪
station *n. f.* 站;位置,工位;测量点,观测点
station totale électronique 全站仪
mesurer *v. t.* 测量,测定
angle *n. m.* 角,角度
angle relevé 测定角度,测定方位
piquet *n. m.* 桩,标桩,百米标
bissectrice *n. f.* 角平分线,二等分线
bissectrice de l'angle 角平分线
sommet *n. m.* 顶,顶点;最高点
sommet d'angle 角顶
courbe *n. f.* 曲线
courbe de raccordement 缓和曲线,过渡曲线,连接曲线
balise *n. f.* 路标,线路标志,测量标志
relever *v. t.* 测定;测定位置,
rayon (*n. m.*) de la courbe 曲线半径
piquetage *n. m.* 打桩,标桩,用桩标出线路
piquetage de la ligne 线路标桩
tracer *v. t.* 划线,标出,标出路线,拟订线路,立桩
nivellement *n. m.* 水准测量,水平仪测量;整平,使平坦
point (*n. m.*) de nivellement 水准点
configuration *n. f.* 形状,外形;地形,地势
configuration du terrain 地形,地势
hectomètre *n. m.* 百米(代号为 hm),百米标
suite *n. f.* 次序,顺序;序列
suite naturelle des nombres 自然数列
(et) ainsi de suite 依此类推
sondage *n. m.* 探测;钻探
tranchée (*n. f.*) importante 深沟;长大路堑
emplacement *n. m.* 位置,场地,建筑地点;部位
cours *n. m.* 水流,河流
cours d'eau 河流,水流
bord *n. m.* 边,边缘
couche (*n. f.*) de fondation 基础层
fondation *n. f.* (建筑物的)基础
élément *n. m.* 参数,数据,资料
approbation *n. f.* 审批,批准
administration *n. f.* 管理部门,行政机关;政府的部门(有时首字母大写)

administration supérieure　上级部门(机关,单位)
limite *n. f.*　极限,限制,极限值;范围,限界
maximum (*n. m.*) des déclivités　最大坡度
déclivité *n. f.*　倾斜度,坡度
déclivité maximale　最大坡度
s'occuper *de qch.*　做某事
établissement *n. m.*　制定;确定
constitution *n. f.*　组织;制定
dossier *n. m.*　文件(指整套文件)
dossier de projet　设计文件
dossier du projet d'exécution　施工设计文件

VOCABULAIRE COMPLÉMENTAIRE

travaux (*n. m. pl.*) de terrassement　土方工程
percement (*n. m.*) du tunnels　开挖隧道
configuration (*n. f.*) du terrain　地形,地势
explosif *n. m.*　炸药
exécution (*n. f.*) des travaux au-dessous du niveau des eaux　水下施工
dans une large mesure　在很大程度上
efficacité *n. f.*　效率
excavatrice *n. f.*　挖掘机,挖土机
niveleuse *n. f.*　平地机
stabilité *n. f.*　稳定性
rives (*n. f. pl.*) des cours d'eau　河岸
érosion *n. f.*　侵蚀,腐蚀,冲刷
érosion des rives　河岸冲刷
travaux (*n. m. pl.*) de protection　防护工程
maçonnerie *n. f.*　圬工,圬工工程,泥水工程,砖石工程;砌体
mur (*n. m.*) de soutènement　挡土墙
protection (*n. f.*) de rives　护岸,护岸工程
perforatrice *n. f.*　凿岩机,钻机
connaissance *n. f.*　认识,了解,考察
caractéristique *n. f.*　特性
caractéristiques géologiques　地质特性
caractéristiques hydrauliques　水力特性
signal (*n. m.*) électrique　电信号
creuser une galerie　开凿地下通道
creuser une tranchée　挖沟
forage *n. m.*　钻孔,钻探

forage profond 深井钻探
adapter *v. t.* (*à*) 使适应,使适合

---

dégagement (*n. m.*) des emprises 占地范围清障
nettoyage (*n. m.*) du terrain 清理场地,地面清理
arrachage (*n. m.*) des arbres 拔除树木,拔树
abattage (*n. m.*) des arbres 砍树,伐木
taillis *n. m.* 灌木,灌木丛
broussailles *n. f. pl.* 荆棘,荆棘丛
haie *n. f.* 篱笆,树篱
démolition *n. f.* (建筑物的)拆除,拆毁
démolitions de toutes natures 各种拆除工程
maçonnerie *n. f.* 砖石圬工;砌体
ponceau *n. m.* 涵洞
ouvrage (*n. m.*) en béton armé 钢筋混凝土结构物
ouvrage hydraulique 水工构造物,过水构造物
bâtiment *n. m.* 房屋
comblement *n. m.* 填平,填补,填塞
comblement des cavités 填坑
comblement des anciens lits des oueds déviés 改道河流旧河床填平
fouille *n. f.* 基坑
fossé *n. m.* 沟,边沟,排水沟
matmoras [阿](储存粮食谷物等的)地窖
dépose (*n. f.*) des clôtures existantes 拆除现有的围墙
dépose de panneaux de signalisation 拆除道路指示牌
pose (*n. f.*) des clôtures 砌筑围墙
barrière (*n. f.*) amovible 可拆卸的栅栏门
panneau (*n. m.*) de signalisation (道路)指示牌
décapage *n. m.* 清表,清除表土;清理
décapage de l'assiette des ouvrages 清理建筑物基础
préparation (*n. f.*) initiale du terrain 场地初期平整
initiale *adj.* 最初的,初期的
compactage *n. m.* 压实,夯实,碾压
redan *n. m.* 台阶
bêche *n. f.* 支架
captage (*n. m.*) de source 截取水源,取水工程
substitution (*n. f.*) de purges 清理换土
exécution (*n. f.*) des déblais et des emprunts 路堑和取土坑开挖
exécution des remblais 路堤施工,填方施工

mise (*n.f.*) en dépôt provisoire 临时堆放
mise en dépôt définitif 弃土堆放
opérations (*n.f.pl.*) de préparation des dépôts 堆放场地的清理工作
remblais (*n.m.pl.*) contigus 相邻填方
béton (*n.m.*) projeté 喷射混凝土
soutènement *n.m.* 固定,加固,支撑
réalisation *n.f.* 施工
digue (*n.f.*) de protection contre les inondations 防洪堤
aménagement (*n.m.*) des talus 整理边坡
mise (*n.f.*) en œuvre de terre végétale 铺设种植土
modelages (*n.m.pl.*) paysagers (模仿天然景色的)景观工程
recharge (*n.f.*) de talus 边坡抛填石
plate-forme, plateforme *n.f.* (公路、铁路的)路基
berme *n.f.* 路肩,护道
couche (*n.f.*) de forme 路面的垫层
enduits (*n.m.pl.*) de protection 保护(涂)层
reprise *n.f.* 回收
produits (*n.m.pl.*) de décapage 清表挖出的土石
revêtement (*n.m.*) des talus 护坡
prévu *adj.* 事先考虑到的,规定的
comme tel 像这样,像那样
en attente 待处理的,预留的
déblai (*n.m.*) de réutilisation en remblai 移挖作填,利用方
dispositions (*n.f.pl.*) provisoires de protection 临时防护设施
zone (*n.f.*) d'emprunt 取土场,取土坑
zone de dépôt 渣场
sujétions *n.f.pl.* (有关工程或构造物的)相关工作,附属工程
présence *n.f.* (物质的)存在
présence des eaux souterraines ou superficielles 有地下水或地表水
épuisement *n.m.* 排水
épuisement des eaux 排水
étanchement *n.m.* 防水层
remise (*n.f.*) en état 恢复
chantier *n.m.* 工地,建筑工地,建筑现场
abords *n.m.pl.* 周围,四周
en fin (*n.f.*) des travaux 在完工时,竣工时
assainissement *n.m.* 净化;排水;排水工程
drainage *n.m.* 排水;排水系统
entreprise *n.f.* 承包,承揽

fournitures *n. f. pl.* 材料;备用零、部件
mise (*n. f.*) en œuvre 实施;施工
construction (*n. f.*) d'ouvrages hydrauliques courants (buses,…) 普通过水构造物(涵管等)的施工
buse *n. f.* 涵管,管涵
ouvrage (*n. m.*) de protection de l'environnement 环保构造物
ouvrage de drainage 排水构造物
ouvrage de collecte des eaux 集水构造物
ouvrage d'évacuation des eaux 溢洪道,泄水道
entre autres 其中有...
levé(*n. m.*) topographique 地形测量
calage (*n. m.*) des fils d'eau 水流定位
plan (*n. m.*) d'adaptation 补充设计图纸
métré *n. m.* 工程数量单
exécution (*n. f.*) des fouilles 基坑施工,基坑开挖
remblaiement *n. m.* 填土,回填
remblaiement des fouilles 基坑回填
canalisation (*n. f.*) circulaire 圆形管道
polychlorure (*n. m.*) de vinyle (PVC) 聚氯乙烯
drain *n. m.* 排水管
drain en polychlorure de vinyle 聚氯乙烯排水管
regard *n. m.* 检查井
puisard *n. m.* 排污水渗井
ouvrage (*n. m.*) de tête de canalisation 管道进水口工程
ouvrage annexe 附属建筑物
ouvrage spécial 特种结构
fossé *n. m.* 排水沟,边沟
caniveau *n. m.* 排水沟
cunette *n. f.* 导坑,导洞
descente (*n. f.*) d'eau 落水管
ouvrage (*n. m.*) de raccordement 连接件
bourrelet *n. m.* 法兰盘
bordure (*n. f.*) de trottoir 人行道路边石(路缘石)
hors +无冠词名词:在…之外,在…外面
confection *n. f.* 制作;实施
confection des perrés maçonnées 做圬工护坡
perré *n. m.* 石砌护坡,干砌护坡
perré maçonné 圬工护坡
enrochement *n. m.* 防冲乱石

enrochement de protection 堆石护坡,堆石护面
exécution de fossés 边沟开挖
exutoire (*n. m.*) naturel 天然排水沟;天然排水口
évacuation *n. f.* 清除
curage *n. m.* 挖清,疏通,清淤
curage de fossé 清沟,疏通边沟
modification *n. f.* 修改,调整
modification du gabarit de fossés existants 调整现有边沟的尺寸
gabarit *n. m.* 净空,限界,外廓尺寸
pose (*n. f.*) de fourreaux 铺设套管
fourreau *n. m.* 套管
fourreau en béton 混凝土套管
réseau (*n. m.*) de télécommunication 通信线路
carrefour *n. m.* 岔道口,道路交叉口
réseau d'assainissement 排水管网,排水系统
réception (*n. f.*) provisoire 临时验收
berge *n. f.* 陡岸,(道路或沟渠两侧高的)陡坡
protection (*n. f.*) des berges 护岸,护坡
protection des berges par enrochement 陡岸石砌护坡
protection des talus au revêtement 护坡工程
protection des talus en enrochement 石砌护坡(工程)
revêtement *n. m.* 砌面,铺面,保护层;护坡
revêtement des talus 护坡
déviation *n. f.* 改道,改道工程
déviation provisoire 临时改道
déviation provisoire des oueds 河流临时改道工程
déviation définitive des oueds 河流正式改道工程
pérenne *adj.* 长久的,持久的
△ rivière (*n. f.*) pérenne 常流河
ouvrage (*n. m.*) de franchissement 桥梁,跨越构造物
ouvrages de franchissements provisoires 临时跨越构造物,临时桥梁
géotextile *n. m.* 土工布
filtre *n. m.* 反滤料,反滤层
matériaux (*n. m. pl.*) drainants 透水(性)材料
géomembrane *n. f.* 土工膜
travaux (*n. m. pl.*) d'assainissement provisoires 临时排水工程
déroulement (*n. m.*) du chantier 施工进展,施工进度
préservation (*n. f.*) de la qualité des eaux 保护水质
bassin (*n. m.*) d'orage 雨水池
bassin de décantation 沉淀池

milieu (*n. m.*) récepteur 接收环境
dans l'attente *de qch. ou de faire qch.* 等待…事,等待做…事
réalisation (*n. f.*) de l'assainissement définitif 正式排水工程施工
assainissement (*n. m.*) définitif 正式排水工程

Termes de construction(工程词汇)

○ 招标和投标: Appel d'offre et remise des offres

投标人须知 Instructions (*n. f. pl.*) aux soumissionnaires	appel d'offres national et international restreint
投标须知 l'instruction (*n. f.*) pour soumissionnaire	有限招标,限制性招标 appel d'offres restreint
投标须知 Règlement (*n. m.*) de consultation	带资格预审的有限招标 appel d'offres restreint avec présélection
招标 appel (*n. m.*) d'offres	密封投标 présenter leurs offres sous pli fermé
国内和国际招标 appel d'offres national et international	投标声明 déclaration (*n. f.*) à souscrire
国内和国际有限招标	承包价 les prix (*n. m. pl.*) forfaitaires
招标通告 Avis (*n. m.*) d'appel d'offre	■ 招标细则 Cahier (*n. m.*) des charges
招标资格预选通知书 Avis de présélection	■ 一般行政条款(规定)
就…项目发出国际性招标	- Prescriptions (*n. f. pl.*) Générales Administration
■ lancer (lancement d') un appel d'offres international pour tel projet de travaux	- Cahier des clauses de l'administration
投标特邀书: Invitation (*n. f.*) de soumission	■ 一般及特殊技术条款规定 Prescriptions Techniques Générales et Particulières
购买标书 retirer les dossiers d'appel d'offres	■ 特殊行政条款(CCAP) Cahier des clauses administratives particulières
招标文件 le dossier d'appel d'offres	
资格预审 la préqualification (présélection)	■ 特殊技术条款说明书(CCTP) Cahier des clauses techniques particuliers
资审文件 le dossier de candidature	
资审通过	■ 特殊规定 Cahier des prescriptions spéciales (CPS)
■ être retenu(e) dans le cadre de préqualification	
投标文件 le dossier de soumission	■ 一般技术条款,一般技术规定 Spécifications (*n. f. pl.*) techniques générales
填写标书 la préparation de la soumission	
公司名称 la raison sociale	■ 特殊技术条款,特殊技术规定 Spécifications techniques particulières
公司地址 le siège social	
投标准备 la préparation de soumission	投标保证书 lettre (*n. f.*) de garantie pour soumission
报价 une offre	投标保函(保证金) le cautionnement provisoire
编标 l'établissement (*n. m.*) des offres	银行担保 la garantie bancaire
现场勘察 visite (*n. f.*) du chantier	正式开标 l'ouverture (*n. f.*) officielle des plis
现场考察 visite (*n. f.*) des sites	将公开开标
投标 la remise des offres	■ L'ouverture des offres aura lieu en séance publique
投标(书) la soumission / présenter la soumission	判标 le jugement des prix
投标人 le soumissionnaire	通知书 Lettre d'avis
投标候选人 le candidat de soumission	得标人 l'adjudicataire
投标最低价,出最低价格的投标者 le moins-disant	履约担保
投标有效期 le délai de validité pour soumission	-la caution de bonne exécution
投标截止日期 la date limite de la remise des offres	-la caution de bonne fin
投标书格式 le formule de soumission	签合同 signature (*n. f.*) du marché
投标书样式 le modèle de soumission	承包工程 Travaux (*n. m. pl.*) forfaitaires
价目表,价格明细表 le Bordereau des prix	分包工程 Travaux de sous-traitance
单价明细表,单价表 le Bordereau de prix unitaire	得标承包单位(人) l'Entrepreneur (*n. m.*) adjudicadaire
数量和价格表 Bordereau des quantités et des prix	承包商(人,单位) l'Entrepreneur (*n. m.*), l'Entreprise (*n. f.*)
价格明细表,价格分类表,单价分析 Sous-détail des prix	
明细费用预算 Détail estimatif	分包商(单位): le Sous-traitant / Entrepreneur sous-traitant

○ 造价和建筑面积

造价,总造价:montant (*n. m.*) des travaux
单方造价:prix (*n. m.*) de la construction par mètre carré
单项造价:prix unitaire
占地面积:surface (*n. f.*) du terrain occupé
建筑面积:superficie (*n. f.*) couverte / surface (*n. f.*) bâtie
使用面积:surface (*n. f.*) utile
建筑红线:alignement (*n. m.*)
使用系数:coefficient (*n. m.*) (index) d'utilisation
绿化面积:surface (*n. f.*) des espaces verts

Spécifications techniques

1. Les matériaux pour remblaiement seront expurgés des éléments dont la plus grande dimension excède 10 cm. 回填材料里除去最大粒径超过 10cm 的大块料。
2. Des mesures de la teneur en eau des matériaux, au moment de leur mise en œuvre, seront effectuées. 施工时测定材料的含水量。
3. Ils seront mis en œuvre par couches élémentaires ne dépassant pas 20 cm d'épaisseur après compactage. 回填分层施工,碾压后每层厚度不超过 20cm。
4. Le terrain sera compacté au moyen du compacteur vibrant de 20 t ou équivalent en 3 ou 4 passes en général (ou le compactage se fera avec le compacteur vibrant de 20 t ou équivalent en 3 ou 4 passes en général). Au cours du compactage, si l'on trouve les matériaux à l'état très sec ou les matériaux superficiels à écoulement libre, on procèdera à un arrosage convenable. En cas de phénomène élastique des matériaux causé par l'humidité, l'excavation sera effectuée à sec. 用 20t 的压路机或等效的碾压机械进行碾压,一般压 3~4 遍。在碾压过程中,如发现土过干,表层松散,则适当洒水,如土过湿,发生弹簧现象,则采取干挖。
5. Si l'extraction ne peut pas se faire au moyen d'un ripper à une dent équipant un bulldozer 370 CV/DIN, on fera recours à l'explosif. 如果用配有 370 马力 DIN 型推土机的单齿松土机无法开采,则用炸药爆破开挖。
6. Les bennes des camions de transport ne doivent pas être chargées à ras bords quelque soit le tonnage que cela pourrait constituer. 运土卡车无论其载重量如何,它们的车厢不应该装满到齐边。
7. Il est interdit de charger les camions de transport à leur charge maximale autorisée, une marge de sécurité devra être ménagée à cet effet en tenant compte de la masse volumique du matériau transporté. 禁止给运土卡车装到允许的最大荷载,因此应该考虑到运送土石料的密度而留有一定的安全裕度。
8. Interdire la présence de piétons aux abords immédiats du site du déchargement. 禁止行人在卸料工地附近停留。
9. Exiger du guide le port du baudrier rétrofléchissant. 要求引导员佩带反光肩带。
10. La surface de la fouille est mesurée en projection horizontale. 基坑的面积是平面投影测量的面积。

"课文"翻译参考

第 4 课　铁路选线设计

铁路选线

铁道线路勘测设计是一个相当复杂的问题。首先要做的工作是对可能铺设线路的场地进行勘察，正是通过这种办法才能对应选定的线路形成意见。首先应该进行效益研究，以得到必要的数据。

初步设计

当决定编制初步设计时，首先考虑未来铁路的功用方面，是厂矿专用线、农业专用线、商业专用线、干线铁路还是地方性铁路、过境铁路还是战略铁路。这第一步的研究决定线路的一般条件，确定必须设置的变坡点，确定应该通达的城市和乡村，等等。这样就可以得出一条线路并且编制纵断面图和横断面图。

在纵断面图里，根据通过铁路线中心线的平面图表示地形，这样一眼就可以看出线路是怎么穿过山丘、跨过峡谷、越过山口的，可以确定要修建的填方路段、要开挖的路堑和隧道、要架设的高架桥。

横断面图是用于说明未来必须进行的土方工程、计算填方量并且在填方和挖方之间计算出一个尽量接近的等值的图纸，为的是不用把多余的弃土运到渣场或为了修筑路堤需要的土方到线路以外的地上挖坑取土。

初步设计包括以下文件：

1. 线路总图；
2. 总平面布置图；
3. 纵断面图；
4. 横断面图；
5. 带有概算的工程说明书；
6. 带有工程费粗略估算的说明书；
7. 调查结果报告。

初步设计方案旨在场地勘察以后确定线路总的走向。

正式设计

施工设计（施工图设计）的勘测作业一般来说比较详细，因为施工设计所针对的线路是由初步设计的说明大致确定的，或者是由部令批准的比较方案的相关部分的说明确定的。

直线定线：直线定线应该做得很准确，通常用高 2 m、涂成 0.2 m 红白相间的木桩进行。

曲线定线：通常使用经纬仪或全站仪测量线路（或直线间）的角度，这样就可以通过圆标桩确定角平分线的方向，两条直线的缓和曲线的顶点将来就在这条角平分线上。每个角顶放置一个测量标志。一旦现场测定了角度，根据初步设计图纸的资料一般就知道了最适合线路条件的曲线半径了。

线路标桩:直线和曲线标出来以后就进行线路标桩,在所有的水准点都根据地形设置标桩,无论如何每百米设置百米标。从起点开始用自然数列进行编号,1 号桩打在 100 m,2 号桩打在 200 m,依此类推,直到打完为止。

钻探:为了补全施工(图)设计,需要尽可能准确地了解长大路堑和主要桥隧建筑物所处位置的土质。为此,必须在线路穿越的河流两岸或高架桥跨越的山谷边缘进行钻探,以便了解可能修建基础的地层。

这些差不多就是全部勘测作业的内容,以后用它们来确定定线方案和土方工程设计以及施工设计的参数。

定线方案的审批:上级部门批准定线方案和土方工程设计,这就确定了线路的正式走向,最小曲线半径和最大坡度,桥隧建筑物的数量和尺寸以及修建它们的只要条件。

此后就可以为制定施工设计文件编制这些建筑物的细部设计了。

"翻译练习"译文参考

占地范围清障

- 清理场地。
- 拔树、砍树、拔除或砍伐灌木丛、荆棘丛、树篱、老树根。
- 各种拆除工程(路面、砌体、涵洞、钢筋混凝土结构物、过水构造物、房屋),填坑、填基坑、填井、填沟和地窖。
- 拆除现有的围墙和砌筑带有可拆卸栅栏门的临时围墙。
- 拆除道路指示牌。
- 勘察和保护遇到的管路。

土方工程

- 清理全部或部分建筑物的基础。
- 场地初期平整包括压实(如果特殊技术条款有要求),制作台阶和支架。
- 取水工程。
- 清理换土。
- 路堑和取土坑开挖,包括临时堆放和/或弃土堆放以及堆放场地的清理工作。
- 各种填方施工,包括使用挖出的弃土材料和坑取材料的相邻填方。
- 砌墙和为开挖支护喷射混凝土。
- 防洪堤施工。
- 整理边坡和根据业主的说明必要时铺设种植土。
- 景观工程施工。
- 路基、边坡和路肩的抛填石和压实。
- 用承包商提供的材料施工路面的垫层。
- 路面的垫层的保护层施工。
- 在临时堆渣场回收:
  - 景观工程施工的材料。
  - 护坡和景观工程中规定使用的清表挖出的土石;
  - 移挖作填的再利用土方(即挖方中留作回填的利用土方)。
- 施工中,路基、边坡、取土场和渣场临时防护设施的施工。
- 有地下水或地表水时的相关工作,包括排水和做防水层。
- 场地整平、景观工程以及取土场和渣场恢复的相关工作,不管其位置如何。
- 竣工时施工场地及其周围的全面清理。

排水工程和排水系统

承包工作包括一切材料和下列施工:

- 普通过水构造物(涵管等)、环保构造物、一切地表水和地下水的排水、集水和泄水构造物的施工,其中包括:
  - 为水流定位的地形测量;
  - 补充设计图纸和相应的工程数量单;
  - 基坑开挖及其防护,包括弃土堆放和基坑回填;

◆ 混凝土或聚氯乙烯圆形管道、聚氯乙烯排水管的施工;
◆ 各种检查井和排污渗井的施工,管道进水口工程、附属建筑物和特种结构的施工;
◆ 各种边沟、导洞或排水沟的施工,包括平整场地(挖方、压实、换土,等);
◆ 提供和铺设落水管和连接件;
◆ 安装法兰盘;
◆ 提供和铺设人行道路边石(工程构造物以外);
◆ 铺设人行道(工程构造物以外);
◆ 做圬工护坡;
◆ 提供和铺设堆石护坡。

- 在占地范围以外开挖边沟直到天然排水口,并且清除挖沟产生的土石。
- 疏通边沟和调整现有边沟的尺寸。
- 给通信线路铺设套管。
- 在道路交叉口铺设与高速公路横向交叉的混凝土套管。
- 维护排水管网直到临时验收。
- 陡岸石砌护坡。
- 护坡工程和石砌护坡工程等。
- 河流临时改道工程施工,即便不是常流河也如是,而且必要时包括临时桥梁,而后将其拆除、填土并恢复原状。
- 必要时的河流正式改道工程施工。
- 必要时改道河流旧河床填平。
- 提供并铺设土工布①(反滤料③、透水性材料④等)和土工膜②。
- 为以下目的所需的一切临时排水工程施工:

◆ 确保施工进度和保护水质;
◆ 修建雨水池和沉淀池,主要是为了保护占地范围以外的建筑物和接收环境,等待正式排水工程施工。

---

① géotextile:土工布,其作用是:a. 过滤作用,土工布能让水分通过,又能有效地阻止土壤颗粒通过,从而防止土粒的流失而造成土体的破坏;b. 排水作用,土工布可以在土体中形成排水通道,把土中水分汇集起来,沿着材料的平面排出体外;c. 此外还有防渗作用等。

② géomembrane:土工膜,土工膜是一种新型材料,具有优异的防渗、防腐性能,化学稳定性好。土工膜广泛地应用于水利工程的堤、坝、水库的防渗,同时土工膜也在渠道、蓄水池、污水池、游泳池、地下建筑物、环境工程等方面作为防渗、防腐、防漏、防潮材料使用。

③ filtre:反滤层或反滤料,水工建筑术语。反滤层是由 2～4 层颗粒大小不同的砂、碎石或卵石等材料做成的,顺着水流的方向颗粒逐渐增大,任何一层的颗粒都不允许穿过相邻较粗一层的孔隙。同一层的颗粒也不能产生相对移动。主要是为了防止隐蔽工程中有地下渗水时,水流不会掏空结构层(土壤)颗粒。通过设置的滤层材料的不同粒径组合,将渗水和地下结构层颗粒隔开,达到滤干渗水保存结构层颗粒的效果。通俗地说就是过滤,设置一些砂石之类的材料,把水过滤走留下土料,防止水土流失。一般情况下是不同直径的碎石按一定的比例(级配要求)混合,由细到粗而组成的级配砂砾层。

④ matériaux drainants:透水性材料,指透水性能良好的路基填筑材料,由岩石、砾石或其他透水性好的材料组成。

Leçon 5
Infrastructure

On entend par l'infrastructure l'établissement de la partie du chemin de fer située au-dessous du ballast et des rails, c'est- à-dire la construction de la plate-forme et des ouvrages qui en dépendent.

Exécution de la plate-forme pour une ou deux voies. -En effet la question peut être envisagée de trois façons, car on peut:

1) Exécuter d'abord la plate-forme pour une seule voie;
2) Faire immédiatement la plate-forme pour deux voies, mais n'en poser qu'une et ajourner l'autre à une époque où la nécessité en sera reconnue;
3) Enfin adopter un système mixte consistant à acquérir les terrains et construire les ouvrages d'art pour deux voies, sauf à ne faire les terrassements que pour une voie.

La nécessité de conserver une pente aussi faible que possible, oblige, dans les pays un peu accidentés, à entreprendre des travaux parfois considérables: au fond de vallée, il faut, par le moyen de remblais élevés, relever le rail à une grande hauteur pour gagner doucement un sommet; en haut de colline, il faut par une tranchée profonde, couper en deux une colline, pour descendre sans trop de pente à un point plus bas.

Pour les tranchées de très fortes dimensions, on emploie souvent des excavateurs.

Pour les déblais de rocher, on emploie des procédés spéciaux: le pic, la pioche et la pince, quand le rocher est d'une dureté moyenne, au moyen de la poudre ou de la dynamite quand on a un fort cube à extraire.

Tassement des remblais. -Le mode de déchargement des remblais à pleine hauteur a pour conséquence des tassements assez considérables de la plate-forme après l'exécution, surtout après une période de pluies. On tient compte de cette circonstance en donnant aux tassements une hauteur telle qu'après le tassement la plate-forme soit à peu près à son niveau définitif. Le relèvement est ordinairement du 1/12 de la hauteur du remblai.

Cette surélévation est généralement donnée aux remblais quand la pose des voies doit se faire longtemps après; au bout de six mois, le tassement est à peu près complet, bien que dans certaines circonstances on en ait encore remarqué les efforts quelques années après l'exécution.

Règlement des talus. -Il ne reste plus alors pour les tranchées qu'à faire le règlement et le dressage des talus et l'ouverture des fossés pour l'écoulement des eaux qui pourraient raviner la plate-forme.

Fossés. -Une fois les talus dressés et réglés, on procède à l'ouverture des fossés. Dans les terrains argileux et humides, il est quelquefois nécessaire d'établir les fossés avec des revêtements en pierres sèches.

Consolidation de talus. -La question des consolidations de talus est un des points les plus importants de l'exécution des terrassements. En général, les causes de dégradation des talus proviennent ou de l'extérieur ou de l'intérieur. Les talus taillés dans des terres mélangées d'argile① s'altèrent et se décomposent au contact de l'air ou sous l'action plus ou moins destructive des eaux provenant des terrains supérieurs et qui en ravinent la surface. Pour ces accidents qui proviennent de causes extérieures, les causes de dégradation des talus proviennent toujours de la présence de l'eau et de celle de l'argile. L'argile ne laisse pas l'eau filtrer à travers ses molécules, mais néanmoins, s'en laisse imbiber à la longue et la retient même avec obstination. Les éboulements se produisent donc à peu près toujours par suite de l'existence de banc d'argile ou de terre plus ou moins argileuse entre des bancs perméables ou audessous de ceux-ci.

Pour prévenir les éboulements des parois latérales, on y parvient par des travaux de consolidation qui consistent à retenir les terres au moyen de construire des fossés de crête, de faire des semis (recouvrir la surface du talus d'une couche de terre végétale), de faire des gazonnements et des plantations, d'employer des perrés en pierres sèches ou en maçonnerie à mortier, etc. Quelquefois, il est impossible de donner aux talus une inclinaison suffisante: on dresse alors des murs de soutènement. Enfin, l'assainissement des tranchées est obtenu en assurant l'écoulement des eaux au moyen de drains, d'aqueducs et de caniveaux.

Consolidation des remblais. -En principe, dans l'exécution des remblais on ne doit jamais employer que des terres de bonne qualité; il en résulte qu'on ne devrait jamais avoir à consolider un remblai. En effet, on ne peut apporter trop d'attention dans l'exécution des remblais. On peut encore avoir des remblais à consolider. Pour les consolider, on emploie souvent un procédé qui consiste essentiellement dans l'établissement de pierrées ou mur en pierres sèches ayant une direction normale à l'axe du chemin de fer; afin d'aller chercher les eaux d'infiltration (cause principale de tous les mouvements qui se manifestent dans les terrains argileux) et de faciliter leur écoulement au dehors par la voie la plus directe.

① les talus taillés dans des terres mélangées d'argile: 在混有黏土的场地开挖的边坡。

Lecture

1. Déblais et remblais①

L'inclinaison des talus de déblais doit être déterminée d'après la nature du terrain. On peut admettre de 1/5 (un de base pour 5 de hauteur) à 2/3 pour le rocher, 1/1 pour les terres moyennes, 3/2 à 2/1 pour les terres argileuses. Quand on a plusieurs natures de terrain superposées, on adopte des talus différents.

Pour les remblais, le talus naturel varie de 2/3 pour la terre forte à 3/2 pour le sable fin, et 2/1 ou même une pente plus douce encore, pour l'argile.

① Déblais et remblais:路堤与路堑。路基以填方方式构成为路堤,以开挖方式构成为路堑。换句话说,路堑是指全部在原地面开挖而成的路基,路堑指从原地面向下开挖而成的路基形式。

2. Consolidation des talus

Les talus doivent être protégés contre les ravinements, soit par de la végétation, soit par des revêtements appropriés. Suivant la tenue des terres, on peut adopter les modes suivants: semis de gazon, perrés et mur de soutènement.

Dans les tranchées argileuses détrempées par des infiltrations, aucun de ces modes de protection n'est efficace. Il faut assainir le terrain par captation des eaux, soit au moyen de drains longitudinaux, soit au moyen de tuyaux de drainage et de contreforts à pierres sèches, soit encore au moyen de galeries maçonnées.

Il est très important d'assurer l'écoulement des eaux au pied des talus de remblais et de déblais par des fossés ayant une section et une pente suffisantes, au besoin pavés ou maçonnés si les terres ont tendance à s'ébouler.

Version

Mode d'execution des travaux

ARTICLE 1-ETAT DU TERRAIN-NIVELLEMENT-IMPLANTATION

Tous les travaux d'implantation y compris la mise en place des repères de base et leur conservation pour alignement et niveau, suivant les indications de l'Autorité Contractante sont à la charge de l'entrepreneur.

ARTICLE 2-INSTALLATION DE CHANTIER

Dans la mesure de ses possibilités, l'Autorité Contractante met gratuitement à la disposition de l'entrepreneur pour la durée des travaux du marché, tous les terrains du domaine public ou privé de l'état nécessaires aux installations de chantiers. L'entrepreneur doit pourvoir à toutes les installations nécessaires pour l'exécution des travaux et les enlever en fin de chantier.

L'entrepreneur fournit une évaluation de la surface dont il souhaite la mise à sa disposition pour ses installations de chantier et la définit sur le plan de masse. Il s'engage par ailleurs à laisser libre l'accès à la zone réservée pour le stockage du matériel et des installations de chantier, d'autres entrepreneurs ou constructeurs engagés par l'Autorité Contractante.

Il est bien entendu que l'Autorité Contractante ne pourra en aucun cas être tenu de fournir eau ou électricité à l'entrepreneur. Celui-ci fera donc son affaire des dispositions matérielles et/ou des moyens d'alimentation du chantier en eau, électricité.

Avec sa soumission, l'entrepreneur fournira un descriptif des moyens qu'il compte employer aussi bien en alimentation de base que de secours.

L'entrepreneur remettra un mémoire détaillé précisant les installations de chantier, les ouvrages provisoires et les services généraux qu'il se propose de créer, ainsi que s'il y a lieu, le matériel prévu pour exécution des ouvrages (nature, type et âge sont à préciser).

Cette liste fait ressortir d'une part, le matériel actuellement en sa possession et disponible en temps utile et, d'autre part, les engins qu'il aurait à acquérir si la nature des travaux l'exige.

ARTICLE 3-EAU ET ELECTRICITE

L'eau et l'électricité du chantier nécessaires pour la réalisation des travaux sont à la charge de l'entreprise qui prendra les dispositions nécessaires à leur approvisionnement.

ARTICLE 4-TERRASSEMENT-DEMOLITIONS

Les documents suivants sont applicables, sauf prescriptions contraires aux pièces du marché.

Les fonds de fouille sont réceptionnés par l'Autorité Contractante et recouverts par une couche de béton de propreté dans un délai maximum de 24 heures après que la cote du fond ait été atteinte.

ARTICLE 5-MORTIERS ET BETON

Mortiers:

Pour les mortiers, les compositions sont déterminées:

a-volumétriquement pour les sables, b-pondéralement pour les liants.

Betons:

L'entrepreneur a la charge et l'étude des compositions de bétons. Il doit soumettre ces compositions à l'Autorité Contractante suffisamment tôt pour pouvoir connaître les résultats des essais de convenance à 28 jours avant de commencer la mise en œuvre du béton.

Armatures:

La longueur minimale d'approvisionnement des armatures pour béton armé est de 12 mètres. Les barres doivent être approvisionnées droites, sans ployage ni enroulement.

Les aciers sont stockés dans un parc spécial, ils sont classés par catégorie, par nuance, par classe et par diamètre. Le parc de stockage est agencé de façon à éviter toute souillure et toute corrosion sensible des barres.

Avant toute mise en œuvre de béton, l'Autorité contractante fera procéder à la vérification de la conformité des armatures:

- aux plans d'exécution
- aux règles de mise en place

- aux qualités mécaniques et physiques des armatures

La réalisation du bétonnage est soumise à cette vérification qui, en aucun cas, ne diminuera la responsabilité de l'entrepreneur.

ARTICLE 6-CANALISATIONS ET OUVRAGES ANNEXES

La quantité, les dimensions et la position des tuyauteries ou ouvrages annexes sont définies par les plans ou par l'Autorité Contractante.

Programme d'exécution:

Il n'y a pas de programme d'exécution particulière pour les canalisations. Les travaux de canalisation sont exécutés en temps voulu pour ne pas gêner la progression de l'ensemble des travaux.

Les canalisations peuvent être également placées convenablement pour être noyées dans le béton armé. Les fixations doivent empêcher tout déplacement jusqu' à la prise du béton.

ARTICLE 7-MACONNERIE

Les travaux de maçonnerie seront exécutés conformément aux dispositions du Cahier des Charges D. T. U. n° 20.

ARTICLES 8-ENDUITS ET CHAPES

Les mortiers pour enduits et chapes doivent être gâchés en quantités permettant leurs applications dans les délais normaux d'utilisation. Les travaux ne seront entrepris que lorsque les circonstances permettront leur exécution dans les meilleures conditions et conformément aux prescriptions des DTU.

ARTICLE 9-JOINTS

L'entrepreneur doit exécuter tous les joints prévus par les dessins et également les joints de bonne construction pour éviter les fissures dans les enduits et chapes.

Les joints ouverts sont rendus étanches par la mise en place de bande d'arrêt d'eau en polyvinyle de 20 cm de large ou par un remplissage avec un produit à base de bitume.

VOCABULAIRE

infrastructure *n. f.* （建筑物、道路、机场、桥梁等的）基础部分，下部结构，下部建筑
infrastructure de la voie 线路下部建筑
établissement *n. m.* 建筑，建筑物
ballast *n. m.* 道砟，道床
construction *n. f.* 建筑，建筑物；结构
construction des ouvrages 工程建筑
ajourner *v. t.* 延期，展期，推迟
système *n. m.* 系统；方式，方法，方案

système mixte 混合方式,混合方案
sauf *à* + *inf*. 不过;有可能;不排除…的可能
tranchée (*n. f.*) profonde 深路堑,深挖方
excavateur *n. m.* 挖掘机,挖土机
déblais (*n. m. pl.*) de [en] roche 石质挖方,岩石挖方
procédé *n. m.* 方法
procédés spéciaux 特殊方法
pic *n. m.* 镐,丁字镐,十字镐
pioche *n. f.* 鹤嘴锄,十字镐,十字锹
pince *n. f.* 撬棍
poudre *n. f.* 炸药,黑色炸药
dynamite *n. f.* 炸药,硝化甘油炸药
extraire *v. t.* 开采,发掘
tassement *n. m.* 沉降,沉陷,下沉
tassement des remblais 路堤下沉
déchargement *n. m.* 卸载,卸料
remblai *n. m.* 路堤,填方,回填;回填土,回填料
à plein (+无冠词名词)完全…地,充分…地,无…保留地
niveau (*n. m.*)définitif 限定高度,设计规定的高度
relèvement *n. m.* 升高,提高,增高
surélévation *n. f.* 增高,超高
pose *n. f.* 铺设
pose des voies [de voie] 铺轨
au bout *de* (+时间) …时间以后
effort *m.* 力,应力,压力
règlement *n. m.* 调整,修整
règlement des talus 边坡修整,边坡调整
dressage *n. m.* 拨正,矫直,使直,整平
dressage des talus 修整边坡
dressage de voie 拨道,拨正
ouverture (*n. f.*) des fossés 挖排水沟,挖边沟
écoulement *n. m.* (水、电、气等的) 流动,排出
écoulement des eaux 排水
raviner *v. t.* (急流)冲刷成沟,冲刷
terrain (*n. m.*)argileux 黏土地带
revêtement *n. m.* 护坡,护面
revêtement en pierre sèche 干砌护坡,干砌护面
revêtement des talus 护坡
exécution (*n. f.*) des terrassements 土方施工

dégradation *n. f.* （建筑物）毁坏，损坏
dégradation des talus 边坡损坏
s'alterer *v. pr.* 变坏，变质；风化
se décomposer *v. pr.* 分解
eaux (*n. f. pl.*) provenant des terrains supérieurs 地表水
filtrer *v. i.* 渗透，渗入，渗进
molécule *n. f.* 分子
imbiber *v. t.* 浸透，浸湿
se laisser imbiber *v. pr.* (*de qch.*) 被…浸透
à la longue 久而久之，时间长了，长此以往
retenir *v. t.* 保留，阻挡
avec obstination 持续不断地
éboulement *n. m.* 滑坡，塌方
éboulement de terre 滑坡，塌方
banc *n. m.* 层，地层
banc d'argile 黏土层
banc perméable 透水层
terre (*n. f.*) argileuse 黏性土，亚黏土，黏土
fossé (*n. m.*) de crête 天沟，截水沟
faire (*n. m. pl.*) des semis 播种，种草
surface (*n. f.*) de talus 边坡面，坡面
gazonnement *n. m.* 种植草皮，铺草皮
faire (*n. m. pl.*) des gazonnements 种植草皮，铺草皮
plantation *n. f.* 绿化，植被
faire (*n. f. pl.*) des plantations 植被
perré *n. m.* 石砌护坡，干砌护坡
perré en pierres sèches 干砌护坡，干砌石护坡
perré en maçonnerie à mortier 浆砌护坡
maçonnerie *n. f.* 砌筑，砌体，圬工（工程）
mortier *n. m.* 砂浆
dresser des murs de soutènement 修建挡土墙
mur (*n. m.*) de soutènement 挡土墙
assainissement (*n. m.*) des tranchées 基坑的净化（排水），路堑的净化（排水）
drain *n. m.* 排水沟，排水暗沟，盲沟
aqueduc *n. m.* 涵洞
caniveau *n. m.* 排水沟
procédé *n. m.* 方法
pierrée *n. f.* 干砌石排水管
mur (*n. m.*) en pierres sèches 干砌石墙

normal *adj.* (à)　与…垂直的
axe *n. m.*　中心线
aller chercher les eaux d'infiltration　去引出渗水
eaux (*n. f. pl.*) d'infiltration　渗水,渗透水
mouvement *n. m.*　运动,移动,滑动
inclinaison *n. f.*　倾斜,坡度

VOCABULAIRE COMPLÉMENTAIRE

inclinaison *n. f.*　倾斜,倾斜度,坡度
inclinaison de talus　边坡的坡度
nature (*n. f.*) du terrain　土质,土壤性质,土壤种类
admettre *v. t.*　同意,许可,允许
terre (*n. f.*) moyenne　普通土,一般土
superposé *adj.*　重叠的,叠置的
talus (*n. m.*) de déblai　路堑边坡
talus naturel　自然坡,安息坡度,休止角
talus de remblai　路堤边坡
terre (*n. f.*) forte　板结土
sable (*n. m.*) fin　细砂
pente *n. f.*　斜坡,坡度
pente douce　缓坡
consolidation (*n. f.*) des talus　边坡加固
consolidation des remblais　路堤加固
ravinement *n. m.*　沟状侵蚀,沟蚀,冲刷成沟
ravinement du talus　边坡的冲刷
végétation *n. f.*　植物;植被
revêtement *n. m.*　面层,保护层,衬砌层,护坡
revêtement des talus　护坡
approprié *adj.*　适合的,适当的
tenue *n. f.*　状态;稳定性
tenue des terres　土壤的稳定性
semis (*n. m.*) de gazon　种草(坪)
tranchée (*n. f.*) argileuse　黏土路堑
détremper *v. t.*　浸泡
infiltration *n. f.*　浸水,渗水
assainir *v. t.*　净化,排水
captation *n. f.*　截取水流,引水
captation des eaux　引水
drain (*n. m.*) longitudinal　纵向排水沟;纵向盲沟

tuyau *n.m.* 管,管子
tuyau de drainage 排水管
contrefort (*n.m.*) à pierres séches 干砌片石扶垛
galerie *n.f.* 隧洞,隧道;渗水洞
galerie maçonnée 石砌渗水洞
écoulement (*n.m.*) des eaux 排水
pied (*n.m.*) de talus 边坡坡脚,坡底
pied de talu de remblais 路堤边坡坡脚
pied de talu de déblais 路堑边坡坡脚
section *n.f.* 截面,断面
pavé *adj.* 铺砌的,铺面的
paver *v.t.* 用石块铺砌
maçonné *adj.* (用砖、石等)砌筑的
maçonner *v.t.* (用砖、石等)砌筑,圬工砌筑
avoir tendance *à* (+ *inf.*) 有…趋势,倾向于
s'ébouler *v.pr.* 崩塌,倒塌,塌陷,陷落

---

mode (*n.m.*) d'exécution des travaux 施工方法
nivellement *n.m.* 水准测量
implantation *n.f.* (建筑物)定位,定线,放线
repère *n.m.* 水准点
repère de base 水准基点
alignement *n.m.* 建筑红线
niveau *n.m.* 标高
installation (*n.f.*) de chantier 建立工地,建点
installations de chantier 工地设施
dans la mesure *de qch.* 在…的情况下
mettre *qch.* à la disposition *de qn* 把…交给某人支配
durée (*n.f.*) des travaux 施工期限,工期
domaine (*n.m.*) public 公共财产,公产
domaine (*n.m.*) privé 私人财产,私产
pourvoir *v.i.* (*à*) 提供
pourvoir à toutes les installations nécessaires pour l'exécution des travaux 提供施工需要的一切设施
enlever *v.t.* 清除,拆除
évaluation *n.f.* 计算(数值)
plan (*n.m.*) de masse 总图,总平面布置图
engager *v.t.* 聘用,雇用
s'engager *v.pr.* (*à*) 保证,承诺,答应

zone (*n. f.*) de stockage 仓库区
constructeur *n. m.* 建筑单位,施工单位
être tenu *de* (+*inf.*) 应该…,必须…,有责任…,有义务…
faire son affaire *de qch.* 负责某事
disposition (*n. f.*) matérielle 具体配置
moyen *n. m.* 设备
moyens d'alimentation du chantier en eau, électricité 工地供水、供电设备
moyens de base 基本设备
moyens de secours 备用设备
mémoire *n. m.* 报告书
services (*n. m. pl.*) généraux 总务(部门)
se proposer (*qch.* /*de*+*inf.*) *v. pr.* 企图,打算
type *n. m.* 型号
âge *n. m.* 机龄
en temps utile 在必要的时候,及时地
engin *n. m.* 机械,设备
engin de chantier 施工机械
approvisionnement *n. m.* 补给,供给
approvisionnement en eau 供水
fondation (*n. f.*) directe 底脚基础
fond (*n. m.*) de fouille 坑底,(开挖)基坑底部,基坑
volumétriquement *adv.* 用容积测定法
pondéralement *adv.* 用重量测定法
liant *n. m.* 结合料,胶结料
béton *n. m.* 混凝土
composition (*n. f.*) de béton 混凝土成分,混凝土配料
essai (*n. m.*) de convenance 适应性试验
mise (*n. f.*) en œuvre du béton 浇筑混凝土
armature *n. f.* 钢筋(一套)
barre *n. f.* 钢筋
barre d'acier 钢筋
ployage *n. m.* 弯曲,弯折
enroulement *n. m.* 卷,缠绕,卷曲
parc *n. m.* 材料堆放场
parc de stockage 露天堆放场,存料场
nuance *n. f.* 钢的牌号,金属牌号
nuance d'acier 钢的牌号
agencer *v. t.* 安排,布置
souillure *n. f.* 污垢,油垢;污染,弄脏

corrosion *n. f.* 腐蚀,锈蚀
sensible *adj.* 可感觉到的,明显的
conformabilité *n. f.* 一致,一致性;(*à*)符合,与…的一致
règles (*n. f. pl.*) de mise en place 安装规范
qualité *n. f.* 质量;性能
qualités (*n. f. pl.*) mécaniques et physiques des armatures 钢筋的机械和物理性能
bétonnage *n. m.* 浇注混凝土,混凝土工程
canalisation *n. f.* 管道,管道系统
ouvrage (*n. m.*) annexe 附属建筑物
tuyauterie *n. f.* 管道系统,管路
programme (*n. m.*) d'exécution 施工计划
progression *n. f.* 进展
noyer *v. t.* 埋入
prise (*n. f.*) du béton 混凝土的凝固
maçonnerie *n. f.* 圬工,圬工工程,砖石圬工
travaux (*n. m. pl.*) de maçonnerie 砌砖石工程,圬工工程
enduit *n. m.* 抹灰(层),粉刷(层),涂层
chape *n. f.* 防水面层
mortier *n. m.* 砂浆
mortier d'enduit 粉刷用浆
gâcher *v. t.* 加水拌和(砂浆、石膏或水泥等)
en quantité 大量地
application *n. f.* 使用
entreprendre *v. t.* 着手进行
circonstances *n. f. pl.* 情况,状况,条件
exécuter tous les joints prévus par les dessins 处理图纸规定的一切接缝
joint *n. m.* 接缝,工程缝
joint de bonne construction 施工缝,构造缝
joint ouvert 露缝接头,明缝
fissure *n. f.* 裂缝
étanche *adj.* 密封的,不透水的
bande (*n. f.*) d'arrêt d'eau 止水带
polyvinyle *n. m.* 聚乙烯
remplissage *m.* 填充,充填;填料
remplissage par un produit à base de bitume 沥青填料填缝
à base *de* (十无冠词名词)以…为主要成分,…基

Termes de construction(工程词汇)

○ 开工和施工:Mise en chantier et exécution des travaux

承包工程：Travaux forfaitaires	混凝土标号：
开工令：	Dosage en ciment/简称 dosage 直译为“水泥用量”
-Ordre (*n. m.*) prescrivant le commencement de travaux	法国是以每立方米混凝土中水泥用量来划分混凝土标号，
-Ordre de commencer les travaux	例如：béton dosé à 300 kg de ciment，简称：dosage de 300
工作指令：Ordre de service	施工计划 le planning des travaux
开工	进度计划 le planning d'avancement
-l'Ouverture du chantier	施工进度横道图，施工进度横杠表：
-la Mise en chantier	le planning à barres
工地 le chantier	工程进度 la cadence d'avancement
工区 le sous-chantier	施工进度 la cadence du chantier
税内(各种税款包括在内)	施工进度 l'avancement (*n. m.*) des travaux
T. T. C：Toutes taxes comprises	施工方法 la méthode d'exécution
税后价，含税价 Prix T. T. C	施工机械 les engins (*n. m. pl.*) de chantier
税前价，不含税价 Prix H. T (hors taxe)	施工材料和设备 Les matériaux et matériels (*n. m. pl.*)
建点：Installation (*n. f.*) de chantier	高速公路路面结构组成：
-营地：la base de vie / la cité	Constitution (*n. f.*) de la chaussée
-宿舍：les logements	-沥青混凝土层
-厨房：la cuisine	Revêtement (*n. m.*) en béton bitumineux (BB)
-食堂：la cantine	-沥青碎石层 Grave (*n. f.*) bitume (GB)
-活动室：le foyer	-未处理的碎石层
-医务室：l'infirmerie (*n. f.*)	Grave (*n. f.*) non traitée(GNT)
-试验室：le laboratoire	-普通填方 Remblais ordinaires(RO)
施工程序 Procédure (*n. f.*) d'exécution	-底基层 Couche (*n. f.*) de fondation (CDF)
混凝土工程：Bétonnage (*n. m.*)	

○ 地基和基础：Sols et fondation

1. 地质、水文、勘测	土压试验 essai (*n. m.*) à la table 即“承载台土压试验”
地质勘查 reconnaissance (*n. f.*) du sol	浸水下沉 tassements (*n. m. pl.*) dûs à l'infiltration des eaux
地质 nature (*n. f.*) géologique du sol 简称 nature du sol	压缩曲线 courbe (*n. f.*) de compressibilité
水文 hydrologie (*n. f.*)	剪切试验 essai (*n. m.*) de cisaillement
土力学 mécanique (*n. f.*) des sols	压缩试验 essai (*n. m.*) de compression
钻探 sondage (*n. m.*)	黏结力，黏聚力 cohesion (*n. f.*)
试验坑 puits d'essai (*n. m.*)	土壤黏聚力，土壤黏性 cohésion du sol
钻孔 forage (*n. m.*)	土(壤)的抗弯强度 résistance (*n. f.*) au cisaillement du sol
土样 échantillon (*n. m.*) du sol	内摩擦角 angle (*n. m.*) de frottement interne
钎探 essai au compressimètre，即“压缩仪试验”	沉降观测 observation (*n. f.*) des tassements
室内试验 essai (*n. m.*) de laboratoire	沉降和单位压力曲线图 diagramme (*n. m.*) des relations entre les tassements et les charges unitaires
物理性能 caractéristiques (*n. f. pl.*) physiques	沉降随时间渐止曲线图 diagramme (*n. m.*) des tassements en fonction du temps
力学性能 caractéristiques mécaniques	渗透性 perméabilité (*n. f.*)
容重 densité (*n. f.*) apparente	渗透系数 coefficient (*n. m.*) de perméabilité
比重 poids (*n. m.*) spécifique	钻孔布置 répartition des forages
含水量 teneur (*n. f.*) en eau	标高 cote (*n. f.*) de niveau
空隙比 indice (*n. m.*) des vides	等高线 courbe (*n. f.*) de niveau
天然含水量 teneur (*n. f.*) naturelle en eau	水准点 repère (*n. m.*) de nivellement
饱和 saturé / à saturation	地层剖面图 coupe (*n. f.*) du terrain
流限，液限 limite (*n. f.*) de liquidité	地面测量，平面测量 mesurage du terrain
塑限 limite (*n. f.*) de plasticité	地形测量 levé topographique du terrain
流限含水量 teneur (*n. f.*) en eau de limite de liquidité	土层 couches (*n. f. pl.*) du terrain
塑限含水量 teneur (*n. f.*) en eau de limite de plasticité	有侵蚀性水 eaux (*n. f. pl.*) agressives
塑性指数 indice (*n. m.*) de plasticité	含硫酸盐水 eaux (*n. f. pl.*) séléniteuses
液性指数 indice (*n. m.*) de liquidité	
压缩模量 module (*n. m.*) de compressibilité [de compression]	

2. 天然地基 sol naturel	流砂 sable (*n. m.*) coulant
土 ① sol (*n. m.*) 土的泛称	原土(老土) sol (*n. m.*) naturel, terrain (*n. m.*) naturel
② terrain (*n. m.*) 有时用来表示具体土的地方,一般情况下可与 sol 通用。例如:	好土 bon sol, bonne terre
压缩性土 terrain [sol] compressible	填土 terrain remblayé, terres rapportées
砂性土 terrain [sol] pulvérulent	回填土 remblaiement (*n. m.*)
黏性土 terrain [sol] cohérent	房渣土(建筑碎料) décombres (*n. m. pl.*)
但有些情况下不能用 terrain 代替 sol,例如"土力学"只能写成 mécanique des sols	游泥 vase (*n. f.*), tourbe (*n. f.*)
③ terre (*n. f.*) 用在工程地质上,一般指的是变质土,例如"腐殖土"terre végétale,"渣土"terre de déchets	地下水 eaux souterraines
岩石 roche (*n. f.*), roc (*n. m.*)	含水层 nappe (*n. f.*) aquifère [phréatique]
(鹅)卵石,中砾石 caillou (*n. m.*)	地下水位 niveau (*n. m.*) des eaux souterraines, niveau de la nappe aquifère
砾石,gravier (*n. m.*)	冰冻深度 profondeur (*n. f.*) de gel
冲击层 couche (*n. f.*) alluvionnaire	冻土 terrain (*n. m.*) gelé
黏土层 couche argileuse	坚硬的 dur *a.*, compact *a.*
黏土 argile (*n. f.*)	坍塌 éboulement (*n. m.*)
砂质黏土 argile (*n. f.*) sableuse	沉陷 affaissement (*n. m.*)
黏质砂土 sable (*n. m.*) argileux	滑动 glissement (*n. m.*), mouvement (*n. m.*)
砂性土 sol (*n. m.*) pulvérulent	倾斜度 obliquité (*n. f.*), déclivité (*n. f.*), inclinaison (*n. f.*), pente (*n. f.*)
黏性土 sol (*n. m.*) cohérent	古墓 tombeau (*n. m.*)
砂 sable (*n. m.*)(粗砂、细砂等)	古井 ancien puits (*n. m.*)
	穴,洞穴 cavité (*n. f.*)

○ 骨料:Agrégat/granulat

骨料,集料,粒料:Agrégat (*n. m.*) 或 granulat (*n. m.*) 指混凝土用的骨料,包括砂子、石子等 - 粗骨料:gros agrégat - 细骨料:agrégat fin - 重骨料:agrégat lourd - 轻骨料:agrégat léger 卵石、砾石、小豆石 - 粗卵石:Caillou(*n. m.*)(我国规定的粒径一般是 40～150 mm),其中 60 mm 以上的称为 gros caillou; 40～60 mm 的可称为 caillou moyen 或 gros gravier - 中卵石,砾石:Gravier (*n. m.*) (我国为 20～40 mm) - 细砾石:Gravillon (*n. m.*) (我国为 5～20 mm) 10 mm 以上甚至到 25 mm:gravillon, 其中:10～15 mm 称为 gravillon moyen, 5～10 mm 称为 petit gravillon 或者 mignonnette (*n. f.*)(碎石屑,俗称小豆石)	**法国规范规定的骨料粒径** Les granulats utilisés dans les travaux de bâtiment et de génie civil doivent répondre à des impératifs de qualité et à des caractéristiques propres à chaque usage. Les granulats étant d'origines diverses-naturelle, alluvionnaire, calcaire, éruptive, voire artificielle ou provenant de sous-produits industriels-il est nécessaire d'en établir les caractéristiques par différents essais de laboratoire. Il existe cinq classes granulaires principales caractérisées par les dimensions extrême d et D des granulats rencontrés (Norme NF P 18-101): - les fines 0/D avec $D \leqslant 0{,}08$ mm, (0/80 μm) (细料) - les sables 0/D avec $D \leqslant 6{,}3$ mm (砂) - les gravillons d/D avec $d \geqslant 2$ mm et $D \leqslant 31{,}5$ mm (细砾石) - les cailloux d/D avec $d \geqslant 20$ mm et $D \leqslant 80$ mm (粗砾石) - les graves 0/D avec 6,3 mm$<D \leqslant 80$ mm (砂砾料)

法国规范规定的骨料粒径译文参考

房屋工程和土建工程中使用的骨料应该符合质量方面的规定要求和每种用途所特有的性能。骨料按各种不同的来源分为:天然集料,冲积碎石料,石灰质集料,火山喷出的集料,甚至人工集料或者由工业副产品制成的集料,必须通过实验室的各种试验来制定它们的特性。根据所遇到的集料的极限粒度 d 和 D 的特征，主要有以下五个粒径级(法国规范 NF P 18-101)。

- 细集料：$0/D$，其中 $D \leqslant 0,08$ mm，(0/80 μm)；
- 砂　　：$0/D$，其中 $D \leqslant 6,3$ mm；
- 细砾石：d/D，其中 $d \geqslant 2$ mm，$D \leqslant 31,5$ mm；
- 粗砾石：d/D，其中 $d \geqslant 20$ mm，$D \leqslant 80$ mm；
- 砂砾料：$0/D$，其中 6,3 mm$< D \leqslant 80$ mm。

Spécifications techniques

1. Ce prix s'applique au mètre cube par métré sur les plans d'exécution.
   该价号根据施工图上的工程数量单按立方米计价。
2. Les quantités sont données à titre estimatif, elles seront révisées en cours de l'exploitation du déblai.
   数量是估计的，将在开挖过程中进行修改。
3. A l'achèvement de chaque ouvrage, il sera procédé à un levé topographique de l'ensemble des repères avant et après remblaiement.
   每个构造物完工以后，回填前后对全部标记进行地面测量。
4. Les hauteur de chute de béton doivent être inférieurs à 1.5 m.
   混凝土下料高度小于 1.5 m。
5. Les panneaux et étais démontés seront mis en tas ordonné selon leur nature.
   拆除的模板、支撑等分类堆放整齐。
6. En cours de travaux et à tout moment, le maître d'œuvre pourra demander à l'Entrepreneur de nouvelle proposition de méthode de tirs si les résultats obtenus en masse ne répondent pas aux critères.
   如果得出的结果全都不符合标准的话，监理在施工过程中可以随时要求承包商对于爆破方法做出新的方案。
7. La fourniture et la mise en place de capots plastiques provisoire de protection des aciers en attente pouvant présenter un risque de blessures.
   给可能有伤人危险的预留钢筋提供和安装塑料临时防护罩。
8. La pose de filtre autour du système de drainage, c'est-à-dire, le drain et les matériaux drainants, est essentielle pour empêcher les particules de sol d'y pénétrer. Les caractéristiques de ce filtre sont définies en accord avec les normes et pratiques nationales.
   在排水管道系统周围铺设反滤料，也就是说排水料和排水材料，主要是为了阻止土颗粒渗走。反滤料的性能是结合国家规范和习惯做法制订的。
9. La puissance du bulldozer sera vérifiée par le constructeur ou un concessionnaire agrée par celui-ci en début de travaux et chaque fois que le Maître d'œuvre le jugera nécessaire, sans que cette vérification ne puisse entraîner un rallongement du délai d'exécution et cette opération sera à la charge de l'Entrepreneur.
   开工初期和每当监理认为必要的时候，将由制造厂家或其指定的特许经销商校验推土机的功率，而这种校验不能造成工期延长而且这种工作的费用由承包公司承担。

10. Les déblais sont rémunérés suivant un prix général, sans différenciation de catégorie de matériaux (matériaux meubles, rippables et rocheux) majoré d'une plus-value appliquée aux matériaux de 2ème catégorie définis ci-dessus.
    挖方根据一般价格计价，不区分材料的种类（松软土、松散材料或岩石材料），再给以上规定的二类材料加价。

“课文”翻译参考

第5课　下部建筑

所谓下部建筑指的是位于道床和钢轨以下部分的铁路建筑物，也可以说是路基建筑及其附属建筑。

单线或复线路基施工-实际上该问题可以三种方式考虑，因为：

1)首先可以修筑单线路基。

2)紧接着修筑复线路基，但只铺设一条线路的轨道，而把另一条线推迟到认为有必要铺设的时候再铺设。

3)最后，可以采取混合方式，这种方法主要在于征用土地和为复线修筑桥隧建筑物，不过只为单线进行土方施工。

如果要求尽可能保持坡度平缓的话，有时被迫在地势起伏不平的地区进行大量的土方工程：在谷地，为了平缓地达到谷顶，必须通过高填方的方法把轨道抬高；在山顶，必须通过深挖方把山挖开，以使坡度不是太陡地下降到低点。

对于尺寸很大的深路堑，人们经常使用挖掘机。

岩石挖方使用特殊的方法：镐、锄头和撬棍。中等硬度的岩石如果开挖的方量很大，则使用黑色炸药或硝化甘油炸药。

路堤下沉-把回填土卸到最大(设计)高度的方法，其结果是在施工以后路基发生大量下沉，尤其是经过一个时期的降雨以后。考虑到这一情况，就要使沉降具有这样的高度，以使在发生沉降以后，路基还能达到设计高度。增加的高度一般是路堤高度的1/12。

如果铺轨是在路堤施工很久以后才施工的话，一般就要使路堤增加一个这样的高度。六个月以后沉降就差不多结束了，尽管在某些情况下，在施工几年以后还发现有压力。

边坡修整-对于路堑来说，除了调整边坡、修整边坡以及开挖边沟排水防止水冲刷路基之外就没有什么别的事情需要做的了。

边沟-一旦把边坡修整和调整完了以后，就开始开挖边沟。在黏土地带和潮湿地带，有时修筑排水沟时需要干砌护面。

边坡加固-边坡加固的问题是土方施工最重要的问题之一。一般来说，边坡损坏的原因不是来自于外部就是来自于内部。在混有黏土的场地开挖的边坡遇有空气或者在冲刷坡面的地表水的破坏作用下分化和分解。对于这些来自于外部原因事故，边坡毁坏的原因总是由于水和黏土的存在。黏土不让水通过其分子渗入，然而时间长了却被水浸泡，甚至把水牢牢地挡在那里。因此塌方总是由于在透水层之间或透水层下面存在有黏土层或黏性土层。

为了防止塌方，人们通过修筑截水沟、种草(用一层腐殖土盖住坡面)、铺草皮和植被、干砌护坡或浆砌护坡等加固工程的办法把土固定，以达到防止塌方的目的。有时不能把边坡的坡度设计得很平缓，于是就修筑挡土墙。最后通过盲沟、涵洞和排水沟进行排水从而使路堑得到净化。

路堤加固-原则上,在路堤施工中只能使用好土,由此就不会有路堤加固的问题。实际上,在路堤施工中不可能给予太多的注意,因此可能还要加固路堤。加固路堤通常使用的方法主要在于修建干砌石排水管或干砌石墙,其方向与铁路中心线垂直,以便引出渗水(黏土地带产生一切滑动的主要原因)和便于通过最直接的途径把水排到线路以外。

"阅读"翻译参考

1. 路堑与路堤

路堑边坡的坡度根据土质而定。岩石边坡可以采用1∶5(底比高)～2∶3的坡度,一般土边坡可以采用1∶1的坡度,黏土边坡采用3∶2到2∶1的坡度。当遇有几种土质叠置时,则采用不同的坡度。

对路堤来说,自然坡的坡度从板结土的2∶3到细砂的3∶2而变换不同,黏土路堤的坡度为2∶1甚至更缓些。

2. 边坡加固

边坡应该通过植草和其他适当的护坡进行防冲刷保护。根据土壤的稳定性可以采用以下方法:植被,石砌护坡和挡土墙。

在被渗水浸泡的黏土路堑里,上述任何防护方式都无效。必须通过纵向排水暗沟、排水管、干砌片石扶垛或石砌渗水洞的方法引水使地面净化。

确保路堤边坡和路堑边坡坡脚用排水沟排水很重要,排水沟的截面和坡度要足够,如果地面有可能崩塌的话,必要时用石块铺面或用砖石砌筑。

“翻译练习”译文参考

施工方法

第 1 条-场地情况(条件)-水准测量-建筑定位

所有建筑物定位工程,包括为测定建筑红线和高程而根据业主(签约主管机关)的说明建立和保护水准基点,均由承包商承担。

第 2 条-建点

在可能的情况下,业主将施工期间建立工地设施所需要的国家公产或私产场地都无偿地交给承包商使用。承包商应该提供施工需要的一切设施并在竣工时将它们拆除。

承包商提供他希望为其建点占用地面的估算值,并在总平面布置图上明确说明。另外,承包商保证允许让业主雇用的其他承包商或施工单位自由出入器材库区和工地设施区。

当然,业主在任何情况下都不会有义务向承包商提供水电。因此,承包商自行负责工地供水、供电的具体配置和/或设备。

投标时,承包商应提供其计划使用的供水供电基本设备和备用设备说明书。

承包商应递交一份详细说明书,说明其打算建立的工地设备、临时性建筑物和总务部门,如有必要,还应列出施工所需的设备(具体说明种类、型号和年份)。

这份清单一方面要清楚地注明是承包商现在所拥有的并且是随时可以使用的设备,另一方面说明如果施工需要的话,承包商可以得到的设备。

第 3 条-水电

施工需要的水电由承包商负责,承包商应采取一切措施保证水电供应。

第 4 条-土方工程-拆除工程

以下文件是适用的,除非合同文件另有规定。

基坑由业主验收,基坑达到设计标高以后的 24 小时之内浇盖一层素混凝土。

第 5 条-砂浆和混凝土

砂浆:砂浆的成分的测定:

1)砂子按容量计;2)结合料按重量计。

混凝土:

承包商负责混凝土成分的设计。承包商必须尽早向业主呈报这些成分,以使业主在开始浇筑混凝土前能够了解混凝土 28 天的适应性试验的结果。

钢筋:

用于钢筋混凝土的钢筋的供货长度至少为 12 m,供货的钢筋应该笔直不得弯曲或缠绕。

钢筋需放置在专用仓库,按种类、钢牌号、等级和直径分类。

露天堆放场的布置要避免钢筋受到任何污染和明显的锈蚀。

在每次混凝土灌注之前,业主要检查钢筋是否符合:

- 施工图;
- 安装规范;
- 钢筋的机械性能和物理性能。

混凝土工程施工要进行这种检查,但这种检查在任何情况下都不能减轻承包商的责任。

第 6 条-管道和附属建筑物

管道或附属建筑物的数量、尺寸和位置由图纸或业主确定。

施工计划:

管道没有特定的施工计划。管道工程应及时施工以免妨碍整体工程的进展。也可以将管道埋入钢筋混凝土里适当的位置,管道的紧固件应该防止任何移动,直至混凝土凝固。

第 7 条-圬工工程

圬工工程应根据技术规范 D. T. U. n° 20 的规定施工。

第 8 条-抹灰层和防水面层

抹灰层和防水面层用的砂浆应该大量拌和,拌和的数量使其能在正常使用期限内使用。只有当工作条件能根据 DTU 的规定达到最佳状态时才开始施工。

第 9 条-接缝

承包商应处理图纸规定的一切接缝和构造缝,避免抹灰层和防水面层出现裂缝。

铺设宽 20 cm 的聚乙烯止水带或用沥青填料填缝以使明缝密封不透水。

Leçon 6
Exécution des terrassements

Durée des travaux. -La durée d'exécution des travaux de construction est subordonnée à la durée d'ouverture des tranchées importantes, toutes les fois qu'il n'existe pas d'ouvrages d'art exceptionnels. On ne peut compter, dans les tranchées d'une hauteur inférieure à 8 ou 10 mètres, faire plus de 250 à 300 m^3 par jour et par attaque, en tenant compte des dimanches, des jours de pluie, etc. ;le nombre des jours de travail effectif ne dépasse guère vingt par mois; le cube moyen qu'on peut enlever de chaque côté de tranchée est donc au plus de 6 000 m^3 par mois. Le total des déblais exécutés ne s'élève donc pas en général, par attaque, au-dessus de 6 000 m^3 à 8 000 m^3 par mois, soit de 70.000 m^3 à 100.000 m^3 environ par an. Dans les tranchées dont la profondeur dépasse de 8 à 10 mètres, on peut faire à la fois deux attaques du même côté dans la partie supérieure et diminuer ainsi d'environ un tiers la durée d'exécution.

Les chiffres que nous venons d'indiquer ne s'appliquent qu'à la terre et au rocher facile à extraire; dans les roches dures, la durée des travaux augmente en raison de la difficulté d'extraction.

Exécution des déblais. -Les déblais s'exécutent à la pelle et à la pioche par abattage au moyen de l'excavateur ou à l'aide de la mine.

L'excavateur ne convient que dans les terrains homogènes, et il faut une plateforme unie pour le faire mouvoir; son usage se réduit habituellement aux grands emprunts et surtout aux extractions de ballast.

Lorsque le déblai est de la terre, on commence dans les tranchées importantes par creuser une cunette① de 2m environ de profondeur au fond de laquelle on établit une voie. Puis on bat au large. On descend ainsi successivement par étages jusqu'au fond de la tranchée. Pour les déblais de rocher, la situation n'est pas la même, car l'extraction prime le transport②.

L'organisation des chantiers se fait aux frais et risques des entrepreneurs et le mieux est de les laisser faire. Il y a cependant quelques précautions à prendre, notamment pour l'écoulement des eaux. Les grandes tranchées forment en effet un drain puissant qui appelle les eaux des terres avoisinantes; ces eaux peuvent gêner les travaux parce qu'on a à faire le travail dans la boue et parce que, le pied des talus étant miné③, il peut se produire des éboulements.

Règlement des talus. -On doit apporter un grand soin au règlement des talus de déblai pour avoir des surfaces régulières qui se ravinent moins facilement. Cette précaution est inutile dans le rocher; mais si celui-ci est gélif, il faut lui donner un talus suffisant pour éviter la chute des blocs sur la voie.

Transports. -Emploi de la locomotive. -Les transports à très petite distance se font à la brouette, au camion ou au tombereau. Pour les transports plus importants, on emploie des wagons à bascule qui sont remorqués par des locomotives.

Talus de remblai. -Une fois les remblais terminés, il faut les régler, mais il est inutile d'y apporter le même soin que pour les déblais; il suffit de bien dresser l'arête supérieure qui détermine la largeur que la plateforme doit toujours conserver et de régler le talus sur une surface d'environ 1m à partir de cette arête; on régale simplement à la pelle le reste du talus.

Organisation des chantiers. -On règle, en général, la durée des travaux d'après celle de la plus grande tranchée, du plus grand remblai ou du plus grand ouvrage d'art, et, pour la bonne utilisation du matériel, on s'arrange de manière à avoir pendant tout le temps à peu près le même nombre d'attaques. Toutefois sur les lignes qui ne comportent pas de terrassements ou d'ouvrages exceptionnels la durée des travaux est simplement fixée d'après la quantité d'hommes et de matériel qu'on ne croit pas devoir dépasser, ou bien, souvent, d'après les fonds dont on dispose chaque année.

Précautions à prendre pour l'exécution des remblais. -Il faut donner un excédent de hauteur aux remblais④ pour compenser le tassement qui résulte du phénomène du foisonnement⑤. Si on n'a pas pris cette précaution pendant l'exécution de l'infrastructure, il devient nécessaire de relever la voie une fois posée en rapportant du ballast qui coûte deux fois, quelquefois trois ou quatre fois plus cher que les terres de remblai, et il faut, en outre, régler à nouveau la plateforme. Il est difficile de prévoir exactement l'importance des tassements, car elle dépend des circonstances atmosphériques et aussi de la circulation plus ou moins importante de la voie. Des ingénieurs expérimentés affirment que les remblais continuent souvent à se tasser pendant vingt ans; on peut cependant dire qu'en pratique il n'y a plus à se préoccuper de leur affaissement après 2 ou 3 ans. En général on donne une surépaisseur de 1/10. Il faut également donner un supplément de largeur car il n'y a pas seulement un tassement vertical sous l'influence du poids, il se produit aussi une contraction latérale; il est prudent de donner une augmentation de largeur d'environ 1/10.

Préparation du terrain qui doit recevoir les remblais. -Le sol qui doit servir d'assiette aux remblais a souvent besoin d'être préparé. Si par exemple il y a une forte pente transversale, il convient d'enlever les broussailles et de le piocher à la surface pour qu'il fasse corps avec les terres rapportées, et qu'il y ait moins de tendance au glissement. On trouve souvent, et surtout à flanc de coteau, des argiles molles qui s'écrasent sous le poids du remblai et parfois l'entraînent dans leur mouvement⑥. Il en est de même des éboulis de roches. Dans ce cas, si la présence des eaux dans le terrain est la cause de son manque de consistance, on le draine afin de l'assécher et de le rendre plus compact; on emploie, dans ce but, des pierrées transversales avec un drain⑦ longitudinal. Celui-ci coupe les eaux souterraines venant du coteau ou de la vallée et les envoie dans les pierrées, car autrement l'eau qui y circule détrempe le sol qui les entoure.

Terrains vaseux. -Il y a une sorte de terrains compressibles qui se rencontre assez fréquemment dans les vallées et qui doit être traitée d'une manière spéciale; ce sont les terrains vaseux.

Pour comprendre ce qui se passe lorsqu'on fait des travaux en terrains vaseux, il faut tenir compte des observations suivantes:

1. La vase, qui est en réalité une argile très molle, est un intermédiaire entre les solides et les fluides; par suite elle transmet les pressions, mais les transmet incomplètement; naturellement cette propriété est autant plus marquée que la vase est moins consistante⑧.

2. Les terrains vaseux sont généralement recouverts d'une croûte d'épaisseur variable, formée de terre plus ou moins compacte qui est ordinairement de la vase desséchée.

Lorsqu'on fait des remblais sur un terrain vaseux, il ne se produit, en général, aucun mouvement au début; puis à un moment donné la croûte se crève et le remblai s'enfouit jusqu'à une certaine profondeur. Dans le cas où la vase est profonde, ces mouvements peuvent se produire pendant très longtemps.

Un des caractères remarquables de ces enfoncements, c'est qu'ils se produisent le plus souvent qu'après un certain avancement du remblai. Lorsque le poids du remblai ne suffit pas pour percer la croûte, on peut croire qu'on a obtenu la stabilité, mais alors la vibration des trains peut suffire pour produire l'enfoncement.

On emploie quelquefois, pour répartir la pression du remblai sur une plus grande surface, des fascinages⑨ interposés entre le remblai et le sous-sol. Mais il ne faut en user que pour des remblais de peu de hauteur, et encore ont-ils l'inconvénient de donner une voie qui flotte et qui, par suite, n'est pas stable. On en fait néanmoins un usage fréquent en Hollande⑩, où il n'y a pas de pierre et où le sol est formé de vase dans presque toutes les parties voisines de la mer.

---

① Cunette 导坑,也称导洞。简单说,导坑其实就是先开挖出的一条供挖机进出的工作面,为进行下一步开挖施工做引导。

② L'extraction prime le transport. 开挖比运输更重要。

③ Le pied des talus étant miné. 坡底逐渐被侵蚀了。

④ donner un excédent de hauteur aux remblai. 使填方产生超高。

⑤ compenser le tassement qui résulte du phénomène du foisonnement. 填补土壤膨胀现象所产生的沉降。

⑥ des argiles molles qui … l'entraînent dans leur mouvement. 软黏土带着地面一起移动。

⑦ drain 盲沟,又叫暗沟,是一种地下排水渠道,用以排除地下水,降低地下水位。

⑧ Naturellement cette propriété est autant plus marquée que la vase est moins consistante. 当然,污泥的密实度越差,这种特性也就越明显。

⑨ fascinage 柴排:用圆木或捆扎梢料做成柴排铺在路堤底面,从而起到扩大基础分散荷载的作用,保持路堤基底的稳定性。

⑩ On en fait néanmoins un usage fréquent en Hollande. 但是在荷兰,人们经常使用柴排。

Lecture

1. PROCÉDURE D'EXÉCUTION: DÉCAPAGE DE LA TERRE VÉGÉTALE

Objet:

L'objet de la présente procédure est de décrire les méthodes et les procédés adoptés relatifs aux travaux de décapage de la terre végétale. Elle est applicable aux terrains définis par l'assiette des terrassements tant en remblais inférieurs à 4 m qu'en déblais de l'autoroute, des voies rétablies, des voies d'accès, des voies latérales, des pistes de chantier, des déviations provisoires ou définitives, des dépôts, des aires de stockage suivant les épaisseurs moyennes définies dans le cadre de la campagne de reconnaissance complémentaire, et rentrant dans le cadre des travaux de construction de l'autoroute X-Y.

2. PROCÉDURE D'EXÉCUTION: DÉGAGEMENT DES EMPRISES

Objet:

Cette procédure a pour objet de définir la méthode de déboisement (abattage, dessouchage) et de débroussaillage (haies, taillis, broussailles) ainsi que la méthode de démolition la plus appropriée permettant d'expurger au mieux l'emprise du projet tous les éléments pouvant nuire à la bonne exécution des travaux.

Version

TERRASSEMENTS

PREPARATION DU TERRAIN

1 Débroussaillage & essartage:

Avant tous travaux de décapage, terrassements, le sol, à l'intérieur de l'emprise des ouvrages et sur une bande d'environ 6 m de largeur de part et d'autre de l'emprise, est débroussaillé sur la base des prescriptions suivantes:

- Le contractant procède à l'enlèvement des herbes, broussailles, bois mort et tous les autres matériaux indésirables, de façon à laisser un terrain entièrement dégagé prêt à l'exécution des travaux de décapage, terrassements, nivellements et fouilles.
- tous les produits et débris du débroussaillage sont évacués en un endroit à déterminer par le Maître de l'Ouvrage.
- sous réserve d'un accord écrit par le Maître de l'Ouvrage, les débris végétaux peuvent être incinérés, sous l'entière responsabilité du contractant, toutes mesures pour éviter des feux étant prises par celui-ci.

2 Abattage & essouchage:

Ce poste de travaux concerne les arbres d'une circonférence égale ou supérieure à 1,50 m.

Sur l'emprise des ouvrages, tous les arbres sont abattus et le contractant procèdera à leur essouchage sur toute l'emprise des travaux.

L'abattage est réglé de manière à ce que le renversement ait lieu du côté opposé à l'aire du travail.

Le contractant prend toutes les précautions utiles pour ne causer aucun dommage aux riverains, aux lignes téléphoniques et électriques. Hors de l'emprise aucun arbre ne peut être abattu sans l'accord formel du Maître de l'Ouvrage.

Le contractant doit enlever les racines des arbres abattus sur une profondeur de 1 m sous le niveau supérieur de la couche de forme.

3 Démolitions:

3.1 Les ouvrages frappés, entièrement par les travaux devront être démolis par l'Entrepreneur et les terrains correspondants nettoyés.

Les travaux de démolition comprennent:

- la démolition et l'enlèvement de tout le contenu du terrain, tel que arbres, plantations, clôtures, barraques...
- les démolitions devront être continuées en sous-œuvre jusqu' à la limite inférieure des fondations ou au plus jusqu' à un niveau inférieur de 1,50 m à celui de la plateforme des terrassements. L'arrêt des opérations de démolition à cette limite inférieure devra faire l'objet d'un constat contradictoire.
- le chargement, le transport et la mise en dépôt en dehors de l'emprise des travaux de tous les produits des démolitions, la recherche des lieux de décharge est faite par l'Entrepreneur et soumise à l'agrément de l'Ingénieur. L'Entrepreneur prendra à sa charge tous les frais ou droits que cela pourra occasionner et obtiendra tous les permis nécessaires.
- la livraison des parcelles entièrement nettoyées.

L'Entrepreneur devra vérifier sur place, à la lumière des plans d'expropriation et des dossiers parcellaires qu'il pourra consulter auprès des services intéressés, l'exactitude du plan de préparation de l'emprise, le nombre exact des constructions à démolir et l'importance de chacune d'elles. Il ne pourra faire état d'aucun oubli ou ignorance du nombre ou de l'importance des travaux de démolition pour justifier les réclamations ultérieures.

L'Entrepreneur, durant la période des travaux de démolition aura sous sa responsabilité l'étaiement et la consolidation des constructions mitoyennes à celles à démolir.

3.2 Ouvrages partiellement frappés par les travaux feront l'objet avant tout commencement de démolition d'une étude de la part de l'Entrepreneur surtout pour la remise en état de la partie des ouvrages non frappés par le projet et qui doit par conséquent subsister. L'Entrepreneur garde l'entière responsabilité de ses travaux ainsi que leur bonne tenue. Les travaux à faire dans chaque construction sont les suivants:

- La démolition de la partie de l'ouvrage touché par l'ouvrage nouveau ainsi que l'enlèvement des arbres, clôtures, canalisations.... situés dans l'emprise des travaux, en vue de rendre le terrain apte aux travaux de terrassements.

L'arrêt des fouilles jusqu'au niveau bas des fondations devra faire l'objet d'un constat contradictoirement signé.

- le chargement, le transport et la mise en dépôt en dehors de l'emprise des travaux de tous les produits de démolition.
- l'étaiement des parties à conserver des ouvrages en vue d'assurer leur stabilité en cours des travaux.
- le rétablissement des branchements d'eau, d'électricité et le raccordement aux réseaux existants dans le cas seulement où ces installations ont été coupées par les travaux de l'Entrepreneur.

Toutes les dépenses résultant de ces opérations sont réputées être comprises dans les prix de l'Entrepreneur relatifs aux démolitions.

VOCABULAIRE

exécution (*n. f.*) des terrassements 土方施工
exécution des déblais 路堑施工
exécution de l'infrastructure 基础施工
durée (*n. f.*) des travaux 施工期限,工期
durée d'exécution des travaux de construction 建筑工程的施工期限,工期
être subordonné *à qch.* 取决于
ouverture *n. f.* (道路等的)开通
tranchée (*n. f.*) importante 长大路堑
toutes les fois *que* 每当…时,每逢…的时候
ouvrage (*n. m.*) d'art exceptionnel 特大桥隧,特大构造物
compter *v. t.* (＋ *inf.*) 打算,想要
attaque *n. f.* 掘进,开挖;开挖工作面 (＝front d'attaque)
par attaque 每个开挖工作面
s'élever *à* (＋数量用语)到达…,高达…
diminuer *v. i.* (*de*) 减少,缩短
rocher *n. m.* 岩,岩石;岩壁;悬崖,峭壁
rocher facile à extraire 容易开采的岩石
roche (*n. f.*) dure 坚石
exécution (*n. f.*) des déblais 路堑施工,路堑开挖
mouvement (*n. m.*) des terres 土方调配,土方调配统计表
abattage, abatage *n. m.* 开挖,挖方
par abattage au moyen de l'excavateur ou à l'aide de la mine 通过挖掘机开挖或爆破开挖
excavateur *n. m.* 挖掘机,挖土机
mine *n. f.* 炮眼;(炮眼里的)炸药
convenir *v. t. indir.* (*à qch.*) 适宜于,适合于

homogène *adj*. 同质的,均质的,同种的,同类的
plateforme, plate-forme *n. f*. 平台,台地
plateforme unie 平台,平地
uni *adj*. 平的,平坦的
usage *n. m*. 用途
se réduire *v. pr*. (*à*) 减少到,只限于…
emprunt *n. m*. 取土;取土坑,采料场
extraction (*n. f*.) de ballast 采石渣
cunette *n. f*. 导坑,导洞
battre au large 逐渐挖宽开挖沟道
par étage 分层
déblais (*n. m. pl*.) de rocher 石质路堑,岩石挖方
organisation (*n. f*.) du chantier 施工组织
aux frais et risques des entrepreneurs 由承包商承担费用和风险
précaution *n. f*. 预防措施, 安全措施
prendre des précautions 采取措施
appeler *v. t*. 引入,吸入
terres (*n. f. pl*.) avoisinantes 邻近地区 (＝terrains avoisinants)
gêner *v. t*. 妨碍,阻碍
gêner les travaux 妨碍施工
pied (*n. m*.) de talus 边坡坡脚,坡底
miner *v. t*. (从底部)逐渐侵蚀
éboulement *n. m*. 塌方,滑坡
règlement (*n. m*.) des talus 边坡修整
règlement des talus de déblai 修整路堑边坡(＝réglage des talus de déblais)
surface (*n. f*.) régulière 平滑表面,平整表面
gélif *adj*. 冻裂的,易冻裂的
roche (*n. f*.) gélive 冻裂的岩石
bloc *n. m*. 块,石块
chute *n. f*. 降落,塌落,崩塌
chute de roches 岩石崩塌
brouette *n. f*. 独轮手推车,手推车
tombereau *n. m*. 运土车;翻斗卡车,自卸汽车
wagon (*n. m*.) à bascule (或 wagon basculant) 倾卸车,翻斗车
remorquer *v. t*. 拖曳,牵引
arête *n. f*. 棱边,边缘
arête supérieure (de talus) 坡顶
régaler *v. t*. 平整土地 ,整平
organisation (*n. f*.) des chantiers 施工组织

régler *v. t.* 安排,决定,制定
durée (*n. f.*) des travaux 施工期限,工期
matériel *n. m.* 设备
matériel de chantier [de construction] 建筑设备,施工设备
s'arranger *v. pr.* 安排
de manière *à* + *inf.* 为了,以便
attaque *n. f.* 开挖,开挖工作面(=front d'attaque)
ouvrage (*n. m.*) exceptionnel 特殊工程(桥梁),特大工程(桥梁),特殊(特大)构造物
fonds *n. m.* 资金,现金,经费(一般用复数)
exécution (*n. f.*) des remblais 路堤施工
compenser *v. t.* 补偿,填补
tassement *n. m.* 沉降,沉陷
phénomène (*n. m.*) du foisonnement des terres 土壤膨胀现象
foisonnement *n. m.* 膨胀
foisonnement des terres 土壤膨胀
une fois (+ 过去分词) 一…就,一旦…就,刚…就
relever la voie 抬高线路,起道
rapporter *v. t.* 添加,增添
rapporter du ballast 添加道砟
terres (*n. f. pl.*) de remblai 填土
circonstances (*n. f. pl.*) atmosphériques 大气条件,气象条件
circonstances de la circulation plus ou moins importante de la voie 线路交通量大小的情况
se tasser *v. pr.* 下陷,下沉
surépaisseur *n. f.* 厚度余量
contraction *n. f.* 收缩;压缩
contraction latérale 侧面压缩
assiette *n. f.* 路基
assiette des remblais 填土路基,填方路基
préparation (*n. f.*) des sols 清整场地,清理地面
préparation du terrain 清理场地,场地平整
piocher *v. t.* (用镐)挖,掘,刨
piocher le sol 用镐刨土
faire corps *avec qch.* 与…连成一体
terre (*n. f.*) rapportée 填土,填入土
glissement *n. m.* 滑动,滑移
à flanc de coteau 在山坡上
coteau *n. m.* 山丘,山坡
argile (*n. f.*) molle 软黏土
s'écraser *v. pr.* 被压碎,被压烂

entraîner *v. t.* 卷走,带走
éboulis (*n. m.*) de roches 崩塌的岩石堆
manque (*n. m.*) de consistance 密实度差
consistance *n. f.* 密实度
consistance du sol 土壤密实度
drainer *v. t.* 排水
drainer le sol 给地面排水
assécher le sol 将地面的水排干
compact *adj.* 密实的
pierrée *n. f.* 干砌石排水管
drain (*n. m.*) longitudinal 纵向盲沟
détremper *v. t.* 浸湿,浸透
détremper le sol [les terres] 浸湿地面,浸透地面
entourer *v. t.* 环绕,围绕
terrain (*n. m.*) vaseux 泥泞地
terrain compressible 可压缩性土
observation *n. f.* 观察结果
vase *n. f.* 淤泥,软泥
vase desséchée 干燥的淤泥
par suite 因而,因此
propriété *n. f.* 性质,特性
marqué *adj.* 明显的
consistant *adj.* 密实的
croûte *n. f.* 表面结皮,结壳
terre (*n. f.*) compacte 坚实土
à un moment donné 在一定时期内
se crever *v. pr.* 破裂,爆裂,开裂
s'enfouir *v. pr.* 埋入,钻进
enfouissement *n. m.* 埋,掩埋
stabilité *n. f.* 稳定性,稳定度,坚固性
répartir *v. t.* (*qch*＋地点) 把…分布在,把…分散在
fascinage *n. m.* 柴排,柴捆
interposer *v. t.* (在两者之间)放置,放入
sous-sol *n. m.* 底土,下层土,地基下层土
user *v. t. indir.* (*de qch.*) 用,使用,利用,采用
encore *adv.* 尽管如此,话虽这么说,然而(置于从句句首,从句主谓成分一般应倒装)
flotter *v. i.* 浮动
inconvénient *n. m.* 缺点,缺陷,弊病
faire un usage (＋形容词＋*de qch.*) …使用…

VOCABULAIRE COMPLEMENTAIRE

cahier (*n. m.*) des charges 招标细则;技术要求,技术规格,技术规范,技术条件,技术说明书,施工说明书,登记簿,工作日志
cahier des charges SNCF 法国国营铁路技术规范
cahier des clauses de l'administration générale 一般行政条款
Cahier des clauses administratives particulières (CCAP) 特殊行政条款
Cahier des clauses techniques particulières (CCTP) 特殊技术条款
cahier des prescriptions techniques 技术说明书,施工说明书
Maître (*n. m.*) d'ouvrage (MO) 或 Maître de l'Ouvrage 业主,甲方
Maître (*n. m.*) d'œuvre (MOE) 业主代表,监理(单位),监理部,甲方负责人
Administration *n. f.* 业主(一般指政府部门)
Entrepreneur *n. m.* 承包人,承包商,承包单位
Entrepreneur sous-traitant 分包人,分包商,分包单位
Sous-traitant *n. m.* 分包人,分包商,分包单位
Entreprise *n. f.* 企业,公司;承包单位

---

spécification *n. f.* 技术要求(条件、规格、规范);说明书
spécification technique 技术说明书,技术规格,技术条件,技术规范
spécifications techniques générales 一般技术条款
spécifications techniques particulières 特殊技术条款
terrassement *n. m.* 土方工程
débroussaillage/débroussaillement *n. m.* 清除杂草,清除丛枝灌木
débroussailler *v. t.* 清除(杂草荆棘),清除丛枝灌木
essartage, essartement *n. m.* 清除树木和荆棘
travaux *n. m. pl.* 工程
travaux de décapage 清表工程,清除表土工程
travaux de décapage de la terre végétale 清表工程,清除表土工程
travaux de terrassement 土方工程(施工),土方作业
travaux de construction 建筑工程,施工
travaux de démolition 拆除工程
décapage *n. m.* 清表,清除表土
sol *n. m.* 土,土壤,土地;地面
emprise *n. f.* (为道路、铁路或公共设施的建筑需要而)占地,用地;征用土地
emprise des travaux 施工用地
ouvrage *n. m.* 工程;建筑物,构造物,结构物
bande *n. f.* 带;范围,区
de part et d'autre *de qch.* 在某物的两边,在…的两侧
ex: de part et d'autre de la Méditerranée 地中海两岸

sur une bande d'environ 6 m de largeur de part et d'autre de l'emprise 工程占地两边各 6 m 宽的范围内
prescription *n. f.* 规定
contractant, e *adj.*, *n.* 签订契约(合同)的;契约签订人,合同签订人
procéder *v. t. indir* (*à qch.*) 进行,从事,着手做
enlèvement *n. m.* 除去
enlèvement des herbes 除草
broussailles *n. f. pl.* 荆棘(多用复数)
bois *n. m.* 木,木材,木料;树木
bois mort 枯木,枯枝
matériaux *m. pl.* (建筑方面的)材料
matériaux indésirables 杂木
de façon *à* (+ *inf.*) 为了…,以便…
dégagé *adj.* 没有被遮挡的,没有被覆盖住的,清除障碍的,腾空的
dégager *v. t.* 清理,清除,清除障碍,清障
exécution *n. f.* 执(实、履)行,实施,施工
exécution des travaux 工程施工,施工
nivellement *n. m.* 整平,使平坦
nivellement du terrain 平整场地,地面整平
fouille *n. f.* 挖掘,开挖;基坑
produit *n. m.* 产品;产物
débris *n. m.* 残渣,残骸,残存物,残留物(多用复数)
débris du débroussaillage 清除的(丛枝灌木)残留物
évacuer *v. t.* 排除;清除;撤出,撤离
évacuer les déchets 清除残渣
sous réserve *de* 除非…,条件是…
incinérer *v. t.* 焚烧
prendre des mesures *pour* 采取…措施
abattage *n. m.* 砍伐(树木)
abattage des arbres 砍树
abattre *v. t.* 砍倒,砍伐
abattre un arbre 砍树
essouchage *n. m.* 清除树根
poste *n. m.* (会计)科目;(预算)项目;价号
ce poste de travaux 该项工程
circonférence *n. f.* 圆周,周围,树围
procéder *v. t. indir.* (*à qch.*) 进行,着手做
régler *v. t.* 调整,调节,控制
de manière *à ce que* (+ *subj.*) 为了…,以便...

renversement *n.m.* 翻倒
avoir lieu 发生
côté *n.m.* 方向
du côté opposé à l'aire du travail 朝施工场地相反的方向
aire *n.f.* 地面,场地
aire de travail 工作场地,工作面,施工场地
précaution *n.f.* 预防,提防,预防措施,安全措施
prendre (*pour*) toutes les précautions utiles 采取一切有效措施
dommage *n.m.* 损失,损害
riverain *n.m.* 河边居民,沿岸居民;沿路居民
ligne *n.f.* 线,线路
ligne électrique 电线
ligne téléphonique 电话线
hors (*prép.*) *de qch.* 在…之外,在…外面
accord *n.m.* 同意,允许
accord formel 正式允许
formel *adj.* 明确的,正式的
enlever *v.t.* 除去
enlever les racines des arbres 拔除树根
niveau *n.m.* 水平面,平面
niveau supérieur de la couche de forme 路面垫层面层
couche *n.f.* 层
couche de forme 路面的垫层
démolition *n.f.* (建筑物的)拆除
démolir *v.t.* (建筑物的)拆除
frappé *adj.* 被毁的,被毁坏的
entrepreneur *n.m.* 承包人,承包商,承包单位
nettoyer *v.t.* 清扫,清洗,打扫干净,弄干净,清理
sous-œuvre *n.m.* 建筑物的基础;地下工程
en sous-œuvre 在建筑物基础下
limite *n.f.* 极限,界限,限界
limite inférieure 下限
fondation *n.f.* (建筑物的)基础
niveau *n.m.* 水平面,平面
niveau inférieur 下部平面
plateforme, plate-forme *n.f.* (建筑物的)平台;(公路、铁路的)路基
plate-forme des terrassements 路基填土平台
arrêt *n.m.* 停车,停止,停止点 (＝point d'arrêt)
faire objet *de qch.* 成为…的对象;受到

constat *n. m.* 笔录
constat contradictoire 双方会同签署确认的笔录
contradictoire *adj.* 对立的,矛盾的;对席的,对审的;双方会同签字确认的
chargement *n. m.* 装车
mise en dépôt 堆放
en déhors *de qch.* 在…的外面,在…之外
lieu *n. m.* 地方,地点,场所
lieu dépôt 贮存场,堆放地点
lieu de décharge 堆积场,堆放地点
décharge *n. f.* 卸货,卸载;弃土堆,堆积场,堆放场,弃料场,垃圾场
soumettre *v. t.* 提交,呈报;使服从;使经受,使遭到
soumettre à l'agrément de l'Ingénieur 提交监理工程师审批
agrément *n. m.* 同意,允许,许可 ,批准
charge *n. f.* 负担
prendre qch. à sa charge 负担某事
frais *n. m.* 费用,开支
droit *n. m.* 税,费
occasionner *v. t.* 引起,造成
permis *n. m.* 同意,许可;许可证
livraison *n. f.* 交付;移交
parcelle *n. f.* 小块土地
parcelle de terrain 地块
vérifier *v. t.* 核实,核对
sur place 在现场
à la lumière *de qch.* 根据,根据所获得的…
plan *n. m.* 图,平面图
plan d'expropriation (du terrain) 征地图
plan de préparation de l'emprise 施工场地清理图
expropriation *n. f.* (土地的)征用
expropriation du terrain 征用土地,征地
dossier *n. m.* 文件(指整套文件)
dossier parcellaire 地块文件
parcellaire *adj.* 分成小块土地的;小块土地的
exactitude *n. f.* 正确,准确;准确性
construction *n. f.* 建筑;施工;结构,构造;建筑物,构筑物;工程
importance *n. f.* 重要性;意义;数值,尺寸
importance des travaux 工程规模,工程范围
faire état *de qch.* 考虑到…;以…为依据,引证…
oubli *n. m.* 忘记,遗忘;疏忽,不注意

par oubli　由于疏忽,由于不注意
ignorance *n. f.*　不懂,不了解
justifier *v. t.*　说明理由;使合法,使成为正当;为…辩护,辩解
réclamation *n. f.*　要求;索赔要求,要求赔偿,索赔
ultérieur *adj.*　以后的,今后的;未来的,将来的
période *n. f.*　时期,阶段,期间
période des travaux　施工期间
durant la période des travaux de démolition　在拆除工程施工期间(施工过程中)
avoir *qch.* sous sa (propre) responsabilité　自己负责干某事,自行负责干某事
étaiement *n. m.*　(用支柱)支撑,支护
consolidation *n. f.*　加固
mitoyen, ne *adj.*　邻接的,毗连的

---

procédure *n. f.*　程序
procédure d'exécution　施工程序
décapage (*n. m.*) de la terre végétale　清表,清除植被土
la terre (*n. f.*) végétale　腐殖土,壤土,种植土
visa *n. m.*　签证;签署,签准,批准,同意
visa d'approbation　批文
ne … en rien　丝毫不…
décrire *v. t.*　描述,叙述,说明
procédé *n. m.*　方法,工序,规程,过程
adopté *adj.*　被采用的,被采纳的,被选用的
relatif *adj.* (*à*)　关于…的,和…有关的
applicable *a.* (*à qch.*)　可用于…的,适用于…
terrain *n. m.*　地面;场地,地段,区段
assiette *n. f.*　基础,底座;路床
assiette des terrassements　(道路)路床
définir *v. t.*　确定,规定
défini *adj.*　确定的,规定的,限定的
remblai *n. m.*　填土,填方;路堤
en remblai　填土的,填方的,路堤的
déblai *n. m.*　挖方;路堑
en déblai　挖土的,挖方的;路堑的
autoroute *n. f.*　高速公路
voie *n. f.*　道路,线路
voie rétablie　恢复的道路
voie d'accès　进路
rétabli *adj.*　重建的,修复的,恢复的

piste *n. f.* 便道，小路
piste de chantier 施工便道
déviation *n. f.* 绕道，绕行道路
déviation provisoire 临时改道（工程）
déviation définitive 正式改道（工程）
dépôt *n. m.* 渣场，堆放场
aire *n. f.* 地面，场地
aire de stockage 堆放货物场地，材料堆放场地，储料场地，料场
dans le cadre *de qch.* 在…范围内，在…方面
campagne *n. f.* 工作，作业
campagne de reconnaissance complémentaire 补充勘探作业
rentrer *v. i.* (*dans*) 属于，归属于，包括在…之内
PK：Point (*n. m.*) kilométrique 里程标，公里标

Termes de construction（工程词汇）

○ 地基处理和人工地基：

夯实，压实 damage (*n. m.*), pilonnage (*n. m.*) compactage (*n. m.*)	沉桩 pénétration (*n. f.*) d'un pieu
碾压 roulage (*n. m.*)	平均贯入度 enfoncement (*n. m.*) moyen
砂石级配 dosage (*n. m.*) granulométrique des sables et graviers	贯入度仪 pénétromètre (*n. m.*)
级配砂石 sables et graviers à granulométrie dosée	重型动力贯入度仪 pénétromètre dynamique lourd (PDL)
人工夯实 damage [pilonnage] manuel	表面摩擦力（侧面摩擦力值） valeur (*n. f.*) de frottement latéral
木夯 dame (*n. f.*), demoiselle (*n. f.*)	板桩 palplanche (*n. f.*)
分层 par couches successives	木板桩 palplanche en bois
碾压机，压路机，路碾 rouleau (*n. m.*) compresseur	钢板桩 palplanche métallique [en acier]
基础加固（工程） consolidation (*n. f.*) de fondation	混凝土板桩 palplanche en béton
地基矽化加固 consolidation du sol par injection de silicate de soude	汽锤 marteau (*n. m.*) à vapeur
砂垫层 massif (*n. m.*) sablonneux	单动汽锤 marteau à vapeur à simple effet
桩 pieu (*n. m.*), pilotis (*n. m.*)	双动汽锤 marteau à vapeur à double effet
木桩 pieu [pilotis] (*n. m.*) en bois	柴油打桩机 marteau diesel
钢桩 pieu en acier	振动沉桩 vibrofonçage (*n. m.*)
混凝土桩 pieu en béton	振动打桩机 vibrofonceur (*n. m.*)
预制钢筋混凝土桩 pieu en béton (armé) préfabriqué	重锤 mouton (*n. m.*)
混凝土灌筑桩 pieu en béton moulé dans le sol	桩架 sonnette (*n. f.*)
爆炸桩 pieu explosé	桩台 semelle (*n. f.*)
摩擦桩 pieu de frottement, pieu flottant（浮桩）	桩尖 pointe du pieu (*n. f.*)
砂桩 pieu en sable	桩靴 sabot (*n. m.*)
支撑桩 pieu d'appui	桩帽 casque de battage (*n. m.*)
群桩，桩群 groupe de pieux	打桩动力公式 formule (*n. f.*) dynamique de battage
单桩 pieu isolé	静力公式 formule (*n. f.*) statique
试（验）桩 pieu d'essai	换土 sol (*n. m.*) rapporté
打桩 battage (*n. m.*) des pieux	降低地下水位 rabattement (*n. m.*) de la nappe aquifère, abaissement (*n. m.*) du niveau des eaux souterraines
打桩，沉桩 enfoncement (*n. m.*) des pieux	井点法（降低地下水） méthode (*n. f.*) des puits filtrants méthode (*n. f.*) des pointes filtrantes
桩的承载力 force (*n. f.*) portante du pieu	大井点 puits (*n. m.*) filtrant
贯入度 pénétration (*n. f.*)	小井点 pointe (*n. f.*) filtrante
	砂井 puits (*n. m.*) de sable

○ 施工设备一览表(Tableau récapitulatif des matériels de chantier)

N°	Désignation
1.	施工机械　les engins (*n. m. pl.*) de chantier
2.	挖掘机　la pelle (à godet)
3.	推土机　le bouteur (bouldozer, bulldozer)
4.	装载机　la chargeuse / le chargeur
5.	平地机　la niveleuse
6.	机械铲式装运机,两头忙　la tractopelle, tracto-pelle
7.	压路机　le rouleau compresseur, le compacteur
8.	振动压路机,振动碾　le rouleau vibrant
9.	单钢轮压路机　le rouleau à un cylindre à bandages d'acier nus
10.	空压机　le compresseur (d'air)
11.	自卸汽车,翻斗式卡车　le camion-benne
12.	混凝土搅拌机　la bétonnière
13.	混凝土振捣器　le vibrateur
14.	外部振捣器(附着式振捣器)　le vibrateur interne / le pervibrateur
15.	内部振捣器(插入式振捣器)　le vibrateur externe
16.	混凝土搅拌运输车　le camion-toupie
17.	塔式起重机,塔吊　la grue à tour
18.	工地用起重机　la grue de chantier
19.	汽车式起重机,汽车吊　le camion-grue
20.	载重汽车　le poids lourd (le camion poids-lourd)
21.	洒水车　le camion arroseur
22.	加油车　le camion ravitailleur (camion-avitailleur)
23.	水罐车　le camion-citerne
24.	越野汽车　le véhicule tout-terrain
25.	轻型客货两用车(货厢边板与驾驶室一体),皮卡车　le pick-up
26.	牵引车挂车,半挂车　la semi-remorque
27.	半挂车的牵引车　le tracteur routier
28.	拖车　la remorque (le véhicule remorqué)
29.	大拖板,运载施工机械的大型拖运车　le porte-char
30.	混凝土搅拌站(拌和站,拌和楼),混凝土搅拌装置　la centrale à béton
31.	螺旋输送机(输送带)　le convoyeur à spirale
32.	水泥仓　le silo à ciment
33.	集料仓(储料斗)　la trémie des agrégats
34.	混凝土输送泵　la pompe de transfert à béton
35.	混凝土溜槽　la chute de béton

续上表

N°	Désignation
36.	筛分厂(站) la station de criblage
37.	液压破碎机 le broyeur hydraulique
38.	车床 la tour
39.	测量仪器 l'appareils de mesure
40.	(电子)全站仪 la station totale électronique
41.	经纬仪 le théodolite
42.	水平仪 le niveau, instrument de nivellement
43.	对讲机 le tolkie-walkie
44.	发电机组 le groupe électrogène, groupe générateur
45.	叉车 l'élévateur(*n. m.*) à fourche

○ 参考资料:渣场和填方的缩写词和几个土方工程词汇

DPD:Dépôt provisoire de terre végétale 腐殖土临时渣场	* Plan de répartition des sondages à la pelle 反铲探坑平面布置图
DD:Dépôt définitif de matériaux impropres et non utilisables 污染和不能利用材料永久弃渣场	* Pan de reconstitution du déblai D5 D5 挖方复原图
RO:Remblai ordinaire 普通填方	* Coupe géologique de sondages à la pelle 反铲探坑地质剖面图
RC:Remblai contigu (桥涵) 构造物相邻填方	* Grille de décision de réutilisation des matériaux 材料再利用决定等级表
CR:Confinement des remblais 封闭填方	
RH:Remblais de grande hauteur 高填方	
PST:Partie supérieure des terrassements 上部填方区	

Spécifications techniques

1. La couche supérieure des remblais de fouille sera réalisée avec un matériau imperméable.
基坑面层使用防水材料施工。
2. Les quantités sont données à titre estimatif, elles seront révisées en cours de l'exploitation du déblai D11.
数量是估计的,将在 D11 挖方区的开挖过程中重新审核。
3. Des mesures de la teneur en eau des matériaux seront effectuées au moment de leur mise en œuvre.
施工时测定材料的含水量。
4. Dans le cas de mélange des matériaux de classes différentes, il sera pris en considération lors de la réception du compactage de la couche mise en œuvre, le cas du matériau le plus défavorable.
不同等级材料混合使用的情况下,验收填筑层碾压时,取最不利材料。
5. Le sablage et la peinture en trois couches à la teinte fixée par le Maître d'CEuvre.
铺砂和三道油漆,油漆的颜色由监理确定。
6. Les déblais destinés à être réutilisés en remblais de grande hauteur et en zone inondable, dont l'extraction au ripper conduirait à produire des matériaux dont le passant à 20 mm

après mise en œuvre est supérieur ou égal à 70% et qui pour ces motifs doivent être extraits en recourant à l'explosif.

规定在高填方和淹没地区再利用的挖方材料,用松土机开挖施工以后挖出的材料,通过 20 mm 筛孔的通过量可能会大于或等于 70%,因此,应该使用炸药开采。

7. En cours de travaux et à tout moment, le maître d'œuvre pourra demander à l'Entrepreneur de nouvelle proposition de méthode de tirs si les résultats obtenus en grande masse ne répondent pas aux critères.

如果得出的大量结果不符合规范要求的话,监理在施工过程中可以随时要求承包商对爆破方法做出新的方案。

8. En cas de contestation qui remettrait en cause la classification d'un terrain en 1ème catégorie, l'Entrepreneur devra disposer d'un engin correspondant à la puissance de référence, pour faire la preuve du bien-fondé de la contestation.

如果对一类场地的分类提出异议,承包公司应该准备一台符合标准功率的机械来证明提出异议的理由。

9. Repérer par marquage la granulométrie correspondant à chaque trémie.

给每个料斗对应的颗粒级配做定位标记。

10. la Partie Supérieure de Terrassement (PST) satisferait généralement aux exigences de portance, imposées par le CCTP. Toutefois un traitement de substitution pourrait s'avérer nécessaire dans des zones particulières.

上部填方区(PST)一般能满足 CCTP 规定的承载力要求,但特殊区域可能需要换土处理。

“课文”翻译参考

第 6 课 土方施工

施工期限-每当没有特大桥隧的时候，建筑工程的施工期限取决于长大路堑的开通时间。考虑到星期天和下雨天等，不能想在深 8 m 或 10 m 以下的路堑里每天每个工作面掘进 250～300 m^3，每个月的实际工作天数几乎超不过 20 天。因此，路堑的每个面每个月平均清除的方量顶多 6 000 m^3。所以，每个工作面每个月总的挖方量一般达不到 6 000～8 000 m^3，也就是全年在 70.000～100.000 m^3。深度在 8～10 m 以上的深堑，可以在同一个面的上部同时开两个工作面，这样可以缩短工期三分之一左右。

以上提供的数字只适用于土和容易开采的岩石，对于坚石来说，由于开采困难工期应该增加。

路堑开挖-通过挖土机开挖或爆破开挖以后再用铁铲和铁镐进行挖方。

挖土机只适宜于均质地带，还需要一块使挖掘机移动的平地。挖土机的用途通常只限于大型采料场，特别是采石渣。

对于土质挖方来说，长大路堤先挖一个深约 2 m 的导坑，坑底修一条(运输)道路。然后逐渐挖宽开挖沟道。这样逐渐分层往下挖直到沟底(路堑底部)。岩石挖方的情况与此不同，因为开挖比运输更为重要。

施工组织由承包商承担费用和风险，最好是让他们去干。但是要采取一些措施，特别是排水方面的措施。长大路堑实际上构成了一个大型排水沟，将邻近地区的水引入，这些水可能会妨碍施工，因为人们要在污泥里面工作，还因为边坡坡脚逐渐被水侵蚀可能会发生塌方。

边坡修整-修整路堑边坡要十分细心，以使边坡表面平滑，不易被冲刷成沟。在岩石地带，这种预防措施无济于事，但是，如果岩石容易冻裂的话，岩石边坡的坡度要足以避免岩石块崩塌落在轨道上。

运输-使用机车-距离很近的运输使用手推车、卡车或翻斗卡车。距离较远的运输使用由机车牵引的倾卸车。

路堤边坡-路堤一旦填完就要进行修整。像路堑一样细心是没用的，只需修整好坡顶(因为坡顶决定了路基始终保持的设计宽度)和从坡顶开始修整面积 1 m 左右的边坡就够了。边坡的其他部分用铁锹简单整平。

施工组织-一般根据最大的路堑、最大路堤或者最大的桥隧建筑物的工期来制定施工期限，而施工安排是为了有效地利用施工设备，以便在整个施工期间保持有相同数量的开挖工作面。但是，在没有土方工程或特大构造物的线路上，工期则根据认为最多的人数和设备的数量简单制定，或者经常根据每年拥有的资金来简单制定。

路堤施工的预防措施-应使填方产生超高，填补土壤膨胀现象所产生的沉降。如果在基础施工期间没有采取这一措施，一旦铺轨就得抬高线路添加道砟，而道砟要比填土贵两倍，有时甚至贵三四倍,而且还要重新调整路基。很难准确地预料沉降的数量,因为沉降的程度取决于气象条件和线路交通量大小等情况。有些经验丰富的工程师肯定说在二十年间路堤往往继续下沉。但是我们可以说其实过两三年就不用担心路堤下沉了。一般增加 1/10 的厚度余量。还应该增加宽度,因为在重力的作用下不仅发生垂直沉降,也发生侧面压缩,给宽度增加 1/10 是明智的选择。

路堤底部场地的平整-用来修筑路堤路基的地面经常需要平整。例如在横向坡度很陡的情况下,应该清除荆棘和用镐刨地面土,以使地面和填土连成一体,减少滑坡的可能性。人们经常发现软黏土,特别是在山坡上,软黏土在路堤重力的作用下被压烂,有时会带动地面一起移动。崩塌的岩石堆也是这样。在这种情况下,如果地面有水是密实度差的起因的话,则应该给地面排水,把地面的水排干以增加地面的密实度。为此,人们经常使用横向干砌石排水管和纵向盲沟。纵向盲沟将来自山坡或峡谷的地下水截断并将其引入干砌石排水管,否则水在地面流动会把其周围的地面浸透。

泥泞地-在山谷里经常见到一种可压缩性土,必须要特殊处理,这就是泥泞地。为了了解在泥泞地上施工时所进行的工作,必须考虑以下观察结果:

1. 淤泥实际上就是一种很软的黏土,介于固体和液体之间,因而它传递压力,但又传递得不完全。当然,污泥的密实度越差,这种特性也就越明显。

2. 通常泥泞地上盖有一层厚度不同的表面结皮,由密实度不同的坚实土构成,一般是干燥的淤泥。

在泥泞地上进行路堤施工的时候,最初一般不会发生任何移动。而后在一定的时期内表面结皮破裂,路堤就埋入一定的深度。如果淤泥很厚的话,这种移动会在很长时间里发生。

这种路堤沉陷的一个明显的特点是通常发生在路堤施工进展到一定时间以后。当路堤的重量不足以压破表面结皮的时候,人们会以为得到了稳定度(坚固度),但是列车的振动真的足以产生沉陷。

人们有时利用在路堤和地基下层土之间放置的柴排来把路堤的压力分散到一个更大的面层上。但是,只应该为不高的路堤使用柴排,然而柴排的缺陷是造成线路浮动而不稳。然而在荷兰,由于没有石材而且几乎荷兰全部濒海地区的土地都是由污泥构成的,那里的人们经常使用柴排。

"阅读"翻译参考

1. 清表施工程序

目的

本施工程序旨在说明清表工程的方法和工序。根据补充地质勘探确定的平均厚度，它适用于 X-Y 高速公路建筑工程（施工）所属小于 4 m 的填方路床和挖方路床、恢复的道路、进路、侧线、施工便道、临时或正式改道工程、渣场、料场等地段。

2. 清障施工程序

目的

本程序旨在确定伐树的（砍伐、清除树根）和清除杂草的方法以及拆除建筑物的恰当方法，以便把一切妨碍正常施工的构筑物从本项目占地范围内妥善地清除掉。

“翻译练习”译文参考

土方工程

清理场地

1 清除杂草、丛枝灌木以及树木和荆棘

任何清表工程、土方工程开始之前,工程占地范围内和工程占地两边各 6 m 宽的范围内的地面应根据以下规定清除丛枝灌木:

- 合同签订人应除草,清除荆棘丛、枯木和其他一切杂木,以便清除场地的一切障碍,准备清表施工、土方施工、平整场地和进行开挖。
- 清除的一切产物和残留物都要从场地清除运到业主指定的地点。
- 只要业主书面同意,可以焚烧植物残渣,但合同签订人要采取一切防火措施并且承担焚烧的全部责任。

2 砍伐树木和清除树根

该项工程包括树围 1.5 m 及以上的树木。

在工程占地范围内的树木砍伐之后,合同签订人应拔除工程征地范围内的树根。

对树木砍伐要控制好,以使树木向施工场地对面方向翻倒。

合同签订人应采取一切有效措施,避免对沿线居民、电话线和电线造成任何损害。未经业主正式允许,不得砍伐占地范围以外的任何树木。

合同签订人应清除砍伐树木的树根,深度直至路面垫层面层以下 1 m。

3 拆除工程

3.1 任何全部被施工损坏的建筑物和构筑物应由承建商负责拆除并且将相关场地清理干净。

拆除工程包括:

- 拆除和清除地面上的一切物体,诸如树木、植被、围墙、活动房等。
- 拆除工程在建筑物基础下应该一直进行到基础的下限,或者最多到路基填土平台以下 1.5 m 的深度。拆除作业到这个下限停止点时,双方应会同签署确认笔录。
- 拆除工程产生的废物的装车、运输和在工程占地范围以外堆放、寻找堆积场所,均由承包商负责并报监理工程师批准。上述工作可能产生的税费由承包商承担并且得到必要的许可证。
- 移交全部清理干净的地块。

承包商应根据可以在有关部门查阅的征地图和文件,在现场核实场地清理图的准确性,应拆除的建筑物的数目是否准确以及每个建筑物的范围。不得以任何疏忽或不了解拆除工程范围为借口为日后的索赔辩解。

承包商在拆除工程施工期间,自行负责与待拆除建筑物邻接的建筑物的支护和加固。

3.2 部分被施工损坏的建筑物和构筑物在拆除之前承包商应该进行研究,尤其是工程项目没有损坏的建筑物部分的复原和继续存在。承包商对这些建筑物的施工及其使用年限继续负有全部责任。每项工程所应进行的施工如下:

- 新建建筑物涉及到的建筑物部分的拆除工程以及清除施工范围内的树木、围墙、管道等,以使场地施工土方工程施工。

基槽开挖到基础底层停止时，应该做双方会同签字确认的笔录。

- 拆除工程产生的一切废物的装车、运输和在工程占地范围以外堆放。
- 支护建筑物的保留部分，以确保在施工过程中它们的稳定性。
- 恢复用户进水管、用电分路并与现有的管网连接，如果这些设施被承包商施工切断的话。这些工作所产生的费用被视为包括在承包商拆除工程的价格里。

Leçon 7
Consolidation des talus et assèchement de la plateforme

Ⅰ. Talus de déblais

Les talus qui exigent le plus fréquemment des consolidations sont les talus argileux, ou du moins c'est la présence de l'argile qui provoque les mouvements. C'est toujours l'eau qui est la cause des éboulements dans l'argile. Elle peut agir de trois façons différentes: par ravinement à la surface, par l'écoulement des eaux venant de l'intérieur des terres ou par l'imbibition de l'humidité atmosphérique.

Pour éviter le ravinement de la surface des talus, il suffit soit d'arrêter les eaux qui viennent s'y écouler en faisant des fossés de ceinture① et des descentes d'eau maçonnées, soit de revêtir le talus. On reproche aux fossés de ceinture, qui sont en général mal entretenus, de retenir les eaux et de favoriser leur infiltration dans la masse du terrain qu'elles font ébouler. On a souvent intérêt à maçonner les fossés; il faut dans tous les cas leur donner une forte pente. Il faut donc s'attendre à ce que les fossés établis en haut des talus de déblai soient exposés à s'obstruer. Chaque fois qu'on a réuni des eaux à la partie supérieure des talus, il faut les conduire à la partie inférieure dans le fossé au moyen de descentes d'eau maçonnées.

Le revêtement complet des talus en perrés ou simplement en terre végétale et gazon est une solution satisfaisante, mais chère. Dans la plupart des cas, si l'inclinaison du talus est inférieure à 45°②, on peut obtenir le même résultat en produisant de la végétation à sa surface; les terres compactes ne se garnissent pas de végétation, mais il suffit d'ameublir leur surface pour que quelque chose y pousse. Avec l'inclinaison de 3/2 la terre ameublie ne coule pas.

Quand on fait des semis, il est bon de mêler de la luzerne, du trèfle et de l'avoine. L'avantage de cette dernière est qu'elle lève très vite et produit, par suite, immédiatement de la végétation. Dans les mauvais terrains, l'emploi des genêts et des ajoncs est à recommander, car ils poussent dans les sols les plus ingrats.

Pour les talus à 45° qui se détériorent, ou pour les talus à 3/2 qui se dégradent, une bonne solution consiste à faire au pied un mur de 1m à 1m50 de hauteur avec talus de 1/3 à 1/5. Les terres éboulées par suite des ravinements s'accumulent sur la banquette et se garnissent de végétation parce qu'elles sont ameublies; elles soutiennent celles qui tombent ensuite et de proche en proche le talus se garnit. Quand on est conduit par d'autres considérations à revêtir le fossé, le supplément de dépense qu'occasionne la construction de la murette est, en général, moindre que le prix d'un revêtement en gazon. Lorsque la désagrégation du talus entraîne non seulement la chute de terres mais celle des blocs de rochers, comme cela arrive dans les éboulis de roches, dans les torrents de boue, etc., il est bon de surmonter le mur d'une sorte de parapet en maçonnerie destiné à retenir ces blocs; seulement pour que le parapet reste efficace, il faut, dans l'entretien, que les roches et les terres qui s'accumulent derrière lui soient enlevées périodiquement. On peut construire ces murs soit en maçonnerie à mortier, soit en pierres sèches; dans le premier cas, il faut les percer de nombreuses barbacanes disposées en quinconce, et il est bon, en outre, d'interposer une couche en pierrailles entre la maçonnerie et le terrain.

Revêtement des fossés. -Le revêtement des fossés a pour effet de faciliter l'écoulement des eaux, d'empêcher le ravinement des pieds du talus et d'assécher la plateforme.

Du moment qu'on est dans des terrains argileux, il est la plupart du temps nécessaire de revêtir les fossés; il faut le faire chaque fois que l'imbibition du terrain par l'eau a pour effet de le ramollir au point de déformer le profil du fossé; car, dans ce cas, les talus peuvent être minés par le pied et surtout l'assainissement de la plateforme est impossible.

Autres modes de consolidation. -Perrés-Les perrés n'empêchent pas les éboulements en masse. En général, on ne les emploie que pour faire le revêtement partiel de poches argileuses, ou pour mettre les roches gélives à l'abri du contact de l'air.

Murs de soutènement③. -Les murs de soutènement sont d'une solution très chère et souvent imparfaite. Il faut, en général, les réserver pour les cas où on n'a pas la place de faire le talus nécessaire.

Ⅱ. Consolidation des remblais

Il n'y a que deux cas où on ait à consolider des remblais: c'est quand ils sont en trop mauvaise argile ou que le talus n'est pas le talus normal de la terre qui les forme.

Il suffit souvent, pour éviter l'éboulement des remblais argileux, de les revêtir d'une couche de bonne terre ou de débris de rocher sur un à deux mètres d'épaisseur, ou de faire au pied un contrefort formé d'un cavalier en terre.

Quand un remblai coule, on doit d'abord rechercher si on peut lui donner du pied et le recouvrir d'une couche de terre susceptible de se garnir de végétation. Il ne faut enlever les terres qui ont coulé au pied que si on y est obligé par les réclamations des riverains, car elles forment un contrefort qu'il est, au contraire, bon de renforcer et de transformer en cavalier. Si cela ne suffit pas à cause de l'humidité manifeste de la masse, on peut ajouter des drains qui y pénètrent pour l'assécher.

Consolidation du sous-sol des remblais. -Nous avons vu qu'il y a des cas où la plateforme qui doit supporter les remblais glisse sous leur poids. C'est ce qui arrive notamment pour les éboulis de rocher et les argiles molles qui foirent de chaque côté du remblai. Il y a lieu alors d'assainir le sous-sol au moyen de galeries perpendiculaires au remblai et que l'on exécute en souterrain si l'affaissement paraît dû au ramollissement de l'argile inférieure par les eaux. Si, au contraire, on a affaire à de l'argile qui s'écrase, même sans être imbibée d'eau, il faut donner du pied au remblai en élargissant sa base au moyen de cavaliers. On a également obtenu de bons résultats, dans ce cas, en établissant dans le sous-sol et contre le remblai, de chaque côté, d'épaisses pierrées longitudinales qui forment des sortes de murs retenant l'argile et l'asséchant.

Ⅲ. Assèchement de la plateforme

Il n'y a pas de bonne voie sans plateforme saine. -L'argile humide et par conséquent molle n'est pas capable de supporter la pression qui lui est transmise par le ballast; elle s'écrase, reflue dans le sable ou la pierre tandis que ceux-ci s'enfoncent dans la plateforme; en un mot, elle remonte sous la traverse. Lorsqu'on enlève le ballast aux endroits où ce fait s'est produit, on voit que les traverses reposent non pas sur le sable, le gravier ou la pierre, mais sur des mottes d'argile empâtées de pierre ou de sable.

Le mode d'assainissement le plus simple consiste dans l'approfondissement des fossés. Si la terre est argileuse, l'application du type de fossé de $0^{m}30$ de profondeur est, en effet, une mesure vicieuse, car ce type assure simplement l'écoulement des eaux extérieures, mais n'assainit pas la plateforme. Il faut, dans les terrains de cette nature, avoir des fossés de $0^{m}40$ à $0^{m}50$.

Dans les mauvais terrains, outre les fossés revêtus, on emploie des drains formés de moellons placés dans de petites tranchées de $0^{m}30$ à $0^{m}40$ de profondeur, creusées dans la plateforme. Ces drains sont disposés perpendiculairement à l'axe de la voie ou bien en arête de poisson; on y ajoute, au besoin des drains longitudinaux, placés sous les accotements plutôt que sous la voie. Comme les pierrées sont exposées à se boucher à la longue, il faut, pour qu'on puisse commodément les reprendre ou les remplacer par d'autres, qu'elles soient sous les accotements si elles sont longitudinales. Les drains transversaux peuvent toujours être réparés assez facilement, surtout lorsqu'ils sont inclinés en arêtes de poisson par rapport à l'axe de la voie.

En remblai, il n'y a jamais besoin d'assainir la plateforme; il suffit d'avoir soin que les banquettes ne soient pas élevées à plus de $0^{m}50$ au-dessus du rail.

Il ne faut pas manquer d'assainir la plateforme des stations, même en remblai, si elle est argileuse. Comme elle forme une surface souvent très vaste sans pente, elle facilite la stagnation des eaux qui rend les voies mauvaises et le service pénible. On fait des drains en arête de poisson et des drains collecteurs, et même, si la gare est importante, on y ajoute des aqueducs transversaux. Lorsque la surface est considérable, et par suite la quantité d'eau à écouler, on peut remplacer le drain collecteur central par un aqueduc longitudinal.

① fossé de ceinture: 环形排水沟,其作用是在挖方区顶部将水汇集,然后引下来流到边坡坡脚的边沟里。

② 坡度的表示方法有百分比法、度数法、密位法和分数法四种，其中以百分比法和度数法较为常用。

③ mur de soutènement：挡土墙，是指支承路基填土或山坡土体、防止填土或土体变形失稳的构造物。

Lecture

DRAINAGE 排水工程

1. Fossés en terre ou revêtus 土质排水沟或铺砌的排水沟

- Les fossés en terres ou revêtus seront exécutés conformément aux spécifications techniques générales STG① B4-B5-Volume Ⅲ.
  土质排水沟或铺砌的排水沟应根据一般技术条款 STG B4-B5-Volume Ⅲ的规定施工。
- Dans les zones figurant sur les plans ou indiquées par l'Ingénieur, des fossés d'interception et d'évacuation des eaux de ruissellement seront creusés par l'Entrepreneur.
  图纸上说明的区域或工程师指定的区域里的截水沟和径流排水沟由承包商负责开挖。
- Ces fossés auront une forme trapézoïdale suivant les indications données sur les plans.
  这些排水沟应根据图纸的说明做成梯形排水沟。
- La pente de ces fossés sera celle du terrain naturel et au maximum égale à 4%. Dans les zones accidentées ou ces contraintes ne pourront pas être respectées, des aménagements particuliers seront faits suivant les instructions de l'Ingénieur.
  这些排水沟的坡度是自然地面的坡度，最大坡度为 4%。在起伏不平的地区或在这些规定不能遵守的情况下，应根据工程师的指示进行特殊调整。
- Les fossés peuvent être en terre ou revêtus selon les indications données sur les plans.
  根据图纸的说明，排水沟可以是土质的也可以是铺砌的。

2. Drains 排水管

- Les drains seront exécutés conformément aux STG-B3 du volume Ⅲ.
  排水管应根据一般技术条款 STG-B3 du volume Ⅲ的规定施工。
- Les drains seront constitués par des tuyaux en PVC perforés dans la partie tournée vers le terrain.
  排水管由多孔 PVC 管组成，多孔部分转向地面。
- Les joints sont à tulipe.
  管接头是喇叭(郁金香)形的。
- Les tuyaux seront placés sur un lit de pose en béton de propreté de 10cm d'épaisseur et entourés par du matériau drainant.
  管道铺放在 10 cm 厚的素混凝土管沟底床上，周围有透水材料围层。
- Les drains auront une pente longitudinale de 5%.
  排水管的纵向坡度为 5%。
- Le débouché des drains sera aménagé afin d'assurer l'évacuation des eaux de drainage.
  布置排水管出水口，以便排出引流水。

3. Tuyaux pour collecte des eaux 集水管

- Les tuyaux en béton légèrement armé② utilisés pour la réalisation des réseaux d'eaux pluviales seront mis en place seulement dans les zones piétonnières et dans les zones où le trafic véhicule est interdit.

用于雨水管线施工的少筋混凝土管仅仅铺设在行人区和禁止车辆行驶的区域。

- La coupe des tuyaux ne doit être faite qu'en cas de nécessité absolue.

只有在十分必要的情况下才可以切割管道。

- Le tuyau sera posé sur un lit de sable d'au moins 10cm d'épaisseur et une couche de sable ultérieure couvrira le tuyau jusqu' à son demi-diamètre.

管道应该铺设在厚度至少 10 cm 的砂垫层上,外侧的砂垫层要盖住管径的一半高度。

- La couverture minimum sur l'extrados du tuyau doit être au moins de 50 cm.

管道上弧面的覆盖层厚度至少为 50 cm。

- Les collecteurs en béton seront utilisés dans les zones où le trafic véhicule est prévu et dans les traversées routières et ferroviaires.

在规定车辆行驶的区域和公路与铁路交叉处使用混凝土集水管。

4. Buses et dalots en béton armé 钢筋混凝土圆涵和箱涵

- Les buses et les dalots en béton armé seront coulés sur place.

钢筋混凝土圆涵和箱涵现场浇筑。

- Les dalots seront placés légèrement en-dehors du lit des oueds, afin d'avoir un chantier à sec et d'éviter un terrain pouvant être marécageux. La terre végétale et les couches de sol trop compressibles seront enlevées et remplacées par du remblai compacté à 95 % de l'OPM.

箱涵随便设置在河床以外的任何地方,以使施工现场干燥和避免场地可能会变成沼泽土。腐殖土和压缩性太大的土层应清除并用回填土替换,回填土的压实度应达到 95 %(OPM:葡氏修正最佳含水量)。

- Un béton de propreté de 10cm sera coulé sur le remblai compacté. Les dalots seront coulés suivant les dimensions du plan.

压实的回填土上浇筑 10 cm 厚的素混凝土。箱涵根据图纸尺寸浇筑。

- Les talus en amont et en aval doivent être protégés par une protection en dalles de béton selon les indications des plans (voir plan TY. 301 à TY 305).

前后方的边坡根据图纸的说明做混凝土板块保护层(详见图纸 TY. 301~TY. 305)。

---

① STG:Spécifications Techniques Générales:一般技术条款。

② béton légèrement armé:少筋混凝土。少筋混凝土结构是指配筋率低于普通钢筋混凝土结构的最小配筋率、介于素混凝土结构和钢筋混凝土结构之间的一种少量配筋的结构,简称少筋混凝土结构,也称为弱筋混凝土结构。水工素混凝土和少筋混凝土配制坍落度一般为 3~5 cm,配筋率超过 1%的钢筋混凝土配制坍落度一般为 7~9 cm。

Version

TERRASSEMENTS

1. Les terrassements seront exécutés conformément aux prescriptions techniques générales

STG. A du volume Ⅲ.

2. L'implantation de la ligne a été exécutée sur le terrain par un bornage des points d'axe tous les 700m au maximum et de tous les points principaux des courbes.
   L'Entrepreneur vérifiera ce bornage, complètera le bornage parallèle et implantera 1'ensemble des ouvrages à construire.
   1'Entrepreneur vérifiera la compatibilité des implantations respectives de la ligne et de ses ouvrages par rapport aux autres infrastructures (autoroutes, gazoduc,...); il apportera à 1'implantation ferroviaire les corrections éventuelles nécessaires.
3. Le dimensionnement de la couche d'assise et de 1'épaisseur de la couche de forme a été faite en suivant les indications de la SNTF. En particulier, pour les terrassements de la voie, on a prévu des épaisseurs de couche de forme variable (voir pages 24 à 32 du rapport description du tracé et plan TY 101).
4. L'exécution des terrassements, compte tenu de la voie existante, se fera en appliquant les profils en travers① type comme indiqué sur les plans (TY 107 à TY 110).
5. Pendant 1' exécution du débroussaillage et avant tout autre travail, la largeur de 1'emprise des terrassements et ouvrages, augmentée de 5m de largeur de part et d'autre, en nombre suffisant et ceci en accord avec 1'Ingénieur qui se réserve le droit de demander des profils intermédiaires supplémentaires. Les profils en travers servent de base aux métrés de certains postes de travaux (décapage de la terre végétale, déblais, couche de forme, ballast,...).

① profils en travers:横断面,垂直于道路中心线方向的断面。

VOCABULAIRE

consolidation (*n. f.*) des talus et assèchement (*n. m.*) de la plateforme 边坡加固和路基排水
talus (*n. m.*) de déblai 路堑边坡
ravinement (*n. m.*) à [de] la surface 表面冲刷
écoulement (*n. m.*) des eaux 排水
imbibition (*n. f.*) 浸透,渗入,吸入
humidité (*n. f.*) atmosphérique 空气湿度(水分)
surface (*n. f.*) des talus 边坡面,坡面
fossé (*n. m.*) de ceinture 环形排水沟
descente (*n. f.*) d'eau maçonnée 砌筑的边坡落水管
revêtir le talus 做护坡
reprocher *à qch. de* + *inf.* 指责,认为
masse (*n. f.*) du terrain 土体
maçonner les fossés 砌筑排水沟
s'attendre *à ce que* (+ *subj.*) 预计,预料

exposé *à qch.*/*inf.* 面临…的危险
s'obstruer *v. pr.* 被堵塞,被淤塞
revêtement (*n. m.*) en perrés 石砌护坡,石砌护面
gazon *n. m.* 草皮
végétation *n. f.* 植被
produire de la végétation à sa surface 表面植被
se garnir (*de*) (被)挤满,布满
ameublir *v. t.* 松土,耙松
couler *v. i.* 滑,滑落
faire des semis 播种
il est bon *de* + *inf.* 宜于做…,…是有益的
mêler *v.* 使混合,使混和
luzerne *n. f.* 苜蓿,紫苜蓿
trèfle *n. m.* 三叶草,车轴草
avoine *n. f.* 燕麦
genêt *n. m.* 染料木;金雀花
ajonc *n. m.* 荆豆
sol (*n. m.*) ingrat 种不出东西的土壤
se détériorer *v. pr.* 损坏,毁坏
se dégrader 被损坏,被破坏
s'accumuler *v. pr.* 堆积,积累
banquette *n. f.* 护道
de proche en proche 逐渐地,逐步地
revêtement en gazon 草皮护坡
désagrégation *n. f.* 破裂,断裂,崩裂
désagrégation du talus 边坡崩裂
chute *n. f.* 塌落,崩塌
chute de terres 泥土坍塌
chute des blocs de roches 石块崩塌
éboulis *n. m.* 积成堆的崩塌物
éboulis de roches 崩塌的岩石堆
éboulis de rocher 崩塌的岩石堆
torrent *n. m.* 流;急流
torrent de boue 泥流
torrent de boue et de pierre 泥石流
parapet *n. m.* 护墙
maçonnerie (*n. f.*) à mortier 浆砌圬工
pierres (*n. f. pl.*) sèches 干砌片石,干垒石
barbacane *n. f.* (挡土墙等的)横向排水洞(管)

en quinconce 成梅花形
interposer *v. t.* （在两者之间）放置，放入，插入
pierraille *n. f.* 碎石
revêtement (*n. m.*) des fossés 铺砌排水沟
revêtir le fossé 铺砌排水沟
avoir pour effet *de* + *inf.* 有…的结果，会产生…的后果，会导致…的后果
assécher la plateforme 将路基的水排干
du moment *que* + *ind.* 既然…
terrain (*n. m.*) argileux 黏土地带
la plupart du temps 通常，往往（副词短语）
ramollir *v. t.* 使变软，使柔软
au point *de* 到…程度，以致于
profil *n. m.* 断面，剖面
miner *v. t.* （从底部或内部）逐渐损坏，逐渐侵蚀
perré *n. m.* 石砌护坡，干砌护坡
éboulement (*n. m.*) en masse 岩石滑塌
poche (*n. f.*) arigileuse 黏土坑
roche (*n. f.*) gélive 冻裂的岩石
mur (*n. m.*) de soutènement 挡土墙
imparfait *adj.* 不完善的，有缺点的
consolidation (*n. f.*) des remblais 路堤加固
remblai (*n. m.*) argileux 黏土路堤
débris (*n. m.*) de rocher 碎屑，碎石屑
contrefort *n. m.* 扶垛，墙垛
cavalier (*n. m.*) en terre 土堤
rechercher +间接问句（si，comment，pourquoi 引导） 探索…，弄清楚…
donner du pied (talus) 放缓边坡坡度
recouvrir *v. t.* （重新）铺上
humidité *n. f.* 湿度
drain *n. m.* 排水沟，盲沟
sous-sol *n. m.* 底土，底层
galerie *n. f.* 排水廊道，渗水隧洞
plateforme *n. f.* 底基
supporter *v. t.* 承载
poids *n. m.* 重量，重力；重压作用
glisser *v. i.* 滑移，滑塌，滑坡
foirer *v. i* 塌陷，坍塌
argile (*n. f.*) molle 软黏土
assainir le sous-sol 给底层排水（疏干）

assainir la plateforme 给路基排水
perpendiculaire *à* 与…垂直的,与…成直角的
affaissement *n. m.* 下沉,沉降
ramollissement *n. m.* 软化,软化作用
s' écraser *v. pr.* 被压碎,被压烂
pierrée *n. f.* 干砌石排水管
argile *n. f.* humide 湿黏土
motte *n. f.* 泥块,土块
motte d'argile 黏土块
empâter *v. t.* 胶粘住
assainissement *n. m.* 疏干,排水
approfondissement (*n. m.*)des fossés 加深(挖深)排水沟
vicieux *adj.* 有缺陷的,有毛病的,不完善的
les terrains *n. m. pl.* 地层(多用复数)
fossé (*n. m.*) revêtu 铺砌边沟,铺面的排水沟
drain (*n. m.*) en moellons 碎石盲沟
drain longitudinal 纵向盲沟
drain transversal 横向盲沟
drain collecteur 集水沟,集水盲沟
drains en arête de poisson 鲱骨式排水盲沟
disposer en arête de poisson 鲱骨式排列,人字形排列
accotement *n. m.* (铁路边的)护道
se boucher *v. pr.* 自己堵塞,自己堵住
à la longue 久而久之,时间长了
incliné *adj.* 倾斜的,斜的
aqueduc (*n. m.*) transversal 横向涵洞
aqueduc longitudinal 纵向涵洞

VOCABULAIRE COMPLEMENTAIRE

fossé (*n. m.*) en terre 土质排水沟
fossé d'interception 截水沟
eaux (*n. f. pl.*) de ruissellement 径流水
forme (*n. f.*) trapézoïdale 梯形
terrain (*n. m.*) naturel 自然地面,天然地面
contrainte *n. f.* 规定,约束,限制
tuyau (*n. m.*) perforé 穿孔管,多孔管
lit (*n. m.*) de pose 管沟底床
matériau (*n. m.*) drainant 透水材料
pente (*n. f.*) longitudinale 纵坡

débouché *n. m.* 出口,出水口
tuyau (*n. m.*) pour collecte des eaux 集水管
béton légèrement armé 少筋混凝土,弱筋混凝土
réseau (*n. m.*) d'eaux pluviales 雨水管道网,雨水管线
zone (*n. f.*) piétonnière 行人区
trafic (*n. m.*) véhicule 车辆交通,车辆行驶
lit (*n. m.*) de sable 砂床,砂垫层
demi-diamètre *n. m.* 半径
collecteur (*n. m.*) d'eau 集水管
buse *n. f.* 圆形涵管,圆涵,管涵
buse et dalot 圆涵和箱涵(方涵)
dalot *n. m.* 箱涵
lit (*n. m.*) d'oued (北非的干)河床
marécageux, se *adj.* 沼泽的
compressible *adj.* 可压缩的;压缩性的
protection *n. f.* 保护;保护层

---

implantation *n. f.* (建筑物)定位,放线
implantation de la ligne 线路定位,定线
bornage *n. m.* 定界限;标桩
point (*n. m.*) d'axe 中线点,轴线点
points principaux des courbes 曲线主点
vérifier *v. t.* 检查,核对,核查;分析
compatibilité *n. f.* 兼容性,相容性,适应性,协调性
gazoduc *n. m.* 输气管线;天然气管道
correction *n. f.* 修改;调整
dimentionnement *n. m.* 尺寸的确定(计算);(路面)厚度确定
couche (*n. f.*) d'assise 路面下层
couche de forme 路面的垫层
Société nationale des transports ferroviaires d'Algérie (SNTF) 阿尔及利亚国营铁路运输公司
terrassement (*n. m.*) d'une voie ferrée 铁路路基工程
profil (*n. m.*) en travers type 标准横断面(图)
profil intermédiaire supplémentaire 辅助中间断面
comme *conj.* 如同(常常省略比较从句中的动词,起介词作用),例如:
comme auparavant 像从前一样
comme tous les ans 年年如此
comme d'habitude 像平常一样
comme toujours 一如既往,跟往常一样

comme espéré 如同所望

comme prévu 正如预想(如预定)的那样,按照规定(prévu 无性数变化)

comme suit 如下

comme indiqué sur les plans 如同图纸说明的一样,按照图纸说明的规定

en (plein) accord *avec qn* 经某人同意,得到某人赞同,征得某人同意

se réserver *de faire qch.* 保留做某事的权利

métré *n. m.* 计量;工程数量单,收方计量单

poste (*n. m.*) de travaux 工号

servir *de* + 无冠词名词 (*à qn/qch.*) 作为…,用作

décapage (*n. m.*) de la terre végétale 清表,清除植被土

Termes de construction(工程词汇)

○ 施工 Exécution des travaux

施工 ①réalisation (*n. f.*) 原意"实现",例如"施工实际完成以后"après sa réalisation effective	准确性 précision (*n. f.*), exactitude (*n. f.*)
②travaux (*n. m. pl.*), "施工过程中"au cours des travaux	偏差 erreur (*n. f.*), tolérance (*n. f.*) d'erreur
	偏心 décentrage (*n. m.*), excentrage (*n. m.*)
③exécution (*n. f.*) des travaux 例如"这个工程的施工是严格按照图纸进行的"L'exécution des travaux est strictement conforme aux plans.	偏心的 décentré (*a.*), excentré(*a.*)
	许可挠度 flèche (*n. f.*) tolérée [admise]
	倾斜 inclinaison (*n. f.*)
	倾斜的 incliné (*a.*), penché (*a.*), oblique (*a.*)
施工质量 qualité (*n. f.*) d'exécution	冬季施工 travaux (*n. m. pl.*) d'hiver
质量要求 qualité prescrite [requise, exigée]	雨季施工 travaux en saison de pluie
施工准备 travaux préparatoires	防冻 protection (*n. f.*) antigel, précaution (*n. f.*) contre le gel
放线 implantation (*n. f.*)	
放样 traçage (*n. m.*), tracé (*n. m.*)	试验(检验) essai (*n. m.*), épreuve (*n. f.*)
放样图 épure (*n. f.*)	检查 contrôle (*n. m.*), vérification (*n. f.*)
运输 transport (*n. m.*)	验收 réception (*n. f.*)
运输工具 moyens (*n. m. pl.*) de transport	临时验收 réception provisoire
加工 façonnage (*n. m.*)	隐蔽工程验收 réception des ouvrages dissimulés
搬运 manutention (*n. f.*)	修理 réparation (*n. f.*), réparer
安装 montage (*n. m.*), mise (*n. f.*) en place	补强 renforcement (*n. m.*), renfort (*n. m.*), renforcer
组装 assemblage (*n. m.*)	加固 consolidation (*n. f.*), consolider
现场组装 assemblage sur place [sur le chantier]	更换 remplacement (*n. m.*), remplacer
工地制造 fabrication (*n. f.*) sur le chantier [sur place]	拆除 démolition (*n. f.*), démolir, défaire
工厂制造 fabrication en usine [en atelier]	翻修,翻工 réfection (*n. f.*)
机械吊装 levage (*n. m.*) mécanique	劣级施工 mauvaise exécution (*n. f.*)
就位 mise (*n. f.*) en position	缺点 imperfections (*n. f. pl.*), défauts (*n. m.*)
校正 rectification (*n. f.*)de position	完全不合格 malfaçon (*n. f.*)
固定 fixation (*n. f.*), fixer	构件荷载试验 épreuve (*n. f.*) de chargement d'un élément
施工缝 joint (*n. m.*) d'exécution, joint de reprise	变形 déformation (*n. f.*)
临时支撑 étai (*n. m.*) provisoire	破坏 rupture (*n. f.*), écrasement (*n. m.*)
临时楔子 cale (*n. f.*) provisoire	裂缝 fissuration (*n. f.*)
操作规程 règles (*n. f. pl.*) d'exécution	规格 norme (*n. f.*)
按常规做法 exécution (*n. f.*) selon les règles de l'art	材料规格
规定 prescriptions (*n. f. pl.*)	①type (*n. m.*) 泛指式样上或尺寸上的各种规格。在式样上经常用 modèle (*n. f.*),例如"脸盆规格":modèle de lavabo
规范 règles (*n. f. pl.*), règlements (*n. m. pl.*)	

续上表

②质量、性能、规格根据不同材料有不同的习惯用词，例如："水泥"用 classe（*n. f.*）（标号）或 marque（*n. f.*）（种类）；"钢材"用 nuance（*n. f.*）；"木材"用 choix（等级），例如"一等材"：1er choix，"二等材"：2e choix，或 qualité（*n. f.*）（质量）

③catégorie（*n. f.*）为大分类而用

材料试验　essai（*n. m.*）des matériaux

化学成分　composition（*n. f.*）chimique

化学性能　caractéristiques（*n. f. pl.*）chimiques

物理性能　caractéristiques physiques

机械性能　caractéristiques mécaniques

取样　prélèvement（*n. m.*）

试块　éprouvette（*n. f.*）

试件　élément（*n. m.*）d'essai

强度试验　essai [épreuve] de résistance

退回材料(因不合格退回)　matériaux（*n. m. pl.*）refusés

样板　échantillon（*n. m.*）

安全措施　mesures（*n. f. pl.*）de sécurité

劳动保护　protection（*n. f.*）contre les accidents du travail

施工程序　procédure（*n. f.*）d'exécution

分阶段施工；施工阶段　échelonnement（*n. m.*）des travaux

施工计划，施工进度表　planning（*n. m.*）des travaux

进度计划，施工进度表　planning d'avancement

施工进度横道图[表]　planning à barres

施工计划　programme（*n. m.*）d'exécution（des travaux）

施工总进度计划　programme général des travaux（PTT）

施工进度计划　programme de travaux

混凝土浇注进度计划　programme de bétonnage

现场操作　mise（*n. f.*）en œuvre sur le chantier

脚手架　échafaudage（*n. m.*）

钢管脚手架　échafaudage tubulaire

“课文”翻译参考

第7课 边坡加固和路基排水

Ⅰ. 路堑边坡

经常需要加固的边坡是黏土边坡或至少是有导致移动的黏土存在。水总是造成黏土滑坡的原因。水可以通过三种不同的方式起作用:通过表面冲刷,通过来自于土壤里面水的排放或通过空气里的水分浸透。

为了避免边坡表面冲刷,只要做环形排水沟和砌筑的边坡落水管阻止水在边坡表面流动或者做护坡就行了。人们认为环形排水沟一般养护得不好,它把水阻挡住了而且使水容易流到土体里造成土塌方。砌筑排水沟经常会有好处,在任何情况下都要使坡底产生一个陡坡。所以,应该预料到在路堑边坡上方挖的排水沟有被淤塞的危险。每当在边坡顶部汇集水的时候,都应该通过砌筑的边坡落水管把水引到边坡底部的排水沟里。

边坡满铺石砌护面或只是用腐殖土和草皮做满铺护坡是一种正确的解决办法,但是造价昂贵。在大多数情况下,如果坡角小于45°的话,在坡面植被可以取得同样的结果。坚实土里长不满植被,但只要把表面耙松能长出东西就行了。如果是3/2的坡度,土就不会滑落。

播种的时候,把紫苜蓿、三叶草和燕麦和在一起是有好处的。燕麦的好处是长出来很快,因此直接就生出植被了。在土质不好的地段,建议使用染料木和荆豆,因为它们在种不出东西的土壤里也能生长。

在坡度45°的边坡或者3/2的边坡被损坏的情况下,有一种好的解决办法就是在坡底砌一堵高1～1.5 m、坡度1/3～1/5的墙。由于冲刷坍落的土堆积在护道上,这些土是松软的,所以上面布满了植被,它们撑住了随后掉下来的土,渐渐地边坡上就布满植被了。

当出于其他考虑使人铺砌排水沟时,修建小挡墙所产生的费用一般比草皮护坡的造价低。如果边坡损坏不仅造成泥土坍塌,而且还造成石块崩塌的话,就像是崩塌的岩石堆、泥流等那样,有必要在挡土墙上方设置一种类似砌筑护墙那样的东西阻挡这些石块,只是为了能使护墙一直起作用,应该在维修保养中定期清除堆积在护墙后面的石块和泥土。这些挡墙可以用灰浆砌筑或者用干砌石砌筑。如果是灰浆砌筑的话,应该在墙上开许多梅花形的横向排水洞,另外在砌体和地面之间铺上一层碎石是有必要的。

铺砌排水沟-铺砌排水沟的结果是容易排水、防止冲刷坡底和将路基的水排干。

既然是黏土地带,往往需要铺砌排水沟。每当地面被水浸透而变软以致于使排水沟断面变形的情况下都要铺砌排水沟,因为在这种情况下,边坡会从坡底逐渐被侵蚀,尤其是不可能给路基排水的情况下。

其他加固方法-石砌护坡-石砌护坡不能阻止岩石滑塌。一般来说,使用石砌护坡只是为了做黏土坑的部分保护层或者为了防止冻裂的岩石与空气接触。

挡土墙-挡土墙是一种造价昂贵的解决办法而且经常是有缺陷的。在没有地方做必需的边坡的情况下通常应该保留挡土墙。

Ⅱ. 路堤加固

在两种情况下需要加固路堤:路堤是由土质很不好的黏土构成或者边坡不是普通的土堤边坡。

为了避免黏土路堤塌方,通常只要在路堤上面铺砌一层1～2 m厚的好土或碎石屑就行了,或者在坡底做一个土堤形成的扶垛。

当路堤滑动的时候,首先应该弄清楚是否可放缓边坡坡度和给路堤边坡铺上一层能够长满植被的腐殖土。只有在沿线居民投诉不得不清除坍落到坡脚的土的时候才应该清除它们,因为这些坍落的土反倒是形成了有益于加固并且将其变为土堤的扶垛。如果由于土体湿度大仅此还不够的话,可以在土体里添加盲沟将土体里的水排干。

路堤底层加固-我们见过有一些承载路堤的底层在路堤的重压作用下滑移的实例。尤其是崩塌的岩石堆和软黏土从路堤的两侧发生塌陷。在这种情况下应该用与路堤垂直的渗水隧洞给底层排水,如果认为沉降是由于下层黏土在水的作用下软化所造成的话,应该用隧洞施工。反之,如果面临的事情是黏土即便没有被水浸透而被压碎的问题,应该用土堤的方法通过给路堤基础加宽来放缓路堤边坡坡度。在此情况下,通过在底层靠路堤的两侧砌筑纵向的厚干砌石排水管,形成挡住黏土的挡土墙和给底层排水也可以达到很好的效果。

Ⅲ. 路基排水

没有良好的路基就没有良好的线路-湿黏土变软不能承受道床传来的压力,于是被压碎了,当砂子或碎石陷入路基的时候,软泥就向上冒到砂子或碎石里了,总之,软泥上升到轨枕下面。在发生这种情况的地方清除道砟的时候,我们看到轨枕不仅落在砂子、砾石或碎石上,而且落在与碎石或砂子黏在一起的黏土块上。

最简便的排水方式是加深排水沟。如果是黏性土的话,使用深度0.30 m类型的排水沟实际上是不完善的方法,因为这种类型的排水沟只能保证外部排水的要求,但不能给路基排水。在这类地层应该使用0.40～0.50 m深的排水沟。

在土质不好的地区,除了铺砌排水沟之外,在路基里开挖的0.30～0.40 m深的浅沟里还使用碎石盲沟。这些盲沟与轨道中心线垂直布置或者鲱骨式排列。必要时增加纵向盲沟,纵向盲沟布置在护道下面比布置在线路下面好。由于时间长了碎石容易堵塞,所以为了便于修补或更换碎石,纵向盲沟应该布置在护道下面。维修横向盲沟总是能够很容易办到的,尤其是当横向盲沟就轨道中心线鲱骨式倾斜排列的情况下就更容易了。

填方永远不需要给路基排水,只要注意护道比轨面高出0.50 m以上就行了。

不要忘记给车站的路基排水,如果车站的路基是黏土质的话即便是填方路基也如是。由于车站路基的面积往往很大而且没有坡度,很容易积水,这就使线路处于不良状态,给运输造成困难。于是,人们砌筑鲱骨式排水盲沟和集水盲沟,如果车站很大的话,甚至还要添加横向涵洞。如果路基的面积相当大,因而要排的水量也就相当大的话,可以用纵向涵洞替换中央集水盲沟。

“翻译练习”译文参考

土方工程

1. 土方工程应根据第Ⅲ卷一般技术条款章节 A(STG. A du volume Ⅲ)的规定施工。

2. 已完成的线路地面定位包括最多每 700 m 的轴线点标桩和全部曲线主点标桩。

承包商应核对上述标桩、补充平行标桩和给全部待建构筑物定位。

承包商应核查线路及其构筑物各自的定位与其他下部建筑(高速公路、天然气管道等)的相容性,必要时对铁路定位进行可能的调整。

3. 路面下层尺寸和路面垫层厚度应根据阿尔及利亚国营铁路运输公司的要求确定。尤其是铁路路基工程,规定的垫层厚度是有变化的(详见线路描述报告的 24 页～32 页和图纸 TY 101)。

4. 考虑到既有线路,土方工程施工要使用标准横断面图,要按图纸(TY 107 到 TY 110)表示的规定进行。

5. 在清除杂草的过程中和其他工作开始之前,土方工程施工用地和构筑物施工用地的两侧各增加 5 m 的宽度,数量要充足并经设计人(工程师)同意,设计人(工程师)保留要求辅助中间断面的权利。横断面图用作某些工程项目(清除表土、挖方、垫层,道床等)计量的根据。

Leçon 8
Ouvrages d'art

On entend par ouvrages d'art, en général, les ouvrages nécessités par la traversée des cours d'eau ou destinés au rétablissement des voies de communications interceptées par le chemin de fer. Parmi ces ouvrages on distingue les ouvrages d'art ordinaires et les ouvrages d'art exceptionnels.

Les ouvrages d'art ordinaires se divisent en deux catégories: 1° les ouvrages destinés à assurer l'écoulement des eaux, par exemple, aqueducs, buses métallique ou en béton, ponceaux voûtés et petits ponts; 2° les ouvrages destinés à assurer le maintien des communications, ce sont les établissements des passages. La rencontre ou la traversée des routes par une ligne de chemin de fer peut avoir lieu de trois façons différentes, par rapport à la situation du chemin de fer et donne lieu, par conséquent, à trois natures d'ouvrages①:

- Passages inférieurs, quand la route passe par-dessous le chemin de fer;
- Passage supérieurs, quand la route passe par-dessus le chemin de fer;
- Passage à niveau, quand la traversée se fait au niveau de rail.

On entend par les ouvrages d'art exceptionnels ceux qui sortent des types courants et font pour la plupart, par leur importance l'objet d'un projet spécial dans le projet général de la ligne. On les divise en trois catégories: les souterrains, les grands ponts et les viaducs.

Ⅰ. Les souterrains

Lorsqu'une tranchée à creuser dépasse une certaine profondeur, il peut devenir avantageux de ne pas l'ouvrir jusqu'au niveau du sol supérieur et de pratiquer dans la colline ou la montagne une galerie de dimension suffisante pour la circulation des trains. Cette galerie prend le nom de souterrain ou tunnel.

Le profil en travers② dépend du rôle de l'ouvrage qui conditionne les dimensions du gabarit libre intérieur constituant le vide du souterrain, et de la nature du terrain qui détermine les dispositions du revêtement destiné à protéger le vide intérieur.

En principe, et sauf dans les terrains rocheux compacts d'excellente tenue, les souterrains doivent toujours être revêtus. Même dans ces terrains, on peut avoir intérêt de revêtir les souterrains, pour diminuer la résistance de l'air due à la rugosité de la paroi rocheuse. Le revêtement est réalisé en maçonnerie ou en béton③, exceptionnellement en métal dans les tunnels sou-fluviaux.

Dans les terrains courants, on fait ce revêtement par-dessus le vide à protéger (voûte) et sur les côtés (piédroits)[4].

Le gabarit libre intérieur est le suivant pour la voie normale en Chine[5]:

1. Pour la traction par locomotives à vapeur et la traction diesel

Type de ligne	Hauteur minimum(mm)	Largeur minimum(mm)
1 voie	6 000	4 880
2 voies	6 000	8 880

2. Pour la traction électrique

Type de ligne	Hauteur minimum(mm)	Largeur minimum(mm)
1 voie	6 550	4 880
2 voies	6 550	8 880

Note-La hauteur susdite est hauteur sous clef[6] au-dessus de la surface des rails. Quant à la largeur de la susdite, c'est largeur entre les piédroits au niveau des rails.

Il existe plusieurs méthodes pour l'exécution des souterrains, mais les plus usitées sont les suivantes: méthode d'attaque à pleine section, méthode à galerie de faîte, méthode à galerie de base et méthode des deux galeries, etc.

Ⅱ. Ponts et viaducs

On entend par viaduc, grand pont métallique ou en maçonnerie, établi au-dessus d'une vallée, pour le passage d'une voie ferrée.

Les ponts sont généralement constitués par les deux éléments fondamentaux: piles (y compris culées) et travées[7].

Au point de vue des matériaux utilisés, on distingue les types de ponts suivants: pont en bois, pont métallique, pont en béton armé, pont en béton précontraint, pont en maçonnerie (pont en pierres, pont en béton), etc. En dehors, on entend par les petits ponts, ceux de longueur inférieure à 20^{m}; les ponts moyens, ceux de longueur de 20^{m} à 100^{m}; les grands ponts, ceux de longueur de 100^{m} à 500^{m}; et enfin, les grands ponts spéciaux, ceux de longueur au-dessus de 500^{m}. Selon les formes structurales des ponts, on rencontre les ponts à poutres, ponts en arc, ponts à cadre et ponts suspendus. Il n'y a guère à l'heure actuelle des ponts mobiles (ponts tournants, levants, etc.). D'après les positions différentes de tabliers des ponts, ils se divisent en ponts à tablier inférieur, ponts à tablier supérieur et ponts à tablier intermédiaire[8].

Le Grand Pont de Wuhan sur le Yangtsé entre Hankou et Wuchang fut achevé entre 1955 et 1957 avec un an d'avance sur les prévisions. De même à Nanjing, un pont rail-route, à double plancher, fut terminé en 1968. Long de 1 200 mètres, prolongé par un viaduc d'approche de 6,7 km, c'était alors le plus grand ouvrage du réseau chinois.

① La traversée des routes par une ligne de chemin de fer 铁路线与公路交叉：铁路与公路的交叉，按其交叉方式可分为平面交叉和立体交叉。平面交叉是铁路与公路在同一平面内交叉，铁路与公路平面交叉通常称为铁路平交道口，简称道口。立体交叉是铁路与公路不在同一平面内交叉。

② Le profil en travers（隧道）横断面：隧道横断面即衬砌内轮廓，是根据不侵入隧道建筑限界而制定的。中国隧道建筑限界分为蒸汽及内燃机车牵引区段、电力机车牵引区段两种，这两种又各分为单线断面和双线断面。

③ 铁路隧道衬砌：铁路隧道衬砌按建造材料可分为砖隧道衬砌、料石隧道衬砌、混凝土隧道衬砌等。

④ 衬砌内轮廓一般由单心圆或三心圆形成的拱部和直边墙或曲边墙所组成，见下图。在地质松软地带另加仰拱。

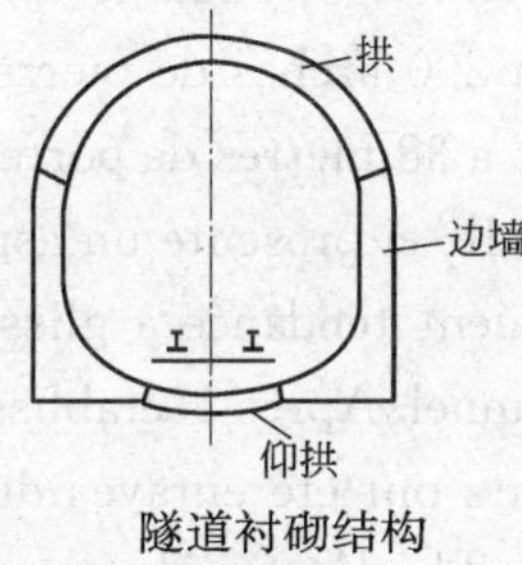

隧道衬砌结构

⑤ 中、美、俄三国所用轮廓尺寸：单线隧道高度约为 6.6～7.0 m，宽度为 4.9～5.6 m；双线隧道高度约为 7.2～8.0 m，宽度约为 8.8～10.6 m。

⑥ clé (de voûte)：拱顶石或拱心石。在拱门或拱道建筑最顶端，要有一块石块来契合两边的石头并承受其压力。拱心石（或拱顶石）是拱圈正中间那块上大下小的梯形石，它最后放下，因为上大下小，因此可以把拱圈挤紧，使整个拱圈成为一个整体，在巨大的压力下，愈加坚固。如果拱心石没有了或是没有起到作用，那么石拱就会立刻垮掉。

⑦ piles, culées et travées：桥墩、桥台和桥跨。桥墩位于相邻桥跨之间，桥台位于桥梁两端。桥台后端伸入路基，兼有挡住桥头路基填土以及连接路基和桥跨的作用。桥墩、桥台和桥梁基础又统称为桥梁下部结构。桥跨结构亦称桥孔结构，是桥梁的上部结构，包括桥面板、桥面梁以及支撑他们的结构构件，如大梁、拱、悬索，其作用是承受桥上的行人和车辆。

⑧ 桥梁的分类：按使用材料分为：木桥、钢桥、钢筋混凝土桥、预应力桥、圬工桥；按桥的长度分为：小桥、中桥、大桥和特大桥；按结构体系划分为：梁式桥、拱桥、刚架桥、悬索桥四种基本体系；按桥面在桥跨结构的不同位置分为：上承桥、下承桥和中承桥；此外，按用途分，有铁路桥、公路桥、公铁两用桥、人行桥、运水桥（渡槽）等。

Lecture

La ligne Baoji-Chengdu（suite）

Ayant pour origine, au Nord, la gare de Baoji sur le chemin de fer du Longhai; elle traverse la rivière Wei avant de pénétrer dans une région montagneuse qui, dans le passé, présentait des difficultés telles, en matière de communication, que les écrivains chinois les assimilaient à celle que l'on pourrait éprouver pour "monter vers les cieux". Après un parcours sinueux, la ligne franchit à l'aide de tunnels, les monts Qinling puis la chaîne de Dabashan (Bashan) avant d'atteindre dans la région montagneuse de Jianmen dans le Nord Ouest de la Chine. Elle s'achève, enfin à Chengdu dans la province du Sichuan où elle se raccorde au chemin de fer Chengdu-Chongqing dans la plaine de Chengdu. Sa longueur totale est de 669 kilomètres dont 115 kilomètres seulement, qui constituent la section Chengdu-Mianyang, sont établis dans une plaine accidentée. Tout le reste a dû être construit dans une région montagneuse riche en précipices, en vallées étroites, en gorges et en torrents rapides.

Afin d'aller plus court, plusieurs importants ouvrages ont été construits dans les Monts Qinling et la ligne se boucle plusieurs fois sur elle-même①. Les difficultés rencontrées ont été énormes. Dans la chaîne de Dabashan, les escarpements sont innombrables et il a fallu édifier des ouvrages considérables pour franchir d'insondables précipices. C'est ainsi que l'on a dû construit dans cette section, environ 200 arches de pierre et un grand nombre de ponceaux également en pierre; l'une des arches a 38 mètres de portée et 50 mètres de hauteur. Telle un arc-en-ciel entre deux parois à pic, celle-ci présente un aspect des plus saisissants.

Les rives de la rivière Jinjia avaient tendance à glisser② et cette situation devait avoir pour conséquence le percement du tunnel. Après l'établissement d'un système de conduites de drainage, toutefois, les glissements ont été enrayés du fait de l'élimination des eaux de surface et souterraines et il a été possible d'éviter le percement d'un tunnel d'un kilomètre de long environ.

Des centaines de tunnels ont dû être construits sut toute la ligne, tunnels qui, s'ils étaient placés bout à bout représenteraient plus de 10% de la longueur de celle-ci. En raison des caractéristiques géologiques complexes des terrains traversés, on a eu recours à plusieurs méthodes de fouille différentes③. Lors de percement de certains tunnels, on a rencontré des roches aussi dures que l'acier et les forets en acier au tungstène se brisaient parfois au cours des travaux.

La plupart de chantiers de construction de tunnels étaient dotés de l'équipement mécanisé nécessaire pour l'exécution des fouilles, des transports de matériaux et du nivellement. Pour le percement des longs tunnels, on a ouvert des puits verticaux, horizontaux ou obliques et la qualité comme la sécurité du travail ont été garanties par l'utilisation extensive de perforatrices hydrauliques et pneumatiques comme par l'emploi de l'équipement nécessaire à l'évacuation des poussières et à la ventilation. La vitesse d'avancement des travaux était de 100m de tunnel terminé par mois, le record était de 120 m.

Les parois des tunnels sont revêtus de béton armé, ou non ce qui leur confère une grande solidité et leur donne un aspect élégant. Les vides subsistant entre le revêtement et la roche ont été remplis de pierres concassées puis de mortier de ciment, injecté sous pression élevée④, de manière à constituer un bloc monolithique. On a obtenu ainsi une garantie à la fois de solidité et d'imperméabilité. Les eaux souterraines étant abondantes le long de la ligne à son extrémité sud-ouest, 3% seulement des tunnels étaient secs avant l'injection sous pression qui empêche les infiltrations.

La topographie complexe des terrains traversés a obligé également à construire un grand nombre de ponts et de ponceaux. Suivant la constitution géologique des sols de fondation des ponts et des ponceaux et les nécessités de la capacité de charge de ces ouvrages, on a substitué à l'usage des pieux de fondation le procédé dit du "changement de sol", ce qui a permis d'économiser des quantités considérables des bois. Une grande quantité d'acier et de ciment a été économisée par l'usage intensif de la pierre, partout où cela a été possible, pour la construction des ponts, les régions montagneuses traversées fournissant en abondance ce matériau⑤.

Notes:

① la ligne se boucle plusieurs fois sur elle-même. 线路多次在其上空盘绕。

② Les rives de la rivière Jinjia avaient tendance à glisser. 金家河两岸有滑坡趋势。

③ En raison des caractéristiques géologiques complexes des terrains traversés, on a eu recours à plusieurs méthodes de fouille différentes. 由于线路穿越地带复杂的地质特性,使用了好几种不同的开挖方法。

④ Les vides subsistant entre le revêtement et la roche ont été remplis de pierres concassées puis de mortier de ciment, injecté sous pression élevée. 隧道衬砌层和岩石之间的空隙先用碎石充填,然后再高压灌注水泥砂浆。

⑤ matériau:材料。一般为工程师、建筑师等工程技术人员的书面用语,施工中一般使用复数。同样,挖方 déblai-déblais,填方 remblai-remblais。

Version

OUVRAGES D'ART

1. Terrassements

Les terrassements pour ouvrages d'art seront effectués conformément aux prescriptions techniques générales.

2. Travaux de bétonnage

Les travaux de bétonnage seront effectués conformément aux prestations techniques générales.

3. Béton précontraint①

(1)La mise en précontrainte sera effectuée conformément aux spécifications techniques générales (STG).

(2)-Les armatures de précontrainte et les gaines seront protégées pendant le transport, la manutention et le stockage.

- Les armatures de précontrainte doivent être stockées dans un local fermé afin d'éviter l'oxydation, les couronnes les plus bases, posées sur des cadres croisés, doivent se trouver au moins à 30cm du sol. On doit prévoir le tassement du sol sous la charge.

(3)Mise en œuvre des armatures de précontrainte (armatures actives).

La mise en œuvre des armatures de précontrainte sera faite conformément aux prescriptions suivantes:

- l'emploi des gaines est obligatoire.

- l' Entrepreneur soumettra à l' agrément de l'Ingénieur l'atelier de fabrication des armatures.

- l'emploi de fils pliés est interdit.

- Si l'Entrepreneur utilise pour la coupe des armatures des machines à tronçonner à la meule, celles-ci ne devront provoquer ni déformation, ni bavure qui risqueraient de détériorer ou d'abîmer les gaines au cours de la mise en tension. Dans le cas d'emploi du chalumeau②, la partie d'acier altérée par la flamme ne devra pas dépasser 5mm de part et d'autre de la coupure.

4. Mise en place des armatures de précontrainte

- La gaine sera mise en place selon la position indiquée sur les plans d'exécution. La position de l'axe de la gaine ne devra pas en être éloignée de plus de 5mm par rapport à la position indiquée sur les plans d'exécution. Au cas où le jeu de l'armature de précontrainte dans sa gaine serait supérieur à 8mm, il sera tenu compte du jeu réel pour déterminer la position de la gaine.

- Les câbles seront mis en place dans des coffrages parfaitement réglés au préalable. On laissera les câbles prendre entre leurs extrémités leur figure d'équilibre sous leurs propres poids. II seront ensuite fixés en leurs points extrêmes et aux supports intermédiaires prévus à cet effet.

- La position de la gaine sera assurée par des fixations suffisamment rigides pour éviter tout déplacement avant et pendant le bétonnage. Les fixations ne devront pas être espacées de plus de 1,00m dans les alignements droits et de 0,50m dans les parties courbes.

- II sera apporté un soin particulier à l'orientation correcte des extrémités des câbles. L'axe du câble devra être parfaitement rectiligne et occuper exactement sa position par rapport au corps d'ancrage.

- On devra particulièrement veiller à la bonne fixation des corps d'ancrage sur les coffrages qui devront être suffisamment rigides pour éviter toute cassure du tracé du câble vers le corps d'ancrage, au moment du bétonnage.

- L'étanchéité des gaines sera soigneusement vérifiée avant le bétonnage. Toute gaine présentant un défaut pouvant mettre en cause son étanchéité sera immédiatement remplacée.

- Les gaines ne doivent pas être déformées. Elles ne doivent en aucun cas être susceptibles d'y laisser pénétrer la laitance du ciment par les jonctions qui doivent être parfaitement hermétiques.

- Le bétonnage ne pourra avoir lieu qu'après vérification et réception conforme des armatures mises en place.

- Pendant le bétonnage, on devra vérifier constamment que les armatures coulissent librement dans les gaines. L'Entrepreneur devra prévoir la présence d'un vérin pour débloquer le câble en cas de besoin.

5. Pieux

- Les pieux seront exécutes conformément aux prescriptions techniques générales.

- L'implantation des pieux en position et en inclinaison devra satisfaire les conditions suivantes:

- tolérance sur la position de la tête d'un pieu: 7 cm.
- tolérance sur le défaut de verticalité d'un pieu: 15 mm/m.

Si les conditions ci-dessus ne sont pas toutes respectées, mais au moins les conditions suivantes sont représentées:

- le défaut de verticalité est inférieur à 4 cm/m.
- l'erreur d'implantation de la tête d'un pieu au moins <15 cm.

L'Entrepreneur devra, avant coulage du béton dans les pieux, présenter à l'agrément de l'Ingénieur une note de calcul prenant en compte les positions réelles des pieux et, s'il y a lieu, le projet de renforcement des fondations. Les travaux de renforcement que ces erreurs d'implantation rendent nécessaires seront à la charge de l'Entrepreneur.

Si l'Ingénieur estime que ces erreurs sont préjudiciables à la stabilité de l'ouvrage, l'Entrepreneur devra étudier et présenter à l'agrément de l'Ingénieur un projet pour la construction de nouveaux pieux, destinés à remplacer ceux présentant des défauts et mis en cause par l'Ingénieur.

Notes:

① 钢筋混凝土(béton armé),预应力混凝土(béton précontraint),预应力钢筋混凝土(béton armé précontraint):

a. 钢筋混凝土(béton armé):一般指的是现浇成的钢筋混凝土,即浇筑混凝土之前,先进行绑筋支模,也就是用铁丝将钢筋固定成想要的结构形状,然后用模板覆盖在钢筋骨架外面,最后将混凝土浇筑进去,经养护达到强度标准后拆模,所得即是钢筋混凝土。

b. 预应力混凝土(béton précontraint):为了弥补混凝土过早出现裂缝的现象,在构件使用(加载)以前,预先给混凝土一个预压力,即在混凝土的受拉区内,用人工加力的方法,将钢筋进行张拉,利用钢筋的回缩力,使混凝土受拉区预先受压力。这种储存下来的预加压力,当构件承受由外荷载产生拉力时,首先抵消受拉区混凝土中的预压力,然后随荷载增加,才使混凝土受拉,这就限制了混凝土的伸长,延缓或不使裂缝出现,这就叫做预应力混凝土。

c. 预应力钢筋混凝土(béton armé précontraint):就是预应力混凝土,通常称为预应力混凝土。

② chalumeau:割炬,其作用是使氧与乙炔按比例进行混合,形成预热火焰,并将高压纯氧喷射到被切割的工件上,使被切割金属在氧射流中燃烧,氧射流并把燃烧生成的熔渣(氧化物)吹走而形成割缝。割炬是气割工件的主要工具。

VOCABULAIRE

ouvrage *n. m.* 工程;建筑物,构造物,结构物
ouvrage d'art (道路、铁路的)桥隧构造物(建筑物、结构物)
ouvrage d'art ordinaire 普通构造物
ouvrage d'art exceptionnel 特殊(特大)构造物
traversée *n. f.* 横穿,穿越
traversée des cours d'eau 穿越河流,过河
rétablissement *n. m.* 恢复,修复,重建

rétablissement de communications 恢复交通(包括原有道路修复、改线或饶行)
rétablissement des voies de communication 恢复(交通)道路
voie *n. f.* 道路,线路
voie de communication 交通道路,交通线,道路
intercepter *v. t.* 截断,阻断,切断,中断
buse *n. f.* 涵管,管涵
buse en béton 混凝土涵管
buse métallique 钢涵管,金属波纹涵管
ponceau *n. m.* 拱涵,涵洞
ponceau voûté 拱涵
établissement *n. m.* 设施,建筑,建筑物
rencontre *n. f.* (线路)相交
traversée *n. f.* (线路)交叉
traversée des routes par une ligne de chemin de fer 铁路线与公路交叉
passage *n. m.* 通道,(道路)交叉
passage inférieur(route sous voie ferrée)(立体交叉)下跨线路;铁路跨线桥(公路在铁路下层的立体交叉)
passage supérieur(route sur voie ferrée)(立体交叉)上跨线路;公路跨线桥(公路在铁路上层的立体交叉)
passage à niveau 平面交叉,平交道口
souterrain *n. m.* 隧道,隧洞
sol(*n. m.*)superficiel 表层土
galerie *n. f.* 隧洞,隧道
tunnel *n. m.* 隧道,隧洞
tunnel sous-fluvial 河底隧道,水下隧道
circulation *n. f.* 运行,行车
circulation des trains 列车运行,行车(铁路)
gabarit *n. m.* 净空,限界
gabarit libre 净空
gabarit libre intérieur 内净空,内空
gabarit de libre passage 建筑接近限界
vide *n. m.* 真空,空间
vide intérieur 内部空间(真空)
disposition *n. f.* 设计,结构,处理
dispositions du revêtement 面层的处理(设计),衬砌层的结构
revêtement *n. m.* 衬砌;衬砌层;面层
revêtement en métal 金属铺砌,金属衬砌
terrain *n. m.* 地,地面;土,土壤;场地;地带
terrain rocheux 岩石地带,多石地带

terrain rocheux compact d'excellente tenue 稳定性很好的坚石地带
compact *a.* 坚固的,坚硬的
revêtir *v.t.* 衬砌
revêtir les souterrains 衬砌隧道
résistance *n.f.* 阻力
résistance de l'air 空气阻力
rugosité *n.f.* 表面凹凸不平
paroi *n.f.* 壁,岩壁
paroi rocheuse 石壁,岩壁,峭壁
voûte *n.f.* 拱,拱圈
voûte du tunnel 隧道拱圈
piédroit, pied-droit *n.m.*(涵洞的)边墙
traction *n.f.* 牵引
traction par locomotives à vapeur 蒸汽机车牵引
traction diesel 内燃牵引
traction électrique 电力牵引
clef , clé *n.f.* 拱顶石,拱心石
clé de voûte 拱顶石,拱心石(拱的最上面一块)
hauteur au-dessus de surface des rails 距钢轨顶面高度
niveau(*n.m.*)des rails 钢轨踏面
méthode *n.f.* 法,方法
méthode d'attaque à pleine section 断面全部开挖法
méthode à galerie de faîte 上导坑开挖法
méthode à galerie de base 下导坑开挖法
méthode des deux galeries 平行导坑开挖法
pile *n.f.* 桥墩
pile de pont 桥墩
culée *n.f.* 桥台
culée d'un pont 桥台
travée *n.f.* 跨度,桥跨
travée de pont 桥跨
pont *n.m.* 桥
pont en bois 木桥
pont métallique 钢桥
pont en béton armé 钢筋混凝土桥
pont en béton précontraint 预应力混凝土桥
pont en maçonnerie 圬工桥
pont en pierres 石桥
pont en béton 混凝土桥

forme *n. f.*　形式,形态
forme structurale　结构形式
pont à poutres　梁桥,梁式桥
pont en arc　拱桥
pont à cadre　刚架桥
pont suspendu　悬桥,悬索桥
pont mobile　活动桥,开合桥
pont tournant　旋桥,平转桥
pont levant　升降桥
tablier *n. m.*　桥面,桥面板,桥面系
tablier du pont　桥面,桥面板,桥面系
pont à tablier rotatif　旋转桥
pont à tablier inférieur　下承桥
pont à tablier supérieur　上承桥
pont à tablier intermédiaire　中承桥
pont à double plancher　双层桥
pont à deux étages　双层桥,公路铁路两用桥
viaduc(*n. m.*)d'approche　引桥

VOCABULAIRE COMPLÉMENTAIRE

la ligne Baoji-Chengdu　宝(鸡)成(都)线,宝成铁路
la rivière Wei　渭河
assimiler *v. t.*　比拟
parcours *n. m.*　行程,路程,里程;路线
sinueux *a.*　曲折的,弯弯曲曲的
les monts *n. m. pl.* Qinling　秦岭
la chaîne de Dabashan(Bashan)　大巴山脉(巴山)
la région montagneuse de Jianmen　剑门山区
gorge *n. f.*　山峡,峡谷,隘口
torrent *n. m.*　流,水流;急流
torrent rapide　急流
se boucler *v. pr.*　盘绕,迂回
escarpement *n. m.*　陡坡;悬崖,峭壁
insondable *a.*　(深)不可测的
arche *n. f.*　拱,桥拱
arche du pont　桥拱
portée *n. f.*　跨度
portée d'arc　拱跨
portée de pont　桥跨

portée d'une poutre　梁跨
paroi *n. f.*　墙,壁,岩壁
paroi à pic　崖壁
la rivière Jinjia　金家河
avoir tendance *à*　有…的趋势
glisser *v. i.*　滑,滑移,滑动,滑塌,滑坡
glissement *n. m.*　滑,滑动,滑移;崩塌,滑塌
glissement de terrain　塌方,滑坡
système *n. m.*　系统;装置,设备
système de conduites de drainage　排水管系统
élimination *n. f.*　除去,消除,排除
élimination des eaux de surface et souterraines　排除地表水和地下水
enrayer *v. t*　制止,阻止,控制
en raison de *loc. prép.*　根据
caractéristique *n. f.*　特性
caractéristiques géologiques　地质特性
fouille *n. f.*　挖掘,开挖
foret *n. m.*　钻,钻头
acier *n. m.*　钢
acier au tungstène　钨钢
se briser *v. pr.*　折断,破裂
chantier *n. m.*　工地,建筑工地,建筑现场
chantier de construction　建筑工地,施工场地
chantiers de construction de tunnels　隧道施工现场
construction de tunnel　隧道施工
doter *v. t.*　装备,装有,配备
être doté *de*　备有
équipement *n. m.*　设备
mécanisé *a.*　机械化的;机械的
exécution *n. f.*　实施,施工
exécution des fouilles　进行开挖
puits *n. m.*　井
puits vertical　竖井
puits horizontal　水平井
puits oblique　斜井
nivellement *n. m.*　整平,使平坦
perforatrice *n. f.*　凿岩机,钻机
perforatrice hydraulique　液压凿岩机
perforatrice pneumatique　风动凿岩机,风钻

utilisation *n. f.* 利用,使用
utilisation extensive 广泛使用
évacuation *n. f.* 排泄,排放,排出,排除
évacuation des poussières 除尘
ventilation *n. f.* 通风
vitesse d'avancement 前进速度,掘进速度;进度
vitesse d'avancement des travaux 施工进度
les parois *n. f.* des tunnel 隧洞洞壁
revêtir *v. t.* 衬砌,铺面,加覆盖层
revêtir les parois des tunnels de béton armé 隧洞洞壁用钢筋混凝土衬砌
solidité *n. f.* 坚固性
subsistant *a.* 继续存在的
remplir *v. t.* 充填,填满
remplir les vides de pierres concassées puis de mortier de ciment 空隙先用碎石充填再灌水泥砂浆
pierre *n. f.* 石,石头,石料,石块,石材
pierre concassée 碎石
mortier *n. m.* 砂浆
mortier de ciment 水泥砂浆
injecter *v. t.* 喷射,注入,灌注
injecter le mortier de ciment sous pression élevée 高压灌注水泥砂浆
injection sous pression 压力喷射,压力灌注
bloc *n. m.* 块,体;大块,砌块
bloc monolithique 整体,整块
monolithique *a.* 由整块石头构成的;整体的,单块的,单片的
imperméabilité *n. f.* 不透水性
empêcher *v. t.* 阻止,防止
infiltration *n. f.* (流体的)渗透,渗入
eau souterraine 地下水
topographie *n. f.* 地形
ponceau *n. m.* 拱涵,涵洞
constitution *n. f.* 结构;构造
constitution géologique 地质结构
constitution géologique des sols de fondation 地基土的地质结构
sol *n. m.* 土,土壤;地基
sol de fondation 地基,地基土
capacité *n. f.* 能力,负载量
capacité de charge 承载能力,载重量
substituer *v. t.* 用…代替

substituter A à B 以 A 代替 B
pieu *n.m.* 桩
pieu de fondation 基础桩,基桩

---

prescriptions(*n.f.pl.*)techniques générales 一般技术规定(PTG)
travaux(*n.m.pl.*)de bétonnage 混凝土工程
béton(*n.m.*)précontraint 预应力混凝土
précontrainte *n.f.* 预加应力
mise(*n.f.*)en précontrainte 预加应力
spécifications techniques générales 一般技术条款(STG)
armature(*n.f.*)(de) précontrainte 预应力钢筋
gaine *n.f.* 套管,波纹管(制作预应力钢绞线的管道)
manutention *n.f.* 搬运
stockage *n.m.* 存放,堆放
stockage des armatures 钢筋存放
oxydation *n.f.* 氧化
couronne *n.f.* 盘条
cadre(*n.m.*)croisé 环形交叉支架
mise(*n.f.*)en œuvre des armatures 铺设钢筋
armature(*n.f.*)active 有效钢筋,主钢筋,受力钢筋
atelier(*n.m.*)de fabrication des armatures 钢筋制作车间,钢筋加工车间
soumettre à l'agrément de l'Ingénieur 提请监理工程师批准
machine(*n.f.*)à tronçonner à la meule 砂轮切割机
bavure *n.f.* 毛刺,毛口,飞边
détériorer *v.t.* 损坏,损伤
abîmer *v.t.* 损坏
mise(*n.f.*)en tension 加压力,张拉
chalumeau *n.m.* 割炬
chalumeau coupeur 气体切割器,喷割器,气割炬
alteré *a.* 变质的,变坏的
de part et d'autre 两边
coupure *n.f.* 切开,切口
mise(*n.f.*)en place des armatures de précontrainte 预应力钢筋的铺放
câble *n.m.* 钢绞线
coffrage *n.m.* 模架,支架
point(*n.m.*) extrême 端点
support(*n.m.*) intermédiaire 中间支座
rigide *a.* 刚性的,不易弯曲的,不易变形的
corps(*n.m.*)d'ancrage(预应力钢丝束) 锚头

cassure *n. f.* 断裂
étanchéité *n. f.* 密封性
défaut *n. m.* 缺陷,毛病
laitance *n. f.* 水泥浆沫,薄水泥浆
laitance du ciment 水泥浆
ancrage *n. m.* 锚固;锚头(预应力钢筋束)
ancrage des armatures 钢筋的锚固
jonction *n. f.* 接头
coulisser *v. i.* (在槽中)滑动
coulisser librement 自由滑动
vérin *n. m.* 千斤顶,起重器
débloquer *v. t.* 松开
pieu *n. m.* 桩,木桩
tolérance *n. f.* 公差,容许误差
tête(*n. f.*) des pieux 桩头,桩顶
verticalité *n. f.* 垂直,垂直度
note(*n. f.*)de calcul 计算书
prendre *qch.* en compte 考虑某事
renforcement(*n. m.*)de fondation 基础加固
projet *n. m.* 方案
préjudiciable *a.* (*à qn/qch.*) 有损于…,有害于…
stabilité *n. f.* 稳定性

Termes de construction

○ 钢筋混凝土结构 Construction en béton armé

现浇钢筋混凝土 béton (*n. m.*)armé coulé sur place 混凝土标号 dosage (*n. m.*) en ciment 简称 dosage,直译为"水泥用量"。我国混凝土的标号是用混凝土的"立方强度"来划分,例如 100 号、150 号、200 号等。法国混凝土的标号是以每立方米混凝土中的水泥用量来划分,例如 béton dosé à 300 kg de ciment 简称为 dosage de 300,dosage de 250,dosage de 350 等等。按照法国 60 年代规范,各种标号混凝土应考虑的 28 天标准试块强度如下: ①不受检验混凝土,标号为 250 号,其强度为 150 kg/cm^2,300 号为 190 kg/cm^2,350 号为 225 kg/cm^2,400 号为 250 kg/cm^2。 ②受检验混凝土的相应强度提高为 180,230,270,300 kg/cm^2。 我国的 150 号混凝土大体相当于法国的 250 标号(dosage de 250),200 号相当于法国的 300~350 标号之间,我国的 250 号大体相当于法国的 400 标号(其他计算指标,两国规范各有不同)。	混凝土的骨料级配 composition (*n. f.*)granulaire du béton 是规范中用词,一般说 granulométrie (*n. f.*)des agrégats(或 des sables et graviers) 水灰比 dosage eau-ciment 简称 dosage E-C 水泥标号 classe (*n. f.*)du ciment 稀混凝土 béton (*n. m.*)liquide 干硬性混凝土 béton sec, béton à forte consistance 半干硬性混凝土 béton plastique(即塑性混凝土) 混凝土的密实性 compacité (*n. f.*)du béton 混凝土的和易性 maniabilité (*n. f.*), ouvrabilité (*n. f.*) du béton 坍落度试验 essai(*n. m.*) d'affaissement, épreuve d'affaissement au cône d'Abrams, 简称 slump-test (*n. m.*)(英语) 坍落度,坍落度试验值 valeur (*n. f.*)du slump-test 塑化剂,增塑剂 plastifiant (*n. m.*) 加气剂 matière (*n. f.*)moussante

续上表

氯化钙 chlorure (*n. m.*)de calcium	混凝土的期龄 âge (*n. m.*)du béton
混凝土的制造(制备) préparation (*n. f.*), confection (*n. f.*) du béton	混凝土的凝固 prise (*n. f.*)du béton
混凝土的搅拌 malaxage (*n. m.*)du béton	初凝 prise initiale
搅拌机 bétonnière (*n. f.*)	慢凝 prise lente
浇筑混凝土 coulage (*n. m.*)du béton	快凝 prise rapide
喷射法浇筑 projection (*n. f.*)au canon à béton	硬化 durcissement (*n. m.*)
振捣 pilonnage (*n. m.*), vibration (*n. f.*)	收缩 retrait (*n. m.*)
人工振捣 pilonnage à la main	裂缝 fissure (*n. f.*)
机械振捣 vibration (*n. f.*)(表面振捣), pervibration (*n. f.*)(插入式振捣)	缺角 angle (*n. m.*)ébréché
插入式振捣器 pervibrateur (*n. m.*)	凿毛 grattage (*n. m.*), raclage (*n. m.*)
表面振捣器 vibrateur (*n. m.*), table (*n. f.*)vibrante(振捣盘)	施工缝 joint (*n. m.*)de reprise(即浇灌连接之部位)
混凝土的养护 cure (*n. f.*) du béton, 包括 protection (*n. f.*)(保护)和 arrosage (*n. m.*)(浇水)	检验试验 essai (*n. m.*)de contrôle
养护期 période (*n. f.*)de cure	试块 éprouvette (*n. f.*), cube (*n. m.*) d'essai(立方体试块)
蒸汽养护 étuvage (*n. m.*)	抗压试验 essai (*n. m.*), épreuve (*n. f.*)à la compression [à l'écrasement]
出池强度 résistance (*n. f.*) à la sortie de l'étuvage	抗拉试验 essai à la traction
拆模强度 résistance (*n. f.*)au moment du décoffrage	弯曲(变形)试验 essai à la flexion
	钢筋拉力试验 essai, épreuve des aciers à la traction
	钢筋冷弯试验 essai, épreuve des aciers au pliage à froid

○ 钢筋和模板

配筋 ferraillage (*n. m.*)	保护层 couche (*n. f.*)de protection, 即"钢筋与模板面的间距"distance des armatures aux parois des coffrages
钢筋:钢筋的说法很多,最常用的是 armature (*n. f.*), 即 armature en barre d'acier 的简称;也常用 barre (*n. f.*), 即 barre d'acier rond 或 barre d'acier 的简称。一般作为一整套钢筋时,多用 armature,作为单独一根时多用 barre。另外,有时也用 fer (*n. m.*)或 fer rond(圆铁,圆钢,圆钢筋,圆条),或 acier (*n. m.*)或 acier rond(圆钢)。在图纸或计算书上,根据钢筋的直径经常用下列写法:rond (*n. m.*)de 16(即圆 16)或 $\phi 16$	钢筋搭接 recouvrement (*n. m.*)des barres
冷拉钢筋 barre (*n. f.*)étirée à froid	钢筋接头 jonction (*n. f.*)des barres
冷轧钢筋 barre laminée à froid	焊接接头 jonction soudée
纵向钢筋 armatures (*n. f. pl.*), barres longitudinales	绑扎接头 jonction ligaturée, jonction par attache
横向钢筋 armatures, barres transversales	板缝加筋 renforcement (*n. m.*)d'armatures aux joints
双向钢筋 armatures, barres en quadrillage [dans les 2 sens]	箍筋 ① étrier (*n. m.*)为各种箍筋的总称(有时亦称 ligature (*n. f.*), 但此字应用于"绑扎")。 ② épingle (*n. f.*), 用于单排钢筋。 ③ cadre (*n. m.*), 即"框",用于两排或两排以上的钢筋(即封闭箍)。 ④ étrier (*n. m.*)oblique(即斜放箍)。
受拉钢筋 armatures, barres tendues	间接钢筋,箍筋 frette (*n. f.*), frettage (*n. m.*), 动词 fretter
受压钢筋 armatures, barres comprimées	螺纹钢筋 barre (*n. f.*)en spirale,简称 spirale(*n. f.*);frette (*n. f.*) hélicoïdale,简称 hélice (*n. f.*)
分布钢筋 armatures, barres de répartition	环形钢筋 cercle (*n. f.*)
构造钢筋 armatures, barres structurales	钢筋最大间距 distance (*n. f.*)maximale des étriers, 或 espacement (*n. m.*) maximal des étriers
弯起钢筋,向上弯曲钢筋 barre (*n. f.*)relevée	钢筋网 ①每一片或每一层钢筋称为 lit (*n. m.*)或 nappe (*n. f.*),两词往往混着用,但最好把水平的一层称之为 lit,把垂直的一片称之为 nappe。 ②在板中若有事先焊好的钢筋网,此网称之为 treillis (*n. m.*)soudé(焊接钢筋网,预焊钢筋网)。
弯钩 crocher (*n. m.*)	
钢筋直径 diamètre (*n. m.*)de la barre	
最小直径 diamètre minimal	
钢筋内距 distance (*n. f.*)entre barres	
钢筋最小内距 distance minimale entre barres	

续上表

钢筋骨架　carcasse (*n. f.*) d'armatures

绑扎的钢筋骨架　carcasse d'armatures ligaturées

焊接的钢筋骨架　carcasse d'armatures soudées

预留钢筋(即“出头筋)　barre (*n. f.*) laissée en attente,

预埋件　pièce (*n. f.*) incorporée

锚固钢筋　barre (*n. f.*) de scellement

吊环　anneau (*n. m.*) de levage

预埋吊环　anneau de levage incorporé

钢筋锚固长度　longueur (*n. f.*) de scellement droit (des barres)

钢筋搭接长度　longueur (*n. f.*) de recouvrement (des barres)

含钢率,配筋率　pourcentage (*n. m.*) d'armatures

最小含钢率　pourcentage minimal d'armatures

模板　①coffrage (*n. m.*) 主要用于一般工地上的模板。
②moule (*n. m.*) 主要用于做预制品的模板。
③cintre (*n. m.*) 拱形构筑物的模板。

木模板　coffrage en bois

钢模板　coffrage métallique

活动模板　coffrage mobile

定型模板　coffrage standard

拆模　décoffrage (*n. m.*), démoulage (*n. m.*);“拱下拆模”称为 décintrage (*n. m.*)

吊装　levage (*n. m.*)

吊装机械　appareil (*n. m.*) *de levage*

升降机　monte-charge (*n. m.*)

起重机　grue (*n. f.*)

张拉(预应力)　mise (*n. f.*) en tension

钢筋存放　stockage (*n. m.*) des armatures

钢筋加工　façonnage (*n. m.*) des armatures

固定　arrimage (*n. m.*)

弯钢筋　cintrage (*n. m.*) des armatures

"课文"翻译参考

第8课 桥隧构造物

所谓桥隧构造物通常指的是跨越河流所需要的构造物或用来恢复被铁路线阻断的交通道路的构造物。人们把这些构造物分成普通构造物和特殊构造物。

普通构造物分为两类：第一类是用于排水的构造物，例如涵洞、钢涵管或混凝土涵管、拱涵和小桥；第二类是用于维护交通的构造物，这些是道路交叉建筑物。铁路线与公路交叉，就铁路的位置而言可以产生三种不同的交叉方式，因此就产生了三种交叉的建筑物①：

- 铁路跨线桥，公路在铁路下层的立体交叉；
- 公路跨线桥，公路在铁路上层的立体交叉；
- 平交道口，与钢轨在同一平面交叉。

所谓特殊构造物系指那些出自普通类型但其大多数由于其重要性的原因在线路的整体设计里需要进行专门设计的构造物。这些构造物分为三类：隧道、大桥和高架桥。

Ⅰ. 隧　道

当要开挖的路堑超过了一定深度的时候，不要挖到表层土，而是在山丘里开挖一条尺寸大小足以行车的隧洞可能是合算的，这种隧洞称作隧道。

隧道横断面②（即衬砌内轮廓）取决于建筑物的作用和土质，建筑物的作用规定了构成隧道空间的内净空尺寸，土质决定了保护内部空间的衬砌层结构。

原则上，除了在稳定性很好的坚石地带，隧道总是要衬砌。而即便是在稳定性很好的坚石地带，为了减小由于岩壁表面凹凸不平造成的空气阻力而衬砌隧道也是有好处的。隧道可以用砖石衬砌或者用混凝土衬砌③，特殊情况下水下隧道用金属衬砌。

普通土层的衬砌做在保护空间的上方（拱）和两侧（边墙）④。

中国标准轨距线路的内净空如下⑤：

1. 蒸汽机车牵引及内燃牵引区段

线路种类	最小高度(mm)	最小宽度(mm)
单线	6 000	4 880
双线	6 000	8 880

2. 电力牵引区段

线路种类	最小高度(mm)	最小宽度(mm)
单线	6 550	4 880
双线	6 550	8 880

注：表中高度系指拱心石距钢轨顶面高度，宽度系指在钢轨踏面高度上边墙之间的距离。

隧道施工有很多种方法,但最常用的方法是:断面全部开挖法、上导坑开挖法、下导坑开挖法和平行导坑开挖法等。

Ⅱ. 桥和高架桥

所谓高架桥系指为铁路通过架设在峡谷上的大型钢桥或圬工桥。

桥梁通常由两部分组成:桥墩台和桥跨。

从使用的材料来看,桥梁分为以下几种类型:木桥、钢桥、钢筋混凝土桥、预应力混凝土桥、圬工桥(石桥、混凝土桥)等。此外,所谓小桥指的是长度 20 m 以下的桥梁;中桥指的是长 20~100 m 的桥梁;大桥指的是长 100~500 m 的桥梁;特大桥指的是长度在 500 m 以上的桥梁。按桥梁的结构形式划分有梁式桥、拱桥、刚架桥和悬索桥。现在几乎没有活动桥了(旋桥、升降桥等)。按桥面的不同位置分为上承桥、下承桥和中承桥。

横跨汉口和武昌之间的武汉长江大桥于 1955~1957 年间竣工,比预计时间提前一年。同样在南京,有一座铁路公路两用桥于 1968 年完工,长 1 200 m,引桥长 6.7 km,这是当时中国铁路最大的桥梁。

“翻译练习”译文参考

桥隧构造物

1. 土方工程

桥隧构造物的土方工程根据一般技术规定施工。

2. 混凝土工程

混凝土工程根据一般技术规定施工。

3. 预应力混凝土

(1)预加应力根据一般技术条款(STG)的要求施工。

(2)预应力钢筋和套管在运输、搬运和存放时要进行防护。

预应力钢筋应该存放在封闭的地方以防止氧化。最下面的盘条要放在环形交叉支架上，距地面至少 30 cm。应该考虑到承压后地面会下陷。

(3)预应力钢筋(受力钢筋)的铺放

预应力钢筋根据以下规定铺放：

必须使用套管。

承包商应将钢筋加工车间报监理工程师批准。

禁止使用弯筋。

如果承包商使用砂轮切割机切割钢筋，砂轮切割机应该在钢筋张拉时不会产生可能会损伤或损坏套管的变形和毛口。在使用割炬切割的情况下，火焰烧坏的钢筋部分在切口两边都不得超过 5 mm。

4. 预应力钢筋的铺设

波纹管放置在施工图指定的位置。波纹管轴线位置与施工图规定位置的偏差不能大于 5 mm。倘若预应力钢筋与波纹管之间的间隙超过 8 mm，在确定波纹管的位置时要考虑实际间隙。

钢绞线铺放在事先调整好的模架上，让其靠自身重量两端之间保持平衡，然后将两端固定在为此准备的中间支座上。

波纹管的位置要固定牢靠，以防止混凝土浇筑前和浇筑过程中发生移动。固定间距在直线段不能大于 1 m，曲线段不能大于 0.5 m。

要特别注意钢绞线端头的位置是否正确。钢绞线的轴线应该是笔直的直线，在锚头的放置位置要准确。

要特别注意锚头是否牢固地固定在模架上，模架要有足够的刚度，以避免浇筑混凝土时钢绞线向锚头方向发生断裂。

浇筑混凝土前要仔细检查波纹管的密封性。凡是有毛病、可能会使其密封性出现问题的波纹管都应立即换掉。

波纹管不得有变形，管接头要密封严实，混凝土浇筑过程波纹管内不得进入水泥浆。

铺设的钢筋必须经监理工程师检查验收合格后混凝土才能进行浇筑施工。

混凝土浇筑过程中要经常检查钢筋是否在波纹管里能自由滑动。承包商要事先准备好一台千斤顶,以便需要时松开钢绞线。

5. 桩

打桩施工应根据一般技术规定进行。

桩位定位和倾斜度定位应符合以下条件:

· 桩头位置的容许误差:7 cm。

· 桩的垂直度容许误差:15 mm/m。

如果以上条件不能完全满足,至少要符合以下条件:

· 垂直度误差要低于 4 cm/m。

· 桩头位置误差至少要小于 15 cm。

承包商在浇注混凝土桩之前,应该递交一份计算书报监理工程师批准,计算书里要考虑到打桩的实际位置,必要时还要考虑到基础加固方案。由于桩位误差所造成的加固工程由承包商承担费用。

如果监理工程师认为此类桩位误差有损于构造物的稳定性,承包商应该设计一个新桩的结构方案用来代替有缺陷的、监理工程师认为有问题的旧桩并且报监理工程师批准。

Leçon 9
Ouvrages d'art ordinaires

Passage à niveau

Ⅰ. Principes de la construction

Généralités-Les principes générauxà suivre dans la construction des ouvrages d'art peuvent se résumer ainsi: *fonder solidement et construire simplement*.

La première règle, fonder solidement, s'appliqueà tous les travaux, mais elle est encore plus absolue en ce qui concerne les chemins de fer. Le passage des trains, dont la masse est souvent très lourde et animée de grandes vitesses, communique en effetà la voie età l'infrastructure des vibrations qui causent des ébranlements dangereux pour les ouvrages mal fondés. De plus, les reprises de fondation, toujours difficiles, le sont exceptionnellement lorsqu'on est obligé de travailler sous une voie exploitée, car on est forcé, en cas de réparations, de maintenirà tout prix la circulation.

Il faut construire simplement, parce que les ouvrages d'art sont très nombreux sur les chemins de fer et que, d'un autre côté, le luxe qu'on y apporte a le double inconvénient d'être couteux et inutile. Les ouvrages d'art de chemins de fer, surtout les ouvrages par-dessous qui sont les plus nombreux et les plus importants, quand ils ne sont pas aux abords des villes, ne sont vus presque par personne qui sache en apprécier la valeur architecturale. La véritable beauté d'un ouvrage réside d'ailleurs surtout dans sa bonne conception et dans l'harmonie de ses lignes.

Fondations-Toutes les fois qu'on le peut, il faut asseoir les fondations sur le terrain incompressibles. Les bons terrains de fondation sont le rocher, à moins qu'il ne soit coupé de bancs d'argile, comme cela arrive quelquefois, le gravier ou la sable compacts et l'argile dure.

L'importance des sacrifices qu'il faut faire pour atteindre le solide dépend naturellement de l'importance de l'ouvrage. Pour un aqueduc d'un mètre, il n'y a pas d'inconvénient graveà avoir des dislocations. Pour les grands ouvrages, la possibilité d'avoir une fondation absolument sûre est presque une condition essentielle de leur exécution.

Il est très important pour tous les ouvrages et même pour les plus petits, de faire un sondageà côté de leur emplacement pour connaître la nature du sol et déterminer la profondeurà laquelle on doit descendre. En négligeant cette précaution, on est exposé, s'il s'agit d'un ouvrage important, à se voir forcé de changer de mode de fondation en cours d'exécution, ce qui est toujours très cher. Le sondage doit être faità coté des fondations, car si l'on exécute à leur emplacement même, comme elles sont rarement poussées aussi bas que le sondage, il faut boucher celui-ci, ce qui forme un point dur sous les fondations et rompt leur homogénéité. Lorsqu'on cherche le terrain incompressible, il est bon, dans beaucoup de cas, de pousser les sondages au-dessous du rocher ou du gravier dur ; il peut arriver en effet qu'on ait rencontré, au lieu d'une masse compacte, un bloc isolé ou encore un banc de rocher ou de gravier reposant sur une couche de terre ou d'argile; il ne suffit donc pas d'avoir trouvé un terrain assez solide pour recevoir la fondation, il faut encore savoir ce qu'il y a en dessous. Il est arrivé, dans la construction de grands ouvrages, qu'on a dû démolir des piles déjà arrivées à une certaine hauteur parce que les rochers sur lesquels elles étaient fondées reposaient sur une couche de terre compressible.

Lorsqu'il s'agit d'ouvrages peu importants, on peut répartir la pression sur le terrain au moyen d'un radier général①, ou plus simplement pour les petits ouvrages, sur une couche de pierre cassée, de gravier ou de sable.

Les fondations sur sable et sur pierre cassée sont excellentes. Il faut seulement avoir soin de bien arroser le sable ; la couche de sable ou de pierre cassée doit d'ailleurs être uniforme, si on veut éviter les cassures.

Exécution des maçonneries -Il faut faire les maçonneries y compris les parements avec les matériaux qu'on trouve à proximité ; si on n'a que de la pierre dure ou demi-dure, on exécute les parements en maçonnerie brute, *à opus incertum*, avec les moellons qu'on trouve dans le pays. Si on a de la pierre tendre, on emploie soit des moellons têtués, soit des moellons smillés selon que les matériaux se prêtent mieuxà l'une ou à l'autre mode d'emploi. Dans les pays où il n'existe pas de matériaux de construction naturels, on se sert de briques pour les parements comme le corps des ouvrages.

On droit exécuter les joints en creux et autant que possible lorsque le mortier de la maçonnerie est encore frais, en refoulant simplement entre les moellons soit le mortier de pose, soit un mortier spécial gâché avec du sable tamisé si le mortier de pose ne contient que sable grossier.

Les voûtes n'ont besoins que d'un rejointoiement apparent. Quand on décintre un pont, si la maçonnerie a été bien faite, les moellons sont couverts de mortier qui a reflué sur la douelle. Il suffit d'enlever ce mortier, de refouiller à la profondeur strictement nécessaire pour dessiner les contours, et d'ajouter ensuite du mortier excessivement fin qu'on a fait pénétrer dans les creux. Une bonne précaution consisteà laver le parement et les joints avec l'acide chlorhydrique qui enlève la chaux en excès et durcit le mortier.

Ponts en maçonnerie et ponts en fer -Les ouvrages d'art peuvent être en maçonnerie ou en métal.

Lorsqu'on peut employer la maçonnerie, il ne faut jamais hésiter à le faire. La maçonnerie n'a pas seulement la supériorité d'une durée à peu près indéfinie si les mortiers sont bons et si les pierres de parement ne sont pas gélives ; elle dispense des sujétions souvent gênantes que présentent les ouvrages en fer pour la pose de la voie, et surtout, en cas de déraillement, elle offre beaucoup moins de danger ; enfin les ponts métalliques exigent un entretien et une surveillance qui ne sont pas très coûteux, mais dont l' omission peut entraîner des dangers très graves et parfois de véritables catastrophes.

Ⅱ. Ouvrages destinés à assurer l'écoulement des eaux

Buses② -Lorsque la quantité d'eau à écouler est très faible, on se sert souvent de buses. Les buses sont excellentes sous les chemins latéraux et pour la traversée des fossés de chemin de fer aux abords des passages à niveau. Sous la voie, elles ont l'inconvénient d'être exposées à se briser lorsqu'elles sont en ciment, et d'être plus difficiles à réparer que les aqueducs.

Aqueduc③ **et ponceaux en maçonnerie** Un aqueduc doit toujours être assez grand pour que l'on puisse y pénétrer pour le curer et, s'il est recouvert de remblai, pour le réparer. Le minimum en hauteur comme en largeur est de 0. 40 m. Il faut porter cette hauteur à 0. 60 m si le remblai qui recouvre l'aqueduc a une importance moyenne età 1 m sous les grands remblais, parce que la longueur de l'aqueduc croît avec la hauteur du remblai et que les difficultés du curage et des réparations des parements, telles que les rejointoiements ou le remplacement de matériaux brisés, augmentent pour une même section avec la longueur de l'ouvrage.

Dans les pays où on dispose de bonne pierre de taille, on peut employer les aqueducs dallés ; leur section inférieure est rectangulaire et ils sont formés de deux piédroits recouverts par des dalles en pierre de taille ; la largeur de 0. 80 m est en général une limite supérieure, à moins qu'on ne dispose de dalles exceptionnelles.

Les aqueducs et ponceaux en maçonnerie se font en plein cintre, en anse de panier ou en arc de cercle ; on les accompagne, en général, de murs en aile. Même lorsqu'on dispose d'une hauteur suffisante pour adopter le plein cintre, il y a très souvent avantageà faire la voûte en arc de cercleà cause des facilités de construction qui en résultent ; on peut, en effet, si le rayon moyen est assez grand, maçonner la voûte avec de simple moellons dressés en forme de parallélépipèdes et, si on emploie des moellons d'appareils, il faut les tailler spécialement en leur donnant une section trapézoïdale.

Ⅲ. Ouvrages destinés au rétablissement des communications

A. Ponts par-dessous

Dimensions réglementaires-Les cahiers des charges fixent pour les ponts par-dessous des lignesà voie normale les dimensions suivantes:

Largeur entre parapets: 4. 50 m pour les lignesà voie unique et 8 m pour les lignesà double voie.

Hauteur minimum des parapets: 0. 80 m.

Hauteur libre: 5 m sous clef pour les ouvrages voûtés et 4. 30 m sous poutre pour les ouvrages métalliquesà poutres droites.

Ouverture: 8 m pour les routes nationales, 7 m pour les routes départementales, 5 m pour les chemins de grande communication et 4 m pour les chemins vicinaux.

Pour les lignesà voie étroite, il n'y a naturellement que la largeur entre parapets qui change, et qui, pour la voie de 1 m, est de 3. 50 m à 4 m.

Ponts en maçonnerie -La forme des ponts en maçonnerie varie avec les circonstances locales et surtout avec la hauteur dont on dispose.

Les chapes des ponts sur route doivent être soignées tout particulièrement, et le mieux est de les faire en asphalte ; les ouvrages sous lesquels il pleut sont insupportable pour les passants.

Ponts en métal-Pour les ponts par-dessous en métal on n'emploie plus aujourd'hui la fonte, non seulement par raison d'économie, mais encore par raison de sécurité ; elle est exposéeà se briser aussi bien sous l'influence des variations de température que sous le passage des trains.

On emploie presque toujours les poutres droites ; lorsqu'on manque de hauteur, on les faità caisson. Deux poutres jumelles forment une caisse longitudinale dans laquelle on loge une longrine pour supporter le rail.

B. Ponts par-dessus

Dimensions réglementaires-Aux termes des cahiers des charges, l'ouverture minimum entre culées pour les ponts par-dessus des lignesà voie normale doit être de 4. 50 m si la ligne està une voie, et de 8 m si la ligne està deux voies.

La hauteur libre au-dessus des rails extérieurs de chaque voie ne doit pas être inférieure à 4. 80 m.

Les largeurs entre parapets admises pour les routes et chemins, à la traversée des ouvrages, sont les mêmes que pour les ponts par-dessous, soit 8 m pour les routes nationales, 7 m pour les routes départementales, 5 m pour les chemins de grande communication et 4 m pour les chemins ordinaires.

Pour les lignesà voie de 1 mètre, on admet une largeur de 3. 90 m à 4 m entre culées pour les ouvragesà une voie, et une hauteur libre de 4. 30 m au-dessus du rail.

Ponts en maçonnerie -Dans l'intérêt de l'exploitation, il faut chercher, sous un pont par-dessus, à dégager la vue autant que possible. A cet égard, la largeur de 4. 50 m est très faible pour les lignes sur lesquelles des trains peuvent circulerà grande vitesse, pour peu qu'on soit en courbe.

Les ponts par-dessus ont besoin de parapets solides, pour lesquels la maçonnerie convient le mieux ; en outre, à moins qu'il ne s'agisse d'un chemin de très peu d'importance et d'abords bien dégagés, il est prudent de placer des trottoirs assez élevés des deux côtés de la chaussée ; ces trottoirs rendent beaucoup plus efficace l'effet des parapets dans le cas où un cheval, traversant le pont au moment de passage d'un train, vientà s'effrayer.

Ponts en métal-Les ponts en métal ont l'avantage d'exiger une hauteur moindre que les ponts en maçonnerie. Comme pour ceux-ci il faut leur donner une largeur notablement supérieureà la largeur réglementaire pour bien dégager la vue. Il y a d'ailleurs le plus souvent intérêtà le faire, même sous le rapport financier, grâce aux bas prix actuels du métal. Il y a dans chaque cas une comparaisonà faire, mais il faut toujours tenir compte des avantages qu'offre le dégagement de la vue.

C. Passage à niveau

Conditions réglementaires-En général les seules conditions imposées par les cahiers des charges pour les passagesà niveau sont les suivantes: les rails doivent être posés sans saillie ni dépression sur la surface du chemin, et le croisement ne doit pas se faire sous un angle inférieurà 45°. L'angle de 45° lui-même doit être considéré comme une limite extrême dont il faut éviter de se rapprocher, et on doit chercher autant que possibleà faire des traversées normales ou à peu près.

L'obligation de poser les rails sans saillie ni dépression est interprétée habituellement comme entraînant le pose de contre-rail④ à la traversée du passageà niveau ; le contre-rail est placé parallèlement au rail de manière à former une ornière de 5 à 7 centimètres ; à ses extrémités il est recourbé de manièreà faciliter l'entrée des roues. Aux points de vue de la circulation du matériel, il y a avantageà augmenter la largeur de l'ornière, maisà un autre point de vue, il y a avantageà la diminuer, pour que les talons des piétons et les sabots des animaux de petite taille aient moins de chance de s'y engager et de s'y coincer. En France, les contre-rails sont presque toujours des rails ordinaires coudésà leurs extrémités.

Les barrièresà pivot qui sont les plus nombreuses peuvent s'ouvrir soità l'intérieur soità l' extérieur. Les avis sont partagésà ce sujet, mais la dernière solution nous paraît préférable.

Lorsque le passage est gardé, la maison de garde se place dans l'un des quatre angles formés par l'intersection du chemin de fer et du chemin ; mais il est bon d'établir la maison dans la situation qui permetà la garde-barrière d'apercevoir les trains le mieux possible, même de chez elle et sans ouvrir les fenêtres ; dans les courbes, il vaut mieux la construire en dedans qu'en dehors de la courbe.

Les maisons de garde ne doivent pas être placées trop près de la voie ; il faut au contraire les en éloigner de manièreà ce que la garde-barrière, en sortant pour fermer ses barrières, ne risque pas de se précipiter sur le train sans l'avoir vu dans le cas où elle est en retard ; une bonne distance est de 5à 7 mètres de l'axe du rail le plus voisin.

Barrières-*Barrières pivotantes*-Les barrières se font aujourd'hui exclusivement en fer sur les lignes de quelque importance⑤ ; sur les lignesà très petit trafic, on peut sans inconvénient sérieux les remplacer par de simples lisses en bois.

Les barrières en fer ont la forme d'une poutreà treillis ; on double quelquefois le treillisà la partie inférieure par des fers plats pour empêcher le passage des animaux de petite taille. Il faut avoir soin de faire les barrières non seulement assez solides dans le sens vertical, mais encore assez rigides dans le sens transversal.

Lorsque l'ouverture des barrières ne déplace pas 4à 5 mètres, elles sont formées d'un seul vantail ; au-delà on les faità deux vantaux ; maisà partir de 7 mètres les barrières roulantes sont préférables.

Barrières roulantes-Les barrières roulantes sont habituellement formées, comme les barrières pivotantes, de poutresà treillis, mais au lieu d'être suspenduesà des gonds, elles sont supportées par des galets de 0m40 environ de diamètre placésà la partie inférieure et qui se déplacent sur un *chemin de roulement* formé d'un railà gorge qui sertà les guider.

Les barrières roulantes sont comme les barrières pivotantes munies de portillons.

Barrièresà bascule-Les barrières manœuvréesà distance sont presque exclusivement des barrièresà bascule. En France on fait généralement des barrières en fer avec un contrepoids en fonte.

Maisons de garde -Il existe aujourd'hui un type de maison de garde qui està peu près universellement admis ; il se compose d'un rez-de-chaussée et d'un étage, avec un appentis placé en arrière. On adopte généralement les dimensions suivantes:

Longueur 7.50 m.

Largeur 5.00 m.

Hauteur du faîtage au-dessus du sol 6.50 m.

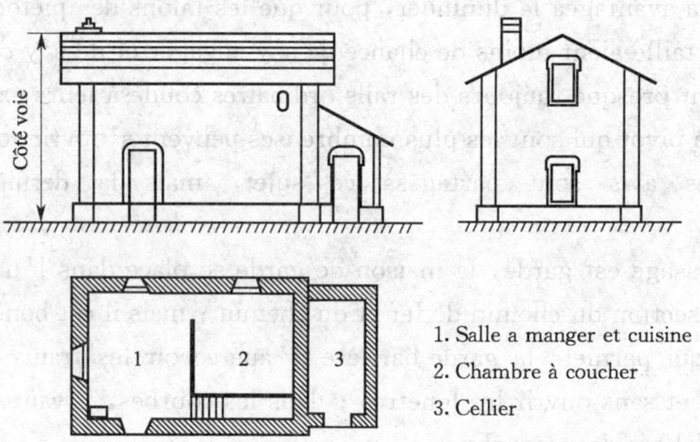

Fig. Maisons de garde

La pièce du rez-de-chaussée placéeà côté de la voie sertà la fois de cuisine et de pièce de service. La porte doit toujours être pratiquée sur le côté de manièreà ce qu'en sortant, si la garde-barrière est en retard au moment du passage d'un train, la garde-barrière ne puisse pas se précipiter sur la voie.

Notes:

① radier général:筏形基础:是指在建筑物的所有柱墙下面用钢筋混凝土做一块连续的整片基础,也称筏板基础,俗称"满堂红基础"。

② buses:圆管涵。圆管涵的直径一般为0.5～1.5 m。圆管涵受力情况和适应基础的性能较好,两端仅需设置端墙,不需设置墩台,故施工数量少,造价低,但低路堤使用受到限制。

③ aqueduc:涵洞,是一种用来为道路泄水排涵的暗渠或暗管(管状的涵洞又称涵管),通常较隧道短小。建造道路时,当遇上河道、渠道或天然排水沟时,通常会预留空间建造涵洞。涵洞按照构造形式划分,可分为圆管涵、拱涵、盖板涵、箱涵;按建筑材料可分为砖涵、石涵、混凝土涵、钢筋混凝土涵。桥梁和涵洞的区别:按《公路工程技术标准》规定,单孔跨径小于5 m、多孔跨径总长小于8 m的统称为涵洞,而圆管涵及箱涵则不论孔径大小、孔数多少,都叫做涵洞。但实际上,涵洞与桥梁的主要区别是在于,一般涵洞上有填土,而

桥上就直接铺轨道(但仍有道砟)。从侧面看,涵洞就象在路基上挖的孔,而路基在桥梁处就断开了。按是否填土来区分,只是通常的、非正式的一种区分方式。从技术上来说,应该按长度来确定。组成:涵洞主要由洞身、基础、端墙和翼墙组成。洞身由若干管节组成,是涵洞的主体,它埋在路基中,具有一定的纵向坡度,以便排水,洞身又分为拱圈、边墙(双孔的还有中墩)及基础三部分。端墙和翼墙位于入口和出口及两侧,起挡土和导流作用,同时还可以保护路堤边坡不受水流冲刷。

④ contre-rail:护轮轨,是安装在铁路桥上的防护性护轨,其作用是当列车脱轨后,车轮可以卡在主轨和护轮轨之间而不会掉到桥下。护轨轨面一般不高于基本轨轨面,护轨外侧距离基本轨内侧距离较远,其宽度足以容下一个车轮厚度。

⑤ sur les lignes de quelque importance = sur les lignes de quelque importance que ce soit:在任何等级的干线铁路上。

Lecture

Classification des matériaux utilisés pour la construction des remblais et des couches de forme

1. 2 Classification des sols(classes A,B,C,D)

Les "sols" sont des matériaux naturels, constitués de grains pouvant se séparer aisément par simple trituration ou éventuellement sous l'action d'un courant d'eau. Ces grains peuvent être de dimensions très variables: des argiles aux blocs. Les sols sont de nature et d'origine géologique diverses: alluvions, matériaux meubles sédimentaires, dépôts glaciaires, sols résiduels(1)… les sols ayant une tenue en matières organiques supérieures à 3%, sont classés à part en classe F avec sous-produits industriels.

1. 2. 1 Paramètres retenus pour la classification des sols

- paramètre de nature.
- paramètre de comportement mécanique.
- paramètre d'état.

Ils sont toujours déterminés sur la fraction 0/50 mm qui est la fraction susceptible d'être identifiée par les essais de laboratoire usuels.

Paramètres de nature

Ils se rapportent à des caractéristiques intrinsèques, c'est-à-dire qui ne varient pas ou peu, ni dans le temps ni au cours des différentes manipulations que subit le sol au cours de sa mise en œuvre.

Paramètres de comportement mécanique

Ces paramètres ne sont pris en considération que pour juger de l'utilisation possible des sols en couche de forme. Ils distinguent les matériaux dong la fraction granulaire est susceptible de résister au trafic et qui de ce fait peuvent être utilisés tels que dans la construction des couches de forme, de ceux qui risquent de se fragmenter pour se transformer en un sol constitué en majorité d'éléments fins, inutilisable dans son état naturel sans dispositions particulières(traitement …).

Les paramètres de comportement considérés dans la classification sont: les coefficients Los Angeles(LA)(norme P 18-573) et micro-Deval en présence d'eau(MDE)(norme P 18-572), mesurés sur la fraction granulaire 10/14(ou à défaut sur la fraction 6,3/10) et le coefficient de friabilité des sables(FS) mesuré sur la fraction 0/1 ou 0/2 mm(norme P 18-576).

Seuils retenus:

- 45 pour les valeurs LA et MDE.
- 60 pour les valeurs FS.

Paramètres d'état

Il s'agit des paramètres qui ne sont pas propres au sol mais fonction de l'environnement dans lequel il se trouve.

Pour les sols meubles sensibles à l'eau, le seul paramètre d'état considéré dans la présente classification est l'état hydrique: son importance est capitale vis-à-vis de tous les problèmes de remblai et de couche de forme.

1.3 Classification des matériaux rocheux(classe R)

Bien qu'après son extraction, un déblai rocheux soit transformé en un matériau susceptible d'être considéré, au moins partiellement, comme un sol meuble au sens défini au § 1.2 précédent, il faut au préalable être en mesure de prévoir, à partir de la roche en place, le comportement du matériau après abattage. Ce besoin a conduit à établir un classement des matériaux rocheux sur la base de leur nature géologique, de résultats d'essais (fragmentabilité, dégradabilité, masse volumique … pratiqués sur des prélèvements représentatifs) et de l'expérience que l'on possède de leur comportement au cours des différentes phases du terrassement.

---

① Les sols résiduels sont formés sur place par processus d'altération physico-chimique des roches(exemple: arène granitique, latérites…).

Version

EXECUTION DES TRAVAUX

ARTICLE 1. INSTALLATIONS DU CHANTIER

L'Entrepreneur présentera à l'Ingénieur le projet des installations et de signalisation de chantier conjointement avec le programme détaillé d'exécution des travaux, dans un délai d'Un(1) mois suivant la notification de l'ordre de service écrit de commencer les travaux.

Le projet des installations de chantier devra comporter les propositions de l'Entrepreneur concernant les routes d'accès, les dispositions relatives aux plates-formes de stockage des agrégats et des matériaux, les hangars de réparations et stockage, les bureaux de l'entreprise, les laboratoires de chantier et les bureaux de l'ingénieur spécialement aménagés et équipés.

L'Entrepreneur présentera, à l'ingénieur pour approbation du Maître de l'Ouvrage, un plan de signalisation et de sécurité relatif au projet. Ce plan prendra en charge toutes les questions ayant trait à la signalisation temporaire de chantier(verticale et horizontale), les déviations ponctuelles envisagées par section de voies ainsi que les itinéraires d'évitement du chantier à proposer aux usagers de la route par tous les moyens appropriés en cas de chantiers urbains ou sur tous les axes majeurs importants.

Dans ce cadre, l'Entrepreneur désignera un agent qualifié responsable de la sécurité du chantier qui prendra en charge ce volet tout au long de la durée du projet.

L'entrepreneur présentera un plan relatif à la sécurité passive et active conformément à la réglementation algérienne qui régit la matière et pour l'ensemble de ses installations et de ses bases-vie.

Bâtiments et équipements mis à la disposition du personnel du maître d'ouvrage dûment mandaté et de l'Ingénieur

* L'Entrepreneur assurera l'entretien de tous les équipements de bureau, la fourniture des pièces de rechange, les fournitures en papier, en cartouches pour les imprimantes, traceurs, fax et photocopieur.

L'Ingénieur représentant le maître d'ouvrage, dispose d'un délai de quinze(15)jours pour approuver ce programme et le retourner accompagné de ses observations à l'Entrepreneur.

L'Entrepreneur disposera alors d'un délai de quinze(15)jours pour appliquer les modifications demandées par l'Ingénieur.

Il appartient à l'Entrepreneur de réaliser toutes les alimentations en eau, énergie électrique, téléphone et autres, nécessaires au fonctionnement de son chantier et aux bureaux de l'Ingénieur et du contrôle.

Il réglera directement aux Administrations intéressées les redevances correspondantes et, éventuellement, les redevances relatives à l'implantation de poteaux, canalisations, hors de l'emprise de ses installations de chantier.

Les emplacements nécessaires aux installations de chantier, au stationnement du matériel, au stockage de matériaux, seront mis gratuitement, par le maître d'ouvrage, à disposition de l'Entrepreneur toutes les fois qu'il existera sur les lieux des terrains libres, dont le maître d'ouvrage pourra disposer. A défaut, l'Entrepreneur pourra être autorisé à utiliser d'autres terrains et pourra être remboursé des indemnités qu'il serait amené à verser pour leur occupation. La remise des emplacements figurera dans les procès-verbaux de mise à disposition des terrains.

En cas de déplacement de ces installations en cours de chantier, l'Entrepreneur devra soumettre à l'Ingénieur le projet détaillé de ses installations de chantier, un(1) mois au moins avant la date prévue pour l'utilisation effective du terrain.

L'installation de toute base-vie réalisée et exploitée pendant la durée des travaux par l' entrepreneur sera propriété du maître d'ouvrage à l'achèvement de ces travaux(réception provisoire).

En fin de chantier, elle sera remise en état et livrée au maître d'ouvrage qui décidera de son affectation.

Pendant la durée des travaux, l'Entrepreneur assurera à ses frais, toutes les charges de sécurité active et passive, de gestion, d'exploitation et d'entretien de la dite base vie.

ARTICLE 2. ACCES A LA CANTINE DE L'ENTREPRISE

Si l'Entrepreneur met en place sur le chantier une installation servant de cantine à ses propres employés, il devra alors fournir aux agents de l'Ingénieur et à tout représentant du maître d'ouvrage visitant le chantier, des repas de qualité au moins égale à celle qu'il fournit à son propre personnel, pour un prix égal à celui demandé à son propre personnel.

ARTICLE 3. ALIMENTATION EN EAU POUR LES BESOI NS PERSONNEL ET DU CHANTIER

L'Entrepreneur est responsable de l'alimentation en eau de chantier. Il fournira de l'eau potable nécessaire à son personnel et aux divers locaux construits pour les besoins du maître d'ouvrage et de la mission de contrôle(bureaux et laboratoire de chantier).

ARTICLE 4. SIGNALISATION DU CHANTIER

Avant la tombée de la nuit, les installations des chantiers et les voies de circulation seront éclairées au moyen de lanternes d'une intensité lumineuse suffisante pour assurer en toute sécurité la circulation ferroviaire et terrestre. L'entrepreneur restera entièrement responsable de tous accidents ou dommages causés aux tiers, au cours de l'exécution des travaux par le fait de son matériel ou d'erreurs et omissions concernant la signalisation.

Sans être limitatif ni impératif, les installations de chantier devront être matériellement délimitées par une clôture grillagée ou un mur en béton d'un minimum de 2,4 mètres de hauteur sur le périmètre complet du site. Les entrées devront être composées de barrières doubles permettant le passage des véhicules de chantier. Une guérite de contrôle à chacune des entrées devra être construite afin de s'assurer que l'accès aux installations de chantier soit limité au personnel autorisé.

VOCABULAIRE

principe *n. m.* 原理,定律;原则

principe de la construction 建筑原则

principes générauxà suivre dans la construction des ouvrages d'art 桥隧结构物建筑的一般原则

généralités *n. f. pl.* 概述,概要,总则

fonder *v. t.* 建立,建筑(=bâtir)

fonder solidement 建筑坚固
construire simplement 结构简单
passage(*n. m.*)du train 列车通过
communiquer *v. t.*(*qch. à qch.*) 把…传递给…
ébranlement *n. m.* 震动
ouvrages(*n. m. pl.*)mal fondés 基础不好的构筑物
dangereux *a.* 危险的,有害的
reprise *n. f.* (建筑物的)修理,修补,加固
reprise de fondation 基础修理,基础加固
voie(*n. f.*)exploitée 运营的线路,运营的铁路
être forcé *de* + *inf.* 必须,不得不…
à tout prix 不惜一切代价,无论如何
maintenir à tout prix la circulation 竭尽全力维持交通
ouvrage(*n. m.*)(d'art)par-dessous 铁路跨线桥(公路在铁路下层的立体交叉)(=pont par-dessous)
résider *v. i.*(*dans*) 在于…
incompressible *a.* 不可压缩的,不能压缩的,不易压缩的,坚硬的
asseoir *v. t.*(*qch. sur qch.*) 在…上安放…,把…建在…上
terrain(*n. m.*) incompressible 坚硬的地面
terrain de fondation 地基
à moins *que*(*ne*)+ *subj.* 除非…,不然…;如果不…,就…
(être)coupé *de qch.* 搀和…的
banc(*n. m.*)d'argile 黏土层
sable(*n. m.*)compact 密集砂
argile(*n. f.*)dure 硬黏土
sacrifice *n. m.* (经济上的)开支,花费
solide *n. m.* 结实的东西
importance(*n. f.*)de l'ouvrage 建筑物的规模,桥梁的大小
aqueduc *n. m.* 涵洞
dislocation *n. f.* 移动
(être)exposé *à qch.* 面临…的危险
mode(*n. m.*)de fondation 基础类型
se borner *v. pr.*(*à*) 仅仅…,仅限于…,
mode(*n. m.*)de fondation 基础类型
boucher *v. t.* 堵住,堵塞
point(*n. m.*)dur 硬点
rompre *v. t.* 破坏
homogénéité *n. f.* 同质性,均质性
terrain(*n. m.*)incompressible 坚硬的地基

masse compacte　坚硬的土体
bloc *n. m.*　石块
banc *n. m.*　层,地层
banc de rocher　岩层
banc de gravier　砾石层,砂石层
recevoir *v. t.*　承受
pile *n. f.*　桥墩
couche(*n. f.*)de terre compressible　可压缩土层
radier *n. m.*　基础板
radier général　筏形基础,筏板基础,满堂红基础
pierre(*n. f.*)cassée　碎石
pierre dure　坚石
pierre demi-dure　中硬岩石,中硬石料
pierre tendre　软石
uniforme *a.*　均质的
cassure *n. f*　破裂
parement *n. m.*　砌面
parement en maçonnerie brute　粗石圬工砌面
opus incertum *n. m.*　不规则大石块的砌筑
moellon *n. m.*　毛石,粗石
moellon têtué　(用大铁锤锤碎的)碎石
moellon smillé　粗凿石
se prêter (*à*)　适合…,适宜…
matériaux(*n. m. pl.*)de construction naturels　天然建筑材料
corps(*n. m.*)des ouvrages　建筑物的主体
joint(*n. m.*)en creux=joint creux　凹缝
mortier(*n. m.*)de la maçonnerie　圬工用砂浆
mortier de pose　砂浆打底,座浆,卧浆
refouler *v. t.*　挤压
gâcher *v. t.*　(加水)拌和(砂浆、石膏或水泥等)
sable(*n. m.*)tamisé　过筛砂
sable grossier　粗砂
voûte *n. f.*　拱,拱顶,拱圈
voûte en arc de cercle　圆弧拱
rejointoiement apparent　重勾明缝,重嵌明缝
décintrer *v. t.*　拱下拆模,拆除拱架
refluer *v. i.*　倒流,回流
douelle *n. f.*　(拱块的)拱腹(面)
refouiller *v. t.*　重新挖空

dessiner *v. t.* 使线条(轮廓)突出
dessiner les contours *de qch.* 显露出…的轮廓(线)
contour *n. m.* 轮廓(线)
creux *n. m.* 凹陷部分,凹处
acide(*n. m.*)chlorhydrique 盐酸
durcir *v. t.* (使)变硬,硬化;凝固
gélif *a.* 冻裂的,易冻裂的
pont *n. m.* 桥,桥梁
pont(*n. m.*)en maçonnerie 砖石桥,圬工桥
pont en fer 铁桥,钢桥
pont en métal 钢桥
pont(*n. m.*)par-dessous 铁路跨线桥(公路在铁路下层的立体交叉)
pont par-dessous des lignes à voie normale 准轨铁路线的铁路跨线桥
pont par-dessus 公路跨线桥(公路在铁路上层的立体交叉)
dispenser *v. t.* (*qn de qch.*) 免去… ,免除
sujétions *n. f. pl.* (有关工程或构造物的)相关工作,附属工程
pose(*n. f.*)de la voie 铺轨
déraillement *n. m.* 脱轨,出轨
élargissement *n. m.* 加宽
ouvrages(*n. m. pl.*)destinésà assurer l'écoulement des eaux 过水建筑物,排水构造物
ouvrages destinés au rétablissement des communications 恢复交通的建筑物
buse *n. f.* (圆形)涵管,圆管涵,圆涵
aqueduc *n. m.* 涵洞
aqueduc dallé 盖板箱涵
ponceau *n. m.* 涵洞,拱涵;小桥
ponceau en maçonnerie 圬工涵洞
curer *v. t.* 疏通(管道)
rejointoiement *n. m.* 重嵌灰缝,再填(勾)缝
pierre(*n. f.*)de taille 粗石,毛石
piédroit, pied-droit *n. m.* (涵洞的)边墙
dalle(*n. f.*)en pierre de taille 粗石板,毛石板
limite(*n. f.*)supérieure 上限
le plein cintre 半圆拱腹
anse(*n. f.*)de panier 三心曲线
arc(*n. m.*)de cercle 圆弧(形、线)
enarc de cercle 成弓形,成扇形
mur(*n. m.*)en aile 翼墙
rayon(*n. m.*)moyen 平均半径
dresser *v. t.* 修整

parallélépipède, parallélipipède *n. m.* 平行六面体
moellon(*n. m.*)d'appareil 琢石
tailler *v. t.* 凿,修琢
trapézoïdal *a.* 梯形的
dimensions(*n. f. pl.*)réglementaires 规定的尺寸
cahiers(*n. m. pl.*)des charges 技术规范
aux termes des cahiers des charges 根据技术规范
ligne(*n. f.*)à voie normale 准轨铁路线
ligne à voie unique 单线铁路,单线线路
ligne à double voie ou ligne à voies doubles 双线铁路,复线铁路
ligne à voie étroite 窄轨铁路线
ligne importante 干线铁路
parapet *n. m.* 栏杆
parapet de pont 桥栏杆
hauteur(*n. f.*)libre 净空高度
hauteur sous clef 拱矢高度
hauteur sous poutre 梁下高度
hauteur libre au-dessus des rails extérieurs de chaque voie 每条线路外轨以上的净空高度
rail extérieur 外轨
ouvrage(*n. m.*)voûté 拱形结构物(构造物),拱结构
ouvrage métalliqueà poutres droites 矩形梁金属结构物(构造物)
ouverture *n. f.* 跨度
ouverture de pont 桥跨度
route(*n. f.*)nationale 国家级公路,国道
route départementale 省级公路,省道
chemin de grande communication 交通量大的(乡镇)道路
chemin(*n. m.*)vicinal 乡村道路
voie(*n. f.*)de 1 m=voie métrique 米轨铁路
chape *n. f.* 面层,路面
chape de pont 桥面层
chape en asphalte 沥青路面
asphalte *n. m.* 沥青;(铺路)沥青混合料
se briser *v. pr.* 碎裂,折断,破裂
influence(*n. f.*)des variations de température 温度变化的影响
poutre(*n. f.*)droite 矩形梁
poutre à caisson 箱形梁
poutre jumelle=poutre jumelée 成对梁,并置梁
caisse *n. f.* 箱,箱体
loger *v. t.* 安放,安装,安置

longrine *n. f.* 纵梁;纵向轨枕
longrine longitudinale 纵轨枕
supporter *v. t.* 支承,支撑
aux termes *de*… 根据…
aux termes des cahiers des charges 根据技术规范
culée *n. f.* 桥台
exploitation *n. f.* 运营,行车
dégager la vue 使视野开阔
dégagé *a.* 没有被遮挡的
pour peu *que* + *subj.* 只要稍微…
abords *n. m. pl.* 周围,四周
trottoir(*n. m*). élevé 高架人行道
chaussée *n. f.* 马路,行车道
s'effrayer *v. pr.* 吃惊,害怕;不安
sous le rapport(+形容词) 在…方面,从…方面看
conditions(*n. f. pl.*)réglementaires 规定条件
saillie *n. f.* 突出部分,凸出的地方
dépression *n. f.* 下沉,沉陷,洼地,凹地
sans saillie ni dépression sur la surface du chemin 路面没有凹凸不平
croisement *n. m.* 交叉
limite extrême 最大极限
se rapprocher *v. pr.*(*de*) 靠近…,接近…
traversée(*n. f.*)normale [ordinaire] 普通交叉,菱形交叉
traversée du passageà niveau 平交道口
contre-rail *n. m.* 护轮轨
ornière *n. f.* (铁轨与护轮轨形成的)轮缘槽
recourbé *a.* 顶端弯曲的,弯曲的
roue *n. f.* 车轮
circulation du matériel 车辆运行
matériel *n. m.* 车辆,交通工具
s'engager *v. pr.*(*dans*) 进入,深入(多指狭窄场所或道路)
se coincer *v. pr.* (物)被卡住
barrière *n. f.* 栅门,道口栏木
barrièreà pivot 旋转栅门
barrière pivotante 旋转栅门
barrière roulante 滑动栅门
barrièreà bascule, barrière basculante 升降式栏木
avis(*n. m. pl.*)partagés 意见一致
maison(*n. f.*)de garde 道口看守房

intersection *n. f.* 交叉;道路交叉口
garde-barrière *n.* (铁路)平交道口看守员
risquer *de* + *inf.* 有…危险
se précipiter *v. pr.* (*sur*, *vers*) 猛然冲向
barrière basculante [à bascule] 升降式栏木
lisse(*n. f.*)en bois 木栏杆
poutre(*n. f.*)à treillis 桁架梁,格构桁架
treillis *n. m.* 桁架;腹杆
fer(*n. m.*)plat 扁铁,扁钢
vantail *n. m.* 扇
gond *n. m.* 铰链
galet *n. m.* 滑轮
galet de support 支承滑轮
chemin *n. m.*)de roulement 轨道
rail(*n. m.*)à gorge 槽形轨
portillon *n. m.* 小门,侧门
contrepoids *n. m.* 平衡锤
appentis *n. m.* 单坡屋顶,雨搭,雨披

VOCABULAIRE COMPLÉMENTAIRE

classification *n. f.* 分类,类别,等级
classification des matériaux 材料分类(法)
trituration *n. f.* 捣碎,研磨
dimension *n. f.* (长、宽、高等)尺寸;大小
dimension des grains 颗粒大小,粒径,粒度
bloc *n. m.* 石块
alluvion *n. f.* 冲积土,冲积层
matériaux (*n. m. pl.*) meubles sédimentaires 沉积松软土
dépôt (*n. m.*)glaciaire 冰川沉积
sol (*n. m.*)résiduel 残积土,原积土
altération(*n. f.*)physico-chimique 物化作用,风化作用,风化
arène *n. f.* 风化粗砂,砾砂
arène granitique 花岗岩紫砂砾,天然砾
latérite *n. f.* 红土,红壤土
tenue *n. f.* 状态,性质
matières (*n. f. pl.*)organiques 有机质
sous-produit *n. m.* 副产品,副产物
sous-produit industriel 工业副产品
paramètre *n. m.* 参数

paramètre de nature　自然参数
paramètre de comportement mécanique　机械特性参数
paramètre d'état　状态参数
fraction *n. f.*　小块,碎块;部分,成分,组成
se rapporter *à*　和…有关
intrinsèque *a.*　内在的,固有的
caractéristiques (*n. f. pl.*)intrinsèques　固有特性
manipulation *n. f.*　搬动,搬运
mise (*n. f.*)en œuvre　使用
utilisation *n. f.*　用途
couche (*n. f.*)de forme　路面的垫层
granulaire *a.*　粒状的,颗粒的
se fragmenter *v. pr.*　被打碎,破碎
éléments (*n. m. pl.*)fins 细屑,细碎屑,细颗粒
état (*n. m.*)naturel　自然状态(土壤)
dispositions (*n. f. pl.*)particulières　特出处理(处置)
coefficient *n. m.*　系数,率
coefficient Los Angeles　洛杉矶系数
coefficient micro-Deval en présence d'eau(MDE)　加水条件下的 MDE 系数(磨耗系数)
coefficient de friabilité des sables(FS)　砂子的易碎性系数
friabilité *n. f.*　易碎性
friabilité des sables(FS)　砂子的易碎性
seuil *n. m.*　极限,临界值
sol meuble sensibleà l'eau　水稳性差得松散土
état (*n. m.*)hydrique　含水状态
classement (*n. m.*)des matériaux　材料分类
nature (*n. f.*)géologique　地质性质
fragmentabilité *n. f.*　易碎性
dégradabilité *n. f.*　降解性
masse (*n. f.*)volumique　密度
prélèvement *n. m.*　取样
prélèvements représentatifs　有代表性的取样
massif (*n. m.*)rocheux(岩)　石块

---

installations (*n. f. pl.*)du chantier　工地设施(设备)
signalisation (*n. f.*)du chantier　工地标志牌
conjointement *adv.* (*avec qch.*)　(与…)同时地
programme (*n. m.*)détaillé d'exécution des travaux　详细施工计划
notification *n. f.*　通知

ordre (*n. m.*)de service écrit de commencer les travaux 书面开工令
route (*n. f.*)d'accès 进场道路,便道
plates-formes de stockage des agrégats et des matériaux 骨料和材料堆放场
hangars (*n. m. pl.*)de réparations et stockage 修理棚和贮料棚
plan *n. m.* 图,图纸,平面图
plan de signalisation 标志牌平面布置图
plan de sécurité 消防总布置图
prendre *qch.* en charge 对…负责,承担…的责任
avoir trait *à qch.* 与…有关,涉及到…
signalisation (*n. f.*)du chantier 工地标志牌
signalisation temporaire de chantier 工地临时标志牌
déviations (*n. f. pl.*)ponctuelles 局部改道
section (*n. f.*)de voie 线路区段,线段
chantier *n. m.* 工地,建筑工地,施工现场,作业区
chantiers urbains 城市作业区,市内作业区
axe *n. m.* important 主轴
agent (*n. m.*)qualifié responsable 专业负责人
volet *n. m.* 部分,方面
sécurité (*n. f.*)passive 被动安全
sécurité active 主动安全
réglementation *n. f.* 规定,条例,规章
régir *v. t.* 支配,决定,确定
base (*n. f.*)de vie, base-vie *n. f.* 基地,营地
personnel (*n. m.*)du maître d'ouvrage dûment mandaté 业主正式授权工作人员
pièce (*n. f.*)de rechange 替换零件,备件,配件
fourniture *n. f.* 提供,供应,供给
fournitures *n. f. pl.* 供应品,办公用品
cartouche pour les imprimantes 打印机墨盒
traceur *n. m.* 绘图仪,自动制图仪
fax *n. m.* 传真机(=télécopieur)
photocopieur *n. m.* 复印机
contrôle *n. m.* (一个单位的)全体检查人员
régler *v. t.* 结算,支付,结清
Administration *n. f.* 政府的部门
stationnement (*n. m.*)du matériel 车辆停车场
procès-verbal *n. m.* 记录,纪要,报告
projet (*n. m.*)détaillé 大样,施工设计
date (*n. f.*)prévue 预定日期,规定日期
affectation *n. f.* 规定用途,用途

charge *n. f.* 开支,费用
voie (*n. f.*) de circulation 行车道,车道
lanterne *n. f.* 信号灯
intensité (*n. f.*) lumineuse 光度,发光强度
circulation *n. f.* 交通
circulation ferroviaire 铁路交通
circulation terrestre 陆上交通
dommage causé à un tiers 第三者损害
limitatif *a.* 限制性的
impératif *a.* 强制性的
délimiter *v. t.* 划定界限,划界
clôture (*n. f.*) grillagée 铁丝网围墙
périmètre *n. m.* 四周,周围
guérite *n. f.* 小屋,岗亭

Termes de construction(工程词汇)

○ 基础和计算:Fondations et calculs

基础 ① fondation (*n. f.*) 泛指各种类型的基础,包括各种桩	浅基础 fondation peu profonde
② semelle de fondation 简称 semelle (*n. f.*),指普通的条形基础或独立基础,特别是混凝土基础	锥形基础,薄壳基础 semelle conique
方形基础(板) semelle carrée	深柱基础(桩基) fondation sur piliers
圆形基础 fondation [semelle] circulaire	沉井基础 fondation par havage
矩形基础 fondation [semelle] à section rectangulaire	机器基础(底座,底基) fondation des socles des machines
阶梯形基础 fondation [semelle] en gradins [à redans]	抗震基础 fondation antivibratile
锥形基础 semelle (*n. f.*) conique	基础垫层 forme (*n. f.*) de propreté
梯形基础 fondation [semelle] à section trapézoïdale	灰土垫层 forme de propreté constituée par un mélangeà sec de terre et de chaux
单独基础 fondation [semelle] isolée	混凝土基础垫层 forme de propreté en béton,如用贫混凝土则是 en gros béton
连续基础,条形基础 fondation continue	钢筋混凝土基础(板) semelle en béton armé
带形基础 semelle filante	大方角(墙基) empattement (*n. m.*) (du mur)
连续式带形基础 semelle filante et continue	基槽,基坑 fouille (*n. f.*) pour fondations,如是条形基础则称为 rigole (*n. f.*)
槽形基础,带形基础 fondation sur rigoles,指普通的砖石大方角或简单矩形混凝土基础,简称 rigole(条形基础,矩形基础)	挖槽 fouilles (*n. f. pl.*), excavation (*n. f.*)
满堂基础 radier général, fondation sur radier général	验槽,基坑检查 vérification (*n. f.*), contrôle (*n. m.*) du fond de fouille
倒筏板基础 radier général inverse	防水套 cuve étanche, cuvelage (*n. m.*)
筏形基础 fondation en radeau	防水层 couche (*n. f.*) étanche [hydrofuge/imperméable]
倒筏基 radier inversé	油毡防潮 couche étanche en feutre bitumé [en chape souple]
浅筏基 fondation sur radier en surface	基础埋深 niveau (*n. m.*) d'assise des fondations
桩基础,桩基 fondation sur pieux	桩的埋深 niveau d'enfoncement du pieu
混凝土桩基 fondation en pieux de béton	基础面积 surface de semelle,或 surface portante 即"承载面积"
摩擦桩基础 fondation sur pieux flottants	基础自重 poids propre des fondations 或 poids propre de la semelle
钻孔灌注桩基础 fondation sur pieux forés	自然地面标高 cote (*n. f.*) de niveau du sol naturel
斜桩基础 fondation sur pieux inclinés	设计地面标高 cote (*n. f.*) de niveau projetée du sol
管桩基础 fondation en pieux tubulaire, fondation par pilier tubulaire	地基(土壤)承载力 taux (*n. m.*) de travail du sol
墩式基础 fondation en pile	capacité (*n. f.*) portante du sol
沉箱基础 fondation sur caisson immergé	地基(土壤)允许承载力 taux de travail admissible du sol
深基础 fondation profonde	

续上表

基础沉降,基础下沉 tassement (*n.m.*)des fondations	沉降观测 observation (*n.f.*)des tassements
沉降计算 calcul (*n.m.*)des tassements	土的压缩性 compressibilité (*n.f.*) du sol
允许沉降值 valeur (*n.f.*)admissible des tassements,简称:tassement admissible	等压曲线 courbe (*n.f.*)d'égale pression
容许沉降差 différence(*n.f.*) admissible des tassements	分层总和法计算沉降 calcul des tassements par la méthode de l'addition des tassements successifs
均匀沉降 tassement uniforme	地基评价(评估) appréciation de la valeur du sol, appréciation de la qualité du sol
不均匀沉降 tassement inégal	

"课文"翻译参考

第9课 普通桥隧构造物

平交道口

Ⅰ. 建筑原则

概述-桥隧构造物建筑遵循的一般原则可以概括为:建筑坚固和结构简单。

第一条原则:"建筑坚固"适用于一切工程,但在铁路方面尤为突出。列车通常重量大又速度快,在线路上通过的时候把产生的振动传递到线路和下部结构,这就给基础不好的建筑物造成了危险的振动。另外,修理基础总是很困难的,每当必须在运营的线路下面施工的时候就异常困难,因为在线路修理的时候必须要竭尽全力维持交通。

应该"结构简单",因为在铁路线上桥隧构筑物很多,另外,桥隧构筑物讲排场的弊病是既造价高又无用。

铁路桥梁,尤其是铁路跨线桥其数量最多、尺寸又最大,如果它们不是靠近城市,没有人看得见它们,也没有人会评价它们的建筑学价值。另外,一个建筑物真正的美主要在于其优秀的设计和优美的线条。

基础-每当可能的时候,都应该把基础建在坚硬的地面上,坚硬的地基指的是岩石(除非里面就像有事故发生的情况那样混有黏土层)、砾石或密集砂和硬黏土。

为了达到坚实的基础应该花费的钱数当然取决于建筑物(或桥梁)的大小。就1 m长的涵洞而言,就是有些移动的话也并无大碍。对于大型建筑物来说,具有绝对牢靠的基础的可行办法几乎是这类建筑物施工的首要条件。

在建筑物部位旁边进行钻探以了解土壤的性质和确定下伸的深度对任何建筑物、即便是最小型的建筑物都是非常重要的。如果忽视了这个事情,假设是大型建筑物的话,在施工中将会面临不得不改变基础类型,这必定会付出很高的代价。钻探应该在基础的旁边进行,如果在建筑物本身的部位上进行的话,由于基础很少能深入到钻探那么低的位置,因此必须将钻孔堵住,这样就在基础下面形成了一个硬点,破坏了基础的均质性。在寻找坚硬地基的时候,在很多情况下有必要将钻孔深入到岩石或硬砾石的下面,实际上可能遇到的不是坚硬的土体,而是孤立的石块或者是坐落在土层或黏土层上面的岩层或砾石层。因此,仅仅找到相当坚硬的基础地层是不够的,还应该知道其下面的情况。大型构造物在施工中有时不得不拆除已经达到一定高度的桥墩,因为桥墩基础岩石的下面是可压缩土层。

如果建筑物不大,可用筏形基础将压力分散到地面。对于小型建筑物,可以简单地将压力分散到碎石层、砾石层或砂层。

砂质基础或碎石基础很好。只是要注意给砂子适当地浇水,而且砂层或碎石层应该均质以免破裂。

圬工工程的施工-包括砌面工程在内的圬工工程应该使用附近有的材料进行施工。如果只有坚石或中硬岩石,砌面则用粗石圬工施工、用不规则大石块砌筑、用当地有的毛石砌筑。如果有软石,根据材料所适合的使用方法用大铁锤锤碎的碎石或粗凿石施工。当地如果没有天然建筑材料,就像建筑物的主体那样用砖砌面。

应该做凹缝,当圬工用砂浆还没干的时候,尽量在毛石之间仅仅挤压座浆、或者如果座浆里只有粗砂的话,则挤压用过筛砂专门拌制的砂浆。

拱圈只需重勾明缝。拆除桥拱架的时候,如果拱砌体已经砌好了,毛石就被倒流到拱腹面的砂浆覆盖住了。只需清除这些砂浆、重新掏空到显露出轮廓所需要的最起码深度,然后给已经渗入凹处里的砂浆添加极细的灰浆就够了。有一项正确的措施是用盐酸清洗砌面和勾缝,除去多余的石灰和使砂浆硬结。

圬工桥和钢桥-桥梁可以是圬工砌筑的或钢制的。

当可以使用圬工的时候,永远都要毫不迟疑地进行圬工工程,如果砂浆的质量优良而且砌面的石料不易冻裂,圬工工程不仅具有使用寿命几乎无限的优势,而且免除了钢桥铺轨通常烦人的附属工程,尤其是在发生脱轨的情况下,圬工工程铺轨的危险性小得多。最后,钢桥所需要的维修和养护费用不是很大,但是不维修养护会造成非常重大的危险,而且又会引起重大事故。

Ⅱ. 过水建筑物

涵管-流水量很小时经常使用涵管。涵管用在侧面道路下面和用来在平交道口附近穿越铁路排水沟是很好的。水泥涵管用在轨道下面的缺陷是有碎裂的危险,而且维修比涵洞困难。

涵洞和圬工涵洞-涵洞总是大得足以能进入疏通管道,如果上面有填土还要能够进去维修。最小高度和宽度为 0.4 m。如果涵洞上面的填土是中等数量的话,高度应该达到 0.6 m,高填土下面的涵洞的高度应该达到 1 m。因为涵洞的长度随着填土的高度增加而增加,而且砌面的疏通和诸如重嵌灰缝和更换碎裂材料之类的砌面维修的困难就相同的截面而言,也随着涵洞长度的增加而增加。

在有优质粗石的地方可以使用盖板箱涵,其下部截面为矩形,由粗石板铺面的两个边墙组成,除非有特殊的石板,一般上限宽度为 0.8 m。

涵洞和圬工涵洞半圆拱腹或三心曲线或圆弧线构成,一般还有翼墙。即便有足够的高度采用半圆拱腹,往往最好还是用圆弧做拱腹,因为这样做的结果是施工容易。如果平均半径够大的话,确实可以用修琢成平行六面体的普通毛石砌筑拱腹,而如果使用琢石的话,则应将其专门修琢成梯形截面。

Ⅲ. 恢复交通的建筑物

A. 铁路跨线桥

规定的尺寸-技术规范准轨铁路线的铁路跨线桥尺寸如下:

桥栏杆之间的宽度:单线铁路 4.50 m;双线铁路:8 m。

桥栏杆的最小高度:0.80 m。

净空高度:拱结构的拱矢高度为 5 m;矩形梁金属结构的梁下高度为 4.30 m。

桥跨度:国道(国家级公路)为 8 m;省道(省级公路)为 7 m;交通量大的乡镇道路为 5 m;乡村道路为 4 m。

窄轨铁路线当然只有桥栏杆之间的宽度有变化，米轨铁路桥栏杆之间的宽度为 3.50～4 m。

圬工桥-圬工桥的形状视当地的情况、尤其是可以使用的高度而各有不同。

公路桥的桥面层要特别认真做好，最好是做成沥青路面，桥下漏雨的桥梁令行人厌烦。

钢桥 - 如今铁路跨线钢桥已不再使用铸铁，这不仅仅是由于经济方面的原因，而是出于安全方面的考虑。铸铁在温度变化的影响下和列车通过的时候同样有断裂的危险。

钢桥几乎一贯在使用矩形梁，如果高度不够的话则使用箱型梁。两对并置梁构成一个纵向箱体，上面安置一根纵向轨枕来支承钢轨。

B. 公路跨线桥

规定的尺寸-根据技术规范，准轨铁路线的公路跨线桥桥台之间的最小跨度单线线路应该是 4.50 m，双线线路应该是 8 m。

每条线路外轨以上净空高度不应低于 4.80 m。

公路和乡镇道路在道路交叉处的桥栏杆之间的容许宽度同铁路跨线桥一样，即国道为 8 m，省道为 7 m，交通量大的乡镇道路为 5 m，普通乡村道路为 4 m。

单线米轨铁路桥台之间的容许宽度为 3.90～4 m，钢轨以上净空高度为 4.30 m。

圬工桥-为了行车的便利，要力求使公路跨线桥下面的视野尽量开阔。为此，4.50 m 的宽度对于列车能够高速运行的线路来说，只要稍微有点弯道就太小了。

公路跨线桥要求栏杆结实，圬工桥对于公路跨线桥最合适。另外，除非道路的交通量不大且周围视野很好，不然在行车道的两侧设置高架人行道是明智的选择，当列车正在通过时，过桥的马突然受惊，在这种情况下此类人行道使护栏的作用更为有效。

钢桥-钢桥的优势是要求的高度比圬工桥矮。就像圬工桥那样，应该给钢桥留的宽度比规定的宽度大得多，以使视野宽阔。况且，通常这样做是有好处的，由于目前金属的价格低，即便从财政方面看也如是。在任何情况下都要做比较，但是总要考虑视野宽阔所带来的好处。

C. 平交道口

规定条件-技术规范通常为平交道口所规定的唯一条件如下：铺设的钢轨应该使路面没有凹凸不平，交叉的角度不应该小于 45°。45°交叉角本身应被视为应该避免接近的最大极限，应该力求尽可能进行菱形交叉或近乎菱形交叉。

要求铺轨没有凹凸不平通常理解为导致在平交道口铺设护轮轨，护轮轨与钢轨并置之间形成一个 5～7 cm 的轮缘槽，护轮轨顶端弯曲以便车轮进入。从车辆运行的角度看，最好加宽轮缘槽，但是从另一方面看，最好减小轮缘槽宽度，以使行人的鞋跟和矮小家畜的蹄子进入轮缘槽被卡住的可能性少些。在法国，护轮轨几乎一直是顶端弯曲的普通钢轨。

数量最多的旋转栅门可以向内开也可以向外开。对于这个事情大家的意见是一致的，但是后面的办法我们觉得更可取。

在有人看守的平交道口，道口看守房位于铁路和公路交叉形成的四个角落中的任何一处，但是有必要把看守房建在能够让道口看守员甚至从房子里不开窗户就能看见远方列车的最佳位置。在曲线段，把道口看守房建在曲线以内比建在曲线以外好。

道口看守房的位置不要离轨道太近，反之应该让看守房远离轨道，以便出去关闭栅栏的道口看守员倘若出去晚了的话,不会发生没有看见列车而向列车猛冲过去的危险。恰当的距离是距最近的轨道中心线 5～7 m。

道口栏木-旋转栅门-当今铁制栅门只是用在各种等级的干线铁路上。在运量很小的线路上,可以用普通的木栏杆取代栅门亦无大碍。

铁栅门的形式是格构桁架,有时用扁铁在桁架下部增加腹杆以阻止矮小家畜通过。应该注意的是制作的栅门不仅垂直方向要坚固,而且横向上也要不易弯曲。

如果栅门大开度不超过 4～5 m 的话,可以只有一扇构成,超过 5 m 的话就做成两扇的,但是从 7 m 开始最好使用滑动栅门。

滑动栅门-滑动栅门通常与旋转栅门一样由格构桁架构成,但不是铰链式悬挂,而是由直径约 0.40 m、位于下部的滑轮支承,滑轮在一根起导向作用的槽形轨构成的轨道上移动。

滑动栅门和旋转栅门一样备有小门。

升降式栏木-遥控的栏木几乎无例外都是升降式栏木。法国的升降式栏木一般是铁质的带有一个铸铁的平衡锤。

道口看守房-当今有一种道口看守房几乎被普遍接受,它由一个底层和一个楼层构成,后面有一个单坡屋顶,一般采用以下尺寸:

长 7.50 m,宽 5.00 m,屋脊到地面的高度 6.50 m。见下图。

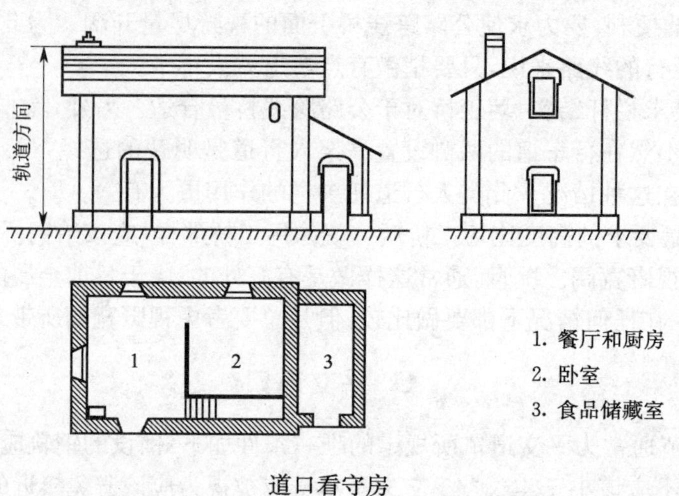

道口看守房

底层的房间置于轨道一侧,既用来当作厨房又当作工作室。房门应该永远开在侧面,以便道口看守员出去的时候,如果出去晚了列车正在通过时,不会猛然冲向轨道。

"阅读"翻译参考

填土和垫层施工用的材料分类

1.2 土壤分类(A,B,C,D类)

土壤是天然材料,由通过简单捣碎或在水流的作用下能够很容易分离的颗粒组成。这些颗粒可能是大小不定的:从黏土到石块。土壤的地质性质和地质起源各种各样:冲积土、沉积松软土、冰川沉积、残积土①等,具有有机质超过3%性质的土壤同工业副产品一样单独列入F类。

1.2.1 为土壤分类采纳的参数

- 自然参数。
- 机械特性参数。
- 状态参数。

土壤一直根据0/50 mm的碎块测定,这是常用的试验室能够鉴定的小块。

自然参数

自然参数关系到固有特性,也就是说土壤在使用时,既不会随时间发生变化也不会在任何搬运过程中发生变化,或者变化不大。

机械特性参数

只有为了判断土壤在路面垫层可能的用途时才考虑机械特性参数。机械特性参数用于区分其颗粒部分能够经得起运输、因而能够用于诸如垫层施工之类的材料和那些可能破碎变成大多是细碎屑成分的土壤,在其自然状态下如果没有经过特殊处置(处理)则不能使用的材料。在土壤分类里考虑的特性参数是:洛杉矶系数(LA)(规范P 18-573),和加水条件下的MDE系数(即磨耗系数)(规范P 18-572),在10/14颗粒部分测定(或者要是没有的话则在6,3/10部分测定),以及在0/1或0/2 mm部分里测定的砂子的易碎性(FS)系数(规范P 18-576)。

采纳的临界值:

- 洛杉矶系数值和MDE含水率值:45。
- 砂子的易碎性(FS)系数值:60。

状态参数

状态参数不是土壤所固有的参数,但这些参数是随土壤所处的环境而变化的。

就水稳性差得松散土而言,本分类法所考虑的唯一的状态参数是含水状态,对于填土和垫层的所有问题其重要性是首位的。

1.3 石质材料的类别(R类)

尽管在石头开采以后,石质挖方变成、至少是部分变成了可以被视为上述1.2节规定的松散土意义上的材料,应该预先能够以原地的岩石为原料考虑到开采以后的材料性能。这就需要根据石质材料的地质性质和根据有代表性的取样进行试验得出(易碎性、降解性、密度等)的结果以及在土方施工不同阶段施工中所掌握的石质材料的性质来制定石质材料的分类。

①Les sols résiduels sont formés sur place par processus d'altération physico-chimique des roches(exemple: arène granitique, latérites…):残积土是岩石经过风化过程在原地形成的(例如:天然砾、红土等)。

"翻译练习"译文参考

施　工

第 1 条　工地设施

在书面开工令通知下达后的一个月内，承包商随同详细施工计划一起向监理工程师递交工地设施设计和工地标志牌设计。

工地设施设计应该包括承包商关于进场道路、骨料和材料堆放场、修理棚和贮料棚、承包公司办公室、工地试验室和为监理工程师专门配置的、设备完善的办公室方面的提案。

承包商应向监理工程师递交一张项目有关的标志牌平面布置图和消防总布置图报业主审批。该图纸应负责解决有关工地临时标志牌（竖向的和横向的）的问题，线路区段考虑到的局部改道问题，以及在市内作业区的情况下或者在任何重要的主轴上与公路交叉时，通过一切适当的方式向公路用户提出工地的交叉径路的问题。

在此方面，承包商指定一名工地安全专业负责人，负责项目施工期间这方面的工作。

承包商应根据阿尔及利亚规定材料的法规递交一份其所有设备和营地方面的被动安全和主动安全计划。

业主正式授权工作人员和监理工程师使用的房屋和设备

承包商负责所有办公设备的维修，提供配件，供应打印机纸和墨盒、绘图仪、传真机和复印机。

代表业主的监理工程师在十五天的时间内审批本详细施工计划并签署其意见退还给承包商。

承包商将在十五天的时间内完成监理工程师要求的修改。

承包商负责供水、供电、提供工地生产、监理工程师办公室和检查人员办公室所需的电话和其他设备。

承包商向有关部门直接支付相关的费用，在工地设备占地范围之外可能还要支付杆柱、管道的安装费。

凡是在施工现场有业主可以支配的空地的情况下，工地设施的建筑场地、车辆停车场、材料堆放场均由业主免费提供给承包商使用。如果没有的话，可以允许承包商使用其他场地或者偿还承包商为其占用场地而被迫支付的赔偿金。场地交付列入场地交付使用记录。

施工期间发生工地设施转移的情况下，承包商应在场地实际使用规定日期一个月以前将其工地设施的施工设计提交监理工程师审批。

承包商在施工期间建成和使用的任何营地的设备在该工程竣工（临时验收）时都属于业主所有。

竣工时，营地要恢复到正常状态交给业主，业主决定其用途。

在施工期间，承包商自费确保上述营地的主动安全和被动安全、管理、使用和维修的全部费用。

第 2 条　进入公司食堂

如果承包商在工地为其自己的员工建立食堂设施，那么应该给监理工程师的工作人员和视察工地的任何业主代表提供饮食,其质量和价位不低于承包商给自己职工的饮食质量和价位。

第 3 条　工作人员生活用水和施工用水的供应

承包商负责工地供水。承包商应为其职工、业主和检查组修建的各种房间(办公室、和工地试验室)提供需要的饮用水。

第 4 条　工地标志牌

日暮以前,工地设施和车道用标志灯照明,光度要足以确保铁路交通和陆上交通十分安全。在施工期间,由于承包商车辆的原因或者标志错误或遗漏造成的事故或第三者损害,承包商仍然要负完全责任。

工地设施应该在场地四周用铁丝网围墙或最少高 2.4 m 的混凝土围墙来实际划定界限,这既不是限定性的要求,也不是强制性的要求。入口应该由能使工地车辆通行的双栏木组成。每个入口都应修建一个检查岗亭,以便查明进出工地设施者是否仅限于允许的人员。

Leçon 10
Ouvrages d'art exceptionnels

Ⅰ. Ouvrages à ciel ouvert

1. Grands ponts. -Lorsque la construction d'une ligne comporte l'exécution d'un grand pont, il est très important d'en étudier les dispositions générales au moment même où on s'occupe du tracé, parce qu'on peut être amené à modifier ce dernier en tenant compte de la difficulté des fondations, du débouchéà donner, etc.

2. Viaducs. -Les viaducs sont des ponts, généralement d'une grande hauteur, destinés à franchir des vallées. Sauf dans des cas exceptionnels, on n'emploie les viaducs que lorsqu'ils permettent de réaliser une économie sur les remblais. Si la hauteur est supérieure à vingt mètres, il n'y a habituellement pas à hériter ; c'est le viaduc qui coûte le moins cher. Au-dessous de douze à quinze mètres, au contraire, l'avantage est en faveur du remblai. Il n'y aurait donc d'étude comparative à faire que pour les hauteurs comprises entre douze et vingt mètres ; la question ne se présente pas toujours aussi simplement. Dans beaucoup de cas et, si l'on est en pays accidenté, dans tous les cas, la hauteur de la voie au-dessus du fond de la vallée varie sur toute la longueur de la traversée ; il faut chercher le point de passage du remblai au viaduc. Il y a en outre à tenir compte des ouvrages à faire sous remblai pour la traversée des chemins, pour l'écoulement des eaux, etc., de la valeur du terrain qui peut augmenter considérablement le prix des grands remblais par suite de leur large empattement, de la difficulté des fondations, de la nature des terres à employer en remblai qui peut obliger à adoucir les talus ou à faire des consolidations, enfin de la nature du sous-sol dans lequel il peut se produire des enfoncements.

Un viaduc est en général un ouvrage coûteux, il ne faut donc se décider à adopter cette solution qu'après s'être assuré par une étude consciencieuse qu'elle est la meilleure, et surtout il ne faut pas se laisser entraîner par le désir d'avoir à construire un bel ouvrage.

3. Viaducs en maçonnerie. -Il y a pour les viaducs en maçonnerie un rapport architectural classique entre l'ouverture et la hauteur sous clef, c'est un demi ; mais il ne faut pas y attacher une trop grande importance. Les viaducs ne sont habituellement vus de presque personne et de plus, dans les vallées qui ne sont pas plates, le rapport classique n'existe que pour une ou quelques arches. On peut faire de très beaux ouvrages avec un rapport quelconque entre la hauteur et l'ouverture. Chaque fois qu'on y trouve une économie sérieuse, il faut régler l'ouverture des arches uniquement d'après la dépense, en tenant compte des fondations et des cintres. Ces derniers jouent un rôle important, et il faut toujours les compter dans les estimations. Dans beaucoup de cas, on est conduit à donner les mêmes ouvertures aux arches de plusieurs viaducs de hauteurs différentes, par la seule raison qu'on profite du remploi des cintres si ces viaducs ne doivent pas être construits dans la même campagne.

4. Viaducs métalliques. -La maçonnerie est préférable au métal pour les grands viaducs, car les ouvrages métalliques sont plus dangereux en cas de déraillement, d'un entretien plus coûteux et d'une surveillance plus difficile ; mais ils n'en offrent pas moins des avantages considérables et ils sont les seuls qui permettent de franchir les très grandes portées. Il ne faut pas d'ailleurs s'exagérer leurs inconvénients: les ouvrages dont les rivets s'ébranlent, dont certaines pièces flambent, qui éprouvent sous l'influence du vent des vibrations excessives, sont tout simplement des ouvrages mal faits.

Quand on fait de grands viaducs, il est bon de disposer le tablier de manière à éviter les déraillements ou en atténuer les conséquences. Dans certains pays, en Autriche par exemple, on emploie sur ces ouvrages des contre-rails; c'est une précaution à recommander.

5. Murs de soutènement et arcades. -On emploie rarement les murs de soutènement comme moyens de consolidation, mais ils sont parfois nécessaires pour soutenir les remblais, notamment dans les cas suivants:

(1) quand le prix du terrain est très élevé et que la hauteur est trop faible pour justifier la construction d'un viaduc.

(2) quand le pied du talus tomberait sur un obstacle qu'on ne peut déplacer (maison, cours d'eau, etc.).

(3) quand le terrain sur lequel on doit asseoir le remblai à une inclinaison inférieure, égale ou peu supérieure à celle du talus de remblai.

Murs à pierres sèches. -Les murs à pierres sèches résistent par leur masse. Lorsqu'on a du moellon à bas prix, leur construction est économique, car en arrière du parement on peut, si l'épaisseur est grande, se contenter de ranger les moellons à la main. C'est surtout pour soutenir le pied des remblais qu'on peut les recommander. Bien entendu, avec des murs de cette nature, on ne peut compter sur la répartition des pressions suivant une courbe géométrique.

Murs en maçonnerie. -Quand on fait des murs en maçonnerie d'une certaine hauteur, de plus de trois mètres par exemple, il faut non seulement calculer leur épaisseur à la base, mais déterminer la courbe des pressions, de manière à leur donner sur toute leur hauteur les dimensions les plus favorables. L'étude de la courbe des pressions conduit à augmenter autant que possible le fruit extérieur, qui doit d'ailleurs avec les profils ordinaires croître à mesure qu'on se rapproche de la base. Au contraire, il y a intérêt à faire le parement intérieur vertical et même en surplomb, comme cela se pratique en Angleterre. Toutefois, dans les terres argileuses et humides, le parement intérieur en surplomb peut être dangereux, si le fruit est excessif ; le retrait de l'argile pendant les chaleurs de l'été suffit en effet pour que le mur ne soit plus soutenu en arrière et, si son centre de gravité tombe en dehors ou trop près de l'arête placée de ce côté, il peut en résulter sa destruction. Il est facile d'éviter ces inconvénients en plaçant de distance en distance des contreforts qui s'opposent au renversement du mur en arrière.

Quel que soit le type adopté, il faut toujours assurer l'assèchement des terres derrière les murs en maçonnerie au moyen de barbacanes, et, lorsqu'on le peut, au moyen d'un massif à pierres sèches ou, au moins, d'une couche de pierrailles placée entre la terre et la maçonnerie. Les barbacanes doivent être assez rapprochées et bien apparentes, avec de larges orifices. Un espacement de 2 mètres d'axe en axe pour les grands murs et de 1. 50 m pour les petits, et des orifices de 0. 50 m sur 0. 20 m sont à conseiller.

Arcades. -Les arcades sont des voûtes coupées par le terrain naturel et supportant un côté de la plateforme dont l'autre côté établi en déblai. Elles ne sont justifiées que sur les flancs de coteaux abrupts, lorsque l'établissement d'un mur serait plus coûteux. Il convient de construire les arcades très simples et en général de faire les parements entièrement en maçonnerie brute ou en moellons tétués. L'ouverture des voûtes varie selon les conditions dans lesquelles elles se trouvent ; elle est comprise le plus souvent entre cinq et dix mètres.

Ⅱ. Souterrains

6. Généralités. -On est amenéà construire des souterrains, soit lorsqu'on doit traverser un faîte ou un contrefortà une profondeur trop grande pour qu'on puisse, sans dépense excessive, ouvrir une tranchéeà ciel ouvert, soit lorsqu'on a affaireà des terrains tellement mauvais qu'il soit dangereux d'y faire une coupure continue, soit quelquefois, lorsqu'il se présente un obstacle qu'un motif quelconque empêche de franchir par-dessus. On peut citer, dans ce dernier cas, la traversée de torrents dans les pays montagneux, et les tunnels sous les estuaires de certains fleuves, ou même sous des bras de mer, comme le tunnel projeté sous la Manche.

7. Profil type. -Le profil type des tunnels est défini par les conditions suivantes: laisser pour le passage des trains l'espace libre minimum réglementaire, et permettre la construction aussi facile que possible d'un revêtement capable, au besoin, de soutenir le terrain. Les dimensions réglementaires sont les mêmes que pour les ouvrages d'art, c'est-à-dire: pour la voie normale 8 m de largeur entre les piédroits sur les cheminsà deux voies, 4. 50 m sur les cheminsà une voie, 6 m de hauteur sous clef et 4. 80 m de hauteur minimum au-dessus des rails extérieurs.

Lorsque le terrain est de bonne qualité, on peut faire les piédroits verticaux ; la voûte est généralement en plein cintre ou, pour diminuer le cube des déblais, en anse de panier. Lorsque le terrain a besoin d'être soutenu, on donne aux piédroits maçonnés la forme courbe.

Pour les lignesà voie unique, on dispose souvent le profil des souterrains de telle manière qu'on puisse facilement le transformer en profilà deux voies, au cas où un élargissement serait nécessaire. La forme en anse de panier permet de faire la modification avec le moins de démolition possible. Lorsqu'on est dans un bon terrain, on se contente quelquefois d'amorcer la voûte pour deux voies et de supprimer le piédroit du côté où on prévoit l'élargissement.

8. Aqueducs. -Il se produit fréquemment des infiltrations d'eau dans les souterrains, on y ménage soit des fossés ouverts, soit des aqueducs. Il vaut mieux placer les aqueducs le long des côtés de la voie qu'au milieu, quitteà en faire deux ; cependant quand le radier est courbe, on est obligé de les faire au milieu pour les placer au point le plus bas ; il faut alors prendre les précautions nécessaires pour qu'ils ne soient pas obstrués, car leur nettoyage est très difficile.

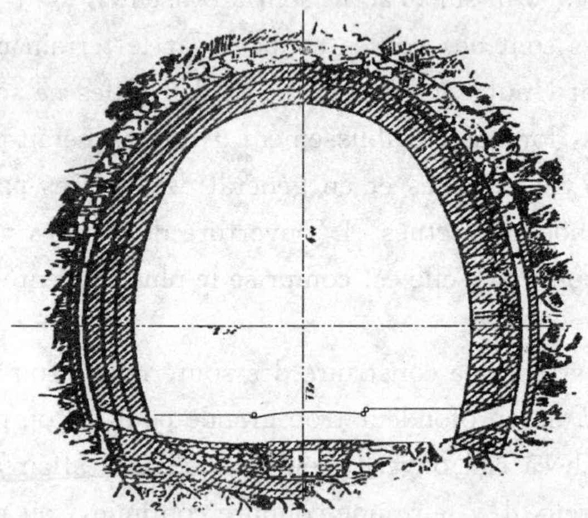

Fig. 10-1 Aqueduc sous la voie

9. Profil en long. -On n'est pas toujours maître du profil en long des souterrains. Néanmoins, lorsqu'on franchit un faîte, il est bon de ménager une pente des deux côtés pour faciliter l'écoulement des eaux et le sortage des déblais ; cela est même toutà fait indispensable dans les souterrains très longs pour que l'écoulement des eaux n'y devienne pas impossible. Il ne faut pas oublier que les déclivités doivent toujours être plus faibles en souterrain qu'à ciel ouvert parce que l'adhérence y est moindre.

10. Procédés d'extraction. -Les procédés courants d'extraction sont les mêmes qu'à ciel ouvert: on emploie la pioche, le pic et la mine ; c'est cette dernière qu'on utilise le plus souvent, car presque tous les souterrains sont creusés dans le rocher sur la plus grande partie de leur longueur. Depuis trente ans, on a beaucoup augmenté la rapidité du percement des grands souterrains par l'emploi de perforateurs mécaniques.

11. Boisage. -Lorsqu'on se trouve dans des terrains susceptibles de s'ébouler en exerçant des poussées, il faut les maintenir jusqu'à ce qu'on puisse exécuter le revêtement, ou tout au moins pendant le temps qu'on l'exécute ; on les maintient au moyen de boisages. Le boisage comprend toutes sortes d'appuis depuis la simple chandelle destinéeà retenir un bloc insuffisamment solide, jusqu'à l'étrésillonnement complet du terrain. Les boisages sont des charpentes, mais, en raison de leur caractère provisoire et des conditions difficiles dans lesquelles ils s'exécutent, ce sont des charpentes d'une nature particulière et extrêmement simples. On y emploie presque toujours des bois ronds, souvent en grume ; les assemblages se composent surtout d'embrèvements maintenus au besoin par des clous, et le serrage des pièces est obtenu par des cales en bois.

Les principaux éléments du boisage sont les suivants:

(1) les étais, pièces de bois verticales ou inclinées. A leur pied on les cale avec des morceaux de bois qu'on chasse au marteau, à l'autre extrémité, on les appuie contre le terrain directement, ou, si cela est utile, en interposant des madriers.

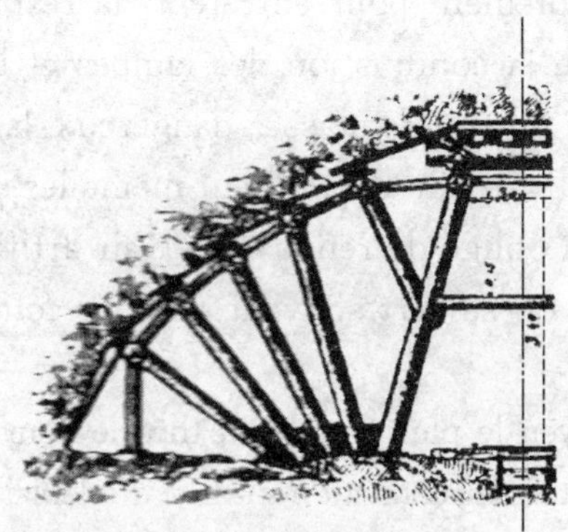

Fig. 10-2 Étais

Fig. 10-3 Cadre

(2) Les cadres, formés d'un chapeau horizontal soutenu par deux poteaux verticaux. S'il y a des poussées latérales, les poteaux sont en outre maintenus à leur partie inférieure par une traverse.

Fig. 10-4 Cadre avec revêtement de madriers

12. Boisage métallique. -Les boisages métalliques sont peu en faveur en France. C'est surtout en Angleterre et en Amérique qu'on a utilisé le métal pour les consolidations de souterrains.

13. Écoulement des eaux. -Il est bien rare qu'on exécute un souterrain de quelque longueur sans rencontrer des eaux en quantité plus ou moins abondante ; le mieux est de les faire écouler par la gravité en donnant au souterrain une pente convenable. Même lorsque le profil en long ne comporte pas de pente, on peut effectuer les travaux comme s'il y en avait une, sauf à enlever en dernier lieu, et quand le souterrain est percé de part en part, la couche inférieure de déblai qu'on a laisséeà desseinà cet effet. Mais ce moyen n'est pratique que s'il n'y a pas de radier à faire, et en outre il est une cause de retard dans l'exécution. Enfin lorsqu'il s'agit de souterrains à grandes section et qu'on craint une grande affluence d'eau, on peut quelquefois exécuter à côté du souterrain et à niveau plus bas une galerie spéciale destinée à l'assèchement.

14. Ventilation. -Lorsque le percement d'un souterrain est achevé, il s'établit un courant d'air entre les têtes et, si le souterrain est en pente et un peu long, cette ventilation peut devenir très énergique, au point d'obliger parfois à y installer des portes pour permettre d'y travailler, mais, tant que les galeries ne se sont pas rejointes, l'air ne se renouvelle pas naturellement ; or il faut qu'il soit renouvelé non seulement pour entretenir la respiration des ouvriers, mais encore pour enlever les produits de la combustion des lampes et les gaz provenant de l'explosion des mines. Ces derniers sont quelquefois assez dangereux: la dynamite dégage du gaz délétère qui donne aux ouvriers des maux de tête et peut même les empoisonner ; aussi au bout d'un certain avancement est-on obligé de renouveler l'air artificiellement. Lorsqu'on utilise les perforatrices mécaniques, on se sert souvent de l'air comprimé pour faire mouvoir tous les engins mécaniques.

15. Mode d'exécution. -*Méthode Anglaise*① -Le moyen le plus simple en théorie pour percer un souterrain est d'ouvrir la section entière par avancement en maçonnant à mesure du déblai. Cette méthode s'appelle la *méthode Anglaise* ; elle offre un grand avantage qui est celui de donner, à très peu de distance de l'attaque, une grande section libre dans laquelle on peut se mouvoir à l'aise pour les transports, les approvisionnements, etc. , et de permettre d'exécuter le revêtement en une seule fois et de bas en haut. Mais elle a certains inconvénients.

D'abord la difficulté des boisages. Il faut boiser entièrement la surface, avant de la revêtir, au moyen de cintres maintenus par des étais ; ensuite, si le terrain est mauvais, il faut soutenir le front lui-même ; on est alors obligé d'y placer un *bouclier*② appuyé par des étais et qu'on déplace par parties pour avancer l'excavation.

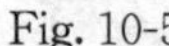
Fig. 10-5

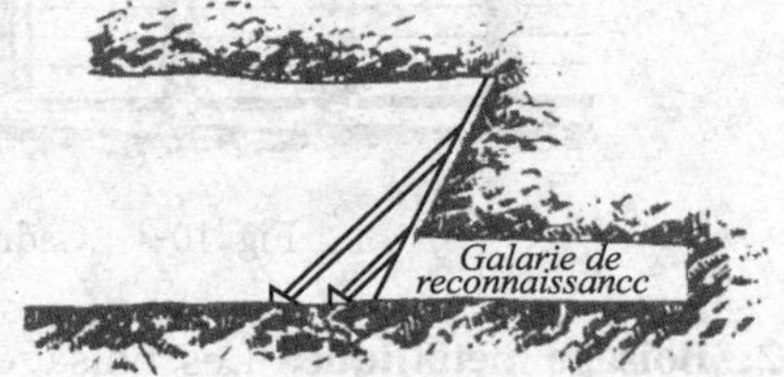

Fig. 10-6

Un second inconvénient quelquefois assez grave est l'impossibilité de reconnaître à l'avance le terrain: si on tombe sur une veine mauvaise, on n'a pas d'approvisionnements spéciaux prêts, on n'a pas eu le temps de se rendre compte de l'épaisseur à donner au revêtement, etc. Pour éviter cet inconvénient, les Anglais percent aujourd'hui en avant du front d'attaque sur quelques mètres de longueur une galerie à petite section, de 10 m^2 de surface par exemple.

Un troisième inconvénient est l'encombrement des déblais au droit de l'attaque, d'où résultent des pertes de temps pour leur enlèvement.

La méthode Anglaise est très usitée en Angleterre et aux Etats-Unis où on l'a appliquée avec des revêtements métalliques. Elle a été aussi employée dans l'Europe centrale et en France ; elle paraît surtout avantageuse dans les terrains assez solides pour ne pas exiger des boisages considérables.

16. Méthode Belge. -La méthode la plus usitée en France est la *méthode belge*, elle consiste à percer d'abord au sommet de la section une *petite galerie* de 2 m à 4 m de largeur sur autant de hauteur que l'on boise au moyen de cadres, ensuite on élargie la section des deux côtés de manière à pouvoir faire immédiatement la voûte ; enfin on enlève le déblai inférieur et on construit les piédroits en sous-œuvre.

La méthode Belge permet de travailler par petites sections, ce qui est très avantageux dans les mauvais terrains, et de construire de suite la voûte.

Deux inconvénients plus graves de la méthode Belge sont les suivants: d'abord on est obligé de charger les déblais de bas en haut, ce qui est d'autant plus incommode qu'on n'a pas assez de place pour les lancer à la pelle ; ensuite et surtout, il faut constamment déplacer les voies, et, lorsqu'on passe d'un étage à l'autre, il faut en outre faire un transbordement, ou ménager des plans inclinés incommodes. Enfin, s'il y a beaucoup d'eau elle vient gêner successivement le travail à chaque étage.

17. Méthode Autrichienne. -La méthode Autrichienne, très employée dans l'Europe centrale, a pour but d'éviter toutes ces fausses manœuvres. Elle repose en principe sur l'exécution d'une galerie dans l'axe et au bas du souterrain. Cette galerie a deux avantages, qui sont précieux surtout lorsque le souterrain est long ; elle permet dès le début l'établissement d'une voie définitive, ou même de deux voies si on le juge utile ; elle assèche en général complètement le reste des chantiers.

Après avoir ouvert la galerie inférieure, on attaque la partie située immédiatement au-dessus.

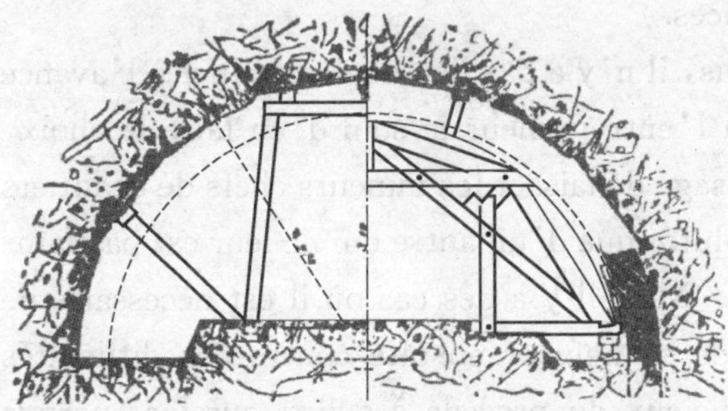
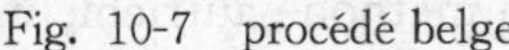

Fig. 10-7 procédé belge

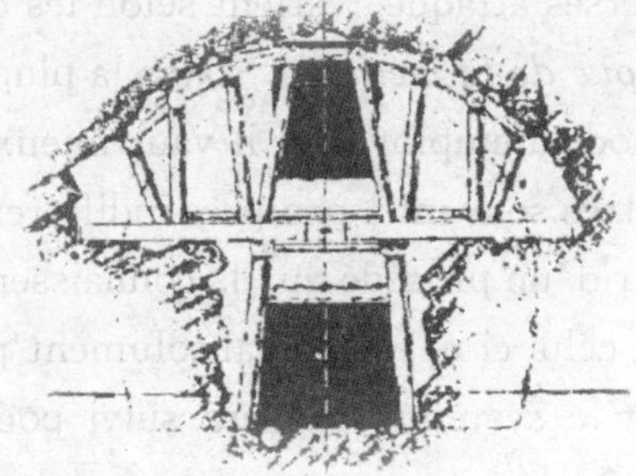

Fig. 10-8

On peut à cet effet employer deux procédés: dans le premier, on enlève par avancement sur la même largeur jusqu'au ciel toute la tranche située au-dessus de la galerie ; dans le second, on ouvre au-dessus de celle-ci une série de cheminées verticales, à partir desquelles on déblaie sur.

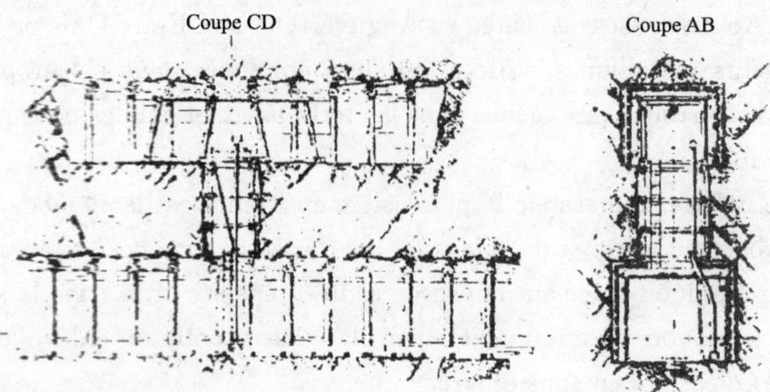

Fig. 10-9 Exécution de la seconde galerie

toute la largeur et jusqu'au sommet en laissant au-dessus de la galerie inférieure une certaine épaisseur de rocher qu'on enlève ensuite. L'ordre des diverses opérations est indiqué par les diagrammes ci-dessous: l'avancement de la seconde galerie placée au-dessus de la première est de faciliter les boisages et l'organisation des chantiers.

Procédé autrichien-Exécution des deb-lais

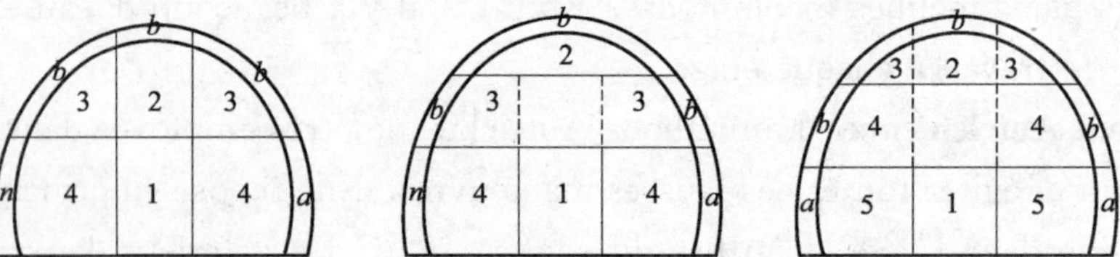

Fig. 10-10 Diagramme indiquant l'ordre des opérations successives des différents cas

Dans le procédé autrichien proprement dit, on maçonne la section entière après l'avoir au besoin boisée complètement ; mais rien n'empêche de maçonner par parties, en commençant par le haut, et, si le terrain n'est pas bon, cela est préférable. Dans ce système comme dans les autres, ce qu'il faut considérer, c'est la méthode d'ensemble ; mais les déblais et l'ordre des diverses attaques varient selon les circonstances.

Choix de la méthode. -Dans la plupart des cas, il n'y a pas lieu de déterminer à l'avance la méthode à employer et il vaut mieux laisser à l'entrepreneur le soin d'en faire le choix, qui est très souvent à peu près indifférent. Il est sage de laisser les mineurs chefs de chantiers se servir d'un procédé qu'ils connaissent bien, plutôt que d'un autre qui ne leur est pas familier, si celui-ci n'est pas absolument préférable. Mais il y a des cas où il est nécessaire de spécifier le système qui sera suivi pour éviter de se heurter ensuite contre des difficultés qu'une étude attentive au début et le choix judicieux du procédé à suivre auraient permis d'éviter. Ainsi, pour les souterrains de grande longueur, la méthode autrichienne est reconnue la meilleure, notamment au point de vue du temps. Cette condition ne peut être négligée en raison de l'importance des capitaux engagés.

18. Puits. -Pour hâter l'avancement, on a souvent recours, dans les longs souterrains à l'emploi de *puits*. Les puits étaient même indispensables pour les souterrains un peu longs avant l'invention des perforateurs mécaniques. Leur emplacement se détermine en tenant compte d'une part de la durée du fonçage des puits et de l'autre de l'avancement journalier de chaque attaque. Théoriquement les puits doivent être disposés de manière que toutes les attaques se rejoignent en même temps ; mais les calculs à ce sujet sont entachés d'erreurs, et pratiquement il s'en faut bien qu'on obtienne ce résultat, car les différences dans la nature des terrains et les incidents du percement produisent toujours des mécomptes.

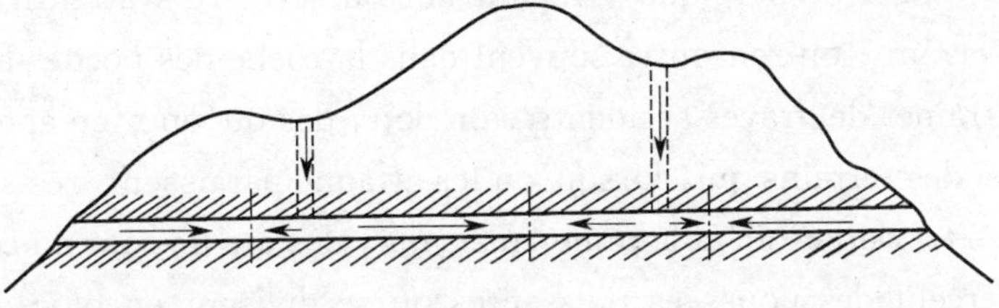

Fig. 10-11

Le fonçage des puits à la main est extrêmement lent ; on ne dépasse guère dans le rocher 0. 50 m par jour, et bien souvent on n'atteint pas ce chiffre ; mais le développement des puits de mines a amené de grands perfectionnements dans ces travaux pour lesquels on emploie aujourd'hui des procédés mécaniques. On se sert en général de trépans pour les puits très profonds ; pour les autres on peut simplement se servir de perforateurs.

Les puits placés dans l'axe ont l'avantage d'activer la ventilation et de bien se prêter à la vérification des alignements du souterrain. Les puits placés en dehors de l'axe ont l'avantage de rendre beaucoup plus facile l'extraction des déblais en plaçant le point de chargement des bennes en dehors de la galerie, de ne pas exposer les mineurs à la chute des objets tombant par le puits, en fin de ne pas créer de danger d'obstruction dans le cas où il se produit un éboulement dans celui-ci.

19. Galeries latérales. -On remplace avantageusement les puits verticaux, lorsqu'on le peut, par des galeries horizontales perpendiculaires à l'axe du souterrain et aboutissant à ciel ouvert. L'usage de ces galeries est fréquent dans les souterrains percés à flanc de coteau dans des vallées très escarpées ; dans ce cas le travail est encore simplifié parce qu'il suffit le plus souvent de jeter les déblais dans le cours d'eau par une fenêtre pratiquée à l'extrémité de la galerie.

Fig. 10-12

20. Accidents. -Dans la construction des souterrains, il faut toujours compter avec les accidents. Dans bien des cas on a à déplorer la mort d'hommes tués par des mines, par la chute de blocs, écrasés sous des éboulements, etc. Il n'y a pas de moyen absolu d'éviter les accidents, mais une surveillance attentive peut le plus souvent les prévenir.

Outre les accidents de personnes, il y a des accidents de travaux: ce sont des éboulements, des ruptures de voûtes, l'irruption des eaux ou des incendies. On prévient les éboulements par un boisage énergique ; il faut surtout être très attentif aux changements dans la nature du terrain ; on rencontre souvent dans la roche des poches argileuses qui peuvent se vider et entraîner de graves accidents ; on doit, dès qu'on s'en aperçoit, renforcer le boisage. Il y a aussi des terrains qui, lorsqu'on les attaque paraissent très solide, qui souvent même ne peuvent se travailler qu' à la mine, mais qui, dès qu'ils sont au contact de l'air, se boursouflent et exercent des poussées puissantes ou se divisent en blocs qui se détachent. Pour éviter les accidents qu'ils peuvent causer, il faut surveiller les boisages avec un très grand soin, et ne pas hésiter, au besoin, à interrompre le travail d'avancement pour les renforcer: on ne sait jamais où s'arrêtera un éboulement quand il est commencé, et il en résulte toujours une perte importante d'argent et de temps. Il faut donc, à l'inverse de ce que nous avons conseillé pour la consolidation des tranchées, s'efforcer d'empêcher des mouvements du terrain, si faibles qu'ils soient, de se produire.

---

①méthode anglaise: 英国式隧道开挖法,全断面开挖法 。全断面开挖法就是按照设计轮廓一次爆破成型,然后修建衬砌的施工方法。隧道衬砌就是隧道开挖后,为使围岩稳定,确保运营安全,需按一定轮廓尺寸建造一层具有足够强度的支护结构,这种隧道支护结构称为隧道衬砌。

②bouclier: 盾构是一种带有护罩的专用设备,用于保护地层稳定的掘进机的防护结构,材质为混凝土、铸铁或钢制。实际上盾构为掘进机提供了工作时的临时支撑。盾构是 19 世纪初期发明的,首先用于开挖英国伦敦泰晤士河水底隧道。

Lecture

INSTRUCTIONS AUX SOUMISSIONNAIRES
投标人须知

SOMMAIRE 目录

A. DISPOSITIONS GENERALES 总则

Article 1: Objet et consistance du dossier de consultation 招标标的和文件组成

Article 2: Visite des sites 现场考察

B. DOSSIER DE CONSULTATION 招标文件

Article 3: Composition du dossier de consultation 招标文件组成

C. PREPARARTION DES SOUMISSIONS 编标

Article 4: Langue de la proposition 报价使用的语言

Article 5: Documents constituant l'offre 标书的构成文件

Article 6: Validité des offres 投标有效期

D. PRESENTATION DES PROPOSITIONS D'OFFRES 递交报价

Article 7：Présentation des offres 报价

Article 8：Délai de soumission，date et heure limites de dépôt des offres 投标期限，投标截止日期和时间

A. DISPOSITIONS GENERALES 总则

Article 1：Objet et consistance du dossier de consultation 招标标的和文件组成

1.1 Objet de l'appel d'offres 招标标的

Le présent appel d'offres national et international restreint a pour l'objet l'exécution des travaux de doublement de la voie avec rectification du tracé entre les gares de A et B(XX Km)de la ligne X. 本次国内和国际有限招标的目的是X铁路线A站和B站之间(XX公里)铺设复线和线路拨道工程施工。

1.2 Les dossiers faisant l'objet de la présente consultation restreinte sont de trois types. 本次有限招标涉及的文件有三种：

- Le dossier administratif 行政文件；
- Le dossier technique 技术文件；
- Le dossier financier 财务文件。

1.3 Travaux 工程内容：

- La préparation des travaux et les installations de chantiers 施工准备和工地设备；
- Les travaux de réalisation de génie civil(pont rails，pont route，viaducs，tunnel，ouvrages hydrauliques，buses et dalots，levée d'obstacles)土建工程施工(铁路桥，公路桥，高架桥，隧道，水工构造物，圆涵和箱涵，清障)；
- Les travaux de terrassement et d'assainissement 土方工程和排水工程；
- Les travaux de voirie et parking 道路工程和停车场；
- La fourniture du matériel de voie et pose des voies 提供线路设备和铺轨；
- La fourniture et l'installation des équipements，signalisation et télécommunications 提供和安装信号设备和通讯设备；
- Les raccordements avec les réseaux existants 与现有管网连接.

Article 2：Visite des sites 现场考察

2.1 Visite obligatoire des sites：Il est fait obligation au Soumissionnaire de visiter et d'examiner les lieux où se dérouleront les travaux et leurs environs(en se conformant au planning de visite，arrêté par le Maître d'ouvrage). 必须参加的现场考察：投标人必须考察和仔细查看施工现场及其周边环境情况(考察计划由业主制定)。

2.2 Les dépenses résultant de cette visite，seront à la charge du Soumissionnaire. 现场考察的费用由投标人自己负担。

Le Soumissionnaire peut effectuer des visites techniques hors emprises ferroviaires，en plus de la visite obligatoire. 除了强制性的考察之外，投标人还可以在铁路管界之外进行技术考察。

2.3 L'organisation de la visite obligatoire du site est du ressort du Maître d'ouvrage qui fixe la date, le point de rencontre et le programme de la visite. 强制性现场考察归业主组织,业主确定日期、集合地点和考察计划。

B. DOSSIER DE CONSULTATION 招标文件

Article 3:Composition du dossier de consultation 招标文件构成

3.1 Le Dossier de Consultation se compose des documents de références suivants 本招标文件有以下参考文件:

- Les présentes Instructions aux Soumissionnaires 本投标人须知。
- Les Clauses Administratives(CPS-CA)—一般规定 - 行政条款(CPS-CA)。
- Le Cahier des Prescriptions Générales(CPS-STG)—一般规定 - 一般技术条款(CPS-STG)。
- Le Cahier des Charges Techniques 技术条件。
- Le Dossier financier 财务文件。
- Les modèles annexés(Attestation bancaire de la caution de soumission, Déclaration à souscrire, Soumission, Caution de soumission, Garantie de bonne exécution). 所附的标准样式(投标保函的银行证明、投标声明、标书、投标保函、履约保函)。

3.2 Le Soumissionnaire devra soigneusement examiner toutes les instructions, conditions, modèles, termes, spécifications et plans. 投标人必须非常仔细查看所有的细则、条件、标准样式、条文、技术要求和图纸。

Les soumissions qui ne répondraient pas aux conditions arrêtées dans le Dossier de Consultation, seront déclarées irrecevables. 不符合招标文件中确定条件的标书将被宣布不予受理。

C. PREPARATION DES SOUMISSIONS 编标

Article 4:Langue de la proposition 报价使用的语言

La proposition établie par le Soumissionnaire, ainsi que tout courrier et documents qui s'y rapportent, échangés entre le Soumissionnaire et le Maître d'ouvrage, doivent être rédigés dans la langue française. 投标人的报价及其投标人和业主之间所有与报价相关的信件和文件都应该用发文书写。

Article 5:Documents constituant l'offre 标书的构成文件

Les offres comprennent une offre technique et une offre financière. 标书包括技术标和财务标两个部分。

5.1 Offre technique: Elle consistera en deux dossiers: le Dossier Administratif et le Dossier Technique . 技术标由两种文件组成:行政文件和技术文件。

Dossier Administratif:Il est composé des pièces suivantes 行政文件由以下文件组成:

1. Le présent document relatif aux instructions aux Soumissionnaires et ses annexes dûment complétés, avec paraphe sur chaque page, date, signature et cachet du Soumissionnaire à la fin du document, le modèle de soumission ne doit pas être complété(la soumission est remise avec l'offre financière). 本投标人须知文件及其正式填写的附件,投标人每页都要草签,在文件的最后投标人要注明日期、签字和盖章,投标单样本不要填写(标书要连同财务标一同递交)。

2. Le Cahier des prescriptions spéciales-clauses administratives(CPS-CA)avec chaque page paraphée, et la fin du document datée, signée et cachetée par le Soumissionnaire. Le montant du marché ne doit pas être indiqué sur le document. 特殊规定-行政条款(CPS-CA),投标人每页都要草签,在文件的最后投标人要注明日期、签字和盖章。本文件上不要注明合同金额。

3. Le Cahier des prescriptions spéciales-Spécifications techniques générales(CPS-STG) avec chaque page paraphée, et la fin du document datée, signée et cachetée par le Soumissionnaire. Le Cahier des Charges Techniques avec chaque page paraphée, et la fin du document datée, signée et cachetée par le Soumissionnaire. 特殊规定-一般技术条款(CPS-STG),投标人每页都要草签,在文件的最后投标人要注明日期、签字和盖章。技术条件投标人每页都要草签,在文件的最后投标人要注明日期、签字和盖章。

4. La déclaration à souscrire conforme au modèle annexé, dûment complétée, datée, signée et tamponnée. 按附件格式要求正式填写的投标声明,要注明日期、签字和盖章。

5. Le Protocole d'accord(dans le cas où l'offre serait faite par un groupement d'entreprises). Il est impératif d'indiquer le taux de participation de chaque entreprise. 条约议定书(在公司联营体投标的情况下)。必须说明每个公司的参资比率。

6. Casier judiciaire vierge du directeur général ou gérant de l'entreprise. 公司总经理或企业主管人的无犯罪记录。

7. Registre du commerce 商业登记册。

8. Les statuts du soumissionnaire, ainsi que la liste des principaux actionnaires ou associés. 投标人公司章程以及主要股东或合伙人名单。

9. En cas de sous-traitance, la liste des parties d'études et/ou des travaux, que le Soumissionnaire propose de confier à des sous-traitants en spécifiant le taux(en pourcentage uniquement)des prestations correspondantes. 在工程分包的情况下,投标人提出的设计和/或施工分包方名单,同时要详细说明相应的工程量(只用百分数表示)。

10. Bilans financiers des 3 dernières années y compris les rapports des commissaires aux comptes ainsi que les comptes prévisionnels d'exploitation pour les deux prochaines années et copies certifiées par un commissaire aux comptes. 最近三年的财务报告,包括审计报告以及未来两年的经营预期账和由审计部门证明的副本。

Dossier Technique: Il comporte les documents ci-après: 技术文件包括以下文件:

11. Une note méthodologique détaillée présentant la manière dont le Soumissionnaire envisage de réaliser les prestations spécifiées, notamment celles relatives:阐述投标人打算实施工程的施工方法的详细说明,尤其是以下方面:

- aux études d'exécution. 施工设计。

- à l'organisation générale de son intervention pour la conduite des études et travaux. 参与设计和施工管理的总体组织规划。

-au planning des travaux à réaliser. 施工进度表。

12. Une note indiquant les principales mesures prévues pour assurer la sécurité et l'hygiène sur le chantier. Elle indiquera en particulier les moyens humains et matériels à

mettre en place. 确保工地安全和卫生所规定的主要措施说明，特别要说明要投入的人力配置和设备配置。

13. Les moyens humains et matériels, comprenant notamment: 人力配置和设备配置主要包括：

• La liste nominative du personnel d'encadrement avec leurs CV respectifs. 管理人员名单及其履历表。

• L'organigramme nominatif du personnel. 人员组织机构图。

• Les effectifs de main-d'œuvre à utiliser par catégorie pour les prestations. 按工种分类的劳动力人数。

• La liste des matériels et de la logistique à utiliser pour les études et travaux ainsi que leur état(année de mise en service)et caractéristiques, y compris ceux que le Soumissionnaire se propose d'acquérir pour les besoins du projet. 用于设计和施工的设备和组织方法表及其设备状态(交付使用年份)和性能，包括投标人在项目需要时打算得到的设备。

14. Le programme général d'exécution des études, fournitures et travaux, y compris les calendriers des activités de réalisation du Marché. 完成设计、供货和施工的总体规划，包括履行工程合同的工作时间表。

15. Une note précisant la répartition des tâches en cas de groupement entre les différents membres ainsi que les parties d'ouvrage que le Soumissionnaire prévoit de confier à des sous-traitants et la désignation de ces derniers. Une déclaration d'engagement sur le délai de réalisation. 一份明确联合体各成员之间任务分配的说明和投标人准备包给分包商的工程部分和分包商的名称。一份保证完工期限的声明。

16. Pour les références particulières, le soumissionnaire doit donner une description des réalisations significatives accomplies dans le domaine durant les dix(10)dernières années, en indiquant pour chacune d'entre elles: nature, lieu, date de réalisation, client, montant des fournitures analogues à celles faisant l'objet du présent appel d'offres en propre hors sous-traitance. 关于特殊资信参照，投标人应该描述一下最近十年里所取得的说明问题的成就，用时说明每项施工的工程性质、地点、完工日期、用户名称、与本次招标所涉及的已有材料类似的材料金额，分包工程除外。

5.2 Offre financière: Elle sera fournie sous la forme d'un Dossier Financier comprenant les documents ci-après, dûment complétés, paraphés et signés. 财务标：以财务文件的形式提供，包括以下正式填写、草签和签署的文件。

17. La soumission. 标书。

18. La caution de soumission(présentée sous forme d'attestation dans l'offre technique) supérieur à un pour cent(1%)du montant de l'offre(toutes taxes et impôts inclus). 投标保函(在技术标里以证明的形式递交)的金额占报价总额的百分之一(1%)以上(各项税费包括在内)。

19. Le dossier financier établi suivant le modèle annexé. 财务文件根据附件的样式编制。

20. Les définitions des prix et du mode de mesurage. 价格定义和测量方法。

21. Le bordereau de prix. 价目表。

22. Le devis quantitatif et estimatif. 带有概算的工程数量表。

23. Le sous détails de tous les prix. 价格明细表。

24. Une note justificative du calcul des taxes et droits de douane. 关税和其他税费的明细计算书。

Article 6：Validité des offres 报价的有效性

Les offres resteront valides pendant une période de deux cent soixante dix(270)jours，à compter de la date limite de dépôt des offres. 从投标截止日期算起 270 天内的报价一直有效。

Article 7：Présentation des offres 报价

7.1 Les offres seront déposées à l'adresse mentionnée à l'Article × ci-avant. 报价要递交到上述第×条提及的地址。

7.2 L'offre sera présentée en deux enveloppes distinctes portant la mention selon le cas：Offre Technique ou Offre Financière. 报价要分装在两个不同的封套里递交，上面分别注明：技术标或者财务标。

L'offre technique devra contenir le Dossier administratif et le Dossier technique. 技术标应该包含行政文件和技术文件。

Les deux enveloppes《Offre Technique》et《Offre Financière》seront mises dans une troisième enveloppe extérieure scellée et anonyme et qui devra porter la mention：…… 装有技术标和财务标的两个封套装入第三个密封的匿名外包装里，上面注明：……

Article 8：Délai de soumission，date et heure limites de dépôt des offres 投标期限，投标截止日期和时间

8.1 Le délai de soumission est de SOIXANTE(60)jours à compter de la date fixée dans la convocation des candidats. 投标期限为 60 天，从投标候选人召集通知里规定的日期开始算起。

8.2 Les offres doivent être déposées auprès du Maître d'Ouvrage à l'adresse indiquée ci-dessus，au plus tard le à onze(11)heures zéro(0)minutes(heure locale)au plus tard. 报价应该在…年…月…日 11 点 0 分(当地时间)之前按上述指定的地址交给业主。

8.3 Le Maître d'Ouvrage peut proroger la date limite de dépôt des offres，et ce，en informant tous les soumissionnaires. 业主可以延长投标截止日期，并会将此事通知所有投标人。

Version

Equipements des ponts-rails 铁路桥设备

· Etanchéité 防水

- Le tablier des ponts est revêtu d'un complexe d'étanchéité d'une épaisseur de 30 mm constitué d'une chape de bitume modifié① par élastomère et armé，recouverte d'une 2ème couche en asphalte coulé gravillonné. 桥面铺一层 30 公分厚的防水层，由一层钢筋合成橡胶

改性沥青①层和上面铺的一层沥青砂胶组成。

· Garde-corps des ponts-rails 铁路桥栏杆

- Les ponts-rails en profil rasant sont tous munis d'un garde-corps en béton armé avec main courante d'une hauteur de 1.50 m au-dessus de la piste. 纵断面接近地面的铁路桥都有带扶手的钢筋混凝土桥栏,高出便道 1.50 m。

· Drainage du tablier 桥面排水

- Les eaux s'évacuent par des avaloirs situés à proximité des piles, des culées, ou des piédroits. 水通过桥墩、桥台或者桥柱附近的排水口排泄。

· Joint de chaussee 伸缩缝

Ce prix rémunère, au mètre linéaire, la fourniture et la pose de joints modulaires à ruban d'étanchéité.

此价项按延米给提供和铺设带密封带的组合式伸缩缝计价。

Il comprend notamment:此价项主要包括:

Les relevés sur site. 现场测量。

La fourniture des plans d'exécution du joint. 提供伸缩缝施工图。

Les sujétions de réservation et de réglage permettant la pose du joint avec gabarits de pose. 为了能够使用安装样板铺伸缩缝而进行的预留和调整的相关工作。

Le sciage du béton bitumineux et l'évacuation des produits à la décharge. 切割沥青混凝土和把废料清运到弃料场。

Le dégarnissage des réservations. 清理预留部位。

La fourniture, le stockage, la protection et la pose du joint. 伸缩缝的供货、贮存、防护和铺设。

Les bétons de remplissage. 混凝土填料。

Le mortier ou micro béton de remplissage. 砂浆填料或砂质沥青混凝土填料。

Les sujétions de phasage et de réglage. 施工阶段划分和调试的相关工作。

Une garantie de cinq(5)ans. 5 年保质期。

VOCABULAIRE

ouvrages (*n. m. pl.*) d'art 桥隧工程;桥隧建筑物

ouvrages d'art exceptionnel 特殊构造物

ouvrages à ciel ouvert 露天建筑物

dispositions (*n. f. pl.*)générales 总体布局

débouché *n. m.* 桥下航道总宽度(说明正常水位和最高水位)

réaliser une économie sur les remblais 从填方中省下钱来

étude (*n. f.*)comparative (设计)比较方案

point (*n. m.*)de passage 变坡点

point de passage du remblai au viaduc 从路堤到高架桥的纵断面变坡点

traversée des chemins 道路交叉

écoulement (*n. m.*)des eaux 排水

valeur (*n. f.*) du terrain 地皮价格,地价
empattement *n. m.* 基底,基脚
adoucir les talus 减缓边坡坡度
sous-sol *n. m.* 下层土,地基下层土
enfoncement *n. m.* 深入,进入深处
viaduc (*n. m.*) en maçonnerie 圬工高架桥
viaduc métallique 金属高架桥
rapport architectural 建筑比例,结构比例
ouverture *n. f.* 跨度,开度
ouverture des arches 桥拱跨度
arche *n. f.* 桥拱
hauteur (*n. f.*) sous clef 拱矢高度
demi *n. m.* 二分之一,1/2,0.5
cintre *n. m.* 拱架
cintre du pont 桥梁拱架
remploi *n. m.* 重复使用,再使用,再利用
campagne *n. f.* 工作,作业,文中指高架桥施工作业
portée *n. f.* 跨度
s'exagérer *v. pr.* 夸大
rivet *n. m.* 铆钉
s'ébranler *v. pr.* 摇动,松动
flamber *v. i.* 压弯,压曲
éprouver *v. t.* 遭到,遭受
tablier *n. m.* 桥面,桥面板
déraillement *n. m.* 脱轨
arcade *n. f.* 拱廊;*pl.* 连拱廊
arcade simple 单叶拱
moyens (*n. m. pl.*) de consolidation 加固手段
mur (*n. m.*) à pierres sèches 干砌石墙
mur en maçonnerie 圬工墙
résister *v. t. indir.* (宾语省略)产生阻力
moellon *n. m.* 毛石
fruit *n. m.* (墙外侧的)倾斜度
fruit extérieur 墙外侧的倾斜度
parement (*n. m.*) intérieur vertical 垂直内砌面
en surplomb 突出的
centre (*n. m.*) de gravité 重心
arête *n. f.* 边缘
barbacane *n. f.* (挡土墙的)横向排水洞(管)

pierres (*n. f.*)sèches 干砌片石
pierraille *n. f.* 碎石
terrain (*n. m.*)naturel 自然地面,天然地面
maçonnerie (*n. f.*)brute 粗石圬工
moellon (*n. m.*) têtué (用大铁锤锤碎的)碎石
ouverture (*n. f.*)des voûtes 拱的跨度
faîte *n. m.* 山脊
contrefort *n. m.* 山脉的支脉,山麓丘陵
torrent *n. m.* 急流,激流
estuaire d'un fleuve 河口(喇叭形河口湾)
bras de mer 海湾,海峡
espace (*n. m.*) libre 自由空间,空间
profil (*n. m.*)type 标准断面
voûte *n. f.* 拱,拱顶,拱圈
voûte à plein cintre 半圆拱
voûte en anse de panier 三心拱
anse de panier 复曲线,三心曲线
amorcer *v. t.* 开始施工
aqueduc *n. m.* 涵洞
fossé (*n. m.*) ouvert 明沟
radier *n. m.* 底板,基础板
courbe *a.* 弯曲的
obstruer *v. t.* 堵塞
profil (*n. m.*)en long 纵断面
être maître *de qch.* 能控制…,掌握…
le sortage des déblais＝la sortie des déblais 出渣(土)
procédé (*n. m.*)d'extraction 开挖方法
mine *n. f.* 炸药
rapidité (*n. f.*)du percement 掘进速度
perforateur (*n. m.*) 钻机,凿岩机,风钻
perforateur mécanique 机械凿岩机
boisage *n. m.* 支撑,支架
boisage métallique 金属支架
s'ébouler *v. pr.* 崩塌,坍塌
poussée *n. f.* 推力,(静)压力
maintenir *v. t.* 固定,支撑
appui *n. m.* 支撑,支承,支柱,支架
chandelle *n. f.* 支柱
étrésillonnement *n. m.* 横向支撑

charpente *n. f.* 支撑,支撑架
bois (*n. m.*) rond 圆木
bois de [en] grume 带皮原木,原木
assemblage (*n. m.*) d'embrèvement 斜榫接合
embrèvement, embreuvement (*n. m.*)(木工) 斜接合
cale (*n. f.*) de bois 木楔子,木垫
étai *n. m.* 支柱,支撑
étai en bois 木支柱,木支撑
pièce (*n. f.*) de bois 木块,木料,木构件
caler *v. t.* (用楔)楔住,塞住,垫起;定位
appuyer *v. t.* 支撑
interposer *v. t.* (在两者之间)放置,插入,放入
madrier *n. m.* 厚木板(至少 6~8 cm 厚)
cadre *n. m.* 框架,构架
chapeau *n. m.* 压顶,顶部
poussée (*n. f.*) latérale 侧向推力
traverse *n. f.* 撑杆,横撑
revêtement (*n. m.*) de madriers 厚木板铺面
écoulement par gravité 重力水流,自流
de part en part 从这边到那边,贯穿地
couche (*n. f.*) inférieure 底层,垫底层
affluence (*n. f.*) d'eau 水汇流
galerie *n. f.* 隧洞,排水隧洞;(水平)巷道,导坑
galerie d'assèchement 排水平洞
galerie de reconnaissance 勘探导洞,探洞
galerie inférieure 下导坑
galerie latérale 傍洞
galerie horizontale 平巷,水平导坑
galerie à flanc de coteau 半山腰开坑道,通向坑口的水平坑道
percement (*n. m.*) d'un souterrain 隧道开挖
courant (*n. m.*) d'air 空气流;通风
renouvellement de l'air 换气
produit *n. m.* 产物
gaz *m. inv.* 气体;瓦斯;毒气
gaz délétère 有毒气体,有害气体
mine *n. f.* (炮眼里的)炸药
dynamite *n. f.* 硝化甘油炸药
dégager *v. t.* 散发出,发出,释放
empoisonner *v. t.* 使中毒

perforatrice (*n. f.*)mécanique　机械凿岩机
méthode anglaise　英国式隧道开挖法,全断面开挖法
méthode (*n. f.*)anglaise de boisage　英国式隧道支撑法
méthode belge　比利时隧道开挖法,上导坑开挖法
méthode autrichienne　奥地利隧道开挖法,下导坑开挖法
percer un tunnel　开凿隧道
percer une galerie　开挖一条巷道
avancement *n. m.*　(隧道)掘进,开挖
attaque *n. f.*　采掘,开采,开挖
section (*n. f.*)libre　净空断面
approvisionnement *n. m.*　原料供应
approvisionnements (*n. m. pl.*)　原材料
boiser *v. t.*　植树,造林;(为坑道、隧道等)装支架
front *n. m.*　开挖工作面
bouclier *n. m.*　隧道开挖盾构
reconnaître le terrain　查看现场,场地勘查
front (*n. m.*)d'attaque　开挖工作面
encombrement *n. m.*　阻塞,堵塞
revêtement (*n. m.*)métallique　金属保护层,金属衬砌
terrains (*n. m. pl.*)solides　坚硬土层
piédroits (*n. m.*)en sous-œuvre　底脚边墙
de suite　立即
pelle *n. f.*　挖土机
étage *n. m.*　地层,开挖层
plan (*n. m.*)incliné　倾斜面,斜坡,坡道
fausse manœuvre *n. f.*　操作错误;闪失
tranche *n. f.*　部分;断面
avancement *n. m.*　(隧道)掘进,开挖
cheminée *n. f.*　通风筒(井)
cheminée verticale　竖井
procédé *n. m.*　方法,工序
procédé autrichien　奥地利隧道开挖法工序,下导坑开挖法工序
diagramme *n. m.*　图,示意图
ordre *n. m.*　顺序,次序,程序
ordre des opérations　施工顺序
système *n. m.*　方式,方法
mineur *n. m.*　爆破工
mineur chef de chantier　爆破工长
chantier *n. m.*　工作面,开挖面

le choix judicieux helide 合理的选择
se heurter *v. pr.* (*à*, *contre qch.*) 遇到,碰到
se heurter à [contre] des difficultés 碰到一些困难
puits *n.m.* 井,竖井
puits de mine 矿井
puits vertical 竖井
hâter l'avancement 加速(施工)进度
(être)entaché d'erreurs 有错误的
mécompte *n.m.* 计算错误,误算
trépan *n.m.* 钻头,冲击钻头
alignement *n.m.* 准线,走向
extraction (*n.f.*)des déblais 挖方,挖土
chargement (*n.m.*)des bennes 翻斗车装车
construction (*n.f.*)des souterrains 隧道工程,修建隧道
compter *avec* 重视…,考虑…,注意…
déplorer *v.t.* 痛惜,为…感到悲痛
déplorer la mort *de qn* 痛惜某人的去世
rupture (*n.f.*)de voûtes 拱裂
irruption *n.f.* 泛滥
poche (*n.f.*)arigileuse 黏土坑
se boursoufler *v. pr.* 膨胀
attaquer *v.t.* 采掘,开采,开挖
exercer des poussées puissantes 产生强大的压力
mouvement (*n.m.*)du terrain 地层移动;土体位移

VOCABULAIRE COMPLÉMENTAIRE

instructions (*n.f.*)aux soumissionnaires 投标人须知
dossier *n.m.* 文件
dossier de consultation 咨询文件;发包文件
dossier administratif 行政文件
dossier technique 技术文件
dossier financier 财务文件
document de référence 参考文件
objet (*n.m.*)et consistance (*n.f.*)du dossier de consultation 招标标的和文件组成
visite (*n.f.*)de sites 现场考察
composition (*n.f.*) du dossier de consultation 招标文件组成
préparation (*n.f.*)de la soumission 编标,编制标书,填写标书
validité (*n.f.*) des offres 报价的有效性,投标有效期
caution (*n.f.*) de soumission 投标保函

présentation (*n. f.*) des propositions d'offres 递交报价
présentation (*n. f.*) des offres 报价
présentation des offres cachetées et scellées 标书盖章和密封递交
objet (*n. m.*)de l'appel d'offres 招标标的
doublement (*n. m.*)de la voie 铺设复线
rectification (*n. f.*)du tracé de la voie 拨道
préparation (*n. f.*)des travaux 施工准备,施工前期工作
buse (*n. f.*)et dalot (*n. m.*) 圆涵和箱涵
levée (*n. f.*)d'obstacles 清除障碍,清障
travaux (*n. m. pl.*) de voirie 道路工程
matériel (*n. m.*)de la voie 线路设备,线路器材
pose (*n. f.*)des voies 铺轨
il est fait obligation (*à qn*)*de* + *inf.* (某人)必须做
clause administrative 管理条款,行政条款
Cahier (*n. m.*)des prescriptions générales (标书)一般规定
cahier des charges techniques 技术规范,技术条件
attestation (*n. f.*)bancaire de la caution de soumission 投标保函的银行证明
déclaration à souscrire 投标声明
garantie de bonne exécution 履约保函
emprise (*n. f.*)ferroviaire 铁路管界
paraphe *n. m.* 草签,小签
protocole (*n. m.*) d'accord 条约议定书
groupement (*n. m.*) d'entreprises 公司(企业)联营体(联合体)
casier (*n. m.*)judiciaire 犯罪记录
casier judiciaire vierge 无犯罪记录
gérant *n. m.* 经理,主管人
gérant (*n. m.*)de l'entreprise 企业主管人
registre (*n. m.*)du commerce 商业登记册
statuts (*n. m. pl.*)d'une société 公司章程
actionnaire *n.* 股东
associé *n.* 合伙人
sous-traitance *n. f.* 工程分包
prestation *n. f.* 工程(施工)
bilan (*n. m.*)financier 财务报告
rapport (*n. m.*)des commissaires aux comptes 审计报告
commissaire (*n. m.*)aux comptes 审计员
compte (*n. m.*)d'exploitation 经营账目,营业账
compte prévisionnel d'exploitation 经营预期账
certifié *a.* (有书面)证明的

méthodologique *a.* 方法的
conduite *n. f.* 管理
conduite des études 设计管理
conduite des travaux 施工管理
planning (*n. m.*) des travaux 施工计划,施工进度表
moyens (*n. m. pl.*) humains 人力配置
moyens matériels 设备配置
liste (*n. f.*) nominatif 名单
liste des matériels 设备表
personnel (*n. m.*) d'encadrement 管理人员,干部
encadrement *n. m.* (企业中的)管理干部(总称),全体干部
organigramme *n. m.* 组织机构图表
organigramme nominatif du personnel 人员组织图
effectif (*n. m.*) de main-d'œuvre 劳动力人数
logistique *n. f.* (企业、公用事业的)后勤,组织方法
caractéristique *n. f.* 特性,性能
exécution (*n. f.*) des études 完成设计
calendrier *n. m.* 日程表,时间表
calendrier des activités 工作时间表
cocontractant *n. m.* 共同签约人
délai (*n. m.*) de réalisation 完工期限,竣工期限
références (*n. f. pl.*) 资信参照
réalisation *n. f.* 实现,实施;完成;施工
réalisations *n. f. pl.* 成就,成果
accomplir des réalisations 取得成就
significatif *a.* 有效的,有意义的,说明问题的
soumission *n. f.* 投标;标书,投标书(单)
montant (*n. m.*) de l'offre 报价总额
toutes taxes (*n. f. pl.*) et impôts (*n. m. pl.*) inclus 各项税费包括在内
définition (*n. f.*) des prix 价格定义
mode (*n. m.*) de mesurage 测量方法,测量方式
bordereau des prix 价目表
devis (*n. m.*) quantitatif et estimatif 带有概算的工程数量表
sous-détail (*n. m.*) des prix 价格明细表,价格分类表
note (*n. f.*) de calcul 计算书
validité (*n. f.*) des offres 报价的有效性
date limite 最后期限
date (*n. f.*) limite de dépôt des offres 投标截止日期
dépôt (*n. m.*) des offres 投标

convocation *n. f.* 召集,召集通知

---

pont-rail *n. m.* 铁路桥
complexe *n. m.* d'étanchéité 防水层
chape *n. f.* 层,面层;防水面层
chape de bitume modifié par élastomère etarmé 钢筋合成橡胶改性沥青面层
bitume (*n. m.*)modifié 改性沥青
élastomère *n. m.* 合成橡胶;弹性体
gravionné *a.* 铺细砾石的,铺砂的
asphalte (*n. m.*) coulé gravillonné(sablé) 沥青砂胶(掺加砂子现制铺设的)
rasant *a.* 与地面平齐的;贴近地面的
garde-corps *n. m.* 栏杆
garde-corps de pont 桥栏
main (*n. f.*)courante 扶手
main courante de garde-corps 栏杆扶手
drainage (*n. m.*)de tablier 桥面排水
avaloir *n. m.* 雨水口,排水口
piédroit (*n. m.*)d'un pont 桥柱
joint (*n. m.*)de chaussée(pont) (桥面)伸缩缝
modulaire *a.* 由组件构成的,组件式的,组合式的
ruban (*n. m.*)d'étanchéité 密封带
relevé (*n. m.*) sur site 现场测量
sujétions *n. f. pl.* (有关工程或构造物的)相关工作,附属工程
gabarit (*n. m.*)de pose 安装样板
sciage (*n. m.*)du béton bitumineux 沥青混凝土切割
décharge *n. f.* 堆放场,弃料场
dégarnissage *n. m.* 清理,清除
béton (*n. m.*)de remplissage 混凝土填料
mortier (*n. m.*)de remplissage 砂浆填料
micro-béton *n. m.* 微粒料沥青混凝土,砂质沥青混凝土
phasage *n. m.* 阶段划分

“课文”翻译参考

第10课 特殊构造物

Ⅰ. 露天建筑物

1. 大桥-如果修建一条铁路线包括架设一座大桥的话，那么在选线的同时进行线路的总体布置是很重要的，因为这可能会在考虑基础设计、桥下航道总宽度设计的困难等情况时而导致改变线路走向。

2. 高架桥-高架桥一般是用来跨越山谷的很高的桥梁。除特殊情况以外，只有在能够从填方中省下钱来的情况下才使用高架桥。如果高度在 20 m 以上，通常没什么好犹豫的，只有高架桥的造价最低。反之，高度从 12 m 以下或 15 m 的最好是考虑填方。因此，只有高度介于 12 m 到 20 m 之间的才需要做设计比较方案，但问题并非总是如此简单。在很多情况下，而且如果是在起伏不平的地区，在任何情况下谷底以上的线路高度在穿越的整个长度方向上是有变化的，必须考虑从路堤到高架桥的纵断面变坡点。而且还要考虑为了道路交叉和排水等工程的需要而在路堤底层需要做的构造物，还要考虑地价可能会由于高填方基底宽大问题、由于基础面临的困难问题、由于回填土的土质问题可能需要减缓边坡坡度或者加固边坡，由于地基下层土质问题可能发生基础埋深从而可能会导致高填方的价格上涨很多。

高架桥一般造价很高，因此只有经过认真研究确认高架桥方案是最好的方案的情况下才能决定采用高架桥方案，特别是不要受想建造一个漂亮的桥梁的欲望所驱使。

3. 圬工高架桥-圬工高架桥的桥拱跨度与拱矢高度的结构比例为 1/2，但也不要太看重这种结构比例。圬工高架桥通常几乎没有人看见，而且在非平底的山谷里，普通的结构比例只不过对某个或某些桥拱显得重要。高度和跨度之间用任何一种比例都可以做出很漂亮的高架桥。一旦发现能够节省很多的时候，应该只根据费用来调整桥拱跨度，同时还要考虑到基础和拱架。后者起着重要的作用，因此总应当将它们列入预算之内。在很多情况下，如果几个高度不同的高架桥不在同一次施工作业中修建的话，人们会使这几个高架桥具有相同的桥拱跨度，这样做的唯一原因是要得益于拱架的重复使用。

4. 金属高架桥-就大型高架桥而言，圬工结构比金属结构更可取，因为金属结构在发生脱轨的情况下更加危险、维修费用更高和监控更加困难。但金属结构也有不少的显著的优点，而且唯有金属结构才能跨越很大的跨度。此外，不应该夸大金属结构的缺陷：因为构造物的铆钉松动、某些杆件压弯曲、构造物在风的作用下遭受剧烈的振动，就认为这些构造物简直就不合格。

在修建大型高架桥的时候，有必要配置桥面板，以避免脱轨或减轻脱轨的后果。在某些国家，比如奥地利在这些金属高架桥上使用护轮轨，这是应该推荐的一种安全措施。

5. 挡土墙和拱廊-很少使用挡土墙作为加固手段,但有的时候必须用挡土墙来加固路堤,特别是在下列情况下:

(1)当地价很高而高度又太矮不能修建高架桥时。

(2)当边坡的坡脚落在不能移动的障碍物(房屋、河流等)上面时。

(3)当修建路堤的地面的坡度小于、等于或略大于路堤边坡的坡度时。

干砌石墙-干砌石墙由其重量产生阻力。如果有低价的毛石,干砌石墙结构是省钱的,因为如果砌面后面的厚度很大的话,大概仅仅用手工铺摆毛石就足够了。大概要求使用干砌石墙的地方主要是为了支撑边坡坡脚。当然,用这类墙体不能指望根据几何曲线分配压力。

圬工墙-当砌筑某一高度(例如 3 m 以上高度)的圬工墙的时候,不仅要计算墙基的厚度还要计算压力曲线,以便设计墙体全高的最佳尺寸。设计压力曲线的时候会尽量增大墙外侧的倾斜度,而且还应该随普通断面而增大以接近墙基。反之,就像英国所做的那样,做垂直内砌面,即便是突出的内砌面有好处。但在黏土地面和潮湿地面如果倾斜度过大的话,突出的内砌面可能有危险。因为在暑季期间黏土收缩能够使墙体的后部支撑不住,如果其重心落在外面或者离该侧的边缘太近的话,可能会造成墙体断裂。通过每隔一段距离设置扶垛的方法来阻止墙体向后翻倒很容易避免此类弊病。

无论采用哪种形式,总是应该通过横向排水洞,并且如果可能的话,通过干砌片石墙体,或者至少在土壤和砌体之间铺一层碎石的方法始终保持圬工墙后面的土壤干燥。横向排水洞应该距离很近、很明显而且排水口要宽。大墙轴线间的距离为 2 m,小墙轴线间的距离为 1.50 m,建议的排水口尺寸是 0.50 m×0.20 m。

连拱廊-连拱廊是被自然地面隔开的拱顶,它们承载着路基的一侧,路基的另外一侧做成路堑。在修建挡土墙费用较大的情况下,连拱廊只适用在陡峭的山坡上。应该修建单叶拱,通常全部做粗石圬工砌面,或者全部做碎石砌面。拱的跨度随场地的情况而变化,通常拱跨在 5~10 m之间。

Ⅱ. 隧　道

6. 概述-在需要穿越很高的山脊或山麓丘陵如果不花费巨资不能开挖明堑的情况下,或者在遇到的地层非常不稳定,如果连续开挖会有危险的情况下,或者有时出现障碍物,由于某种原因不能从上方越过的情况下,这些就致使人们修建隧道。最后一种情况可以举的例子有山区穿越急流,某些河口甚至海峡下面的隧道,例如拟建的拉芒什海峡(又称英吉利海峡)隧道。

7. 标准断面-隧道的标准断面由以下条件确定:为列车通过留下最小规定空间,能够在必要的情况下使加固地基的路面施工尽量简单。规定的尺寸和桥隧构造物的规定尺寸一样,即:准轨双线边墙之间的宽度为 8 m,单线为 4.50 m,拱矢高度为 6 m,距外轨顶面最小高度为 4.80 m。

在地面的稳定性很好的情况下,可以做垂直形边墙。拱顶一般是半圆拱或者为了减少挖方量而做成三心拱。在地面需要加固的情况下,把边墙砌成曲线形。

单线铁路隧道断面的通常设计应该在需要加宽的情况下能够容易地转化为双线断面。三心曲线形能够以尽可能最少的拆除进行改变。在地面稳定的情况下,有时只是开始施工双线拱顶就行了，并且仅仅取消计划线路加宽一侧的边墙。

8. 涵洞-隧道里经常发生渗水，于是人们在隧道里面开明沟或涵洞。涵洞沿线路两侧设置比设在线路中间好，即便是做两个也如是。但是，如果底板是弯曲的则必须把它们设在中间，以便将它们置于线路的最低处。在这种情况下要采取措施防止涵洞堵塞，因为清理它们很困难。

9. 纵断面-人们不是总能控制隧道的纵断面。在穿越山脊的情况下，在隧道两侧设置一个坡道以便排水和出渣是必要的，这在很长的隧道里为了能够排水甚至是必不可少的。不要忘记隧道里的坡度比在露天的小些，因为隧道里的黏着力较小。

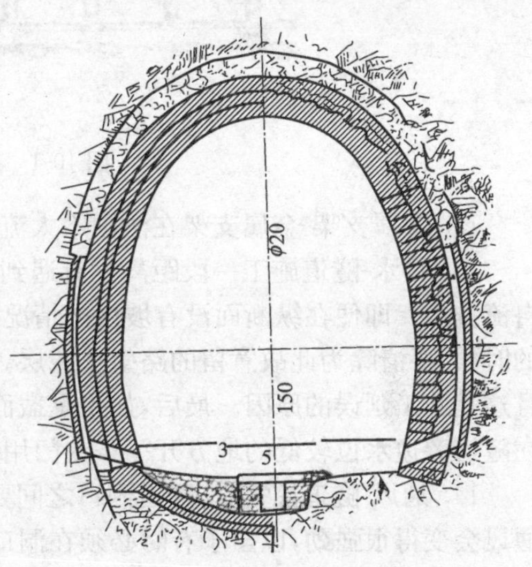

图 10-1　线路下面的涵洞

10. 开挖方法-普通开挖方法和露天开挖方法一样：使用鹤嘴镐、十字镐和炸药。最常用的是炸药，因为几乎所有的隧道其大部分长度都是在岩石里挖的。三十年以来，由于使用了机械凿岩机使长大隧道的掘进速度得到了很大提高。

11. 支撑-在所处的地层受到压力可能坍塌的情况下，应该支撑地层直至能够砌面施工，或者至少在砌面施工期间要支撑，用支架来支撑地层。支撑包括各种支柱或支架，从支撑稳固性不好的石块的普通支柱直至地层整套的横向支撑。支架是支撑架，但由于其临时性和制作的困难条件，它们是一些特殊类型的和非常简单的支撑架。几乎一直是用圆木制作，经常是带皮原木，主要用斜榫接合，必要时用钉子固定，构件用木楔子紧固。

主要的支撑构件如下：

(1)支柱，垂直的或斜向的木构件。在柱脚用锤子敲木块楔住，另一端直接压在地层上，或者如果有用的话中间垫上厚木板。

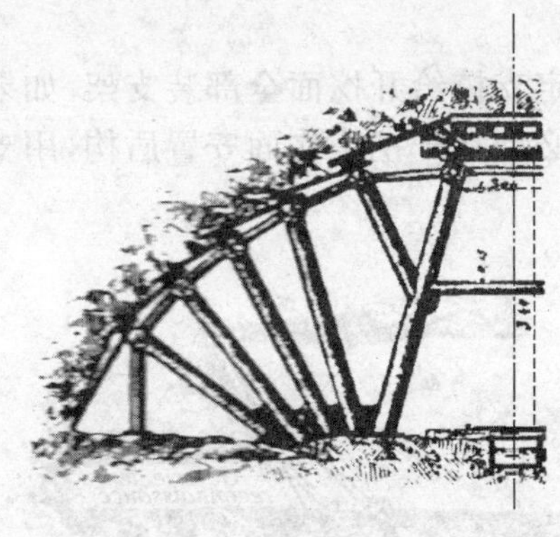
图 10-2　支柱

图 10-3　框架

(2)框架，由两根立柱支撑的水平压顶构成。如果有侧向推力的话，立柱的下部另加横撑支撑。

图 10-4 有厚木板铺面的框架

12. 金属支架-金属支架在法国不太流行。主要是英国和美洲使用金属加固隧道。

13. 排水-隧道施工一段距离没有遇到多少水是很少见的。最好是使隧道适当倾斜,让水自流排出。即便在纵断面没有坡度的情况下,也可以像有坡度一样施工,不过最后当隧道贯通的时候,要清除为此故意留的路堑垫底层。但这种方法只有在不做基础板的情况下才适用,而且这是施工延误的原因。最后,如果是截面很大的隧道,而且担心水大量汇流的话,有时可以在隧道旁边水位较低的地方开一条专门用作排水的平洞。

14. 通风-隧道挖完时,隧道洞口之间要形成通风,如果隧道是倾斜的而且较长的话,这种通风会变得很强劲,以至于有时必须在洞口安装门以能够在那里工作,但是,只要平洞没有汇合,就不会自然换气,然而却必须换气,这不仅是为了维持工人呼吸,而且也为了排除灯具燃烧的产物和炸药爆炸产生的气体。这些气体有时相当危险:硝化甘油炸药爆炸时散发出的有害气体使工人头痛,甚至中毒。因此在工程进展到一定时间以后必须人工换气。在使用机械凿岩机的情况下经常使用压缩空气驱动所有机械。

15. 施工方法-全断面开挖法(英国式隧道开挖法)①-从理论上说,开凿隧道最简便的方法是全断面开挖,随开挖随修建衬砌的施工方法。这种方法称作全断面开挖法(英国式隧道开挖法)。这种施工方法有一个很大的优点,那就是开挖距离很短,产生的净空断面很大,可以很方便地进行运输、进料等作业,而且能够自下而上一次修建衬砌。但是这种施工方法也有一些缺点。

首先是支撑困难。必须在衬砌之前用拱架及其固定支撑给开挖面全部装支架,如果地层的稳定性不好的话,必须支护开挖工作面本身。因此,必须在开挖工作面安置盾构,用支撑固定,分部移动掘进。

图 10-5

图 10-6

第二个缺陷有时相当严重,是不可能事先勘察现场。如果遇到不好的岩脉,会没有准备好的专门材料，也没有考虑衬砌厚度所必要的时间，等。为了避免这种麻烦，英国人如今在开挖工作面前面开挖一条长几米、截面很小(例如面积 10 m^2)的探洞。

第三个缺陷是靠近工作面处被挖出的渣土堵塞，由此造成了清除渣土的时间损失。

英国和美国常用全断面开挖法，他们在使用全断面开挖法时用的是金属衬砌。另外，中欧和法国也使用全断面开挖法。这种施工方法在相当坚硬的土层使用不需要大量的支撑，这就显得特别合算。

16. 上导坑开挖法(比利时隧道开挖法)- 法国用的最多的方法是上导坑开挖法，这种方法就是先在断面顶部开挖一条宽 2 m～4 m 的小导坑，高度与用框架支撑的高度相同，然后将两侧的断面扩宽，以便能紧接着做拱圈，最后，清除下面的渣土和修建底脚边墙。

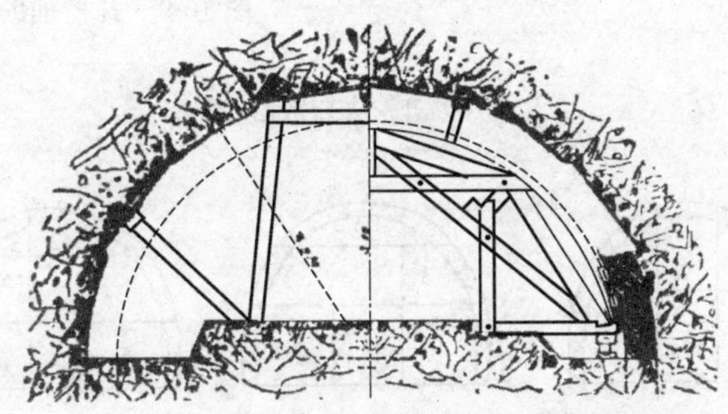

图 10-7 上导坑开挖法

上导坑开挖法能够分成小断面施工，这在不稳定地层施工是很有利的，并能够立即砌筑拱圈。

上导坑开挖法有以下两个比较严重的弊病：首先必须自下而上装运渣土，没有足够的空间用挖土机挖装作业，因此就更加不方便；其次也是主要的，要经常移动道路，从一个开挖层到另一个开挖层时，还要进行换装或设置麻烦的坡道。最后，如果水很多的话，水会连续不断地妨碍每层的工作。

17. 下导坑开挖法(奥地利隧道开挖法)-下导坑开挖法在中欧地区广泛使用，这种施工方法的目的在于避免这方面作业的任何闪失。下导坑开挖法主要基于在隧道下面沿中线方向开挖一个导坑。开挖这个导坑有两个好处，它对于长大隧道来说更为可贵。下导坑开挖法从一开始就能修建一条正式的车道，或者如果有必要的话甚至可以修建两条车道。下导坑开挖法通常能将开挖面其余部分的水全部排干。

下导坑开挖以后，开挖紧靠的上部，为此可以使用两种方法：

第一种方法是按同等宽度横向掘进挖掉导坑以上的整个开挖断面直至顶部，见下图。

第二种方法是在导洞的上方开挖一组竖井，从这些竖井开始横向挖方直至顶部同时在下导坑上面留下一定厚度的岩层待以后再挖掉。各种施工的顺序在下图说明。在主导坑上方挖掘辅助导坑的目的在于为支撑和施工组织提供便利条件。

就下导坑开挖法本身而言，在必要的情况下，整个断面全部支撑以后给全部断面修建衬砌。但是，没有什么东西阻止从上面开始分部修建衬砌，而且如果地层的稳定性不好的话，分部砌筑的方法更好些。使用这种方法同使用其他方法一样，应该考虑的是整体的方法，但是各种工作面的挖方和开挖顺序应根据具体情况而变化。

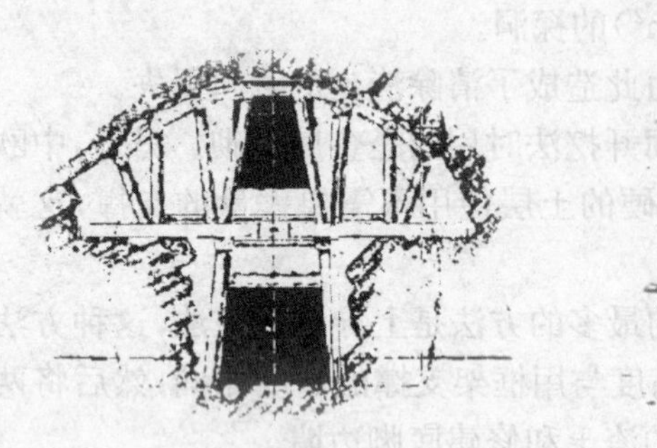
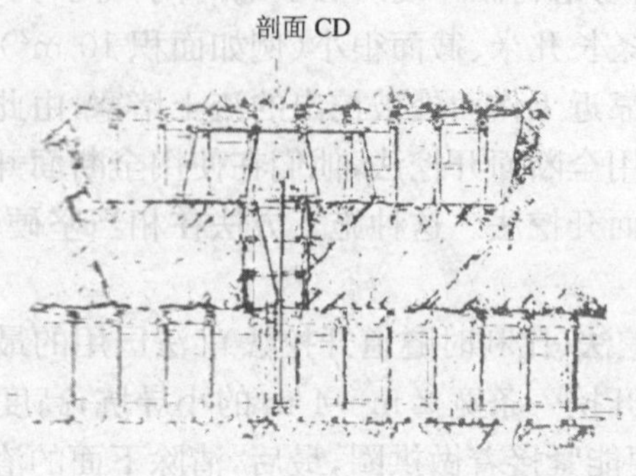

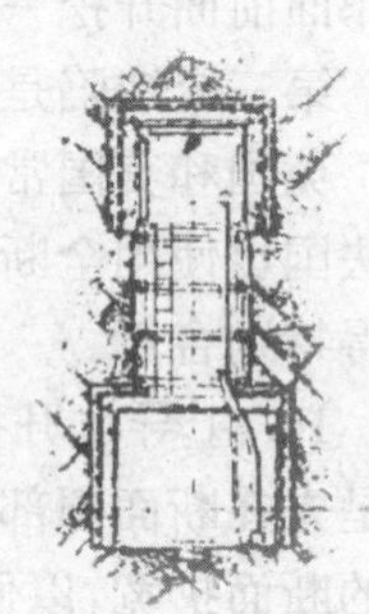

图 10-8　　图 10-9 开挖辅助导坑

下导坑开挖法工序-挖方施工

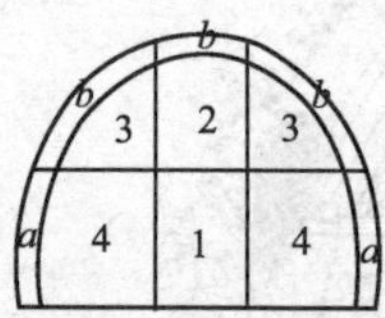

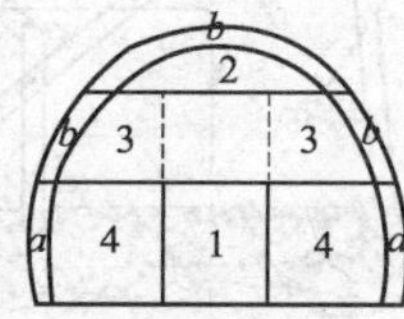

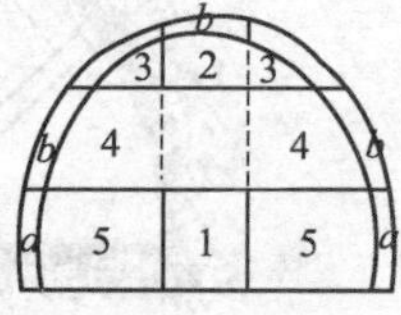

图 10-10 各种不同情况的依次作业次序图

施工方法的选定-在大多数情况下,没有必要提前确定使用的方法,选择施工方法的事情最好让承包商来干,这种选择通常几乎是无足轻重的。让爆破工长们使用他们熟悉的方法比使用它们不熟悉的另外一种方法要好些,倘若后者不一定更好的话。但在有些情况下必须规定选择的方法,以避免以后碰到困难,起初的认真设计和使用方法的合理选择可能会避免这些困难。因此,就长大隧道而言,下导坑开挖法被认为是最好的方法,特别是从时间的角度来看。鉴于投资额的重要性,这个条件是不能忽视的。

18. 竖井-为了加快施工进度,在长大隧道里经常使用竖井。在机械凿岩机发明以前,在稍微长点的隧道里竖井甚至是必不可少的。确定竖井的位置时,一方面要考虑打井的时间,另一方面要考虑每个开挖面的日进度。从理论上说,竖井设置的位置应该使所有的开挖工作面都同时连接,但是对于这个问题的计算有错误,而实际上要获得这个结果还相差甚远,因为土质的差异和隧道开挖的故障必定产生计算错误。

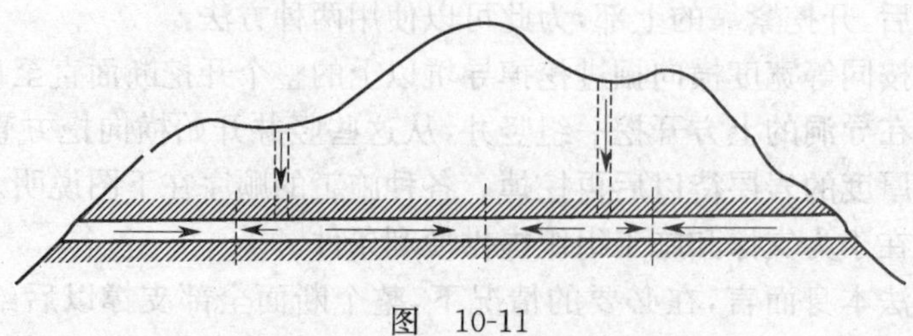

图 10-11

人工掘井速度极慢,在岩石里的日进度几乎超不过 0.5 m,而且往往还达不到这个数字。但是矿井的发展引起了掘井工程的大量改进,如今掘井工程使用机械挖掘法。深度很大的井通常使用冲击钻头，其他的井只是使用钻机。

竖井设置在隧道中线上的优点是加速通风和适宜隧道走向的检验。竖井设置在隧道中线以外的优点是由于在隧洞以外设置翻斗车的装车位置，这就使得挖方更容易，而且爆破工不会面临有物体从竖井跌落的危险，最后在竖井发生坍塌的情况下不会造成堵塞的危险。

19. 傍洞-如果可能的话，用与隧道中线垂直并通向露天的平巷（水平导坑）代替竖井是有好处的。在很陡峭的山谷半山腰开的隧道里经常使用这种导坑。在这种情况下，工作更简便，因为往往只要从导洞端部开的洞口把渣土倒在河里就行了。

20. 事故-在隧道工程里，要时刻注意别出事故。在许多情况下，人们为被炸药炸死、被石块坠落砸死、被塌方压死的人的去世而感到痛惜。没有绝对的办法避免事故，但是认真监理往往可以防止事故的发生。

图 10-12

除了人员伤亡事故以外，还有施工事故，这就是塌方、拱裂、水泛滥或火灾。人们用有效的支撑来防止塌方。要特别注意土质的变化，人们经常在岩石里发现一些黏土坑，这些黏土坑有可能被掏空从而造成严重的事故，一旦发现这种情况应该立即加固支撑。还有一些地层，当人们开挖的时候好像很坚硬，甚至经常只能用炸药施工，但是只要一接触空气就膨胀、就产生强大的压力或者碎成块散开。为了避免地层可能造成的事故，应该很仔细地观察支撑。必要时应立即停止开挖工作加固支撑。每当塌方开始的时候人们绝不会知道它在何处停止，因而必然造成大量的金钱的损失和时间的浪费。因此，这和我们所建议的加固路堑的情况截然不同，必须竭力阻止土体发生位移，即便是少量的移动。

Leçon 11
Bâtiments

1. Principes généraux

L'établissement des chemins de fer comporte l'exécution de bâtiments qui représentent une part assez importante des dépenses de construction. A l'exception des gares établies dans les grandes villes, auxquelles on s'attache à donner un caractère monumental, les bâtiments de chemins de fer diffèrent en général assez peu entre eux.

Fondations. -Pour les bâtiments, comme pour les ouvrages d'art, les fondations doivent faire l'objet d'une étude sérieuse ; si cette étude n'est pas bien faite, on peut être conduit à augmenter sans aucune utilité les dépenses.

Lorsqu'on rencontre à une faible profondeur un terrain suffisamment solide, on y asseoir directement les murs, on peut se contenter dans ce cas d'un terrain beaucoup moins résistant que pour les ouvrages d'art, parce qu'il est facile de répartir les pressions en donnant au besoin de l'empattement① à la fondation.

Dans le cas où on ne trouve pas le terrain solide à une faible profondeur, on peut recourir aux moyens suivants.

Le premier moyen consiste à répartir les pressions au moyen d'une couche de sable ou de gravier d'une épaisseur de un à deux mètres selon la qualité du terrain et l'importance de la construction : naturellement il n'est pas nécessaire de remblayer en sable ou en gravier tout l'emplacement du bâtiment ; il suffit d'en mettre sur une largcur sulfisante au droit des murs de façade et de refend.

On peut aussi consolider le sol au moyen de piquets ou de pieux de sable②.

Enfin le moyen le plus sûr, lorsque le terrain solide n'est pas à une grande profondeur, consiste à fonder les murs sur des voûtes reposant sur des piliers qu'on descend jusqu'au terrain solide.

2. Bâtiments affectés au service de l'exploitation

Bâtiments des stations. -Il convient de disposer les bâtiments des stations de manière qu'il soit assez facile que possible de les agrandir ou de changer leurs dispositions intérieures, lorsque cela est nécessaire. D'une manière générale ces bâtiments comprennent au rez-de-chaussée les locaux affectés au service des voyageurs et des messageries, au premier le logement du chef de station, ou, lorsqu'il s'agit d'une gare importante, du chef et du sous-chef. On est ainsi conduit à établir un corps principal à un et quelquefois deux étages, auquel on ajoute des ailes latérales pour agrandir l'espace disponible du rez-de-chaussée lorsque l'importance du service l'exige.

A l'exception du vestibule et de l'escalier dont l'entrée doit être du côté de la cour, presque tous les locaux placés dans les bâtiments des stations doivent être placés du côté de la voie ou tout au moins avoir une communication facile avec le trottoir placé de ce côté. Il faut se garder néanmoins de faire des bâtiments étroits, dont la distribution est incommode et qu'on ne peut agrandir qu'avec les plus grandes difficultés. Une largeur convenable est celle de huit mètres pour les stations de faible importance et de dix mètres pour les stations d'importance moyenne.

A l'exception des salles d'attente de première et de seconde classe qui sont parquetées, les pièces à l'usage du public sont en général asphaltées, dallées en ciment ou carrelées, de manière que le lavage en soit facile. Pour les carrelages on n'emploie pas les carreaux ordinaires en terre cuite qui se détériorent trop rapidement, mais des carreaux céramiques très solides, qui se prêtent à des dessins d'un effet agréable ; on fait aussi des mosaïques dont les éléments sont assemblés avec du ciment. Les vestibules doivent toujours être de plain-pied avec les trottoirs sur cour et sur voie pour faciliter le transport des colis.

Il est bon dans les vestibules et dans les salles d'attente de recouvrir les murs de lambris en menuiserie jusqu'à 1^m au moins de hauteur, pour les protéger contre le choc des colis qui sont posés soit à terre soit sur les bancs et qui détériorent très rapidement les enduits lorsque ceux-ci sont à nu ; on peut aussi employer dans ce but des feuilles minces de tôle appliquées sur les murs. Il est également sage d'abattre, pour les remplacer par des chanfreins③, les arêtes des pierres de taille qui forment l'encadrement des baies par lesquelles passent habituellement les colis portés à bras ou les cabrouets ; on peut aussi protéger ces arêtes par des cornières en fer, appliquées avec soin sur la pierre à laquelle elles sont fixées par des vis, et qu'on peint en blanc pour les dissimuler.

On fait aujourd'hui, pour les portes et les fenêtres des châssis en fer destinés à remplacer les menuiseries ; ces châssis, lorsqu'ils sont bien faits, se comportent bien, mais ils sont chers. Presque toujours la menuiserie suffit, mais il faut avoir soin de lui donner de bonnes épaisseurs, d'en surveiller l'exécution et notamment d'en examiner attentivement les assemblages avant qu'elle soit peinte, enfin de renforcer les angles par de solides ferrures.

Cabinets d'aisance et bâtiments accessoires. - En dehors du bâtiment principal, les stations comportent des locaux accessoires affectés à divers usages et notamment des cabinets d'aisance que l'on isole presque toujours.

L'importance des cabinets d'aisance varie avec celle de la gare ou de la station dans laquelle ils sont placés. Il convient de les placer à dix ou quinze mètres du bâtiment principal, de manière à pouvoir les dissimuler un peu et à réserver l'espace nécessaire pour la construction ultérieure d'annexes.

Pour qu'on puisse tenir propres des cabinets d'aisance, il faut de l'air, du jour, de l'espace et de l'eau ; il est toujours facile de donner de l'air aux cabinets isolés ; il suffit pour cela soit de placer un lanterneau au-dessus du toit, soit d'élever celui-ci en laissant au-dessous sur une certaine hauteur, un parement à claire-voie. On donne du jour par la partie supérieure au moyen de châssis vitrés et quelquefois de tuile en verre. Les portes doivent, autant que possible, s'ouvrir en dehors des cabinets pour ne pas en restreindre l'espace libre, et elles doivent se fermer d'elles-mêmes, car les voyageurs ne prennent presque jamais la peine de les tirer.

Les murs peuvent être enduits en ciment, mais il vaut mieux, quoique cela soit un peu cher, les revêtir jusqu'à deux mètres environ de hauteur en carreaux vernissés, ou carreaux céramiques, en briques émaillées, en faïence, ou en porcelaine. Les carreaux vernissés, qui sont les moins chers, offrent l'inconvénient de s'écailler facilement sous l'influence de la gelée.

Dans les haltes et les petites stations, les cabinets d'aisance peuvent ne comprendre qu'une seule place ; lorsqu'il y a plusieurs places, on sépare celles qui sont affectées aux hommes ; on y ajoute des urinoirs, qui sauf dans les gares importantes, sont le plus souvent accolés au bâtiment à l'extérieur, sous un auvent. Lorsque le nombre des voyageurs qui fréquentent les cabinets est important, il est bon d'y placer une gardienne qui est chargée de les nettoyer, on lui réserve un local de 2 mètres sur 2 mètres environ, dans lequel elle se tient habituellement. Enfin dans les grandes gares on place souvent dans le local affecté aux cabinets d'aisance des cabinets de toilette et de lavabos.

Abris. - On construit habituellement sur les trottoirs qui ne sont pas accolés au bâtiment des voyageurs, des abris destinés à garantir ceux-ci de la pluie et du soleil depuis le moment où ils ont à traverser les voies jusqu'au moment où ils peuvent monter dans le train. Sur les trottoirs qui ne sont accessibles que d'un côté, ces abris sont généralement formés soit d'un petit bâtiment rectangulaire avec une large baie sans porte du côté de la voie, soit d'un hangar fermé seulement sur trois côtés. On les construit en maçonnerie ordinaire, ou en briques et fer avec auvent avançant sur le trottoir.

Sur les trottoirs d'entrevoie on fait également des abris fermés avec deux grandes baies placées en face l'une de l'autre

Pour ne pas gêner la circulation, les murs et les supports de la toiture des abris d'entrevoie doivent être éloignés des bordures de trottoirs d'au moins $1^{m}50$ et mieux de 2 mètres, de manière à permettre la circulation des cabrouets qui portent les bagages, et surtout à ne pas entraver la circulation des voyageurs lorsqu'un train stationne les portières ouvertes devant l'abri.

Marquises. - Lorsqu'on veut couvrir une grande longueur de trottoirs, on se contente de simples toits portés par des colonnes, et qu'on désigne sous le nom de marquises.

Les marquises peuvent être soit accolées à un bâtiment ou à un mur, soit isolées ; souvent aussi elles sont mixtes lorsqu'elles recouvrent un trottoir le long duquel sont disposés plusieurs bâtiments séparés les uns des autres par des intervalles vides, bâtiment principal, cabinets d'aisance, buffet, etc. Elles sont formées aujourd'hui exclusivement de charpentes en fer reposant sur des colonnes en fonte ou en fer assemblées qui servent en même temps à l'écoulement des eaux. La toiture est en zinc, en tôle ondulée, et quelquefois en verre pour les marquises accolées aux bâtiments ; dans ce dernier cas, on a l'avantage de conserver le jour, mais on ne protège pas les voyageurs contre le soleil. Le choix du type est une question de goût et d'économie ; quel qu'il soit, il faut autant que possible augmenter l'espacement des colonnes et la largeur du toit. Sauf dans le cas où, placées au milieu du trottoir, elles servent de point d'appui à des bancs longitudinaux, les colonnes sont toujours une gêne, et il y a intérêt, non seulement à réduire au minimum leur diamètre à la base, mais aussi à en diminuer le nombre. En faisant reposer le toit sur des sablières formées de poutres en treillis, on peut très facilement et sans augmentation notable de dépense espacer les colonnes de 8 m à 12 m. Il importe de faire le toit aussi large que possible, car la pluie ne tombe pas toujours verticalement et une partie seulement de la largeur couverte peut être considérée comme offrant réellement un abri contre elle lorsqu'il fait du vent. Il en est de même en ce qui concerne le soleil.

On place quelquefois à l'extrémité des trottoirs des écrans destinés à protéger les voyageurs contre le vent. Pour les marquises sur les trottoirs d'entrevoies l'effet de ces écrans est très peu sensible ; ils offrent au contraire un abri sérieux contre les courants d'air lorsqu'ils sont placés au droit des extrémités d'un bâtiment ; mais pour qu'ils soient efficaces sans gêner la circulation, il faut que le trottoir soit large ; ils doivent en effet s'arrêter à au moins $1^{m}50$ de la bordure du côté de la voie pour permettre la circulation des voyageurs et des cabrouets à bagages.

Dans les gares importantes on établit des trottoirs du côté de la cour pour permettre aux voyageurs de descendre des voitures ou d'y monter à l'abri ; ces marquises n'offrent rien de particulier. Lorsqu'elles n'ont qu'une faible largeur, on les construit souvent en forme d'auvent de manière à supprimer entièrement les colonnes.

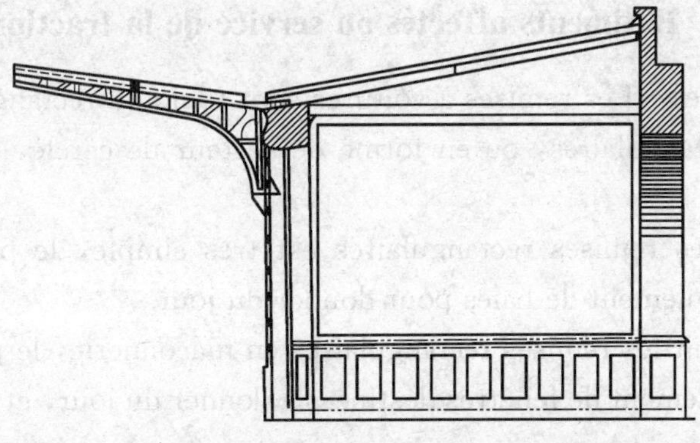

Fig 11-1

Halles couvertes. - On désigne habituellement sous ce nom de vastes toitures destinées à abriter à la fois les trottoirs et les voies.

On employait autrefois presque exclusivement dans les halles couvertes les fermes

Polonceau, d'abord en bois et fer, puis tout en fer. Ce type est aujourd'hui abandonné ; il est coûteux à cause des pièces de forge dont il exige l'emploi et peut toujours présenter des points faibles au droit des soudures. On a renoncé également aux fermes rigides disposées suivant la forme des fermes Polonceau, qui se prêtent mal à l'assemblage des fers, exigent beaucoup de métal, et sont d'un aspect très lourd.

On couvre les halles en tuiles, en ardoises, en zinc ou en tôle ondulée.

Halles à marchandises. - Les halles à marchandises sont des hangars servant à abriter les marchandises entre le moment où elles sont déchargées dans les wagons et celui où elles sont chargées sur les voitures qui doivent les transporter au domicile du destinataire, ou inversement entre le moment où elles sont déchargées des voitures et celui où elles sont mises en wagons. Elles peuvent être soit fermées, de manière à mettre les marchandises à l'abri des vols en l'absence des agents chargés de la surveillance, soit ouvertes.

Il y a deux types principaux de halles fermées : le premier, qui paraît aujourd'hui préféré, consiste dans une construction percée latéralement du côté de la voie comme du côté de la cour par de larges ouvertures munies de portes pour l'entrée et la sortie des marchandises et espacées de la longueur d'un wagon, c'est- à-dire de 7 à 8 mètres. Au-dessus de ces portes, et en général sur toute la longueur du bâtiment, sont placés des deux côtés des auvents permettant de faire les manutentions à l'abri de la pluie.

Dans le second type, la voie de halle pénètre dans le bâtiment par deux portes percées dans les pignons. On est alors plus à l'aise pour faire les manutentions, surtout si les marchandises sont placées sur des wagons découverts, mais la dépense par mètre courant est plus grande et la manutention des wagons est moins commode.

Le sol des halles est toujours au niveau du plancher des wagons, soit à un mètre environ au-dessus du rail ou au-dessus du niveau de la cour qui est le même que celui des voies ; il est habituellement bitumé ou dallé en ciment.

3. Bâtiments affectés au service de la traction

Voitures et machines. - Les remises à voitures sont toujours rectangulaires, les remises à machines sont, ou rectangulaires, ou en forme de secteur de cercle, ou entièrement circulaires.

La construction des remises rectangulaires est très simple, le pourtour est formé de murs pleins, percés seulement de baies pour donner du jour.

Lorsqu'on construit les remises rectangulaires en maçonnerie, le pourtour est formé de murs pleins percés seulement de fenêtres destinées à donner du jour, et de portes pour le passage des machines. On peut donner aux murs, qui ont seulement de six à sept mètres de hauteur et ne supportent rien, une très faible épaisseur (de 0,35 à 0,45 avec la maçonnerie ordinaire et 0,22 avec la maçonnerie de briques), en ayant soin de les couper par des pilastres qui leur servent de contreforts et sur lesquels on fait reposer les fermes de la charpente.

Les remises en forme de secteur de cercle se construisent d'après les mêmes principes que les remises rectangulaires ; mais les maçonneries du côté intérieur sont réduites à des pilastres en pierre de taille qui supportent les fermes de la toiture et les vantaux des portes.

Les remises entièrement circulaires ou rotondes, sont de deux sortes ; on peut les faire annulaires avec la partie centrale couverte par un dôme, ou en forme de cloches. Le second type a l'avantage de supprimer les supports intermédiaires sur lesquels reposent le dôme central et une des extrémités des fermes de l'anneau circulaire.

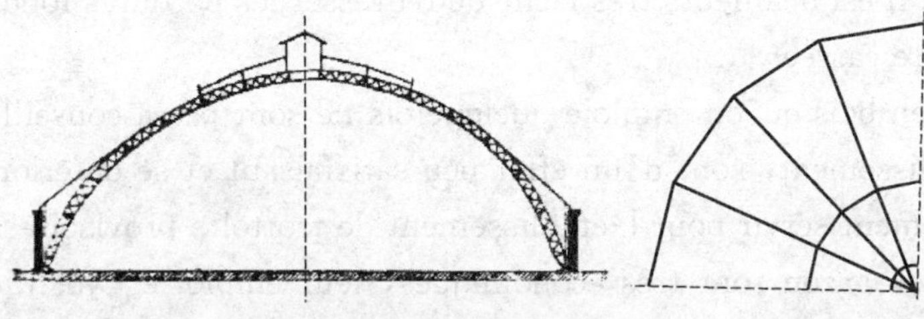

Fig 11-2

Le sol des remises peut être en terre battue, mais on le recouvre souvent d'un revêtement en ciment, en bitume ou en carreaux céramique. Le bitume a l'inconvénient d'être détérioré par l'huile et de se défoncer lorsqu'on y pose des pièces lourdes comme les bielles de locomotive.

Ateliers. - Les ateliers se composent de vastes espaces couverts dans lesquels on place l'outillage. L'expérience conduit à renoncer de plus en plus aux divisions intérieures qui rendent la surveillance difficile ; celles qui sont nécessaires doivent autant que possible être formées par des cloisons légères, de manière à permettre les changements de distribution.

La plupart des ateliers comportent l'installation de transmissions. Il faut autant que possible éviter d'accrocher ces transmissions aux fermes qui supportent la toiture car elles finissent presque toujours par les fatiguer ; il vaut beaucoup mieux installer, pour recevoir les transmissions, des supports indépendants qu'on renforce au besoin lorsqu'on modifie les installations intérieures des ateliers. On fait aussi des transmissions souterraines qui ont l'avantage d'écarter les dangers qu'offrent les courroies, mais qui sont très coûteuses.

4. Constructions accessoires des gares

Ⅰ. Constructions accessoires des services de voyageurs

Trottoirs. - Dans les gares importantes les trottoirs sont bitumés ou recouverts d'un pavage en pierres ou en briques, d'un enduit en ciment ou d'un dallage en carreaux céramiques. Ce dernier revêtement est le plus solide, mais il est plus cher que le bitume qu'on lui préfère souvent par raison d'économie. On emploie peu les pavages ; les enduits en ciment ont le défaut de se fendre s'ils ne sont pas très bien faits. Dans les pays chauds, le bitume est à éviter, parce que sous l'action d'un soleil ardent il se ramollit et se déforme.

Les trottoirs sont limités habituellement du côté de la voie par une bordure en pierres, en briques, en bois ou en gazon. Les bordures en pierres se font habituellement en granit ou en calcaire dur taillé ; il faut arrondir l'arête extérieure, car les arêtes vives ne tardent pas à s'épaufrer. Si la pierre manque absolument, on peut la remplacer par de la brique. On a l'habitude de poser les bordures de trottoirs en pierres ou en briques sur une fondation en maçonnerie④ : cette fondation peut être supprimée et remplacée par une bonne couche de sable, de gravier ou de pierre cassée ; on peut aussi employer du béton maigre⑤ en diminuant l'épaisseur. Les bordures n'ont en effet aucune charge à supporter et il suffit de leur donner une bonne assiette. Il est d'ailleurs très facile de redresser les bordures fondées sur sable, sur gravier ou sur pierre cassée.

Les bordures en bois qu'on emploie quelquefois ne sont pas à conseiller ; elles coûtent assez chers d'établissement, sont d'un effet peu satisfaisant et se détériorent rapidement ; elles peuvent seulement servir pour l'établissement de trottoirs provisoires.

Les bordures en gazon sont très économiques, leur emploi est justifié, même sur des lignes assez importantes, dans les stations de très faible importance.

Enfin on peut supprimer toute espèce de bordure saillante en donnant aux trottoirs une très faible hauteur, de manière à pouvoir les raccorder avec le niveau des voies par des surfaces à inclinaison très faible.

Traversées de voies. - Jusqu' à ces dernières années les voyageurs et les bagages traversaient à peu près exclusivement les voies à niveau. On remplace aujourd'hui ces traversées dans les gares très fréquentées par des passages souterrains et par des passages par-dessus.

Les traversées de voies à niveau sont formées d'un simple plancher en madriers reposant sur le ballast et dont le dessus se trouve au niveau de la table supérieure du rail ; on les raccorde avec les bordures de trottoirs au moyen d'un plan incliné, de manière à permettre la circulation des cabrouets qui portent les bagages. Pour diminuer l'inclinaison de ce plan, qui peut être dangereuse pour les voyageurs, on abaisse habituellement les bordures au niveau de la traversée.

Les passages souterrains qui sont aujourd'hui très répandus, surtout en Allemagne, sont formés d'un couloir transversal placé au-dessous des voies et relié aux trottoirs par des escaliers. Il est indispensable qu'ils soient parfaitement étanches. Pour obtenir ce résultat, on peut faire les murs à double paroi ou assainir le terrain aux abords par des drains aboutissant à un aqueduc placé plus bas que le radier du passage. Le dessus du radier doit être en pente douce avec un ou plusieurs puisards⑥ pour faciliter l'écoulement des eaux de lavage.

On revêt habituellement les murs des passages souterrains de briques vernissées ou de faïence blanche, de manière à augmenter l'éclairement qui est rarement suffisant. Les escaliers sont placés dans le sens de la longueur des trottoirs, et par suite perpendiculairement au passage souterrain.

Les passages supérieurs sont formés de passerelles métalliques avec escaliers. Leur construction n'offre rien de particulier.

Ⅱ. Constructions accessoires du service des marchandises

Quais. - Les quais à marchandises ont pour but de permettre le chargement et le déchargement des marchandises à découvert. Ils sont formés d'une plateforme placée à un mètre au-dessus du niveau de la voie ; cette plateforme repose sur un remblai soutenu par un mur. Pour que la crête du mur ne soit pas détériorée par les chocs qu'elle reçoit dans les manutentions, on la couronne par une bordure en bois ou en fer. On fait aujourd'hui des bordures en vieux rails qui sont de beaucoup préférables, parce qu'elles sont plus solides et n'exigent aucun entretien.

La surface des quais est empierrée de manière à permettre la circulation des charrettes et la manutention des colis pesants.

Pour certains quais affectés à des opérations spéciales on applique des dispositions en rapport avec ces opérations. Lorsqu'ils sont destinés au chargement du bétail, on les termine par un plan incliné du côté de la cour et sur toute leur longueur, de manière à permettre d'y faire monter facilement les bestiaux.

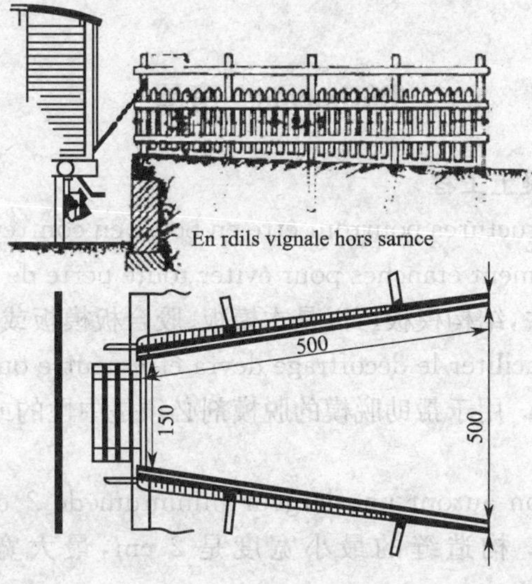

Fig 11-3

Les quais à chaux ou à charbon sont plus hauts que les quais ordinaires, ils ont environ 2^{m} de hauteur, de manière à permettre le déchargement direct des charrettes dans des wagons tombereaux ou dans des wagons plateformes munis de rebords.

Cours. -Les cours à marchandises sont généralement empierrées. Dans les gares très importantes on les pave quelquefois. Il faut y assurer soigneusement l'écoulement des eaux. Lorsqu'il n'y a pas de voie de cour cela n'offre aucune difficulté ; mais s'il y a une voie de cour, ce qui est aujourd'hui le cas le plus habituel, il est difficile de donner une pente transversale, et de plus les rails sont un obstacle à l'écoulement.

Dans les gares peu importantes, on se contente en général de diriger les eaux du côté de la voie de cour en plaçant au droit de celle-ci un caniveau le plus souvent pavé avec saignées transversales à travers la voie de distance en distance. Lorsque cela ne suffit pas, le meilleur moyen d'assurer l'écoulement est de faire un caniveau central avec des puisards peu distants les uns des autres qui jettent les eaux dans un aqueduc souterrain. On doit attacher une grande importance à cette question d'écoulement des eaux dans les cours des gares à marchandises importantes, car celles dans lesquelles circulent et stationnent des charrettes nombreuses, ne tardent pas à devenir en temps de pluie de véritable cloaques si l'eau y séjourne.

---

① empattement：(砖墙)大放脚,指从基础墙断面上看单边或两边阶梯型的放出部分。

② pieu de sable：砂桩,是指用振动、冲击或水冲等方式在软弱地基中成孔后再将砂挤入土中,形成大直径的密实砂柱体的加固地基的方法。

③ chanfrein：倒角,指在棱角处添加圆角,使其不锋利,增加其可接触性。倒角多为 45°。

④ fondation en maçonnerie：圬工基础,指砖石、混凝土基础。

⑤ béton maigre：贫混凝土,又称少灰混凝土。是指用较少量水泥的混凝土,这种混凝土的水泥用量较普通混凝土低。

⑥ puisard：集水井,基础底板上的集水井也叫集水坑,它的用途也是收集基础表面上的水。

Lecture

Bâtiments 房屋

Travaux de bétonnage 混凝土工程

1. Les coffrages pour les structures pourront être en bois, en contreplaqué ou en métal, pourvu qu'ils soient suffisamment étanches pour éviter toute perte de laitance. 只要不透水性达到要求能避免水泥浆流失,结构模板可以是木模板、胶合板模板或钢模板。
2. Le produit utilisé pour faciliter le décoffrage devra être neutre ou légèrement basique et ne devra pas tacher le béton. 用于帮助脱模的脱模剂必须是中性的或弱碱性的,并且不能弄脏混凝土。
3. Les joints de construction auront une largeur minimum de 2 cm et un maximum de 4 cm. Ils seront calfeutrés. 构造缝的最小宽度是 2 cm,最大宽度是 4 cm。构造缝要堵缝。
4. Les armatures seront réalisées conformément aux STG volumes Ⅲ. 钢筋按照一般技术规定第Ⅲ卷的要求施工。
5. La charge admissible minimale sera de 1,5 kg/cm^3 aux profondeurs suivantes 以下深度允许的最小荷载为 1.5 kg/cm^3：
   - 2,00 m pour fondations à semelles isolées. 独立基础的 2 m 深度。
   - 3,00 m pour fondations à semelles filantes. 带形基础的 3 m 深度。
6. Les dalles sur terre-plein seront réalises aux épaisseurs suivantes：填土地面的混凝土板按以下厚度施工:
   -10 cm pour les zones destines aux bureaux et locaux. 办公室和房间区域为 10 cm。
   -15 cm pour les zones industrielles. 工业区为 15 cm。
   -20 cm pour les zones soumises à de fortes charges. 重载的区域为 20 cm。
7. Tous les linteaux seront standardisés et préfabriqués sur le chantier. Ils seront rejointoyés et scellés dans la maçonnerie de manière à éviter toutes fissures périphériques. 所有的过

梁都是现场预制的标准化过梁。过梁要重嵌灰缝并用砂浆砌在砌体里以避免表面裂纹。

Travaux de maçonnerie 圬工工程

1. Les blocs de béton pour les cloisons seront du type creux et seront réalises avec des granulats légers. 隔墙的混凝土砌块是用轻骨料制成的空心砌块。
2. Les blocs pour la maçonnerie coupe-feu seront du type plein. 防火砌体的砌块是实心的。
3. Les maçonneries auront les épaisseurs suivantes：砌体的厚度如下：
   - Parois extérieures 外墙：20 cm。
   - Cloisons simples 单层隔墙：10 cm。
   - Cloisons doubles 双层隔墙：10＋10 cm。
   - Murs de refend 内墙：20 cm。
   - Murs coupe-feu 防火墙 ：20 cm。

Etanchéité et isolation 防水和隔热

1. Protection centre l'humidité 防潮
   • Couche imperméabilisante en pied de mur à réaliser sur toutes les maçonneries en blocs de béton. 在整个混凝土砌块的砌体上修建墙角防水层。
   • Barrière d'étanchéité sous dalles sur terre-plein. 填土地面的混凝土板下有防水层。
2. Isolation thermique 隔热
   Le choix du matériau pour l'isolation thermique sera laisse à l'Entrepreneur qui ne devra, toutefois, passer aucune commande avant approbation de l'Ingénieur. 隔热材料由承包商选择，但是承包商在任何订货之前必须先经监理工程师批准。
3. Etanchéité pour terrasse 平屋顶防水
   1)Etanchéité à base bitumineuse 沥青防水层
   Barrière pare-vapeur 隔汽层：à exécuter sur toute la surface des planchers terrasses，avec remontée en verticale sur 10 cm. 应该在整个平屋顶地面上做隔汽层，要垂直升高 10 cm。
   Etanchéité multicouche 多层防水：à exécuter en incorporant tous les accessoires tels cuvettes d'évacuation，trop-plein，sorties de ventilation，passages de câbles，à remonter en verticale sur 15 cm. 应该做多层防水，包括一切辅助装置，例如雨水口、溢水口、通风装置排气口、电缆管路，要垂直升高 15 cm。
   2)Revêtement de terrasses 平屋顶面层
   Revêtement à exécuter sur les terrasses non accessibles，en galets roulés et lavés de couleur claire. 不上人的平屋顶面层应该用浅色水洗过的圆砾石制作。

Plomberie Sanitaire 卫生设备安装工程

Les travaux comprennent：les évacuations，les réseaux de distribution eau chaude，eau froide et gaz，la fourniture et la pose des appareils sanitaires. L'Entrepreneur étudie avant les travaux，le tracé du réseau de canalisation et d'écoulement. II remet le plan du tracé à l'Ingenieur pour approbation.

卫生设备安装工程包括：排水、热水管网、冷水管网、煤气管网，提供和安装卫生设施。承包商在施工前设计管道网和排水管网线路并将线路图报监理工程师批准。

VOCABULAIRE

établissement (*n. m.*) des chemins de fer 修建铁路
exécution (*n. f.*) de bâtiments 房屋施工
dépense (*n. f.*) de construction 工程费,建筑费用
empattement *n. m.* (砖墙)大放脚,墙基
empattement du mur 墙基,大放脚
donner *de qch.* 使用
couche (*n. f.*) de sable 砂层,砂垫层
couche de gravier 砾石层,砂石层
mur (*n. m.*) de façade 正立面墙,外墙
mur de refend 内墙,隔墙
pieu (*n. m.*) de sable 砂桩,填筑砂桩
pilier *n. m.* 墩,柱(断面较大的砌体),支柱
bâtiment *n. m.* 建筑物,房屋;建筑
bâtiment des stations 站房,车站建筑物
bâtiments accessoires 附属建筑
bâtiments de chemins de fer 铁路房屋,铁路站房
bâtiment des voyageurs 旅客站房
service (*n. m.*) des voyageurs 客运业务
service des messageries 信件、邮包的运送业务
aile *n. f.* (建筑物的)侧翼;附属建筑物
aile latéral 建筑物侧翼
espace (*n. m.*) disponible 有效空间,可用空间
trottoir *n. m.* 旅客站台
distribution (*n. f.*) incommode 布局不好用
parqueter *v. t.* 给…铺设镶木地板
carreler *v. t.* 给…铺方砖(瓷砖)(地面)
carrelage *n. m.* 铺方砖[瓷砖];方砖地面;方块水泥地板
carreau (*n. m.*) en terre cuite 烧结黏土方砖,铺地缸砖
carreau céramique 瓷砖
se détériorer *v. pr.* 损坏
mosaïque *n. f.* 锦砖,陶瓷锦砖,马赛克(大理石、玻璃、贝壳等制作的镶拼用块料)
de plain-pied *loc. adv.* 处于同一平面,处于同一水平(=de même niveau)
lambris *n. m.* 镶板,护墙板
menuiserie *n. f.* 细木工
feuille (*n. f.*) de tôle 铁皮
feuille mince de tôle 薄铁皮
chanfrein *n. m.* 倒角

arête *n. f.* 棱,棱边,棱角
pierre (*n. f.*) de taille 粗石,毛石,琢石
abattre les arêtes des pierres de taille 削去毛石的棱角
encadrement *n. m.* 框,框架;作为边缘
encadrement des baies 门窗框,门窗洞边缘
baie *n. f.* 门窗洞
cabrouet *n. m.* (火车站的)双轮行李车
cabrouets qui portent les bagages 行李车
cornière *n. f.* 角钢,角铁
cornière en fer 角铁
châssis *n. m.* (门窗的)框架;有框的玻璃窗
châssis des fenêtres 窗框
châssis des portes 门框
châssis vitré 玻璃窗
ferrure *n. f.* (门窗)铁件
cabinet (*n. m.*) d'aisance 厕所
annexe *n. f.* 附加建筑,附属建筑物
annexe d'un bâtiment 附属建筑物
donner de l'air *à* 给…通风
donner du jour 采光
lanterneau *n. m.* 天窗,屋顶上的采光,采光天窗
parement (*n. m.*) à claire-voie 透光的墙面,有孔的砌墙面
à claire-voie 透光的,有孔的,留有空隙的
tuile *n. f.* 瓦
tuile en verre 玻璃瓦
enduire *v. t.* 涂,抹;抹灰,粉刷
enduire les murs en ciment 墙壁用水泥(砂浆)抹面
revêtir les murs en carreaux vernissés [en carreau céramique] 给墙贴上釉面缸砖(瓷砖)
carreau *n. m.* 方砖
carreau vernissé 釉面缸砖
carreau céramique 方瓷砖
brique *n. f.* 砖
brique vernissée 釉面砖
brique de [en] faïence 彩釉瓷砖
brique en porcelaine 瓷砖
s'écailler *v. pr.* 呈鳞片状剥落,剥离
halte *n. f.* 停车点,小站,小旅客站
urinoir *n. m.* 小便器,小便池(槽、斗、处)
accolé *a.* (*à qch.*) 与…相邻(相接),靠近…,贴在…上

auvent *n. m.* (门窗上的)挡雨披檐,风雨棚
cabinet (*n. m.*) de toilette 盥洗室
lavabo *n. m.* 洗手盆
abri *m.* 棚(子);站台棚
abri de gare 站台棚
abri à voyageurs 旅客站台雨棚
garantir *qn de*, *contre qch.* 使某人免受…
hangar *n. m.* 棚子,库房,货场
hangar à quai 站台棚
hangar des marchandises 货场,货棚,货物仓库
maçonnerie (*n. f.*) ordinaire 普通砌体
entrevoie *n. f.* (复线间的)线间距离,轨道间隔
bordure *n. f.* 边缘;路缘,路缘石
bordure de trottoir 站台边缘,路缘,路缘石
bordure saillante 立道牙,立路缘石
portière *n. f.* 车门
circulation (*n. f.*) des voyageurs 旅客往来
marquise *n. f.* 雨棚,风雨棚
buffet *n. m.* (火车站的)餐厅(供铁路旅客使用)
charpente *n. f.* 屋架,(建筑物的)构架
charpente en fer 钢构架
colonne *n. f.* 柱,圆柱,支柱
colonne en fonte 铸铁柱
colonne en fer 钢柱,铁柱
colonne assemblée 组合柱
zinc *n. m.* 锌,锌板
tôle (*n. f.*) ondulée 波纹板
espacement *n. m.* 间距,间隔
espacement des colonnes 柱子间距
point (*n. m.*) d'appui (力的)支点,支承点
bancs (*n. m. pl.*) longitudinaux 纵向托架(站台雨棚的)
au minimum 至最低程度,达到最低限度
base (*n. f.*) de colonne 柱座,柱基
sablière *n. f.* 搁栅
poutre *n. f.* 梁;桁架
poutre en treillis 花梁,格子梁
écran (*n. m.*) contre le vent 挡风板
courant (*n. m.*) d'air 气流;通风
halle (*n. f.*) couverte 有棚站台,站台棚

halle à marchandises 货物仓库,货棚,货场
ferme *n. f.* 屋架,桁架;桁架梁,桁梁
ferme Polonceau 包龙梭式三角钢屋架(中部分叉两拉杆,下弦中部较支点高)
ferme rigide 刚性桁架
ferme de la toiture 屋架
pièce (*n. f.*) de forge 锻件
ardoise *n. f.* 石板瓦
zinc *n. m.* 锌,锌板
tôle (*n. f.*) ondulée 波纹板,瓦楞板
mise en wagon 装车,装车皮
cour *n. f.* 院子,场地
cour des marchandises 货场
pignon *n. m.* 山墙
wagon (*n. m.*) découvert 敞车
service de la traction 机务处
remise *n. f.* 车库,库房
remise de voitures 客车库
remise à machine 机车库
remises rectangulaires 长方形车库
remises en forme de secteur de cercle 扇形车库
remises entièrement circulaires 圆形车库
secteur *n. m.* 扇形
secteur circulaire [de cercle] 扇形
mur (*n. m.*) plein 实心墙,无窗墙
passage (*n. m.*) des machines 机车通过
maçonnerie (*n. f.*) ordinaire 普通砌体,一般砌体
maçonnerie de briques 砖砌体
pilastre *n. m.* 壁柱,半露柱
pilastre en pierres de taille 琢石壁柱,大块石半露柱
contrefort *n. m.* 扶垛,墙垛
rotonde *n. f.* 圆形车库,圆形机车库
annulaire *a.* 环形的
dôme *n. m.* 圆形屋顶,圆顶,圆顶盖
support (*n. m.*) intermédiaire 中间支座,中间支架
sol (*n. m.*) en terre battue 土地面,夯土地面
revêtement (*n. m.*) en ciment 水泥铺面,水泥罩面
revêtement en béton 混凝土铺面,混凝土面层
revêtement en carreaux céramiques 贴面砖,瓷砖贴面
carreau (*n. m.*) céramique 瓷砖

se défoncer *v. pr.* (路面)变得坑坑洼洼
bielle *n. f.* 连杆,拉杆,牵引杆
bielle de locomotive 机车拉杆
atelier *n. m.* (铁路)修理厂
atelier de chemin de fer 铁路修理工厂
espace (*n. m.*) couvert 有棚场地,室内场地
outillage *n. m.* 工具,成套工具
division (*n. f.*) intérieure 室内分隔
cloison (*n. f.*) légère 轻质隔墙
installation de transmission 传动装置(设备)
transmission *n. f.* 传动;传动装置
écarter les dangers 避免危险
courroie *n. f.* 皮带;传送带
constructions (*n. f. pl.*) accessoires 附属建筑物
constructions accessoires des gares 车站复数建筑物
constructions accessoires du service des marchandises 货站复数建筑物
constructions accessoires des services de voyageurs 客站复数建筑物
pavage *n. m.* (铺砌成的)路面,地面,铺面
pavage de [en] pierre 石块铺面
pavage en briques 砖铺砌,砖块铺面
enduit (*n. m.*) en ciment 水泥砂浆罩面,水泥铺面
dallage (*n. m.*) en carreaux céramiques 瓷砖铺面
pavage *n. m.* 铺面,铺砌地面
se fender *v. pr.* 开裂,裂开
pays (*n. m.*) chauds 炎热地区
se ramollir *v. pr.* 变得柔软,软化
se déformer *v. pr.* 变形,走样
granite *n. m.* 花岗岩,花岗石
calcaire (*n. m.*) dur 硬石灰岩
taillé *a.* 切割好的
arrondir *v. t.* 使成圆形;倒圆角
arête *n. f.* 棱,棱边,棱角
arête vive 尖棱,尖角
s'épaufrer *v. pr.* (石材的角或边)被敲掉
fondation (*n. f.*) en maçonnerie 圬工基础
couche (*n. f.*) de sable 砂垫层
couche de gravier 砾石层
béton (*n. m.*) maigre 贫混凝土,少灰混凝土
assiette *n. f.* 基础,下基层,下承层

redresser *v. t.* 矫直，矫正
se détériorer *v. pr.* 损坏
trottoir (*n. m.*) provisoire 临时便道
traversée *n. f.* 交叉
traversée de voies 线路交叉
traversée à niveau 平面交叉
traversée de voies à niveau 线路平面交叉
voie (*n. f.*) à niveau 平交道，地面通道
gare (*n. f.*) fréquentée 客流量很大的车站，过往旅客很多的车站
passage (*n. m.*) souterrain 地下通道
plancher (*n. m.*) en madriers 厚木地板
madrier *n. m.* 厚木板（至少 6～8cm 厚）
ballast *n. m.* 道床；道砟
table (*n. f.*) supérieure du rail 钢轨踏面
plan (*n. m.*) incliné 倾斜面，斜坡，坡道
couloir *n. m.* 走廊，过道，通道
couloir transversal 横向通道，横向过道
mur (*n. m.*) à double paroi 空心墙，双层墙
radier *n. m.* 基础板，底板
pente (*n. f.*) douce 缓坡
pente transversale 横向坡度
puisard *n. m.* 集水坑
eau (*n. f.*) de lavage 洗涤用水
revêt un mur de briques vernissées ou de faïence blanche 给墙面铺釉面砖或白釉瓷砖
brique vernissée 釉面砖
brique de [en] faïence 彩釉瓷砖
éclairement *n. m.* 照明度，照度
quai (*n. m.*) à marchandises 货物站台
marchandise (*n. f.*) à découvert 无包装货物
plateforme *n. f.* 平台；站台，月台
plateforme de quai 站台，月台
crête (*n. f.*) de mur 墙棱，墙角
couronner *v. t.* （给建筑物）装饰顶部，做压顶
empierré *a.* 碎石铺砌的
charrette *n. f.* 手推车，二轮马车，大车
colis (*n. m.*) pesant 笨重的货物
rail (*n. m.*) vignole 宽底钢轨
hors service 停止使用的，不能再使用的，废旧的
wagon (*n. m.*) tombereau 敞车，高边车

wagons plateformes munis de rebords 带栏板的平车
paver *v. t.* 用石块铺砌
caniveau (*n. m.*) pavé 铺砌的沟渠
saignée (*n. f.*) transversalle 横向排水盲沟
aqueduc (*n. m.*) souterrain 地下引水渠,排水沟管
cloaque *n. m.* 污水坑

VOCABULAIRE COMPLÉMENTAIRE

travaux (*n. m. pl.*) de bétonnage 混凝土工程
coffrage *n. m.* 模板
coffrages pour les structures 结构模板
perte (*n. f.*) de laitance 水泥浆流失
laitance *n. f.* 薄水泥浆,水泥浆(混凝土)
contre-plaqué *n. m.* 胶合板
décoffrage *n. m.* 脱模,拆模
produit (*n. m.*) de décoffrage (混凝土)脱模剂
neutre *a.* 中性的
basique *a.* 碱性的
tacher *v. t.* 弄脏,使…沾上污迹
joint (*n. m.*) de construction 施工缝,构造缝
calfeutrer *v. t.* 堵缝,填塞缝隙
armature *n. f.* 钢筋(一套)
charge (*n. f.*) admissible 允许荷载(负荷)
fondation (*n. f.*) à semelles isolées 独立基础
fondations à semelles filantes 带形基础
dalles sur terre-plein 填土地面的混凝土板
terre-plein *n. m.* 填土 (T. P) (=remblai)
linteau *n. m.* 过梁
standardisé *a.* 标准的,标准化的
rejointoyer *v. t.* 重嵌灰缝,再填缝,再勾缝
scellé *a.* (砂浆)固定的,砌住的,封住的
périphérique *a.* 周围的,周边的;外部的,表面的
travaux (*n. m. pl.*) de maçonnerie 圬工工程,砌砖石工程
bloc (*n. m.*) de béton 混凝土砌块
cloison *n. f.* 隔墙
cloison simple 单层隔墙
cloison double 双层隔墙
granulat (*n. m.*) léger 轻骨料
mur (*n. m.*) coupe-feu 防火墙

protection (*n. f.*) contre l'humidité 防潮
pied (*n. m.*) de mur 墙脚
barrière (*n. f.*) d'étanchéité 防水层
barrière pare-vapeur 隔汽层
isolation (*n. f.*) thermique 隔热
étanchéité(*n. f.*) pour terrasse 平屋顶防水
étanchéité multicouche 多层防水
étanchéité à base bitumineuse 沥青防水层
cuvette (*n. f.*) d'évacuation (des eaux pluviales) 雨水口
trop-plein *n. m.* 溢水口
passage (*n. m.*) de câbles 电缆管线,电缆管路
revêtement (*n. m.*) de terrasses 平屋顶面层(铺砌层)
plomberie (*n. f.*) sanitaire 卫生设备安装工程,管子工程
appareil (*n. m.*) sanitaire 卫生设备(器材,设施)

"课文"翻译参考

第11课 站 房

1. 总 则

修建铁路包括房屋施工,房屋占工程费的很大一部分。除了在大城市修建的车站人们竭力赋予它们宏伟的特色以外,铁路站房之间一般差异不大。

基础-站房就像桥隧建筑一样,基础部分应该认真设计。如果设计得不好会毫无益处地增加费用。

如果在地下不深的地方有非常坚硬的地基,在这样的地基上面直接修建墙的话,虽然此种地基的牢固性比桥隧建筑物的地基差得多,但也可以满足了,因为必要时使用大放脚[①]很容易把压力分散在基础上。

如果在地下不深的地方没有坚硬地基,可以使用下列方法解决。

第一种方法是根据土质和建筑物的规模大小用1～2 m厚的砂垫层或砾石层来平衡压力。当然,没必要用砂子或砾石回填整个房建场地,只是在外墙和内墙处铺上足够宽的砂子或砾石就行了。

也可以用桩或砂桩[②]加固地基。

最后,如果坚硬的地基不是处在地下很深的地方的话,最可靠的办法是在拱上修建墙,拱座落在深入到坚固地基的支柱上。

2. 运营建筑物

站房-站房的布置应该在一旦需要时,能够使站房的扩建或改变站房室内布置尽可能容易。一般来说,站房的底层有供客运业务和信件、邮包运送业务使用的房间,二层有站长宿舍,或者如果是大站的话,有站长和副站长的宿舍。这样,就把建筑物的主体部分建成两层的或者有时建成三层的,给建筑主体增加侧翼部分,以便在业务量增大需要的情况下增大底层的有效空间。

除了大厅和楼梯入口在院子旁边以外,站房里面几乎所有的房间都应该设置在轨道旁边或者至少与位于轨道旁边的旅客站台交通简便。然而,要避免建造布局不好用、极难能扩建的狭小建筑物。规模小的车站的合适宽度为8 m,中等规模车站的合适宽度为10 m。

除了头等候车室和二等候车室铺设镶木地板之外,营业厅一般铺沥青地面,水泥砖地面或瓷砖地面以便容易清洗。方砖地面使用的不是损坏很快的普通铺地缸砖,而是很坚固的瓷砖,瓷砖适宜做出喜人效果的图案。也用陶瓷锦砖,陶瓷锦砖用水泥拼装。售票大厅总要与通往院子和轨道的旅客站台处在同一平面,以便于运输行李和货物。

有必要在售票大厅和候车室里做细木工护墙板墙面,高度至少1 m,为的是防止放在地上或底板上的行李货物碰撞,如果墙壁涂层裸露的话很快就会被行李货物碰坏了。为此也可以使用薄铁皮贴墙面。削去形成门窗框边缘的毛石棱角代之以倒角同样是明智的,因为人工搬运的行李或行李车通常从这里经过。也可以用角铁保护这些棱边,把角铁仔细地贴在石料上,用螺丝固定,并且涂成白色遮盖。

如今人们使用钢门窗框代替木门窗框,这些钢门窗框如果做得好的话是很结实的,但是很贵。木门窗框通常只要检查制作,特别是在涂漆之前要仔细检查其接合部分,最后给门窗拐角处包上结实的铁件加固就行了,但是要注意木门窗框的厚度要合适。

厕所和附属建筑-除了主建筑以外,车站还包括各种用途的附属建筑物,特别是厕所,厕所几乎总是与主建筑隔离的。

厕所的大小随所在车站的大小而各有不同。最好把厕所设置在离主建筑距离10 m或15 m的地方,使它们能够隐蔽一些,并且给将来修建附属建筑物留出必要的地方。

为了保持厕所清洁,必须有通风、采光、空间和水。给孤立的厕所通风总是容易的,为此只要在屋顶上面设置采光天窗或者把屋顶加高、在屋顶下面留一定高度的透光墙面就行了。人们用玻璃窗从上部采光,有时也用玻璃瓦。厕所门尽可能朝外开以免减小厕所的自由空间,而且应该自动关闭,因为旅客几乎不会费心把门带上。

墙壁可以用水泥砂浆抹面,但是最好给墙面贴上高 2 m 左右的釉面缸砖或方瓷砖、釉面砖、彩釉瓷砖或瓷砖,尽管这样做造价高些。釉面缸砖的价格最低,缺点是受冰冻容易呈鳞片状剥落。

停车点和小站的厕所可以只有一个地方。在有几个地方的情况下,应把男厕分开,男厕里增添小便器,除了大车站之外,小便器通常设置在屋外靠近挡雨披檐的地方。如果上厕所的旅客人数很多的话,最好安排一名负责打扫厕所的管理人员,管理人员通常待在专门留给他用的约 2 m×2 m 的小间里。最后,在大车站的厕所间里经常设置盥洗室和洗手盆。

站台棚-在不靠近旅客站房的站台上,通常从旅客通过轨道到能上车的这段时间距离修建使旅客免受雨淋和太阳晒的站台雨棚。在只能从一侧进出的站台上,这些站台棚通常由一个长方形的小型建筑物构成,靠轨道的地方有一个宽敞的、没有门的门洞,或者由一个只是三面封闭的棚子构成。站台棚的构造是普通砌体结构或砖-钢混合结构,带有向站台伸出的挡雨板。

在复线轨道之间的站台上也设置封闭式站台棚,带有两个面对面布置的大门洞。

为了不妨碍交通,复线轨道间站台棚的墙和屋顶支架应该离站台边缘至少 1.50 m,最好 2 m,以便运送行李的行李车能够通行,特别是当列车开着车门停在站台棚前面的时候不能妨碍旅客往来。

站台雨棚-如果要遮盖着一个很长的站台的话,只要一个由一些柱子支撑的单一屋顶就行了,这样的棚子叫做雨棚。

雨棚可以靠近建筑物或墙体,也可以是孤立的。此外,如果沿着雨棚所遮盖的站台上面分布着由空间间隔相互隔开的几个建筑物(主建筑、厕所、餐厅等)的话,风雨棚通常又是混合式的。如今的雨棚只是由安在铸铁柱或组合钢柱上面的钢构架构成,组合柱同时又用作排水。雨棚屋面是用锌板或波纹板制成的,有时靠近建筑物的雨棚使用玻璃板,后者的好处是保持透光,但是不能保护旅客防太阳晒。雨棚类型的选择是一个风格和经济问题,不管怎样,应该尽量增大柱子的间距和顶棚的宽度。除了柱子作为纵向托架的支承点安装在站台中间的情况以外,柱子总是碍事的,因此不仅要把柱座直径减小到最低程度,而且还要减少柱子的数量。要是把顶棚安在格子梁式搁栅上的话,不用增加很多的费用就可以很容易地使站台柱间隔 8～12 m。应该尽量把顶棚建造得宽些,因为雨水不是总垂直降落,刮风的时候只是雨棚宽度的一部分可以被视为真正遮雨的棚子。对于阳光来说也是一样。

站台端部有时安装保护旅客的挡风板。对于复线轨道之间的站台上的雨棚来说,这些挡风板的作用很不明显,相反,如果在建筑物尽头安装挡风板的话,则成了严重妨碍空气流通的屏障。然而,为了使挡风板既有效地发挥作用又不妨碍交通,站台则应该修的宽一些。事实上,应该把挡风板修到距离轨道旁的路缘至少 1.50 m 的地方,以便旅客和行李车能够往来。

大型车站的站台建在院子的旁边使旅客能够不受风雨侵袭地上下车,这些雨棚没有什么特别之处。如果仅仅是很窄的雨棚的话,经常把雨棚建成挡雨披檐形状,以便全部取消站台柱。

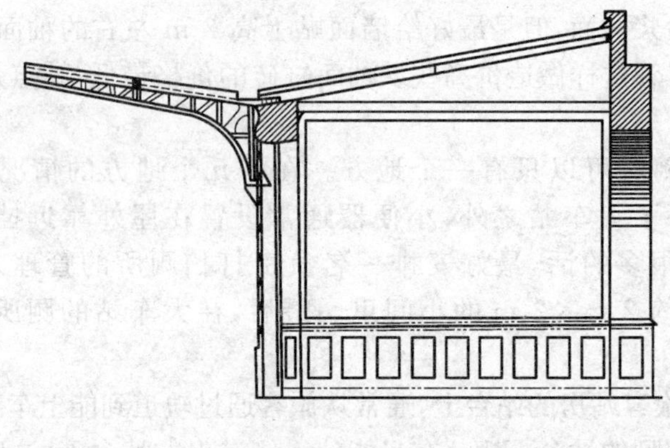

图 11-1

有棚站台-有棚站台通常指用来同时遮蔽旅客站台和轨道的宽大站台。

过去的有棚站台几乎只用包龙梭式三角钢屋架,起初是钢木结构的,后来是全钢结构的。如今这种屋架已经不用了,因为这种屋架要求使用的锻件造价高,而且在焊接处经常会有不牢固的地方。按照包龙梭式三角钢屋架的形状排列的刚性桁架也同样停止使用了,因为刚性桁架不太适合铁件的接合,它们需要很多的金属材料,外形很笨重。

站台棚上面铺瓦、石板瓦、锌板或波纹板。

货物仓库-货物仓库是在货物卸到车皮里和装入运送到收货人住处的汽车里这段时间,或者反之在货物从汽车上卸下和装上车皮之间的这段时间里用来保护货物的库房。货棚可以是封闭式的,以便在看管人员不在的情况下把货物存放在里面以防盗,也可以是敞开式的。

封闭式库房主要有两种类型:第一种类型似乎是当今更受人喜欢的,是在建筑物的侧面轨道旁边和货场旁边各开一个进出货物的宽敞有门的门洞,间隔距离是一个车皮的长度,即 7～

8 m。在这两个大门的上方,通常在库房两侧的整个长度上设置挡雨披檐,以便进行装卸作业时能够不受雨淋。

第二种类型,库房线路通过在山墙上开的两个大门进入库房。在这种情况下进行装卸作业比较方便,特别是当货物装在敞车里的情况下,但是每延米的费用比较高而且货车的装卸不是那么容易。

仓库的地面总是与车厢地板一般高,或者比钢轨高出 1 m 左右,或是比与轨道同高的货场场地高 1 m 左右。仓库的地面通常是沥青地面或水泥地面。

3. 机务处用房

客车和机车-客车车库总是长方形的,机车库要么是长方形的,要么是扇形的或者是圆形的。

长方形车库的构造很简单,四周是无窗墙,只是在墙上开了些窗口采光。

如果修建圬工砌筑的长方形车库的话,四周的无窗墙上只开了几个采光的窗户和机车通过的大门。高度只有 6～7 m 的不承重围墙的厚度可以很小(普通砌体 0.35～0.45,砖砌体 0.22),注意用作墙垛的壁柱将墙壁分隔开,屋架的桁架梁坐落在壁柱上。

扇形车库按照与长方形车库相同的原则修建,但是内侧面的圬工砌体减少到支承屋架和门扇的琢石壁柱。

圆形车库或圆形机车库有两种;可以把它们做成环形的,其中央部分有圆顶盖,也可以做成钟形的。钟形的优点是取消了支承中央圆屋顶的中间支架和圆环屋架的一个端部。

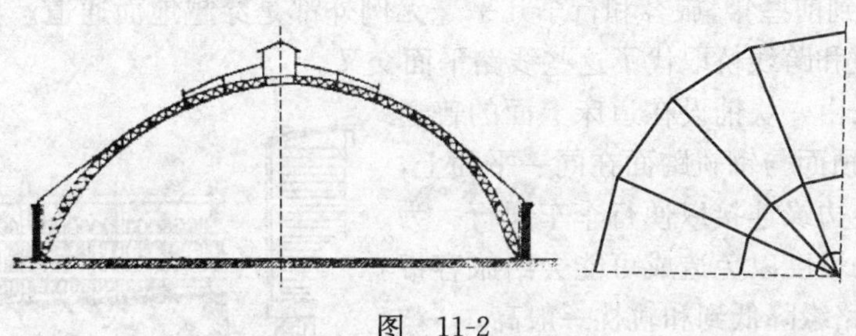

图 11-2

车库的地面可以是夯土地面,但是往往在上面罩上一层水泥铺面、混凝土铺面或者贴瓷砖。沥青地面的缺点是容易被油腐蚀并且如果在上面放置像机车拉杆之类的重件的话会变得坑坑洼洼。

修理厂- 修理厂有宽敞的带棚场地,里面放有工具。经验促使人们日益放弃室内分隔,因为分成隔间会给检查保养带来困难。必要的分隔应该尽可能用轻质隔墙制作,以便能够改变布局。

大多数修理厂都有传动装置。必须尽量避免这些传动设备靠近支撑屋面的桁架,因为这些桁架几乎总是由于疲劳变形而损坏。为了支承这些传动装置,最好还是安装单独的支架来支承这些传动装置,在修理厂内部设备改型的情况下,如有必要再给单独支架加固。人们也安装地下传动装置,好处是避免了传送带造成的危险,但是造价昂贵。

4. 车站附属建筑物

Ⅰ. 客站附属建筑物

旅客站台-大型车站的旅客站台铺浇沥青或者石块铺面或砖块铺面,或者水泥砂浆罩面或瓷砖铺面。瓷砖铺面最坚固,但是比沥青铺面造价高,出于经济上的原因,与瓷砖铺面相比,人们更喜欢沥青铺面,很少使用铺砌地面。水泥铺面的缺陷是如果做得不是很好的话容易开裂。炎热地区避免使用沥青,因为沥青在烈日暴晒下会变软和变形。

站台的边缘通常以轨道旁边的石砌路缘、砖砌路缘、木制路缘或铺的草皮路缘作为界限。石砌的路缘石通常用花岗岩或切割好的硬质石灰岩制成,外侧棱角要倒圆,因为尖棱角很快就会被敲掉了。如果石料极其缺少的话可以用砖代替。人们通常在圬工基础[④]上铺砌石砌路缘或砖砌路缘,可以取消这种圬工基础而用一层厚实的砂垫层、砾石层或碎石层代替,也可以使用贫混凝土[⑤]减小厚度。由于路缘石不承载任何重量,只要是路缘石有一个稳固的基础层就行了。而且建在砂基础、砾石基础或碎石基础上的路缘石很容易矫直。

不推荐使用人们有时用的木制路缘,木制路缘的铺装费用相当高,效果不能令人满意而且损坏的很快,它们只能供铺设临时便道使用。

铺草皮的路缘很省钱,即便是相当重要的干线铁路,在不很大的车站使用草皮路缘也是妥当的。

最后可以拆除各种立路缘石,使站台很矮,以便能通过坡度很平缓的斜面使站台与轨道面衔接。

线路交叉- 直到前些年,旅客和行李几乎毫无例外都是穿越地面通道。如今,客流量很大的车站用地下通道和跨线桥取代了这些线路平面交叉。

线路平面交叉由一块铺设在道床上面的普通厚木地板构成,其顶面与钢轨踏面在同一平面上,用一个坡道与站台边缘连接以便行李车通行。为了降低这种坡道的坡度以免造成可能会给旅客带来的危险,通常把路缘降低到和轨枕一般高。

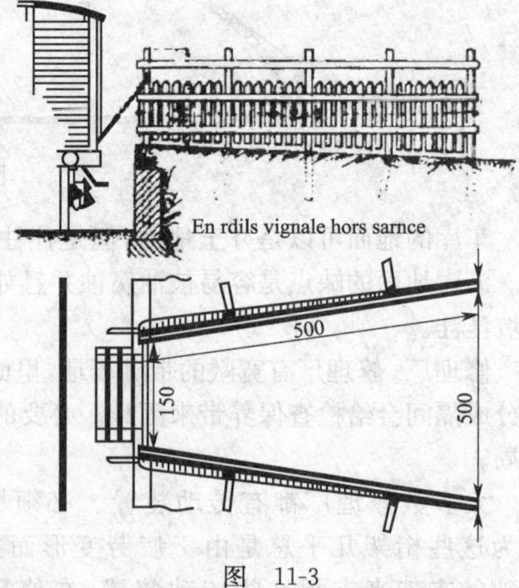

图 11-3

如今地下通道已经很普遍,特别是在德国,由轨道下方的一条横向通道构成,横向通道通过楼梯与站台连接。地下通道绝对不透水这是必需的。为了得到这种效果,可以做双层墙或在附近用盲沟给地面排水,盲沟通向一个比地下通道底板还低的排水沟。底板的顶面应该成缓坡状,上面有一个或几个集水井[⑥],以便于排放洗涤用水。

通常给地下通道墙面铺釉面砖或白釉面瓷砖,以增加地道里很难得到的充足照度。楼梯按站台长度方向设置,因而与地下通道垂直。

跨线桥由金属天桥构成,其构造没有什么特殊之处。

Ⅱ. 货站附属建筑物

货物站台- 货物站台的目的在于能够装卸无包装货物。货物站台由一个比轨道面高出1 m的站台构成，该站台坐落在由墙体支承的路堤上面。为了使墙角不会在搬运作业中遭到损坏，人们给顶面墙角做木质路缘和铁质路缘压顶。如今人们使用旧钢轨做路缘，旧钢轨路缘比其他路缘好得多，因为它们更为牢固并且无需任何维修。

站台地面用碎石铺砌，以便手推车能够行驶和能够搬运笨重的货物。

某些特种作业使用的站台应使用与其作业相符合的规定。用于牲畜装车使用的站台的端部，在货场旁边有一个通长的坡道，以使牲畜能够容易地登上站台。

石灰和煤炭装卸站台比普通站台高些，高约 2 m 左右，以便能够直接从车上装到敞车里或带栏板的平车里。

货场- 货场通常铺砌碎石地面。在大型车站有时用石块铺砌货场地面。必须认真确保货场地面排水。如果没有货场线的话，排水没有任何困难，如果有货场线的话，这是当今铁路最常有的情况，很难做出横向坡度，而且钢轨也妨碍排水。

在规模不是很大的车站，一般在靠近货场线的地方设置一个铺砌的沟渠，每隔一段距离连接有穿过轨道的横向排水盲沟，朝货场线方向排水就行了。如果还不够的话，最好的排水方法是建一个带集水坑的中心排水沟，这些集水坑的间距很小，它们使水流入一个地下排水沟管。必须非常重视大型货站的货场排水问题，因为货场里面行驶和停放着很多运货车辆，雨天如果积水的话货场很快就变成了十足的污水坑。

Termes de construction du bâtiment:房屋建筑词汇

1. 屋顶和屋面

屋顶:以下四个词一般可以互相通用 1)toit (*m.*) 一般口语中用的较多。例如：四世同堂：quatre générations sous un même toit 2)toiture (*f.*) 例如：屋顶是指一座房屋的整个顶部，由屋面和支承结构两部分组成：La toiture est la partie supérieure d'un édifice；elle est constituée par la couverture et son armature. 屋顶总是带一定坡度的：Les toitures ont toujours une certaine pente. 平屋顶有能上人和不能上人之分：Les toitures-terrasses sont accessibles ou non-accessibles 3)comble (*m.*) 一般专指坡顶，其含义大体有三个：① 指坡屋顶的骨架部分。例如：承重屋面的全部骨架叫做"comble"：On appelle comble l'ensemble de la charpente qui supporte la couverture. 设计坡屋顶骨架时要考虑到地震：La conception des combles doit tenir compte des secousses sismiques. ② 指坡屋顶的空间。例如：他住在坡屋顶室内：Il loge dans [ou sous] les combles. 设计屋架时要考虑到屋顶层的居住房间：Dans la conception des fermes, il faut prévoir des locaux d'habitation dans les combles. ③ 指坡屋顶建筑的整个屋顶。例如：这个屋顶坡度太大：La pente de ce comble est excessive. 这座建筑的屋顶是两面坡：Le comble de cet édifice est à deux versants	4)couverture (*f.*) 主要指屋面，有时也可指整个屋顶。例如：这个房屋的屋顶是钢屋架的：La couverture [ou la toiture] de cet édifice comporte une charpente en fer (在这句话里用 la toiture 更恰当). 而在类似拱顶，例如薄壳屋顶等屋面与屋架结合为一体的屋顶，只有用 couverture 更合适。例如：这座房屋的屋顶是钢筋混凝土的：La couverture de cet édifice est un voile en béton armé 屋面：couverture (*f.*) 指屋顶结构以上的覆盖部分。例如：平屋顶的屋面做法能上人和不能上人的不一样：Les modes de couverture des toits plats accessibles et non-accessibles sont différents. 45°的坡屋顶可采用几种不同的屋面：Un comble à 45° peut avoir plusieurs modes de couverture. 屋架：1) ferme (*f.*) 指桁架本身。2) charpente (*f.*) 坡屋顶结构：1)comble (*m.*). 2)charpente (*f.*) 指包括桁架、檩、椽子和各种支撑在内的全部屋顶结构。在这个意义下，这两个词相同。例如：木屋顶结构：charpente en bois de la toiture；钢屋架结构：charpente métallique de la toiture. 也可泛指整幢房屋的骨架，比如木骨架、钢骨架等，但是钢筋混凝土骨架除外。例如：这幢建筑的骨架，包括柱、梁、楼板和屋顶的骨架都是木料的：L'ensemble de la charpente de ce bâtiment, y compris les poteaux, poutres, planches et combles, est en bois

2. 屋顶形式

平屋顶,平屋面:toit plat (*m.*) 或 toiture-terrasse (*f.*)或 couverture en terrasse (*f.*),在图纸上常简写为 terrasse (*f.*)

坡屋顶:toiture inclinée (*f.*) 或 toit incliné (*m.*)。根据法国 D. T. U. (Documents techniques Unifiés)规定,屋顶坡度小于 3%称作"平屋顶"toiture plate ;坡度大于 8%的称作"坡屋顶"toiture inclinée ;坡度介于 3%~8%之间的,则称为"斜屋顶"toiture rampante

单坡屋顶:1) toiture [ou toit] à un seul versant 或者 à une seule pente. 2) toiture [ou toit] en appentis,简称 appentis,指的是小型的、靠在其他墙上的单坡屋顶

双坡屋顶,两坡顶:toiture [ou toit] à 2 versants 或 à 2 pentes 或 à 2 longs-pans

四坡顶:1) toiture [ou toit] en pavillon,四个斜脊汇集在一点,形成四个同等面积的坡面;2) toiture [ou toit] à [ou avec] croupe,带有水平屋脊的四坡顶。croupe (*f.*) 指这种四坡顶两端三角形的小坡面,俗称"臀坡"

壳体屋顶,薄壳屋顶:couverture en voiles minces 或 couverture en coques,各种薄壳、如扁壳、筒壳、扭壳等的总称

拱式屋顶,拱形屋顶:couverture en voûtes,用石或砖砌成,混凝土灌注等为主体结构,所形成无论内部外部都是圆筒形

筒形屋顶:couverture [ou toit ou toiture] cintrée,内部有屋架支撑而形成半圆的外形

圆形屋顶,球形屋顶(穹窿):1) coupole (*f.*) 半球形的拱;2) dôme (*m.*) 半球形屋顶

塔楼:tour (*f.*) 建筑物上部耸起的各种形式的塔上的尖顶部分称作 flèche (*f.*)

多面坡顶:toiture [ou toit ou comble] brisée,坡屋面折成不同新式的各种坡屋面的总称,例如"折腰屋顶或孟沙式屋顶或复折屋顶"(法国式屋顶):toit [ou toiture] à la Mansarde

锯齿形屋顶:toit [ou toiture] en sheds

3. 坡屋顶各部件

山墙:pignon, mur-pignon (*m.*)

大斜面:long-pan, versant (*m.*)

小斜面:croupe (*f.*) 长方形建筑四坡顶的顶端所形成的三角形小斜面

屋脊:faîtage (*m.*)

屋脊线:ligne de faîte (*f.*)

斜脊:arêtier (*m.*)

斜沟:noue (*f.*)

屋面边沿(边缘):指屋面的各个边沿。屋面下部(檐口)的屋面边沿称作"底边",因其用以排水故法文也称 rive d'égout 或 égout (*m.*)

屋脊交点:poinçon (*m.*),例如四坡顶的屋脊各端和两个斜脊的相交点

悬山:saillie du toit (*f.*),山墙上挑出的屋面部分

挑檐:avant-toit (*m.*)

老虎窗:lucarne (*f.*)

斜天窗:châssis (*m.*) (à) tabatière 或 tabatière (*f.*)

通风窗:chatière (*f.*)

通风百叶:grille (*f.*) de ventilation,山墙上的小气窗(篦子)

封檐板:planche (*f.*) de rive

水流坡度线:ligne (*f.*) de plus grande pente,一个坡屋面上的最大坡度线

天沟:gouttière (*f.*) 或 chéneau (*m.*)

4. 坡屋顶细部

挂瓦条:liteau (*m.*), *latte* (*f.*),是任何部位所用小木条之泛称。liteau [latte] d'accrochage des tuiles

压条,顺水条:baquette (*f.*) [ou latte] de fixation

倾斜木条:chanlatte (*f.*),木条的一端成斜状或三角形状,如果木椽对开则称之为 chevron chanlatté (对开木椽)

望板:voligeage (*m.*) 密封望板:voligeage jointif

离缝望板:voligeage non-jointif;望板的每一块称volige (*f.*) (望板的每一块"板条")

天沟:1) gouttière (*f.*) 指用金属皮做成的悬挂在檐头上的天沟,悬挂用的拖钩称 crochet de suspension,简称 croche (*m.*)

2) chéneau (*m.*) 指在房屋挑檐上的天沟。木挑檐用金属皮镶嵌、钢筋混凝土挑檐用铺油毡的流水沟;在坡屋顶的两坡之间或一墙一坡之间的天沟称 chéneau encaissé

5. 平屋面细部做法

平屋顶:toiture-terrasse (*f.*), toit-plat (*m.*)

平屋面:couverture en toiture-terrasse (*f.*)

上人平屋顶:toiture-terrasse (*f.*) accessible

不上人平屋顶:toiture-terrasse (*f.*) non-accessible

承重层(基层):support (*m.*),分为两种,一种是整体承重层 support monolithe,一般为现浇钢筋混凝土板或拱;另一种是装配承重层 support fractionné"分散式",包括预制钢筋混凝土板 dalle préfabriquée en B. A.,木构造板 plancher en bois,钢构造 charpente métallique,等

隔气层:barrière de vapeur (*f.*), *pare-vapeur*

续上表

防水层:1) étanchéité (*f.*) 防水部分的泛称

2) couche étanche 或 couche d'étanchéité (*f.*)

3) revêtement étanche 或 revêtement d'étanchéité (*m.*)

4) chape étanche (*f.*) 或 complexe d'étanchéité (*m.*)

防水做法:mode (*m.*) de réalisation [d'exécution] de l'étanchéité

1)油毛毡屋面铺设方法:一般是一皮沥青胶合材料、一皮油毛毡逐皮叠铺粘贴在一起。我们通常称为七层做法(三毡四油)或五层做法(两毡三油)等,但是法国无此说法。不论多少层统称为"多层做法"procédé(s) multicouches. 在冷底子油以上铺设第一皮油毡时,如果用热沥青胶合材料全面粘结的,称之为"结合式"système adhérent 或 système collé. 如果是干铺儿不需要粘结的,称之为"脱离式"système indépendant. 如果是局部粘结的,则称为"半脱离式"système semi-indépendant. 沥青胶合材料一般用"热铺石油沥青"couche d'application à chaud d'enduit à base de bitume,简称 bitume coulé à chaud;还有"带有沥青的掺和料"enduit pâteux,和"火山灰水泥"ciment volcanique (*m.*)

2)屋面直接现制铺设沥青的方法,其主要材料是以天然沥青石为主要成分的"地沥青砂胶"mastic d'asphalte;在现场加热掺和纯沥青现制铺设的方法称为"流体沥青"或"液态地沥青" asphalte coulé (*m.*);如果掺和砂子现制铺设,则称为"砂地沥青"或"地沥青砂胶"asphalte coulé sablé

3)铺设油毛毡屋顶与女儿墙或其他垂直墙面相接时,油毛毡或其他防水材料卷起贴在女儿墙或其他垂直墙面上有一定高度,这"防水层卷起部分"称作 relief (*m.*) de l'étanchéité 或 relevé(*m.*) d'étanchéité,简称:relevé,其"卷起的高度"称作 hauteur (*f.*) du relevé. 随油毡或其他防水材料卷起砂浆保护层称作"泛水"solin (*m.*),对此保护层起盖板作用,而从垂直墙上挑出的部分也称 solin. 如果卷起的油毛毡伸进女儿墙的凹槽内,此"凹槽"称为 engravure (*f.*),如在凹槽上面做铁皮泛水时,此"泛水"称为 bande(*f.*) de solin

保护层:protection (*f.*),或 couche de protection (*f.*)
另有一种事先贴在卷材上的保护层,称作 auto-protection (*f.*),以下各种材料的保护层全文都应写成:couche de protection par ou en ……

防水嵌缝:calfeutrage étanche (*m.*)

防水油膏:mastic étanche (*m.*)

排(雨)水:évacuation (*f.*) des eaux pluviales,简 évacuation (*f.*)

室内排水:évacuation intérieure (*f.*),"收水口用平篦子集水器排水"称 évacuation par grille;"收水口用内斗集水器排水"称 évacuation par cuvette intérieure;如带有防护罩 crapaudine (*f.*),则称"带防护罩集水器排水" évacuation par crapaudine

冷底子油层:couche d'imprégnation de bitume à froid,简称:couche d'imprégnation (*f.*)

保温层:couche d'isolation thermique,couche d'isolement thermique,简称 couche isolante (*f.*)

找平层:chape de surfaçage,chape de nivellement (*f.*),enduit de nivellement (*m.*)

垫层:forme (*f.*)

找坡层:forme de pente (*f.*)

油毛毡,沥青油毡:feutre bitumé [bitumineux] (*m.*) 或 chape souple bitumée (*f.*)

铺贴薄层小石子:surfaçage (*m.*) minéral,granulat répandu,保护层平均厚度为 2 cm

铺贴薄层油砂小石子:granulat pré-enrobé

铺贴厚层小石子:granulat de protection lourde
小石子铺成 4 cm 厚的保护层

砂石保护层:couche de protection par [en] granulat sur couche de sable,一般为 3 cm 厚的小石子铺在 3 cm 厚的一层砂子上

大孔径混凝土:béton caverneux,3~4 cm 厚的大孔径混凝土(无砂混凝土)铺在 3 cm 厚的一层砂子上作为保护层

混凝土保护层:1) couche de protection par dalles en béton de ciment coulées sur place. 现制混凝土约 3 cm 厚,分块。2) couche de protection par dalles en béton de ciment préfabriquées,预制混凝土约 4 cm 厚,分块

架空预制混凝土板保护层:couche de protection par dalles préfabriquées en B. A. posées sur plots

水泥砖保护层:couche de protection par carreaux ciment (放在 2 cm 厚的干砂层上,用水泥砂浆砌)

陶土砖保护层:couche de protection par carreaux céramiques ((放在 2 cm 厚的干砂层上,用水泥砂浆砌)

泛水:1) glacis (*m.*)(墙压顶等部位的流水坡)

2) pente d'écoulement (*f.*)(例如阳台平台、平屋面在表面层所做的流水坡)

金属皮压顶:larmier (*m.*) 或 protection par garniture métallique 细部组成有:扁形折边 pince (*f.*),圆形折边 ourlet,直折角 pli (*m.*),大开口折角 biseau(*m.*),固定卡子 bande d'agrafe (*f.*)

滴水槽:larmier (*m.*) 或 goutte-d'eau (*f.*)

伸缩缝盖顶处理:arrangement (*m.*) 或 dispositif (*m.*) de recouvrement du joint de dilatation

压顶:chapeau (*m.*) 或 chaperon (*m.*)

或 couronnement (*m.*)

预制压顶:chapeau (*m.*) *ou* chaperon (*m.*) préfabriqué [ou moulé]

软性隔绝层:isolant mou (*m.*)

盖缝保护片:couvre-joint (*m.*) de protection

软嵌缝绳:cordon souple (*m.*)或 cordon compressible

折式五金片:soufflet métallique (*m.*)

塑性嵌缝:joint plastique (*m.*)

粘性缝:joint pâteux (*m.*)

活动保护板:protection démontable

室外排水:évacuation extérieure (*f.*)

连接管:moignon (*m.*),"圆形连接管"称 moignon cylindrique,"锥形连接管"称 moignon conique.

天沟:chéneau(*m.*),一般平屋顶的"挑檐"称为 corniche,如果此挑檐带有天沟称为:chéneau en corniche 或 chéneau-corniche

女儿墙:acrotère bas,简称 acrotère (*m.*)

平屋顶栏板:balustrade (*f.*),或 parapet (*m.*),或 garde-corps (*m.*)

6. 平屋面共同部件

屋面"穿出物":pénétration (*f.*),指从屋面穿出的烟囱、出入孔等构筑物之泛称,其四周的外墙称 costière (*f.*)(靠墙) 天窗:lanterneau (*m.*) 或 lanternon (*m.*) 出顶烟囱:souche (*f.*) de cheminée (砖砌烟囱的出屋面部分) 或 souche de conduit de fumée 烟囱帽:chapeau (*m.*) de cheminée 或 aspirateur statique (*m.*);如果不是盖板式的,仅从烟囱顶部突出的小头则称为 mitron (*m.*) 出顶通风孔:souche (*f.*) des tuyaux de ventilation 或 souche des gaines de ventilation 出顶透气管:tuyau de ventilation secondaire 检查孔,观察孔,人孔:trappe (*f.*) de visite 泄水位置:point d'évacuation (des eaux),泛指泄水位置,如具体指泄水口,则称 trou (*m.*) d'évacuation 或 trou d'écoulementp	溢水口:déversoir (*m.*) 或 trop-plein (*m.*) 出水口或出水管:barbacane (*f.*) 或 gueulard (*m.*) 或 buse (*f.*) d'écoulement,指阳台、雨罩等设置的小排水管,有时亦称 tube (*m.*) d'évacuation 或 déversoir (*m.*) 落水管:tuyau (*m.*) de descente des eaux pluviales 简称 descente (*f.*) 或 descente E. P.;外管 descente extérieure;内管 descente intérieure; 明管 descente apparente; 暗管 descente encastrée 或 descente enrobée 卡子:collier (*m.*) de fixation 简称 collier,卡子的泛称;双螺卡子 collier à deux boulons;带轴卡子 collier articulé 接头管:moignon (*m.*) 连接弯管;弯头:coude (*m.*) 出水弯头:dauphin (*m.*)

7. 结构形式和一般构造(Systèmes et éléments de construction)

结构形式 Système (*n. m.*) de construction 混合结构 指由不同种类材料组成的结构,通常指由砖墙(或砖柱)和钢筋混凝土楼板(或屋盖)组成的结构。法文称作:construction (*n. f.*) à murs porteurs en briques avec planchers et couverture en B. A. 有时也泛指砖石墙和木(或钢)楼板和木(或钢)屋架组成的结构,法文称为:Construction à murs porteurs en maçonnerie avec planchers et toiture à charpente en bois ou en fer. 简称为:construction en maçonnerie ordinaire (即普通砖体结构) 承重墙结构 construction à murs porteurs 泛指普通砌体、大型砌块、预制壁板等各种形式的承重墙结构,主要是与框架结构相区别 框架结构 construction à ossature portante 指由各种材料的梁柱组成的承重骨架结构 钢筋混凝土框架结构 construction à ossature portante en B. A. 钢框架结构 construction à ossature métallique [en charpente métallique] 木框架结构 construction à ossature en bois [à charpente en bois] 装配式结构 construction en éléments préfabriqués 即与预制构架结构,简称为 construction préfabriquée,法文中大体分为两类:① préfabrication (*n. f.*) lourde(重型预制构件),主要是	大型板材结构:construction par grands panneaux ② préfabrication (*n. f.*) légère(轻型预制构件)一般为预制框架结构和轻质填空构件 抗震结构 construction antisismique(即"抗地震结构")。如果是为了防止一般振动的结构形式即称为 construction antivibratile [antivibratoire] 砖石结构 ouvrage (*n. m.*) en maçonnerie 通常指承重或非承重的砖石砌筑的结构,包括建筑物、构筑物和构件,如砖石墙(柱)、砖石拱等 钢筋混凝土结构 ouvrage en béton armé (包括建筑物和构筑物) 钢结构,钢架结构 ouvrage en charpente métallique,如果全部是钢的则称为 ouvrage en acier 木结构 ouvrage en bois 预应力结构 ouvrage en B. A. précontraint 薄壳结构 ouvrage en voiles minces 或 ouvrage en coques minces,通常为屋顶 couverture en voiles minces(薄壳屋顶)或 couverture en coques minces 拱形结构 ① 如是屋盖,称 couverture (*n. f.*) par voûtes (拱形结构屋面)。② 如是其他部位,简称为 voût(拱) 悬索结构(屋盖) couverture (*n. f.*) suspendue par cables(悬索结构屋面) 薄壁空间结 ouvrage (*n. m.*) réticulé multidirectionnel,或 charpente (*n. f.*) réticulée multidirectionnelle

8. 一般名称,屋顶构件,柱梁板,拱及其他

开间 travée (*n. f.*),普通开间为 travée ordinaire,中间开间为 travée centrale 尽端开间为 travée de rive 或 travée extrême 间距 écartement (*n. m.*) 跨度 portée (*n. f.*)	(梁的)结构布置,梁网 poutraison (*n. f.*)(包括在某一层柱梁板的整个系统) (梁的)结构布置平面图,梁网图 plan (*n. m.*) de poutraison 柱网 réseau (*n. m.*), système (*n. m.*) de poteau,亦称 trame (*n. f.*)

续上表

排架,排柱(一排柱子) file (*n. f.*) de poteaux

风撑系统,抗风系统 système (*n. m.*) de contreventement

(温度)伸缩缝 joint (*n. m.*) de dilatation

沉降缝 joint de tassement

抗震缝 joint séismique

温度缝 joint thermique

施工缝,构造缝 joint de construction 或 joint d'exécution

○○○

屋顶结构(包括屋架、檩子、支撑等)称为 comble(*n. m.*),亦称 charpente (*n. f.*) de la couverture 或 charpente de la toiture

屋架,桁架 ferme (*n. f.*) 泛指用在屋盖系统中的各种桁架

三角屋架 ferme triangulaire 简称 ferme

木屋架 ferme en bois

钢屋架 ferme métallique

钢木屋架 ferme mixte (即混合屋架)

拱,拱架 ① arc (*n. m.*),或 arche (*n. f.*)

② portique (*n. m.*) 即"门式架",其中:

"三铰拱"arche [portique] à trois articulations

"两铰拱"arche [portique] à deux articulations

"无铰拱"arche [portique] encastrée

铰接支座 appui (*n. m.*) sur rotule

铰接接头 articulation (*n. f.*) à rotule

固定支座 appui (*n. m.*) encastré

半固定支座 appui (*n. m.*) semi-encastré

上弦(杆) ① 普通桁架中称为 membrure (*n. f.*) supérieure

② 三角屋架中称为 arbalétrier (*n. m.*) (三角屋架的上弦)

下弦(杆) ① 普通桁架中称为 membrure (*n. f.*) inférieure

② 三角屋架中称为 entrait (*n. m.*) 或 tirant (*n. m.*) (三角屋架的下弦)

腹杆 ① 一般桁架中称为 barre (*n. f.*) de treillis

简称 treillis (*n. m.*)

② 在钢梁中称为 élément (*n. m.*) d'âme

立杆 ① 桁架中的立杆 montant (*n. m.*)

② 三角屋架中的立杆(俗称"立柱") poinçon (*n. m.*)

斜杆,斜拉杆

① 桁架中的斜杆称为 barre (*n. f.*) en diagonale 简称 diagonale (*n. f.*) 有时也叫 contre-fiche (*n. f.*)

② 三角屋架中托着上弦的的斜杆称为 contre-fiche (*n. f.*)

拉杆 pièce (*n. f.*) 或 barre (*n. f.*) tendue (受拉杆)

压杆 pièce (*n. f.*) 或 barre(*n. f.*) comprimée (受压杆)

节间 panneau (*n. m.*)

节点 ① nœud (*n. m.*) 主要在计算中用

② assemblage (*n. m.*) (多用在木结构中) 或 attache (*n. f.*) (多用在钢结构中)

屋面板 voligeage (*n. m.*)

密排屋面板 voligeage jointif

隔缝屋面板 voligeage non jointif

挂瓦条 latte (*n. f.*)

椽子 chevron (*n. m.*)

檩子,檩条 panne (*n. f.*)

普通檩(在一般部位) panne courante

脊檩 panne faîtière 简称 faîtière (*n. f.*)

檐檩 panne sablière 简称 sablière (*n. f.*)

连续檩 panne continue

悬臂檩 panne cantilever

檩垫,檩托 support de panne

支撑斜杆 ① écharpe (*n. f.*) 指一般骨架中的斜撑,柱间撑也用此词。桁架中的斜撑称为 diagonale (*n. f.*) 或 contre-fiche (*n. f.*)

② 剪力撑 pièce (*n. f.*) 或 barre (*n. f.*) disposée en croix de Saint-André,简称 croix de Saint-André (*n. f.*)

风撑 élément (*n. m.*) (或 pièce 或 barre) de contreventement 简称 contreventement (*n. m.*). 根据其形状分为"斜撑" diagonale 或"剪力撑"croix de Saint-André;根据其部位还有下面的一些情况:

垂直支撑 contreventement dans le plan vertical

简称 contreventement vertical

顺屋脊的垂直支撑 contreventement vertical dans le plan du faîtage

顺檩子的垂直支撑 contreventement vertical dans le plan de la panne

水平支撑 contreventement dans le plan horizontal

简称 contreventement horizontal,一般总是在下弦的平面中,因此亦称为 contreventement horizontal dans le plan des entraits (下弦水平支撑)

斜面支撑(即在屋架上弦(屋面)的斜面支撑) contreventement dans le plan du rampant 简称 contreventement suivant rampant

防风柱(即抗风垂直梁) poutre (*n. f.*) verticale de contreventement

抗风梁(即抗风水平梁) poutre (*n. f.*) horizontale de contreventement

○○○

柱子 ① poteau (*n. m.*),最常用词,为木、钢、钢筋混凝土各种形状柱子的通称

② colonne (*n. f.*),专用于圆形柱。例如"圆石柱" colonne en pierre (古典柱子) "铸铁圆柱"colonne en fonte

③ pilier (*n. m.*),用于断面较大的气体柱子,例如"砖柱" pilier en briques;"独立砖柱"pilier isolé en briques

续上表

④ pilotis (*n.m.*)，原意为“木桩”，有时引用于房子下部的细柱。

⑤ potelet (*n.m.*)，指框架构造中的小立柱，亦称 montant (*n.m.*)

⑥ pile (*n.f.*)，大型墩，例如“桥墩”pile de pont

柱子断面(截面)section (*n.f.*) du poteau

方柱 poteau (*n.m.*)，à section carrée 简称 poteau carré

矩形柱 poteau à section rectangulaire 简称 poteau rectangulaire

圆柱 poteau à section circulaire 亦称 poteau cylindrique 或 colonne

工字柱 poteau en double té, poteau en I

U 字柱 poteau en U

空心柱 poteau évidé, poteau tubulaire

空腹柱 poteau à âme évidée [perforée]

组合柱 poteau en treillis

双肢柱 poteau ajouré

不变断面柱 poteau à section constante

变断面柱 poteau à section variable

阶形柱 poteau en baïonnette 是变断面柱之一种，一般有吊车梁情况下的阶形柱子

吊柱 suspense (*n.f.*) 是在某种情况下其吊杆作用的柱子

柱端 about (*n.m.*) de poteau

柱头 tête (*n.f.*) du poteau, chapiteau (*n.m.*)

柱脚 pied (*n.m.*) du poteau

柱身 corps (*n.m.*) du poteau, fût

垛子 ① contrefort (*n.m.*)(凸出较多的用此词)

② pilaster (*n.m.*)(凸出较少的用此词)

○○○

梁 poutre (*n.f.*) 泛指一般的大小梁，其含义偏重于大梁

主梁 poutre maîtresse，亦称 poutre principale，在钢结构中常用 filet (*n.m.*)

实腹梁 poutre à âme pleine

空腹梁 poutre à âme évidée

组合梁(即网式梁) poutre en treillis，就是通常所说的“桁架”

次梁 poutre secondaire 楼板中的小梁或龙骨，在木结构中称为 solive (*n.f.*)，在钢结构中称为 poutrelle (*n.f.*) 或 poutre de solive，在钢筋混凝土中称为 nervure (*n.f.*)

连续梁 poutre continue

联系梁 poutre de liaisonnement

边梁 poutre de rive

圈梁 poutre de chaînage (générale)，亦称 ceinture de liaisonnement general 简称 ceinturage (*n.m.*)；局部的连接称为 chaînage (*n.m.*)；抗震带称为 chaînage antisismique

过梁 ① linteau (*n.m.*)“窗的过梁，窗楣”linteau de fenêtre，“门的过梁，门楣” linteau de porte，一般“洞口的过梁” linteau de baie

② poitrail (*n.m.*)，指开口较大，大门或大门洞的大过梁，此字常用在木结构和钢结构，很少用在混凝土结构

③ plate-bande (*n.f.*) 即“平拱”，如果是石头的则称 plate-bande en pierre (石平拱)，若是砖的则称 plate-bande en briques (砖平拱)，“配筋砖过梁”称为 plate-bande en briques armées

吊车梁 poutre de pont-roulant 或 poutre de roulement

斜梁 poutre incline

楼梯梁 limon (*n.m.*)，指踏步外侧的边梁，如果是靠墙边的楼梯梁即称为 faux-limon (*n.m.*)，有时楼梯梁放在踏步中间，此梁称为 limon central (中间梁)，以上三个都可以称为 poutre rampante

平台梁 poutre palière

栏板梁 balustrade jouant le rôle de limon (即起楼梯梁作用的栏板)

楼板 plancher (*n.m.*)

木楼板 plancher en bois 最原始的办法就是在龙骨上面直接铺楼板，这种楼板称为 plancher à solives apparentes(即明龙骨楼板)

钢楼板 plancher en fer，实际上是以型钢小梁为龙骨的楼板，其龙骨之间的空间称为 entrevous (*n.m.*)(龙骨间的空间，小梁间)；在此空间中的填空料称为 hourdis (*n.m.*)(龙骨间的填缝料)。这种填空料的种类很多，如“小砖拱” voûtain (*n.m.*) en briques，“空心黏土砖”corps creux en céramique。上述几个名词也适用于钢筋混凝土楼板

钢筋混凝土楼板 plancher en béton armé

吊顶 plafond (*n.m.*) suspendu 或 faux-plafond 带吊顶的楼板中，如有某些梁不完全隐蔽，其露出的部分称之为 soffite (*n.m.*)

楼梯 escalier (*n.m.*)

工作平台 passerelle (*n.f.*) de service 简称 passerelle

悬臂式结构 ouvrage (*n.m.*) en encorbellement 或 ouvrage en porte- à-faux

牛腿 console (*n.f.*)

挑檐 corniche (*n.f.*)

雨罩 auvent (*n.m.*) 或 marquise (*n.f.*)

○○○

拱 ① arc (*n.m.*) 或 arche (*n.f.*) 指的是在墙中的洞口，其上部为各种弧线，或者是桁架作用的大拱

② voûte (*n.f.*) 封闭任何空间的弧形顶部，小的如拱形的下水道，大的如古典教堂的拱顶

半圆拱 voûte en berceau

续上表

升高拱 voûte surhaussée 或 voûte exhaussée 降低拱 voûte surbaissée 椭圆拱 voûte elliptique 抛物线拱 voûte parabolique 球拱 voûte sphérique 或 voûte en coupole 矢高 hauteur (*n. f.*) à la clé 拱的起部 naissance (*n. f.*) de la voûte 拱脚 piédroit (*n. m.*) 或 jambage (*n. m.*) 拱外皮 extrados (*n. m.*) 拱内皮 intrados (*n. m.*) 起拱线 ligne (*n. f.*) de naissance 半径 rayon (*n. m.*) 拱石 claveau (*n. m.*) 或 voussoir (*n. m.*)其第一块称为 sommier (*n. m.*)，其最上面一块(即销石或拱销)称为 clé (或 clef) de voûte 简称 clé (*n. f.*)	扶拱 arc (*n. m.*) doubleau 简称 doubleau (*n. m.*) 三角屋架的组成部分： -檩子 panne (*n. f.*) -脊檩 panne faîtière -檐檩 panne sablière -檩托 échantignolle (*n. f.*) -小立柱 jambette (*n. f.*) -小斜撑 contre-fiche (*n. f.*) -(拱架的)木支撑，斜撑 aisselier (*n. m.*) -上弦 arbalétrier (*n. m.*) -椽子 chevron (*n. m.*) -檐椽 coyau (*n. m.*) -中柱 poinçon (*n. m.*) -下弦 entrait (*n. m.*) -斜撑 jambe (*n. f.*) de force

Vocabulaire de la gare 火车站词汇汇编

○ 火车站大厅 Hall de gare

1. le service des colis express (enregistrement et délivrance des colis express) 包裹(快运行李)承运处 2. l'enregistrement (*m.*) des bagages 行李托运处 3. la balance automatique 有刻度盘的磅秤 (台秤) 4. l'étiquette (*f.*) autocollante 带背胶的行李标签 5. le bulletin de bagages 行李票 6. le préposé aux bagages 行李员 7. l'affiche (*f.*) [le placard] publicitaire 广告 8. la boîte à lettres 车站邮筒 9. le tableau indicateur du retard des trains 列车晚点通知栏 10. le restaurant [le buffet] de gare 车站餐厅 11. la salle d'attente 候车室 12. le plan de la ville 市区(街道)地图 13. l'indicateur (*m.*) à panneaux mobiles 14. l'indicateur (*m.*) mural (列车)到站与开车时刻表 15. le tableau des arrivées 到站时刻表	16. le tableau des départs 开车时刻表 17. la consigne automatique 行李自动寄存柜 18. la consigne des bagages à main 小件行李寄存处 19. le passage souterrain d'accès aux voies 通向站台的地下通道 20. l'escalier (*m.*) d'accès aux quais 通向站台的台阶 21. la librairie de la gare 车站书报摊 22. l'horloge (*f.*) de gare 车站大钟 23. le plan du réseau ferroviaire 铁路交通(路线)图 24. le guichet des billets 售票窗口 25. l'employé affecté à la vente des billets 售票员 26. la cabine téléphonique publique 公用电话亭[间] 27. l'agent (*m.*) chargé de l'information du public 铁路问询员 28. l'indicateur (*m.*) [l'horaire (*m.*)] des chemins de fer 火车(行车)时刻表，铁路列车时刻表

○ 火车站站台 Guai de gare

1. le bâtiment des voyageurs 客运站，旅客站房 2. le quai de la gare 车站站台，月台 3. le quai numéro 1 1号站台 4. l'escalier (m.) d'accès aux quais 通向站台的台阶 5. le passage supérieur d'accès aux quais 站台天桥 6. le passage à niveau de quai 站台平交道 7. le numéro du quai 站台编号 8. la marquise de gare, l'abri (m.) de gare 站台棚	9. le sac de voyage 旅行袋 10. le kiosque roulant 售报手推车 11. la bordure du quai 站台边 12. le panneau indicateur de direction 运行方向站牌 13. la plaque d'itinéraire (voitures) 旅客列车去向牌 14. la case d'affichage de la destination 终点站指示牌 15. la case d'affichage de l'heure de départ 开车时间指示牌 16. la case d'affichage du retard du train 列车晚点指示牌

续上表

17. le train du réseau régional 市郊列车	29. le pantographe (电力机车)受电弓,集电弓
18. le train automoteur 动车组	30. l'archet (m.) de pantographe 受电弓滑板弓架,受电弓托
19. la rame automotrice 电动车组,动力车组	31. le fil de contact (架空)接触导线
20. le compartiment réservé 预定包房	32. la semelle de pantographe 受电弓滑板
21. le haut-parleur de quai 站台扩音器	33. le marteau de sondage des bandages 检车锤
22. le chariot électrique du quai 站台用电动搬运车	34. le chef de sécurité 线路值班员
23. le/la cariste 搬运车司机,电瓶车司机	35. le guidon de départ 发车信号牌
24. le porteur de bagages 行李搬运工	36. l'indicateur (m.) de poche 袖珍(列车)时刻表
25. chariot à bagages 运行李小车,行李手推车	37. la rampe d'éclairage de quai 站台成排照明电灯
26. la fontaine d'eau potable 饮用水龙头,饮用水龙头喷泉	38. la buvette de quai 站台食品售货亭
27. la locomotive électrique 电力机车	39. le banc de quai 站台座椅
28. la locomotive de grande vitesse 高速机车	40. la corbeille à détritus 垃圾桶

○ 火车货运站 Gare à marchandises

1. la rampe (*f.*) d'accès 进口坡道,进路坡道 2. le tracteur électrique 电力牵引车,电瓶车 3. la remorque du tracteur électrique 拖车 4. · les marchandises (*f. pl.*) 货物 - marchandises de détail 零担货物 - marchandise en grande vitesse 快运货物 - marchandises de groupage 合装货物,转运的零担货物 - marchandises en massif 大宗货物 - marchandises en petite vitesse 慢运货物 - marchandises de transbordement 换装货物,捣装货物 - marchandises de transit 中转货物,过境货物 - marchandises volumineuses 体大货物,体积大货物 - marchandises en vrac 散装货,堆装货物 - marchandises à transborder 换装货物 · les colis (*m. pl.*) 包裹,行李,货物 - colis de détail 零担货物 - colis express 快运行李,快运货物 - colis à main 随身携带品,手提行李 - colis postaux 邮包 - colis à vitesse 快运货物 5. la caisse à claire voie 木条箱,板条箱,柳条筐 6. le wagon à étage pour transport d'automobiles 运送汽车的双层货车 le wagon porteur d'automobile, wagon pour transport d'auto 装运汽车的平车 7. la halle à marchandises 货物仓库,货场,货棚 8. la cour de débord 货物装卸作业场(车站侧线), la cour de marchandises 货场 9. le débord *m.* (站内侧线)装卸货物 10. le quai de chargement 装车站台 11. la balle 大包(货物),打捆货 12. le cageot (装运家禽、水果、蔬菜等的)木条箱,柳条筐等 13. le ficelage 用绳捆扎,用绳捆绑 14. la ficelle 细绳,绳子	15. la bonbonne 装腐蚀性液体的大玻璃瓶,短颈大腹瓶 -bonbonne d'acétylène 电石气瓶,乙炔气罐 -bonbonne à l'acide 贮酸瓶 -bonbonne à oxygène 氧气瓶 16. le wagon plat 平车,平板车 17. le wagon plat aménagé pour le transport de conteneurs 运送集装箱的专用平板车 18. le wagon à ranchers 有插柱的货车 19. le gabarit de chargement 装载限界,量载规 20. la balle de coton 棉花大包 21. le parc de voitures et de wagons 车辆停放处 22. la halle à [aux] marchandises 货物仓库,货场,货棚 23. le bureau des départ, le bureau des marchandises 货运处 24. le commissionnaire-expéditeur (le commissionnaire de transport, le transitaire) 发送(货运)代理人 25. le chef de manutention 装卸工长 26. la lettre de voiture 运单,托运单 27. le bascule pour les colis de détail 零担货物磅秤 28. la palette 托板,底盘 29. le manutentionnaire 搬运工 30. le chariot électrique 电动叉式搬运车,电瓶叉式装卸车 31. l'agent (*m.*) taxateur (le taxateur) 运费计算员 32. la porte de la halle 货仓门 33. la glissière 导向滑轨,(滑动)导轨 34. le galet de roulement 滑轮 35. Le pont à bascule 地磅,地秤 36. le bascule à wagons (le pont bascule pour véhicules) 轨道衡,车辆地磅 37. le chantier de triage 编组场,调车场 38. la locomotive de manœuvre 调车机车 39. le poste de butte, le poste de bosse 驼峰调车信号楼 40. le brigadier (le chef d'équipe) de manœuvre 主任调车员 41. le brigadier de manutention 装卸工长 42. la butte de gravité (le dos d'âne) 驼峰(调车编组用)

续上表

43. la voie de triage 编组线,调车线	49. la gare (à) conteneurs 货运集装箱车站
44. la voie de garage (la voie de remisage) 停车线,备用线	50. la grue à portique fixe 固定门式起重机,龙门吊车
45. le rail-frein (le frein de voie) 车辆减速器,车辆缓行器	51. le dispositif de levage 起重装置,提升装置
46. le sabot d'enrayage 制动块,制动铁鞋	52. le wagon porte-conteneurs 运送集装箱的专用平板车
47. le heurtoir 车挡,尽头车挡	53. la semi-remorque 半拖车,半挂车
48. l'entrepôt (*m.*) (le magasin, le dépôt) 仓库	

Leçon 12
Superstructure : La voie (1)

On entend par superstructure d'une voie de chemin de fer l'armement de la plateforme pour permettre la circulation des trains et l'exploitation de la ligne.

Elle consiste en ballast, traverses, rails et accessoires, etc.

Description sommaire de la voie. - Toute voie ferrée est formée de deux files de rails entretoisées de manière à ce que leur écartement soit invariable, et reposant sur le sol par l'intermédiaire de supports qui répartissent la pression sur le ballast.

La voie se compose principalement de deux files de rails, placés parallèlement sur des traverses, auxquelles ils sont fixés d'une manière invariable, suivant leur forme, soit directement, soit au moyen des coussinets, de façon à éviter tout déplacement.

Les rails sont reliés à leurs extrémités, bout à bout, au moyen des éclisses pour assurer la continuité de la voie, qui sans cela, basculerait et se déformerait au passage du matériel roulant.

Entre les traverses et la plate-forme, une couche de ballast d'une hauteur suffisante pour que la pression reçue par les traverses, sous l'action des charges roulantes, se répartisse aussi uniformément que possible sur une plus grande surface de la plate-forme.

Ballast. - Un bon ballast doit présenter les qualités suivantes : perméabilité, élasticité, solidité, se prêter au bourrage, ne pas être gélif, ne pas se désagréger sous l'influence des agents atmosphériques.

Etant fixés sur les qualités que doit offrir le ballast, recherchons quels sont les matériaux qui les possèdent.

Parmi les produits naturels, nous rencontrons les pierres concassées, les graviers, le sable ; parmi les produits artificiels, les laitiers, les scories.

Le choix du ballast est conditionné par :

1. les ressources locales ;

2. le prix qu'il faut payer pour un bon ballast.

Traverses. - Les traverses de chemin de fer sont destinées à maintenir la voie à son écartement normal, et à répartir d'une façon uniforme au ballast, les pressions que cette voie supporte au passage des trains.

On rencontre, à l'heure actuelle, trois types de traverses : les traverses en bois, les traverses métalliques et les traverses en béton armé.

Les traverses en bois qu'on utilise généralement en Chine, mesurent 2, 50 m de longueur sur 22 cm de largeur à la base et 16 cm de l'épaisseur.

Les traverses en bois périssent facilement par pourriture. Pour augmenter la durée des traverses en bois, on emploie principalement deux procédés antiseptiques : injection et imprégnation.

Les antiseptiques les plus courants sont : la créosote, les solutions de chlorure de zinc ou de sulfate de cuivre.

Les traverses métalliques sont peu utilisées en raison de leur prix élevé et de leur élasticité faible. Sur des plates-formes bien assainies, elles ne perdent que 0,5% de leur poids par an sous l'effet de la rouille, peuvent rester en service 40 à 50 ans. Dans les souterrains et au bord de la mer, elles se détruisent plus rapidement.

En général, il y a trois types de traverses en béton armé : traverses monobloc, traverses mixtes et traverses en béton précontraint.

Le poids de la traverse en béton est au moins double et parfois triple de celui d'une traverse en bois, ce qui rend sa manutention plus difficile. Elle donne une voie plus rigide car elle ne possède pas l'élasticité de la traverse en bois.

Par contre, la traverse en béton assure, par suite de son poids élevé, une meilleure stabilité de voie. Elle est peu sensible aux agents atmosphériques.

Rails. - Il existe deux formes principales de rails : l'une en forme de double T, dite rail à double champignon ou bourrelet ; l'autre aplatie à la base, dite rail à patin ou rail américain, ou rail Vignole. Les rails à patin sont actuellement les plus usités. Ils se composent de trois parties : champignon ou bourrelet, âme et patin. On appelle champignon ou bourrelet les extrémités inférieure ou supérieure du rail ; l'âme est la partie comprise entre les deux champignons ou entre le champignon et le patin ; le patin est la partie aplatie remplaçant le champignon inférieur et reposant sur la traverse.

Aux chemins de fer chinois on a adopté 4 types principaux de rail① à patin comme rail standard, savoir, 75 kg/m, 60 kg/m, 50 kg/m, 43 kg/m. Les dimensions du rail de 50 kg/m sont comme suit :

Hauteur	152 mm
Largeur du patin	132 mm
Épaisseur de l'âme	15,5 mm
Largeur du bourrelet	70 mm

En Chine, les longueurs normales des rails adoptées sont actuellement de 12,5m et de 25 m.

Dans les tunnels, l'usure est plus rapide qu'à ciel ouvert, par suite de l'humidité permanente.

L'usure des rails peut donc se manifester sous trois formes différentes :

-usure par abrasion ou par écrasement de la surface de roulement ;

-usure latérale du bourrelet ;

-usure par oxydation.

Les attaches et le joint. - Les rails à patin sont fixés aux traverses en bois par des crampons ou par des tire-fond avec ou sans interposition d'une selle métallique. Les crampons étant simplement cloués, ils se détachent facilement du rail. Sous les efforts transversaux, ils se déversent et l'écartement des deux rails ne se maintient pas exactement. Pour ces raisons, on leur substitue de plus en plus des tire-fond.

Les tire-fond doivent être toujours bien serrés, sinon, au passage des trains, les rails battent sur les traverses ; ce battement s'accentue très vite, occasionnant une destruction rapide des portées des traverses.

On appelle éclisses deux bandes en acier destinées à relier au moyen de boulons, les extrémités des rails et assurer la rigidité de la voie en rétablissant la continuité du rail. On rencontre : des éclisses plates, des éclisses cornières ou angulaires, des éclisses à double cornière.

Les appareils de la voie. - Parmi les appareils de la voie, on distingue :

1. Les appareils qui servent à faire traverser une voie par une autre voie, ce sont les traversées.

2. les appareils qui permettent le passage des véhicules d'une voie sur une autre voie, ce sont les branchements.

3. Les dispositifs qui exigent l'arrêt du train et, le plus souvent, ne permettent le passage que des véhicules un à un, ce sont les plaques tournantes. On utilise les circuits de virages et les ponts tournants, pour virer bout pour bout les locomotives qui, après être parvenues au point terminus de leur parcours, doivent reprendre la remorque d'un autre train circulant en sens inverse.

D'après les figures suivantes, on peut retrouver dans les traversées et les branchements une partie analogue : le croisement.

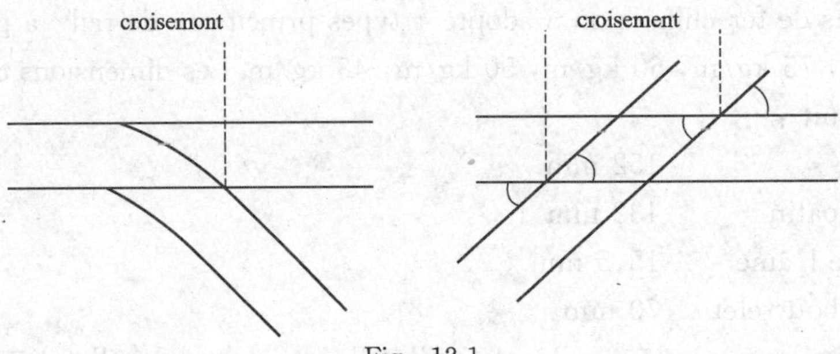

Fig 12-1

On rencontre trois modes de commande des aiguilles :

-commande à la main;

-commande par transmission mécanique;

-commande par transmission électrique ou pneumatique ou hydraulique.

Description du branchement-Commande par tringle. Les aiguilles a a', b b' sont manœuvrées autour des talons a' b' ; ce sont les pointes a, b qui se déplacent.

Les deux files extérieures de rails sont continues.

Les files intérieures comprennent les parties mobiles a a', b b' qu'on appelle les aiguilles parce que ce sont des tronçons de rails dont les extrémités sont effilées. Les pointes des aiguilles peuvent ainsi venir s'appuyer, sans former de saillie sensible, contre les rails extérieures aux pointes a ou b.

Généralement, les deux aiguilles se déplacent ensemble. Elles sont reliées entre elles par une ou deux tringles d'écartement articulées de telle manière que le parallélogramme puisse se déformer quand les aiguilles se déplacent.

Dans la position indiqué *N* du levier de manœuvre, la position normale, la voie est faite pour la direction AB ; dans la position renversée R, elle serait faite pour la direction AC.

A l'endroit du croisement C des rails extérieurs, des ornières sont ménagées pour le passage des mentonnets des roues.

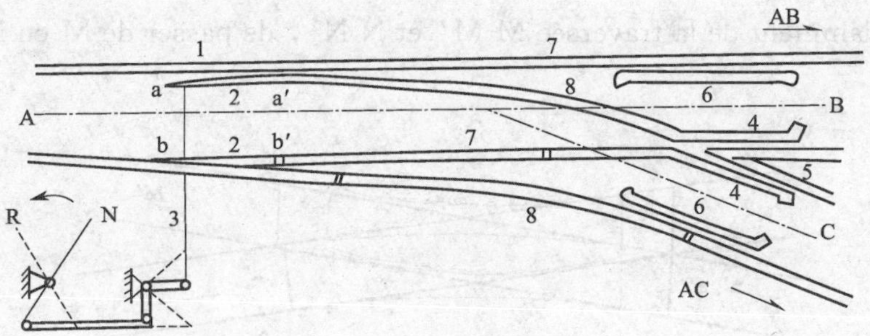

Fig 12-2

1—file extérieure de rail; 2—aiguille; 3—tringle d'écartement; 4—patte de lièvre; 5—cœur de croisement②; 6—contre-rail③

Voici la figure suivante. La file N vient rencontrer la file P. les deux faces intérieures des champignons des rails se coupent en A, et la réunion de ces deux rails en une seule pièce forme le cœur du croisement. Chacun des rails B C est recourbé en F F', afin de laisser entre ces rails et la pointe A une ornière suffisante pour le passage des boudins des roues. Cette disposition des rails coudés prend le nom de patte de lièvre. Des contre-rails D sont destinés à maintenir l'une des roues de chaque essieu, afin que les roues puissent facilement passer par le cœur du croisement.

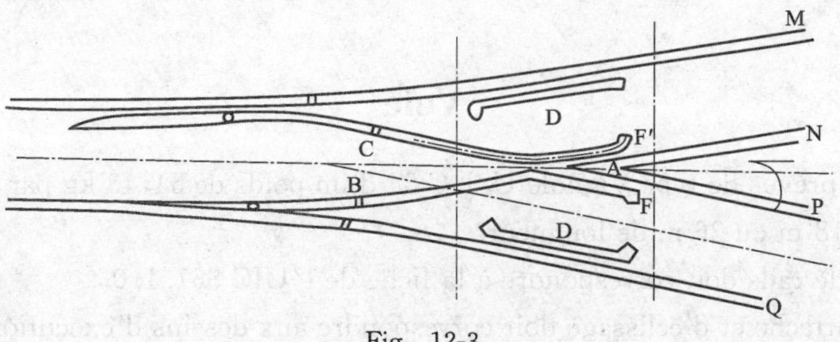

Fig 12-3

C F' et B F : patte de lièvre ; A : pointe de cœur de croisement ; D : contre-rail.

Généralement, aux abords des gares surtout, on fait communiquer entre elles deux voies principales ou deux voies parallèles pour les besoins aléatoires du service. Cette disposition porte le nom de communication, si on établit ces deux communications symétriques, on obtient alors ce qu'on appelle une bretelle.

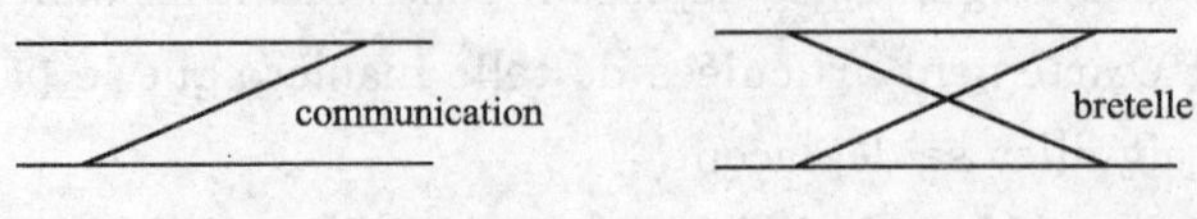

Fig 12-4

Traversée-jonction-Lorsque deux voies M M' et N N' se croisent, il n'existe entre elles aucune communication ; il est quelquefois utile d'en établir une ; elle s'obtient au moyen des deux aiguilles de branchement simple par une voie en courbe a a', permettant ainsi, indépendamment de la traversée M M' et N N', de passer de M en N' ou inversement.

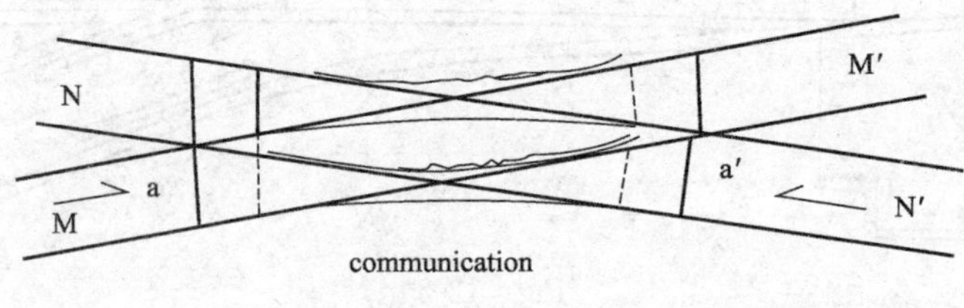

Fig 12-5

---

① types de rail : 钢轨的类型,以每米大致质量 kg 表示。目前,我国铁路的钢轨类型主要有 75 kg/m、60 kg/m、50 kg/m 及 43 kg/m。随着高速、重载运输的要求,钢轨正向重型化发展,目前世界上最重型的钢轨已达到 77.5 kg/m,线路上逐步铺设 75 kg/m 钢轨。

② cœur de croisement : 辙叉,辙叉心。辙叉是使车轮由一股钢轨越过另一股钢轨的设备,由叉心、翼轨和联结零件组成。

③ contre-rail : 护轮轨,护轨。护轮轨用来防止列车脱轨的设备。道岔上的护轨是帮助车轮正确通过叉心,以免轮缘进入错误的区域而引起机车脱轨或挤歪叉心。

Version

Voie

- Les rails sont prévus de type Vignole U. I. C 54 d'un poids de 54,43 kg par mètre, délivrés en barres de 18 m ou 36 m de longueur.
-Le profil type de rails doit correspondre à la fiche de l'UIC 861. 1. 0.
-Le matériel d'attache et d'éclissage doit correspondre aux dessins d'exécution fournis par la SNTF.
-Les appareils de voie sont fabriqués d'après les normes arrêtées par la SNTF.

-Les aiguilles, contre-aiguilles, rails extérieurs et intermédiaires, les contre-rails seront exécutés avec du rail type UIC 54.
-Les traverses en bois auront pour longueur fixée à 2,30 m.
-Les pièces de bois pour les appareils auront les formes définies par l'article 232 de la fiche U. I. C 860-0.
-Les traverses mixtes (bi-blocs) doivent correspondre aux dessins d'exécution fournis par la S. N. T. F.

Lecture

Le Tanzam

Le Tanzam officiellement ouvert au trafic cinq ans et huit mois d'efforts, et la coopération amicale de la Tanzanie, de la Zambie et de la Chine.

Le chemin de fer Tanzanie-Zambie est achevé et officiellement ouvert au trafic le 14 juillet 1976 par une cérémonie solennelle, en gare de New Kapiri Mpeshi, dans la province centrale de la Zambie.

Depuis Dar es-Salam, capitale de la Tanzanie, le Tanzam, long de 1 860 kilomètres, traverse le sud et le sud-ouest du pays et pénètre dans la province du Nord de la Zambie pour rejoindre à Kapiri Mposhi une voie ferrée zambienne déj à existante.

Le parcours est ponctué de 93 gares, environ 320 ponts, 26 tunnels (y compris les tunnels excavés à ciel ouvert), 2239 ponceaux. Le chemin de fer est équipé d'un système complet de téléphonie et de signalisation. Les bâtiments construits couvrent une superficie supérieure à 376000 mètres carrés. Deux ateliers de réparation de locomotives et de matériel roulant ont été créés, à Dar es-Salam et à Mpika en Zambie.

Les terrassements représentent 88,87 millions de mètres cubes qui, si l'on construisait un remblai d'un mètre de section, équivaudraient à plus de deux fois la circonférence terrestre.

L'achèvement du Tanzam est une magnifique concrétisation de la coopération amicale des gouvernements et des peuples tanzaniens, zambiens et chinois, un chant de triomphe pour les pays et les peuples du tiers monde dans le développement de leur économie nationale et leur soutien mutuel. Ce succès revêt une importance politique et économique considérable : il aide en effet la Tanzanie à exploiter ces gisements de charbon et de fer du Sud et permet à la Zambie de briser le blocus imposé par les racistes de la Rhodésie et de l'Afrique du Sud ; il contribue à la consolidation de l'indépendance nationale de ces deux pays, au développement de leur économie et au renforcement de leurs liens, et également des relations entre les pays de l'Afrique orientale, centrale et méridionale.

Les travaux proprement dis commencèrent en octobre 1970. Un an plus tard la pose des rails de Dar es-Salam à Mlimba, distantes de 502 km, était achevée. Suivie de 155 km, l'année suivante, entre Mlimba et Makumbako, la partie la plus difficile, soit le tiers de l'ensemble des travaux de construction. En août 1973, toutes les voies étaient en place en territoire tanzanien. Alors la grande armée des constructeurs allait s'attaquer en 22 mois au tronçon zambien d'une longueur de 884 km. Jusqu'au 7 juin 1975, jour qui marque la jonction à Kapiri Mposhi. Les essais ont commencé le 22 octobre 1975. Dès lors et jusqu'en juin 1976, on a terminé les constructions annexes et l'installation des équipements.

Depuis le début des essais, le Tanzam est constamment resté ouvert au trafic malgré cinq mois de saison des pluies-ceci montrant qu'il répond aux normes requises pour la qualité et la fiabilité des locomotives, du matériel roulant, ainsi que des équipements de télécommunications et de signalisation.

VOCABULAIRE

superstructure *n. f.* (铁道线路的)上部建筑,上部结构
voie *n. f.* 线路,轨道
voie principale 正线
voie parallèle 平行的线路
voie en courbe 曲线线路,弯道
armement *n. m.* 装备,设备
exploitation *n. f.* 运营,行车
exploitation de la ligne 线路运营
ballast *n. m.* 道砟,道床
traverse *n. f.* 枕木,轨枕
accessoires *n. m. pl* 附件,配件
accessoires de la voie 扣件,钢轨扣件
file *n. f.* (一根一根的)钢轨
file de rails 轨道
filc de rail extérieur 外轨
file de rail intérieur 内轨
entretoiser *v. t* 用连杆支撑(固定)
support (*n. m.*) de rail 钢轨垫板
coussinet *n. m.* 垫板,钢轨垫板
coussinet de rail 钢轨垫板
éclisse *n. f.* 鱼尾板,夹板
continuité *n. f.* 连续性
continuité de la voie 轨道的连续性
basculer *v. i.* 摆动,摇动
se déformer *v. pr.* 变形
matériel *n. m.* 设备,装置;车辆
matériel roulant 机车车辆,车辆

couche (*n. f.*) de ballast 道砟层
charge *n. f.* 荷载,载荷
charge roulante 活载,移动荷载
se répartir *v. pr.* 分布,分散
perméabilité (*n. f.*) du ballast 道砟的透水性
élasticité *n. f.* 弹性
solidité *n. f.* 坚固性
se prêter *v. pr.* (à) 适合
bourrage *n. m.* 捣固
gélif *a.* 冻裂的,易冻裂的
se désagréger *v. pr.* 破碎
agent *n. m.* 介质,媒介物;作用力;因素
agents atmosphériques 大气因素(如风、雨等)
produits (*n. m. pl.*) naturels 天然材料
produits artificiels 人工材料
gravier *n. m.* 砾石
laitier *n. m.* 炉渣,熔渣,矿渣
scorie *n. f.* 矿渣,炉渣,熔渣
écartement (*n. m.*) normal (de voie) 标准规矩
périr *v. i.* 毁坏
pourriture *n. f.* 腐烂,腐朽
antiseptique *a. et n. m.* 防腐的;防腐剂
injection *n. f.* 喷油
imprégnation *n. f.* 浸油,浸油处理
créosote *n. f.* 杂酚油,木材防腐油
solution *n. f.* 溶液
chlorure *n. m.* 氯化物
chlorure de zinc 氯化锌
sulfate *n. m.* 硫酸盐
sulfate de cuivre 硫酸铜
rouille *n. f.* 锈,铁锈
se détruire *v. pr.* 毁坏,
traverse monobloc 整体轨枕
traverse mixte 组合式混凝土轨枕
traverse en béton précontraint 预应力混凝土轨枕
manutention *n. f.* 搬运,装卸
stabilité *n. f.* 稳定性
rail *n. m.* 钢轨
rail à double champignon 双头式钢轨,双头轨

rail à patin　宽底式钢轨
rail américain　宽底式钢轨
rail vignole　宽底式钢轨
rail coudé　弯曲的钢轨,辙叉翼轨
champignon *n. m.*　轨头
bourrelet *n. m.*　钢轨头
aplati *a.*　扁平的
âme *n. f.*　轨腰
patin *n. m.*　轨底
dimension *n. f.*　尺寸
standard *a.*　标准的
longueur (*n. f.*) normale de rail　钢轨标准长度
usure *n. f.*　磨损,磨耗
usure par abrasion　磨损,磨耗
usure latérale du bourrelet　轨头侧面磨耗
abrasion *n. f.*　磨损,磨耗,磨蚀
écrasement *n. m.*　压裂
surface *n. f.*　面,表面
surface de roulement du rail　钢轨踏面
oxydation *f.*　氧化,氧化作用
attache *n. f.*　固定件,紧固件,扣件
attache des rails　钢轨扣件
joint *n. m.*　接头,接缝
joint de rail　钢轨接头,轨缝
crampon *n. m.*　道钉
crampon de rail　铁轨带钩道钉,钩头道钉
tire-fond *n. m. inv.*　螺纹道钉
interposition *n. f.*　(在两者之间)放置,插入
selle *n. f.*　垫板
selle métallique de rail　钢轨垫板
effort *n. m.*　力,作用力
effort transversal　横向力
écartement *n. m.*　间距;轨距
écartement des rails　轨距
écartement de voie　轨距
battement *n. m.*　拍打,冲击
battement du rail sur la traverse　钢轨冲击轨枕
battre *v. i.*　拍打,冲击
s'accentuer *v. pr.*　加重,加剧

portée *n. f.* 支承面,接触面
portée de traverse 轨枕支承面,轨枕面
éclisse *n. f.* 鱼尾板,夹板
éclisse de rail 鱼尾板,夹板
éclisse plate 平鱼尾板
éclisse cornière 角铁形鱼尾板,角形鱼尾板
éclisse angulaire 角形鱼尾板
éclisse à double cornière 双头鱼尾板
boulon *n. m.* 螺栓
boulon à vis 螺栓
boulon à vis pour fixer les éclisses 鱼尾板螺栓
rétablir *v. t.* 保持,维持
rigidité (*n. f.*)de la voie 线路刚度,线路的稳定性
appareil de la voie 道岔,撤叉
traversée *n. f.* 交叉
traversée de voies 线路交叉
branchement *n. m.* 道岔;岔线
branchement de voie 道岔,转辙器
branchement simple 单开道岔
branchement double 复式道岔
arrêt *n. m.* 停车
arrêt du train 列车停车
véhicule *n. m.* 车辆
plaque *n. f.* 板;盘
plaque tournante 转盘,转车盘
circuit *n. m.* 线路
circuit de virage 转向线
pont *n. m.* 桥;盘
pont tournant 转盘,转车盘
virer *v. t.* 转向,转弯,掉头
virer bout pour bout les locomotives 使机车掉头
point *n. m.* 点;站
point terminus 终点,终点站
remorque *n. f.* 拖车;牵引
croisement *n. m.* 交叉;辙叉
commande *n. f.* 控制;操纵;(道岔)转换
commande d'aiguille 道岔转换
commande à la main 手操纵,人工控制
commande par transmission électrique 电传控制

commande par transmission mécanique 机械传动控制
commande par transmission pneumatique 气压传动控制
commande par transmission hydraulique 液压传动控制
commande par tringle 拉杆操纵,拉杆控制
tringle *n. f.* 拉杆
tringle d'écartement articulée 铰接的尖轨拉杆
aiguille *n. f.* 道岔;尖轨,辙轨,岔尖
talon *n. m.* 根部
talon d'aiguille 尖轨根部
pointe *n. f.* 尖,尖端
pointe d'aiguille 辙叉尖,尖轨尖端
tronçon *n. m.* 段
effilé *a.* 细长的,尖细的,渐尖的
parallélogramme *n. m.* 平行四边形
levier *n. m.* 杠杆,操纵杆;手柄
levier de manœuvre 操纵杆,道岔握柄
position *n. f.* 位置
position normale (N) 正常位置,正位
position renversée (R) 反向位,反位
ornière *n. f.* (铁轨与护轮轨形成的)轮缘槽
ornière pour le passage des mentonnets des roues 轮缘通过槽
mentonnet *n. m.* 轮缘
mentonnet de roue 轮缘
patte (*n. f.*) de lièvre 辙叉翼轨
cœur (*n. m.*) de croisement 辙叉心,辙叉
contre-rail *n. m.* 护轮轨,护轨
recourbé *a.* 顶端弯曲的,弯曲的
pointe (*n. f.*) de cœur de croisement 辙叉心尖,辙叉尖端
boudin *n. m.* 轮缘
boudin de roue 轮缘
essieu *n. m.* 车轴,轮轴,轮对
communiquer *v. i.* 相通
communication *n. f.* 渡线
communication de voies 渡线;股道连接线,股道衔接线
symétrique *a.* 对称的
bretelle *n. f.* 渡线
bretelle symétrique 交叉渡线
traversée-jonction *n. f.* 交分道岔
voie (*n. f.*) en courbe 曲线线路,弯道

VOCABULAIRE COMPLÉMENTAIRE

le tanzam 坦赞铁路(英语:TAZARA: Tanzania Zambia Railway; ou Tanzam Railway)
ouvrir au trafic 开始运输
Tanzanie *n. f.* 坦桑尼亚
Zambie *n. f.* 赞比亚
cérémonie *n. f.* 仪式,典礼,交接仪式
la gare de New Kapiri Mposhi 新卡皮里姆波希车站(赞比亚地名)
achever *v. t.* 完成,完工,竣工
traverser *v. t.* 通过,穿过
Dar es-Salam 达累斯萨拉姆(坦桑尼亚首都)
pénétrer *v. i.* 穿透,浸透,渗透,贯入,进入
rejoindre *v. t.* 使连接,和…相连接
Kapiri Mposhi 卡皮里姆波希(赞比亚地名)
voie ferrée *n. f.* 铁路,轨道
parcours *n. m.* 行程,路程,里程;路线
ponctué *a.* 由点组成的
tunnel *n. m.* 隧道,隧洞
tunnel excavé à ciel ouvert 明挖隧道,明洞
ponceau *n. m.* 拱涵,涵洞;单跨桥,单拱桥,单孔桥
équiper *v. t.* 装备,配备
équipé *a.* (*de*) 装备好的,配备…的
système *n. m.* 系统;装置,设备
système de téléphonie 电话系统
système de signalisation 信号系统,信号装置
bâtiment *n. m.* 建筑物,房屋;建筑
construit *a.* 建造的,建筑的,建设的;有建筑物的
superficie *n. f.* 面积
△ s'étendre sur, avoir, occuper, couvrir une superficie de *N* mètres carrés 面积为 *N* 平方米
atelier *n. m.* 车间;工厂
atelier de réparation 修理车间 ,修理厂
ateliers de réparation de locomotives et de matériel roulant 机车车辆修理厂
locomotive *n. f.* 机车
matériel *n. m.* 设备,装置;车辆,交通工具
matériel roulant 机车车辆,车辆
créer *v. t.* 创建,创办,建立
terrassement *n. m.* 土方工程;土方
représenter *v. t.* 表示;代表;相当于(指数量)

section *n. f.* 截(断、剖)面
équivaloir *v. t. indir.* (*à*+数量) 等于,相当于
circonférence *n. f.* 圆周,周
terrestre *a.* 地球的
achèvement *n. m.* 完成,结束;完工,竣工
concrétisation *n. f.* 具体化
magnifique concrétisation de la coopération amicale 友好合作的丰硕成果
coopération *n. f.* 合作;国际合作
chant *n. m.* 歌,歌曲
chant de triomphe 凯歌
monde *n. m.* 世界
le tiers monde 第三世界
soutien *n. m.* 支援,支持
soutien mutuel 互相支持
succès *n. m.* 成功,成就,成绩,胜利
revêtir *v. t.* 具有(某种性质)
revêtir une importance considérable 具很重要的作用
importance *n. f.* 重要性;影响;意义(=portée)
exploiter *v. t.* 开发,开采
gisement *n. m.* 矿脉,矿床,矿层
gisement de charbon 煤矿
gisement de fer 铁矿
briser *v. t.* 打破,粉碎
blocus *n. m.* 封锁,经济封锁
imposer *v. t.* 强制规定,强加
raciste *n. m.* 种族主义者
Rhodésie *n. f.* 罗的西亚(英国前殖民地)
Afrique *n. f.* 非洲
Afrique du Sud 南非(共和国)
Afrique orientale 东非
Afrique centrale 中非
Afrique méridionale 南非
contribuer *v. t. indir.* (*à*) 对…作出贡献;有助于
consolidation *n. f.* 加强,加固,巩固
renforcement *n. m.* 加强
lien *n. m.* 关系,联系
relation *n. f.* 关系,联系
travaux *n. m. pl.* 工程
travaux de construction 建筑工程,施工

pose *n. f.* 铺设,敷设

pose des rails 铺设轨道,铺轨

distant, e *a.* (*de* + 数量词)隔开…的,相距

Mlinba 姆林巴(坦桑尼亚地名)

Makumbako 马坎巴科(坦桑尼亚地名)

s'attaquer *v. pr.* (*à*) 着手,动手,开始

tronçon *n. m.* 段;线路区段

jonction *n. f.* 连接,连接处;接轨站

essai *n. m.* 试验

essais de mise en service 试运转,试运行,试用

terminer *v. t.* 结束,完成,做完

terminer une construction 修成一座建筑物

construction *n. f.* 建筑;建筑物;工程

constructions annexes 附属工程

installation *n. f.* 安装,装配

installation des équipements 设备安装

équipement *n. m.* 设备,装置

équipement de télécommunication 电信设备

télécommunication *n. f.* 电信,远距离通信

début *n. m.* 开始

ouvert *a.* (～ *à qch.*) (对…)公开的,(对…)开放的;开门营业的

saison *n. f.* 季节

saison des pluies 雨季

répondre *v. t. indir.* 适合,符合

norme *n. f.* 标准

requis, e *a.* 要求的,需要的

fiabilité *n. f.* 安全性(指机械、设备)

signalisation *n. f.* 信号;信号设备,信号装置

U. I. C (Union Internationale des Chemins de Fer) 国际铁路联盟

rail (*n. m.*) vignole 宽底(式)钢轨

barre *n. f.* 钢轨

fiche de l'UIC 国际铁路联盟备忘活页(说明书)

dessin (*n. m.*) d'exécution 施工图

SNTF : Société nationale des transports ferroviaires d'Algérie 阿尔及利亚国营铁路运输公司

appareil (*n. m.*) de voie 道岔

norme *n. f.* 标准

contre-aiguille *n. f.* 基本轨

rail intermédiaire 道岔连接轨
contre-rail *n. m.* 护轮轨,护轨
traverse *n. f.* 轨枕
traverse en bois 木枕,枕木
traverse mixte 组合式混凝土轨枕
pièce (*n. f.*) de bois 木料,木构件

"课文"翻译参考

第12课　上部建筑:线路(1)

所谓铁路线路上部建筑,指的是能够使列车运行和线路运营的路基设备。

上部建筑由道床、轨枕、钢轨和扣件等组成。

线路的简要说明-任何铁路都是由两条轨道组成的,两条轨道用连杆支撑以使轨距保持不变,轨道通过垫板坐落在地基上,垫板将压力分布到道床上。

线路主要有两条轨道组成,轨道平行地铺放在轨枕上,它们与轨枕以不变的方式固定,根据其形状要么直接固定,要么用垫板固定,以避免任何移动。

钢轨的端部用鱼尾板对接以保证轨道的连续性,否则车辆通过的时候轨道会摆动和变形。

在轨枕和路基之间有道砟层,其厚度足以使轨枕在活载的作用下承受的压力尽量均匀地分散到路基更大的面积上。

道床-好的道床应该具有以下性能:透水性、弹性、坚固性、适合捣固、不会冻裂、在大气因素的作用下不破碎。

道床应该具有的性质确定以后,让我们研究一下哪些材料具备这些性质。

天然材料中有碎石、砾石,砂;人工材料中有炉渣、矿渣。

道床的选择取决于:

1. 当地资源;

2. 为优质道床需要支付的价格。

轨枕- 铁路轨枕的作用是保持轨道的便准轨距和将列车通过时轨道承受的压力均匀地分散到道床。

目前有三种轨枕:木枕、钢枕和钢筋混凝土枕。

中国通常使用的木枕长 2.50 m,轨底宽 22 cm,厚 16 cm。

木枕由于腐朽很容易损坏。为了延长木枕的使用寿命,人们主要使用两种方法:喷油和浸油处理。

最常用的防腐剂有杂酚油、氯化锌溶液或硫酸铜溶液。

钢枕由于其价格昂贵和弹性差很少使用。在排水好的路基上,钢枕由于锈蚀每年只损失其重量的 0.5%,可以使用 40～50 年。在隧道里和海边钢枕损坏的更快些。

一般来说,有三种钢筋混凝土枕:整体轨枕、组合式混凝土轨枕和预应力混凝土轨枕。

混凝土轨枕的重量至少是木枕的两倍,有时是三倍,这就使得混凝土轨枕的搬运比较困难。混凝土轨枕使轨道的刚性更好,因为它不具有木枕的弹性。

但是,混凝土轨枕由于其重量很重,这就使轨道更稳定。大气因素对它影响不大。

钢轨-钢轨主要有两种形状:一种是工字型钢轨,称为双头式钢轨;另一种钢轨的轨底是扁平的,称之为宽底式钢轨。宽底式钢轨目前用的最为广泛,它由三部分组成:轨头、轨腰和轨底。人们把钢轨的下端部和顶端称为轨头;轨腰是两个轨头之间或轨头和轨底之间的部分;轨底是取代了下轨头放在轨枕上面的扁平部分。

中国铁路采用四种主要类型的钢轨作为标准轨,即 75 kg/m, 60 kg/m, 50 kg/m, 43 kg/m。50 kg/m 钢轨的尺寸如下:

高度	152 mm
轨底宽度	132 mm
轨腰厚度	15,5 mm
轨头宽度	70 mm

中国目前采用的标准钢轨长度是 12,5 m 和 25 m。

由于长年的潮湿环境,钢轨在隧道里的磨耗比在露天里快些。

钢轨的磨耗以三种不同的形式表现出来:

-钢轨踏面磨耗或压裂;

-轨头侧面磨耗;

-氧化磨耗。

钢轨扣件和轨缝-宽底式钢轨通过钩头道钉或螺纹道钉固定在木枕上,两者之间放入钢轨垫板或不放钢轨垫板。由于钩头道钉是简单钉入的,它们很容易脱离钢轨。在横向力的作用下钩头道钉发生倾斜,因而两条钢轨的轨距就不能正确地保持原状。为此人们日益用螺纹道钉取代钩头道钉。

螺纹道钉要始终保持紧固,否则列车通过的时候,钢轨会冲击轨枕,这种冲击很快加剧,造成轨枕面很快地毁坏。

人们把通过螺栓用来连接钢轨端部的两块钢板就做鱼尾板,鱼尾板保持了轨道的连续性,确保了线路的稳定性。铁路有平鱼尾板、角形鱼尾板、双头鱼尾板。

道岔-人们可以看出在道岔当中有:

1. 用于使一条线路穿过另一条线路的设备,这是线路交叉。

2. 能够使车辆从一条线路进入另一条线路通过的设备,这是道岔。

3. 需要列车停车并且通常只能让车辆一辆一辆通过的设备是转车盘。为了使机车到达其行程的终点站以后掉头能够再牵引另一辆运行方向相反的列车,人们使用转向线和转车盘。

根据下图可以发现在线路交叉里和道岔里有一个类似的部分:交叉。

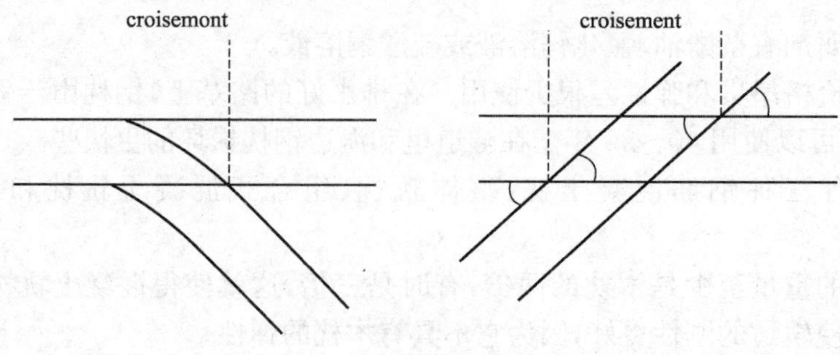

图 12-1

道岔转换有三种方式：

-人工操作；

-机械传动控制；

-电传控制或气压传动控制或液压传动控制。

道岔说明- 拉杆操纵。尖轨 a a’，b b’围绕着尖轨根部 a’ b’操纵，是辙叉尖 a，b 移动。

两条外轨是连续的。

内轨有活动部分 a a’，b b’，称之为尖轨，因为这些钢轨段的端部是逐渐尖细的。所以辙叉尖的尖端 a 或 b 可以密贴外轨而没有形成突出的部分。

一般来说，两条尖轨一起移动。两条尖轨之间用一根或两根铰接的尖轨拉杆连接，以使尖轨移动时平行四边形能够变形。

道岔握柄在 N 显示的位置，这是正位，轨道向 AB 方向开通；在反位 R 轨道向 AC 方向开通。

在外轨的位置 C 设有轮缘槽以使轮缘通过。

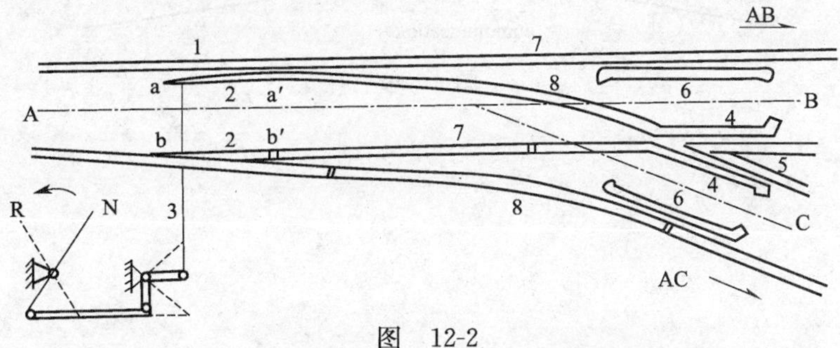

图 12-2

1—外轨 file extérieure de rail；2—尖轨 aiguille；
3—尖轨拉杆 tringle d’écartement；4— 辙叉翼轨
patte de lièvre；5—辙叉（心）cœur de croisement②；
6—护轮轨 contre-rail③

再看下面这张图。钢轨 N 与钢轨 P 相交。两条钢轨的轨头内侧在 A 点相交，这两条钢轨汇合成一个部件就形成了辙叉心。钢轨 B 和 C 的每一条分别在 F 和 F′处弯曲，以便在这两条钢轨和辙叉心尖之间有一个足以使轮缘通过的槽。这种弯轨设备称作辙叉翼轨。护轨 D 用于维护轮对的每一个车轮，以便车轮能够顺利地通过辙叉。

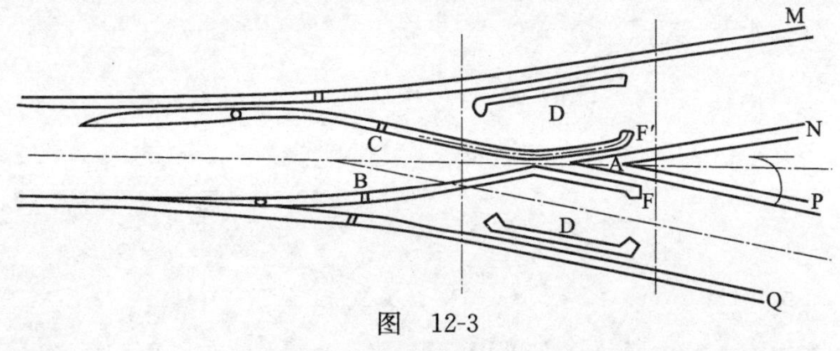

图 12-3

C F’ et B F：辙叉翼轨 patte de lièvre；
A：辙叉心尖 pointe de cœur de croisement；
D：护轮轨 contre-rail.

一般来说,特别是在车站附近,人们为了运输上可能的需要让两条正线或两条平行线相通。这种设备叫渡线,如果修建这样两条对称的渡线,于是就得到了交叉渡线。

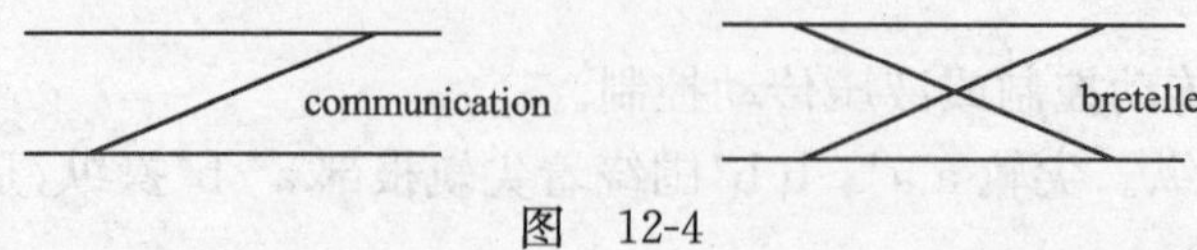

图 12-4

交分道岔-在两条线路 M M'和 N N'交叉的情况下,这两条线路之间没有任何渡线。有时建一条渡线是有益的,这条渡线是通过两个单开道岔和弯道 a a'得到的,这样除了线路交叉 M M'和 N N'之外,就能够由 M 进入到 N'或者由 N'进入到 M。

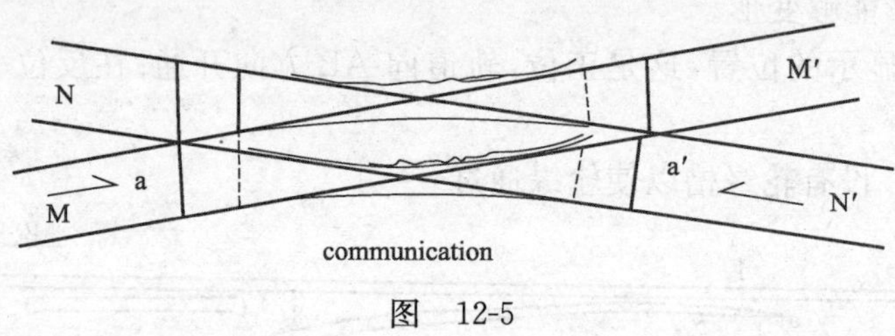

图 12-5

"翻译练习"译文参考

线路

-规定使用国际铁路联盟 UIC54 宽底钢轨,重量为 54.43 kg/m,标准长度为 18 m 或 36 m。

-钢轨的标准断面应该符合国际铁路联盟说明书 UIC861.1.0 的要求。

-扣件材料和鱼尾板材料应该符合阿尔及利亚国营铁路运输公司(以下简称"阿铁公司")提供的施工图的要求。

-道岔按照阿铁公司制定的标准制造。

-道岔、基本轨、外轨和道岔连接轨、护轮轨都使用国际铁路联盟 UIC54 标准轨。

-木枕的规定长度为 2.30 m。

-道岔的木构件的形状符合国际铁路联盟说明书 UIC860-0 第 232 条的规定。

-混合式轨枕(两块式)应符合阿铁公司提供的施工图的要求。

参考资料

钢轨的诞生

在人类的发明史上,往往有这种情况,某种发明是由于偶然的发现加上思考和智慧而结晶成的。1767 年由于英法之间长达 7 年的殖民战争结束了,谁也不需要购买军火,因此英国的金属大跌价。施洛普夏地方的科阿罗克德尔生铁公司的老板整日忧心忡忡。在探索出路的反复思考的时候,他的女婿雷诺尔茨(Reynolds)想出一个主意,为了不致亏本,于是把工厂里库存的生铁铸成板条形的铁条,铺在工厂的道路上,打算等铁价上涨以后再拆下来卖。可是大家发现,车辆行驶在铺着铁条的轨道上非常省力,在光滑的金属上的摩擦力要比木头上的摩擦力小得多,因而想到用它来修筑铁道,这就是凹形铁轨产生的开端。以后又在这样的铁轨上做出一个凸缘,以防止车轮滑脱,这样的铁轨叫做角铁轨。可是角铁轨也不耐久,很快就会损坏,而且这种铁轨里很容易积下垃圾和石子,妨碍车辆通行。

到了 1789 年,英国有个叫节索普(W. Jessop)的人创造了凸形铁轨,使铁轨发展较完善的程度。这时的车轮改成凸缘的,铁轨表面改成平的,每条铁轨不超过一米,横截面是菌形的,菌伞用来支持车轮,菌柄用来增强铁轨的强度。

19 世纪初期,由于蒸汽机车的出现,钢轨逐渐代替了铁轨。由于菌状钢轨很不稳定,沉重的蒸汽机车很容易压坏脆弱的钢轨,使火车出轨,甚至造成翻车,于是就把两条菌状钢轨合而为一,做成上下两面都有菌伞,中间由一个菌柄连接的所谓"双头钢轨",它的样子像是一个哑铃,打算顶面磨损以后反过来再用。不料,钢轨顶部磨耗了,底部也收到很大的损伤,不能使用。因此,人们逐渐把它的下部加宽,设计成工字型钢轨。这种钢轨既节约材料,又稳定可靠,自 1830 年在美国出现后很快被普遍采用,直至今日,成为世界各国铁路的基本轨形。

Leçon 13
Superstructure:La voie(2)

Ⅰ. Conditions générales d'établissement de la voie

Stabilité de la voie -Pour que la voie soit stable, il ne suffit pas qu'aucun de ses éléments ne se rompe, il faut encore que toutes ses parties restent, au moment du passage des trains, à la place qu'elles occupent. Le rail, sous l'action des efforts horizontaux qu'il subit, ne doit donc ni se reverser, ni se déplacer latéralement, car dans le premier cas les roues qu'il supporte seraient rejetées en dehors de la voie, et dans le second elles tomberaient en dedans. La voie tout entière doit en outre rester dans une position invariable et ne pas glisser sur le ballast sous l'influence des efforts transversaux, car, s'il en était autrement, elle prendrait une forme tellement irrégulière que les machines, rejetées brusquement d'une file de rails sur l'autre, ne tarderaient pas à dérailler.

Les conditions que nous venons d'indiquer sont les conditions nécessaires pour qu'il n'y ait pas déraillement; mais cela n'est pas encore suffisant. Dans une voie bien établie, il ne doit pas y avoir usure anormale des éléments qui la composent; il faut donc que la résultante des efforts horizontaux et verticaux qui agissent sur le rail ne se rapproche jamais de l'arête du patin, ou du coussinet qui repose sur la traverse, de manière à ne pas produire l'écrasement de celle-ci; il faut aussi que les efforts transversaux ne puissent pas disloquer les attaches; il faut enfin que la variation incessante des efforts en grandeur et en direction ne produise sur le rail et sur ses attaches que des déplacements relatifs aussi faibles que possible, car les parcelles de sable provenant du ballast qui s'interposent entre la surface en contact produisent par le frottement une usure inévitable.

Ⅱ. Eléments de la voie

Rails - Métal des rails. -Les premiers rails étaient en fonte et avait la forme qu'on appelle en ventre de poisson; puis pendant longtemps on les a fait exclusivement en fer laminé. Aujourd'hui on emploie plus que l'acier laminé. La durée des rails d'acier est en moyenne de cinq à dix fois plus grande que celle des rails en fer. Les rails à double champignon destinés au retournement avaient leurs parties inférieure et supérieure formées de fer à grains.

Forme et attache des rails - Rail Vignole. - Le système de voie le plus simple est le système Vignole. Le rail est formé d'un champignon relié par une âme à un patin. Celui-ci repose sur la traverse soit directement soit par l'intermédiaire d'une plaque de fer ou d'acier appelée selle ou platine, et il est fixé au moyen de crampons ou de tirefonds, qui dans le second cas traversent la selle.

Pour la voie normale, les dimensions principales sont ordinairement les suivantes : le champignon a une largeur de 60 mm, et l'on constate une tendance à l'élargissement du champignon dans le nouveau rail Belge et dans le nouveau rail de l'Etat Prussien. Dans les rails américains, la largeur va jusqu'à 71 et 72 mm. L'âme a une épaisseur de 12 mm à 18 mm; le patin a une largeur comprise entre 90 mm et 135 mm. La hauteur totale varie de 120 mm à 150 mm et le rapport de la hauteur du rail à la largeur du patin entre 1,30 et 1,00.

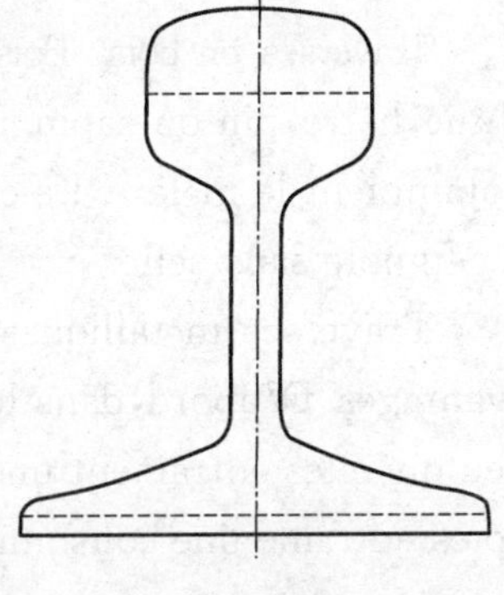

Fig. 13-1

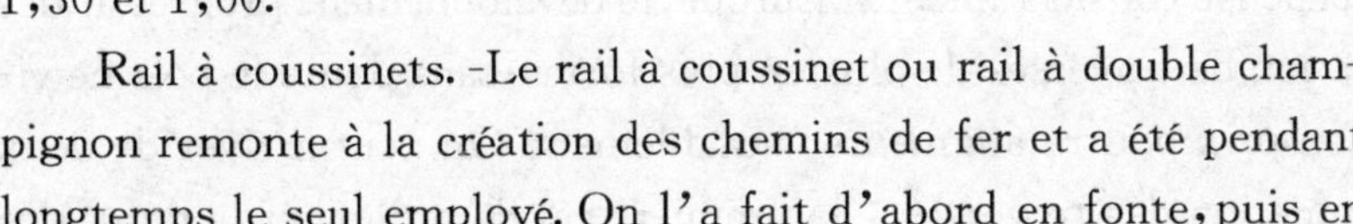

Rail à coussinets. -Le rail à coussinet ou rail à double champignon remonte à la création des chemins de fer et a été pendant longtemps le seul employé. On l'a fait d'abord en fonte, puis en fer. Avec le fer, on donnait au rail un profil symétrique formé de deux champignons identiques reliés par une âme pleine. On avait ainsi l'avantage de pouvoir le retourner de manière à doubler, théoriquement du moins, sa durée; il est vrai que le champignon usé et par suite déformé ne s'adaptait plus parfaitement dans le coussinet, mais comme l'épaisseur usée était relativement faible et que d'autre part on n'atteignait pas les vitesses de trains admises aujourd'hui, il n'en résultait pas d'inconvénients bien sérieux. Lorsqu'on a substitué l'acier au fer, on a conservé la même forme; mais avec ce nouveau métal le retournement est illusoire; si le champignon supérieur s'use complètement, l'épaisseur enlevée est trop grande pour permettre son adaptation, même imparfaite, dans le coussinet, et d'ailleurs le rail est trop affaibli pour pouvoir rester en service.

Le coussinet a pour but de répartir la pression du rail sur les traverses et de rendre solidaires les attaches qui servent à l'y fixer. Il se fait invariablement en fonte; le rail n'y est pas fixé, il est seulement calé au moyen d'un coin chassé à coup de marteau dans le vide destiné à le recevoir.

Eclisses. -Une voie se compose de deux files de rails qui sont placés les uns au bout des autres, et qui doivent être reliés ensemble de manière à assurer leur continuité. Pendant longtemps on a employé les joints① appuyés ou soutenus: les deux bouts de rails reposaient sur une traverse et étaient réunis dans un coussinet spécial ou sur une selle commune; aujourd'hui on emploie presque partout exclusivement les joints en porte à faux placés au milieu de l'intervalle entre des traverses consécutives, et on réunit les rails par des éclisses qui les embrassent et assurent la rigidité du joint aussi bien dans le sens vertical que dans le sens horizontal.

Les éclisses sont reliées entre elles par des boulons dont le diamètre est de 0,020 m à 0,025 m: il y en a généralement quatre, quelquefois six. Ces boulons traversent chacun l'âme du rail interposé entre les deux éclisses, au moyen de trous d'un diamètre un peu supérieur au leur, de façon à laisser un jeu de quelques millimètres permettant à la dilatation de s'effectuer librement.

Traverses. -Rôle des traverses. -Les traverses répartissent sur le ballast la charge que supporte la voie; elles entretoisent les rails et maintiennent leur inclinaison constante.

Traverses en bois. -Bois employés habituellement. -Les traverses en bois sont généralement en chêne, hêtre, pin ou sapin. Dans certains pays on emploie également quelques autres essences notamment le mélèze. Le chêne, le hêtre et, dans une certaine mesure, le pin, supportent seuls le Vignole sans selle.

Traverses métalliques. -L'emploie des traverses métalliques est justifié par différents avantages. D'abord, dans les pays chands y compris l'Algérie, les traverses en bois durent si peu qu'elles entraînent une dépense considérable. En Europe, le développement progressif des voies entraîne une consommation de traverses de plus en plus fortes; sans doute le bois ne viendra pas à manquer, mais son prix pourra augmenter notablement. On peut arriver de deux manières à réduire la consommation des traverses : la première est de prolonger la durée des traverses en bois par les procédés d'injection, et la seconde de se servir du métal pour leur fabrication.

Durée des traverses métalliques. - C'est au nombre des trains et non au nombre d'années qu'il faut compter la durée des traverses métalliques, puisque c'est le passage des charges, et non le séjour dans le ballast, qui les altère. D'après les données actuelles, les types satisfaisants pourront supporter le passage d'au moins 150 000 à 200 000 trains; sur les lignes qui forment la très grande majorité du réseau Français, cela correspondraient à une durée de 30 à 50 ans et même plus.

Avantages et inconvénients de la traverse métallique. -Les traverses métalliques ont pour avantages : leur durée, leur valeur encore importante après usure(0,40 de la valeur primitive), leur plus grande résistance au ripage etc. Les inconvénients des traverses métalliques sont les suivants. D'abord leur prix est élevé; puis elles sont moins rigides que les traverses en bois; enfin elles ne paraissent pas indiqué pour les lignes exceptionnellement fréquentées puisque leur durée doit être comptée au nombre de trains, tandis que, au moins avec le rail à double champignon, la durée de la traverse en bois est à peu près indépendante de ce nombre.

Ballast. -Rôle du ballast. -Le ballast répartit les pressions sur la plateforme et donne à la voie une assiette uniforme; il doit être nécessairement perméable car, s'il renferme de l'argile, il se gonfle à l'humidité, et le bourrage ne se maintient pas; sa perméabilité facilite l'écoulement des eaux et diminue par suite la rapidité de la pourriture des traverses.

Le meilleur ballast est celui qui peut faire sous la traverse un bloc incompressible et inattaquable à l'humidité : la pierre cassée, le sable siliceux, le gravier rugueux, le mélange de sable et de gravier sont également bons.

---

① joint de rail：钢轨接头。轨道上钢轨与钢轨之间用夹板和螺栓连接组成连续的轨线，称为钢轨接头。钢

轨接头的联结零件由夹板、螺栓、螺母、弹簧垫圈组成。接头的联结形式按其相对于轨枕位置,可分为承垫式和悬空式两种。我国一般采用相对悬空式,即两股钢轨接头左右对齐,同时位于两接头轨枕间。这种型式的优点是捣固道床较均匀,接头轨枕比较稳定,我国铁路目前主要采用这种型式。

Lecture

1. Déformation de la voie

Par suite du fléchissement élastique de la voie, celle-ci forme une cuvette sous l'effet des charges. Chaque essieu trouve constamment une rampe devant lui et la propagation de la déformation entraîne une perte d'énergie, qui est d'autant plus importante que la voie est moins rigide.

En outre, les rails subissent des déformations transversales. Dans les alignements droits, ils se déversent à l'intérieur de la voie, le poids des roues portant surtout sur l'arête interne des champignons, ce qui produit des resserrements. Ils peuvent aussi se déverser à l'extérieur par suite du mouvement de lacet des véhicules et, dans les courbes, sous l'action des roues motrices des locomotives, qui chassent en sens inverse du mouvement. Cet effort est peu sensible sur les voies parcourues dans les deux sens par les trains. Il se manifeste surtout dans les rampes, où les efforts de trains à la montée, de freinage à la descente, agissent dans le même sens, et particulièrement avec les ballasts à faible frottement comme les sables. L'amplitude de mouvement peut atteindre plusieurs centimètres par an.

2. Assainissement de la plate-forme

Pour empêcher la pourriture des traverses et la dislocation de la voie, il est indispensable que le ballast ne retienne pas l'eau et, par suit, que la plate-forme sur laquelle il repose soit convenablement drainée.

Si le terrain est perméable, le drainage est obtenu naturellement par les fossés latéraux; on le complète au besoin par la pose de drains transversaux en poterie ou par des saignées remplies de pierres cassées.

Lorsque le sous-sol est argileux, cette mesure est insuffisante : il faut placer dans l'axe de la voie un drain longitudinal, complété par des drains transversaux le reliant aux fossés latéraux. En outre, l'argile se détrempant au contact de l'eau, il est nécessaire d'en lever la couche supérieure et de la remplacer, sur 0,20m d'épaisseur au moins, par un matelas en matériaux fins, sable ou escarbilles. Sans cette précaution, l'argile refluerait dans le ballast et il produirait des tassements.

Version

Ballast

- Le ballast est constitué de concassé de pierres dures de calibre 25/50 provenant de carrières agrées par 1'Ingénieur.

- Le ballast doit répondre aux caractéristiques mécaniques suivants:

. Résistance à la compression simple>8 kN/cm².

. Dureté globale(DRG):

Les pierres doivent présenter une dureté globale égale à 18. Pour chaque échantillon est déterminé un coefficient de dureté DR calculé à partir de 1'abaque ci-après en combinant les coefficients Deval sec(DS)/Deval humide(DH)/Micro Deval en présence d'eau(MDE)et Los Angeles(LA). Ces coefficient sont détermines comme suit :

les essais DS,DH et MDE caractérisant la résistance à 1'usure de la pierre. Pour 1'usage de 1'abaque, on retiendra la plus faible des 03 valeurs obtenues pour 1'échantillon considéré.

- Le ballast doit également répondre aux caractéristiques géométriques suivantes :

. Les pierres sont concassées au calibre 25/50.

. Au moins 95% des pierres présentent au moins deux faces fracturées.

. Tolérances admises:

- 5% en poids des pierres peuvent passer au travers d'un tamis à mailles carrées de 25 mm×25 mm, mais doivent être arrêtées par un tamis de 20 mm×20 mm.

- 5% en poids des pierres peuvent être arrêtées par un tamis à mailles carrées de 50 mm×50 mm, mais doivent passer un tamis de 60 mm×60 mm.

- Le ballast mis en voie doit être exempt de gangue, sables, fines débris. Au besoin, il aura été lavé et dépoussière.

- En dérogation aux caractéristiques mécaniques précitées, le ballast peut présenter un coefficient de dureté globale pouvant descendre jusqu'à 12. Au cas où ce coefficient descendrait au-dessous des limites admises, 1'Entrepreneur informera l'Ingénieur et se concertera avec lui sur les mesures à prendre.

VOCABULAIRE

établissement(*n. m.*)de la voie 线路设施;铺设线路

stabilité(*n. f.*)de la voie 线路的稳定性

élément *n. m.* 组成部分,构件

dérailler *v. i.* 出轨,脱轨

déraillement *n. m.* 脱轨,出轨

usure anormale 非正常磨损,不规则磨耗

résultante *n. f.* 合力

résultante des efforts horizontaux et verticaux 水平力和垂直力的合力

disloquer *v. t.* 使脱位,使脱开

déplacement(*n. m.*)relatif 相对位移

parcelle *n. f.* 少量,一丁点

fer(*n. m.*)laminé 压延铁,压延钢

acier(*n. m.*)laminé 轧制钢

selle *n. f.* 垫板
selle de rail 钢轨垫板
platine *n. f.* （金属）板;底板,垫板
voie(*n. f.*)normale 标准轨距线路
âme(*n. f.*)pleine 实心腹板
caler *v. t.* （用楔)楔住,塞住
coin *n. m.* 楔
vide *n. m.* 缝隙,孔穴
joint *n. m.* 接头,接缝
joint de rail 钢轨接头,轨缝
joint appuyé [soutenu]de rail 钢轨支承接头
joint en porte-à-faux 悬接,悬接式接头
intervalle *n. m.* 间隙
rigidité *n. f.* 刚度,强度
jeu *n. m.* 间隙,游间
jeu du boulon 螺栓游间
dilatation *n. f.* 膨胀
entretoiser *v. t.* （用横杆、连杆、横梁等)支撑 ,固定
inclinaison(*n. f.*)de rail 钢轨倾斜度
chêne *n. m.* 橡木,栎木
hêtre *n. m* 山毛榉
essence *n. f.* 树种
mélèze *n. m.* 落叶松
indiqué *a.* 合适的,适合的
ligne(*n. f.*)fréquentée 列车密度大的线路,繁忙线路
bourrage *n. m.* 捣固
perméabilité *n. f.* 渗透性 ,透水性
pourriture *n. f.* 腐烂,腐朽
pourriture des traverses 枕木腐朽
incompressible *a.* 不易压缩的,坚硬的
inattaquable *a.* 耐腐蚀的
sable(*n. m.*)siliceux 硅质砂
gravier(*n. m.*)rugueux 粗糙的砾石
mélange *n. m.* 混合料
mélange sable et gravier 砂砾混合料

VOCABULAIRE COMPLÉMENTAIRE

déformation *n. f.* 变形
déformation transversale 横向变形

déformation de la voie 线路变形
par suite *de qch*. 鉴于,由于
fléchissement *n.m.* 弯曲,下垂;垂度
fléchissement élastique de la voie 轨道弹性沉陷
cuvette *n.f.* 坑,穴;凹陷下去,(呈)凹面形
former une cuvette 呈凹面形
au droit des charges 在荷载的作用下
essieu *n.m.* 车轴,轮对
rampe *n.f.* 坡,坡斜;上坡道
propagation *n.f.* 扩展,扩散
perte *n.f.* 损失,损耗
perte d'énergie 能量损失,功率损失
d'autant plus que 因为…更加
rigide *a.* 硬的,刚性的,不易弯曲的,不易变形的
en outre 而且,另外
subir *v.t.* 遭受,经受,承受
alignement *n.m.* 直线,直线段
alignement droit 直线,直线段,直线轨道
se déverser *v.pr.* 倾斜,弯曲
poids *n.m.* 重,重量
poids de la roue 轮重
roue *n.f.* 轮,车轮
porter sur 加在,落在
arête *n.f.* 棱边;边缘
arête interne de champignon 轨头内侧边缘
resserrement *n.m.* 收缩,缩小
resserrement de la voie 轨距缩小
se déverser *v.pr.* 倾斜
mouvement *n.m.* 运动
mouvement de lacet 蛇形运动,左右摇晃运动,甩动
mouvement de lacet des véhicules 车辆蛇形运动
roue *n.f.* 轮,车轮
roue motrice 驱动轮
roues motrices des locomotives 机车动轮
chasser *v.i.* (车轮等)斜滑,打滑
effort *n.m.* 力,作用力,应力,压力;负荷
effort des trains à la montée 列车上坡的压力
effort de freinage à la descente 下坡的制动力
amplitude *n.f.* 幅度;(端间)距离

mouvement *n. m.* 移动,滑动

---

assainissement *n. m.* 净化;排水
assainissement de la plate-forme de la voie 路基净化,路基排水
pourriture *n. f.* 腐烂,腐朽
pourriture des traverses 枕木腐朽
dislocation *n. f.* 移动,错位
dislocation de la voie 线路移动
drainé *a.* 排干的
terrain (*n. m.*)perméable 透水土层,渗水地面
fossé *n. m.* 边沟,排水沟
fossé latéral 边沟
pose *n. f.* 铺设,敷设
drain *n. m.* 排水沟,排水管
drain en poteris 管式排水暗沟
drain transversal 横向排水暗沟,横向盲沟
drain transversal en poteris 横向管式排水暗沟
drain longitudinal 纵向排水沟;纵向盲沟
poterie *n. f.* (作管道用的)陶管
saignée *n. f.* 排水盲沟,排水暗沟
sous-sol *n. m.* 下层土,地基下层土
argileux *a.* 黏土的,黏土质的
axe (*n. m.*)de la voie 轨道中心线
se détremper *v. pr.* 变软
lever *v. t.* 消除,除去,去掉
matelas *n. m.* 垫层
matériaux (*n. m. pl.*)fins 石屑,细料
escarbille *n. f.* 未烧尽的煤屑,煤渣,煤焦子
refluer *v. i.* 倒流,回流,逆流
précaution *n. f.* 预防措施
tassement *n. m.* 沉降,沉陷,下沉

---

concassé *n. m.* (机轧破碎的)碎石
pierre(*n. f.*)dure 坚石,坚硬的石头
calibre *n. m.* 规格尺寸
calibre de concassé 碎石规格,碎石料破碎规格
caractéristique(*n. f.*)mécanique 力学特性,机械特性
caractéristique géométrique 几何特性,线性特性
résistance(*n. f.*) à la compression 抗压强度

résistance à l'usure　耐磨性,耐磨强度
échantillon *n. m.*　试样
coefficient(*n. m.*)de dureté　硬度系数
abaque *n. m.*　表,图表;计算图表
coefficient *n. m.*　系数
coefficients Deval sec(DS)　DS 系数
coefficient Deval humide(DH)　DH 系数
coefficient micro-Deval en présence d'eau(MDE)　加水条件下的 MDE 系数(磨耗系数)
coefficient Los Angeles(LA)　洛杉矶系数(LA)
caractériser *v. t.*　确定…的特性
face(*n. f.*)fracurée　破碎面
tolérance(*n. f.*)admise　允许误差,允许公差范围
tamis(*n. m.*) à mailles carrées　方眼网筛
gangue *n. f.*　(矿石中的)杂质
fines(0/D avec $D \leqslant 0,08$ mm/0/80 μm) *f. pl.*　碎石屑
fines débris　细碎屑,细石屑
dépoussiérage *n. m.*　除尘;筛去粉末
dérogation *n. f.*　违反规定;偏离规定工作状态
limite(*n. f.*)admise　容许限度,容许极限值
se concerter *v. pr.*　共同商定,共同议定

"课文"翻译参考

第13课 上部建筑:线路(2)

Ⅰ. 线路设施的一般条件

线路的稳定性 - 要使线路稳定,只是线路的任何设施不毁坏是不够的,还需要线路的所有组成部分在列车通过的时候仍然保持在自己的位置上。钢轨在其所承受的水平力的作用下,既不能不转向也不能横向移动,因为如果发生转向的话,钢轨支承的车轮会被抛到轨道外面;如果发生横向移动的话,车轮会掉到轨道里面。另外,整条轨道的位置应该保持不变,而且在横向力的作用下不得向道床滑移,否则的话,轨道会呈现出严重参差不齐的形状,以至于机车会突然从一个轨条甩到另一条轨道,很快就会发生脱轨。

以上说明的是防止脱轨的必要条件,但是这还不够。在一条铺设得很好的线路上,线路组件不应该有非正常磨耗。因此,作用在钢轨上的水平力和垂直力的合力决不得接近轨底边缘或接近压在轨枕上面的钢轨垫板,以免造成轨枕压裂。再有,横向力务必不能使钢轨扣件脱位。最后,作用力的大小和方向不断的变化只能在钢轨及其扣件上产生尽量小的相对位移,因为从道床里出来的砂子处于接触面之间,由于摩擦产生了不可避免的磨耗。

Ⅱ. 线路的组成部分

钢轨 - 钢轨的金属-初期的铁轨是铸铁制成的,是呈鱼肚形的凸形铁轨,而后在很长一段时间里,人们只用压延铁制造钢轨。如今,人们只是用轧制钢。钢轨的使用寿命平均比铁轨的寿命高出5~10倍。供翻转使用的双头式钢轨其上下部是由晶生铁造的。

钢轨的形状和钢轨扣件 - 宽底式钢轨 - 最普通的轨道型式是宽底式。宽底式钢轨由一个轨头、一个轨腰和一个轨底组成。轨底直接或通过称作垫板的铁板或钢板安在轨枕上,用钩头道钉或螺纹道钉固定,如果使用螺纹道钉的话,螺纹道钉穿过垫板。

标准轨距线路的主要尺寸通常如下:轨头宽60 mm,人们发现比利时和德国新建铁路的轨头有加宽的趋势。美国铁路轨头的宽度达到71和72 mm。轨腰的厚度在12~18 mm之间;轨底的宽度介于90~135 mm之间。钢轨的总高度在120~150 mm之间有所不同,钢轨高度与轨底宽度的比例在1.30和1.00之间。

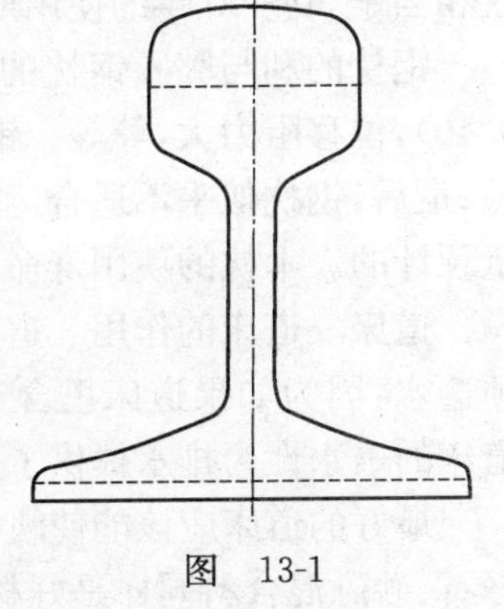
图 13-1

双头式钢轨-双头式钢轨始于铁路创建之初,在很长的时间里人们唯一使用的就是双头式钢轨。起初双头轨是用铸铁制造的,后来是用铁制造的。铁造的钢轨是由两个相同的轨头和一块实心的连接腹板组成的对称型面。好处是能够翻转钢轨,以便至少在理论上延长钢轨的使用寿命。因磨耗而变形的轨头确实不会很合适地装配在垫板里,但由于磨耗的厚度比较小,另一方面,那时候的列车速度没有达到今天的容许车速,没有由此引起很严重的麻烦。在用钢取代铁的时候,人们保留了同样的形状,但是使用这种新的金属,翻转是不切实际的。如果上面的轨头全磨损坏了的话,去掉的厚度太大,不能与垫板匹配,即便是有欠缺的匹配也不行,此外,钢轨损耗的太严重也就不能一直使用了。

钢轨垫板旨在把钢轨的压力散布到轨枕上,并且将把钢轨固定在轨枕上的扣件连成一体。钢轨垫板一贯用铸铁制造。钢轨没有固定在垫板上,只是用锤敲楔子把钢轨塞在容纳它的缝隙里。

鱼尾板 - 轨道由两条钢轨组成,钢轨之间对头铺放并且连接在一起以保证轨线的连续性。人们长时期使用的是承垫式接头①:钢轨两端安放在一根轨枕上,在一块特制的垫板或共有的垫板里连接。如今,人们几乎到处都只使用悬接式接头,悬接式接头安装在依次相连的轨枕之间的间隙中间,钢轨用鱼尾板连接,鱼尾板将钢轨抱住并且保证轨缝无论是垂直方向还是水平方向都有很好的强度。

鱼尾板之间用螺栓连接,螺栓直径 20～25 mm,一般有四根螺栓,有时候有六根螺栓。每根螺栓都通过螺栓孔穿过轨腰把钢轨夹在两块鱼尾板之间,螺栓孔的直径比螺栓稍大些,以便留下能够自由膨胀的几毫米的游间。

轨枕 - 轨枕的作用 - 轨枕把轨道承受的荷载传布到道床上;固定钢轨的位置并且使钢轨的倾斜度保持不变。

木枕 - 通常使用的木料 - 木枕一般是栎木的、山毛榉木的、松木或杉木的。某些地区也使用某些其他树种,特别是落叶松。栎木、山毛榉木在某种程度上还有松木不用垫板而是单独支承宽底式钢轨。

钢枕 - 使用钢枕证明有许多好处。首先,在包括阿尔及利亚在内的热带地区,木枕的使用期限很短,造成的费用很大。在欧洲,铁路的逐步发展带来轨枕的消耗量日益增大,将来木材大概不会突然缺少,但是木材的价格可能会显著上涨。可以用两种方法达到减少轨枕消耗量的目的:第一种方法是通过喷油防腐处理的方法延长木枕的使用寿命,第二种方法是使用金属制造轨枕。

钢枕的使用期限 应该是根据列车的数量而不是根据年数来预计钢枕的使用期限,因为是通过的荷载而不是滞留在道床里的时间使钢枕变坏的。根据目前统计的数据,类型令人满意的钢枕至少可以承受 150 000～200 000 辆列车通过。在法国铁路网的绝大多数铁路线上,这相当于 30～50 年的使用期限,甚至更长。

钢枕的利与弊 - 钢枕的优点是:使用寿命长,损坏以后的价值仍然很高(是最初价值的 0.40),位移阻力大,等等。钢枕的缺点如下:首先是它们的价格高;其次是它们的刚性比木枕差;最后,钢枕似乎不适合运输特别繁忙的线路,因为它们的使用寿命应该是以通过的列车数量预计的。木枕的使用寿命至少在双头钢轨线路上,几乎与通过列车的数量无关。

道床 - 道床的作用 - 道床把压力传布到路基面上并且使线路有一个均匀的底层。道床必须透水,因为如果道床里含有黏土的话,遇到水分就会鼓起来,道床捣固了也不能维持原状。道床的透水性为排水提供了便利,因而也就降低了枕木腐朽的速度。

最好的道床应该能使轨枕下面成为一个不易压缩又耐潮湿的整体:碎石、硅质砂、粗糙的砾石、砂砾混合料同样是好材料。

“阅读”翻译参考

1. 线路变形

轨道弹性沉陷的原因致使轨道在荷载的作用下形成一个凹面形。每个轮对的前方总是有一个上坡道，线路变形的扩散导致了能量损失，线路的刚性越差变形就越严重。

另外，轨道还承受横向变形。在直线段，轨道向线路内侧倾斜。

2. 路基排水

为了防止枕木腐朽和线路移动，道床里不含水，因而道床下面的路基适当排干是必要的。

如果地面渗水的话，自然通过边沟排水，必要时通过铺设横向管式排水暗沟或填碎石的排水盲沟使排水臻于完善。

在地基下层土是黏土质的情况下，这种措施是不够的，必须在轨道中心线里敷设一个纵向盲沟，补充一些横向盲沟使之与边沟接通。而且黏土遇到水变软，必须去掉上层黏土并且用厚度至少 0.20 m 的细料、砂或煤渣的垫层充填。如果没有这些预防措施，黏土会流入道床因而引起沉陷。

“翻译练习”译文参考

道床

- 道床应该由工程师认可的采石场的坚硬石头破碎的、规格为 25/50 的碎石组成。
- 道床应该满足以下物理性能的要求：
  • 单一的抗压强度＞8 kN/cm²。
  • 总体硬度(DRG)：

石块的总体硬度应该为 18。每个样品的硬度系数 DR 的测定要根据以下计算图表、同时结合 DS 系数、DH 系数，加水条件下的 MDE 系数和洛杉矶系数(LA)进行计算。这些系数按照以下方法测定：

DS、DH、MDE 试验确定石块的耐磨强度。从有关试样得到的三个数值里取其最小值用于计算图表。

- 道砟也要符合以下几何特性：
  • 石块破碎的规格为 25/50。
  • 至少 95％的石块最少有 2 个破碎面。
- 允许公差范围：
- 重量 5％的石块可以通过 25 mm×25 mm 的方眼网筛，但不能通过 20 mm×20 mm 的网筛。
- 重量 5％的石块不能通过 50 mm×50 mm 的方眼网筛，但可以通过 60 mm×60 mm 的网筛。
- 线路上铺的道砟不能掺有杂质、砂子、细石屑。必要时，道砟要清洗和筛去粉末。
- 在偏离上述力学特性的情况下，道砟的整体硬度系数可以下降到 12。在该系数下降到容许极限值以下的情况下，承包商要通知监理工程师并且与他共同商定应该采取的措施。

Vocabulaire de la voie ferrée 铁路词汇汇编

线路 la voie ferrée	道岔导线，缆索传动 la transmission funiculaire
钢轨 le rail	紧线器(拉杆) le tendeur
轨头 le champignon	导线槽 le caniveau de transmission funiculaire
轨腰 l'âme(*n. f.*)	信号导线槽 le caniveau de transmission par fil
轨底 le patin	道岔色灯信号机 le signal lumineux d'aiguille
钢轨垫板(底板) la semelle de rail	带防护罩的道岔转辙机 le mécanisme de commande d'aiguille sous carter de protection
螺纹道钉 le tirefond	钢枕 la traverse en acier, traverse métallique
弹簧垫圈 la rondelle élastique	混凝土轨枕 la traverse en béton
钢轨扣件 le crapaud(la plaque de serrage)	联结式轨枕，双轨枕 la traverse jumelée
钩头螺栓 le boulon à crochet	平交道口 le passage à niveau
钩头道钉 le crampon de rail(barbelé)	有人看守的平交道口 le passage à niveau gardé
钢轨接头 le joint de rail	无人看守的平交道口 le passage non gardé
鱼尾板 l'éclisse(de rail)(*n. f.*)	(道口)栏木 la barrière
鱼尾(板)螺栓 le boulon d'éclisse	道口预告信号，道口警示信号 La croix d'avertissement (la croix de Saint—André)
接头轨枕 la traverse de joint	道口看守工 le garde-barrière
就地操纵道岔 l'aiguille manoeuvrée à pied d'œuvre	道口看守房 la maison du garde-barrière
操纵手柄 le levier de commande à main	巡道工 le surveillant de la voie
转辙器上的重锤 le contrepoids	警示灯，闪光信号灯 le feu clignotant
拉杆 la triangle de commande	装有半栏木的平交道口 le passage à demi-barrière
尖轨 la lame d'aiguille	电话控制道口 la barrière à poste d'appel
道岔滑床板 Le coussinet de glissement, la plaque de glissement	内部通话机，工作联络电话 l'interphone(*n. m.*)
护轨 le contre-rail	检车员 le visiteur(matériel roulant)
辙叉 le coeur d'aiguille	检车锤 le marteau de sondage des bandages
翼轨 la patte de lièvre	车站值班长 le chef de sécurité
导轨，调节长度的短轨 le rail compensateur	信号牌 le guidon de départ
道岔锁闭器 le verrou d'aiguille	发车信号 le signal de départ
尖轨连接杆 la tringle de connexion	站台照明设备 la rampe d'éclairage de quai
尖轨尖端连接杆 la tringle de connexion à la pointe des lames	站台座椅 le banc de quai
尖轨根部连接杆 la tringle de connexion au talon des lames	垃圾桶，废物箱 la corbeille à détritus

附录 1. 科技译文里数字的表示方法

数字究竟用法语数词书写还是用阿拉伯或罗马数字书写，这要视文章的性质来决定。总的说来，文学作品和文件、证书属于一类，科技文归为另一类。本文着重谈谈科技文章数字书写的特点。

1. 科技文章里的数字通常用阿拉伯数字书写。

例如：

Au total 9 819 kilomètres de ligne étaient électrifiées au milieu de l'année 1979 sur le réseau de la S. N. C. F. 1979 年，法国国营铁路供油电气化线路 9 819 km。

2. 百万以上的数字，通常用法文 million 书写。例如：

一千万：10 millions（不写：10 000 000）。

En 1962, la S. N. C. F. a utilisé, pour la traction de ses trains, 3,130 millions de tonnes de charbon, 2,310 millions de kWh, 850 000 tonnes de fuel et 150 000 tonnes d'autres produits pétroliers. 1962 年，法国国营铁路为牵引它的列车共用了 313 万吨煤、231 万度电、85 万吨柴油和 15 万吨其他石油产品。

3. 尽量避免性质不同的数字靠在一起。例如：

不写：En 1960, 1 500 tracteurs sont sortis de nos usines.

而写：En 1960, nos usines ont fabriqué 1 500 tracteurs. 1960 年，我们工厂生产了 1 500 台拖拉机。

4. 款项用阿拉伯数字表示。例如：$ 25 000；£10；5 000FF。整金额后面无需加小数点和两个零数（图表类除外），例如：$ 25（不写：$ 25,00）。

5. 多位数以三位为一组分开书写或者用句点隔开。例如：

A la fin de 1959 sur un parc total de locomotives de 29 587 unités, il y avait 17 744 locomotives diesel-électriques, 1 284 locomotives à vapeur et 559 locomotives électriques. 1959 年底，（法国）共拥有机车 29.587 台，其中电传动内燃机车 17.744 台，蒸汽机车 1.284 台，电力机车 559 台。

6. 百分数、千分数通常以阿拉伯数字表示，百分数用％或 p. 100 表示。例如：

un intérêt de 3％　三厘的利息；une augmentation de 10 p. 100　增长 10％

En Algérie, une centaine de locomotives Diesel avaient, en 1959, remplacé 350 locomotives à vapeur : l'économie était chiffrée à 50 p. 100 sur le combustible et à 31 p. 100 sur le personnel. 1959 年，阿尔及利亚大约有一百辆内燃机车取代了 350 辆蒸汽机车。其结果是节省了 50％的燃料，减少了 31％的铁路职工。

En rampe de 10 p. 1 000 l'élément automoteur réalise encore la vitesse de 104 km/h. 在 10‰的坡道上，动车组的运行速度仍达 104 km/h。

7. 小数用阿拉伯数字表示，整数和小数以逗号隔开。例如：

C'est ainsi que 1 kg de produit pétrolier équivaut en moyenne à 1,5 kg de charbon et 1 kWh, à 0,6 kg de charbon. 这样,按平均换算,1公斤的石油产品相当于1.5公斤煤,1度电相当于0.6公斤煤。

8. 分数用阿拉伯数字,分子和分母之间用斜杠。例如:

Le monophasé 162/3 Hz. 162/3 赫兹单相交流电。

9. 度量衡(长度、高度、体积、功率等)用阿拉伯数字表示。例如:10 pouces　10英寸。

Dans les Cévennes, une section de 107 km de voie ferrée ne compte pas moins de 24 tunnels totalisant 23 km, soit près du quart du parcours. 在塞文山区有一段长107公里的铁路,隧道就不少于24座,全长23公里,近乎全线的四分之一。

Les moteurs PA4 développe une puissance nominale de 1 765 kW(2 400 ch) à 1 500 tr/mn. PA4型柴油机转速是1 500转/分,标称功率为1 765千瓦(2 400马力)。

Le col du Simplon, entre la Suisse et l5Italie, est à 2 009 m d'altitude. 瑞士和意大利交界的辛普朗山口,海拔2 009米。

10. 温度、经纬度用阿拉伯数字表示。例如:

32°F　华氏32度;30°26′ de latitude N　北纬30度26分。

附录 2. 法文缩写方式

人们在日常的社会活动和工作实践中，往往对法文中某些常用的词组、单词和专用名词采用简便的书写方式，借以避免书写上的繁缛和节省工作时间。而在科技文章中，常用缩写词的现象更是屡见不鲜。法文缩写词的书写行形式约定俗成的。掌握他们的书写规则将有助于我们正确使用。

1. 缩写规则。法文单词的缩写方式大体有一下几种：

(1)截取单词的第一个字母代替该词，后面写上表示缩写的小圆点。

例如：a. f. (adjective féminin)，v. t. (verbe transitif)，S. N. C. F. (Société Nationale des Chemins de Fer Français)。

(2)去掉单词的词尾字母，截取至元音字母之前，缩写词尾写上小圆点。

例如：chap. (chapitre)，art. (article)，loc. verb. (locution verbale)。

(3)去掉单词的中间字母，截取单词的第一个字母和词尾字母(一个或几个)，此为字母用小写，有时书写时稍偏上。

例如：Mme(Madame)，Mlle(Mademoiselle)，bd(boulevard)。

(4)截取单词的第一个字母和几个中间的辅音字母。

例如：qq. (quelque)，qqn(quelqu'un)，qch. (quelque chose)。

(5)以符号代替单词。

例如：45°(degrés)，§(paragraphe)。

2. 缩写词的复数标志。

一般情况下，缩写词没有复数标志，但是也有例外：

例如：MM. (Messieurs)，Mmes(Mesdames)，Mlles(Mesdemoiselles)，n°s(numéros)，pp. (pages)，Sts(Saints)，Ets(Etablissements)。

3. 缩写词里的缩写点、标点符号和连词符的使用。

(1)缩写点

①如果单词的词尾字母仍保留在缩写词内，则不用缩写圆点。

例如：Mlle(Mademoiselle)，qqn(quelqu'un)。

②数学和科技方面使用的缩写词(或称“符号”)不用缩写点，也没有复式标志。

例如：3 Ib(livres)，8 oz(onces)，C(carbone)，Fe(Fer)，m(mètre)，km/h(kilomètre par heure)。

说明：度量衡方面的缩写词只用于阿拉伯数字之后。

例如：15 Ib(et non “quinze Ib”)。

(2)标点符号

缩写点与句号和省略号合在一起名单不能和其他标点符号合在一起。

例如：Voulez-vous télégraphier à la S. N. C. F. ,s. v. p.

C'est la S. N. C. F.

说明：在 etc. 后面不用省略号。

(3)连词符

带有连词符的单词，缩写后仍保留连词符。

例如：P. -S. (post-scriptum)，c. -à-d. (c'est-à-dire)。

4. 缩写时要特别注意下列情况：

(1)时间

小时(heure)，分(minute)，秒(seconde) 分别用 h、m、s 代替，它们的后面不写圆点。

例如：La séance a été levé à 10 h 30。

L'avion doit décoller à 23 h 15。

8 h，10 mn，35 s.

(2)在书写中使用的尊称 Monsieur，Madame，Maître，Sa majesté，Son Excellence，Monseigneur，Sa Sainteté，只有当其后伴有人名或身份称谓且不是直接寄给上述本人时，方可缩写。

例如：Nous avons eu la visite de M. Dupont.

C'est le Fauteuil de M. le Maire.

Veuillez agréer，Monsieur le Président，l'assurance de mes sentiments les meilleurs.

(3)序数词

序数词除了 premier 缩写为 1er，première 缩写为 1re，或 1ère 之外，其他所有的序数词在缩写时均在数字右上角冠之以 e：2e，25e.

说明：有时也遇到这样的写法：2ème，但不能写成 2ième。序数副词缩写时，在数字的右上角冠之以：°

例如：1°(primo)，2°(secundo)。

(4)百分比

在金融方面，通常使用符号%，‰ 表示百分比和千分比值；而在统计方面常见使用 P. 100，P. 1 000。实际上并没有很严格的规定，按文章的格调而异可酌情使用 pour cent，P. 100 或%表示百分比。

例如：Les quatre-vingts pour cent de la superficie sont consacrés à la culture des céréales.

百分之八十的面积用来种谷物。

另外，对于短语 cent pour cent(百分之百地，完全地，地道地) 我们千万不能写成 100 pour 100。

例如：Il est Français à cent pour cent. (ou il est cent pour cent Français.)他是地地道道的法国人。

附录 3. 某些近义词的差别

1. aborder 和 accoster,这两个词搜有“上前和某人攀谈”之意,在这个意义上,aborder 比 accoster 更加通俗一些,后者只是转义用法。

例如:Il est accosté dans la rue par deux voyous qui le menacèrent.

在街上,有两个流氓过来搭讪,对他进行要挟。

Un passant l'aborde pour lui demander l'heure.

以为行人过来向他询问时间。

2. à nouveau 和 de nouveau

- à nouveau　表示以不同的方式或方法重新开始。

- de nouveau　则表示以同样的方式或方法重新开始。

例如:Ce rapport est mal rédigé,il faudra le refaire à nouveau.

这篇报告写得不好,得重新写。

Le directeur est absent,revenez de nouveau cet-après-midi.

经理不在,请您下午再来。

3. au-dessous 和 en dessous ; au-dessus 和 en dessus

- au-dessous　表示在一个已知地点的下面。

- en dessous　则没有明确表示是在什么的下面。

例如:Son bureau est au-dessous du mien. 他的办公室在我的下面。

La notice est en dessous. 说明书在下面。

(au-dessus 和 en dessus 之间的差异与上类同。)

4. bâtiment,bâtisse,édifice,immeuble 之间的差别

bâtiment 和 immeuble 意味着相当大的建筑物,经常指住宅或工业、企业的建筑物;bâtisse 指那些粗陋而无艺术性的建筑物;édifice 指的是庄严的建筑物,比如公共建筑和行政大楼等。

例如:Les bâtiments de l'usine　厂房

Louer un appartement dans un immeuble de rapport.

在外形美观的楼房里租一套房子。

Quelques vieilles bâtisses déparent le centre de la ville.

几栋昔日的旧建筑有损市区的美观。

Les édifices du parlement　国会大厦

5. durant 和 pendant

- durant　所表示的时间是连续的,没有间断的。

- pendant　所表示的时间则可以是间断的。

例如:Il a plu durant deux heures. 雨(不停地)下了两个小时。

Elle est venue pendant la matinée. 她上午来的(在上午某一段时间里来的)。

6. susceptible 和 capable

- susceptible 表示消极、被动的可能性或能发生的事。

- capable 则表示积极、主动的可能性或有做某事的能力。

例如:Il est susceptible de tomber malade. 他容易生病。

Il est capable de réussir. 他能够成功。

7. pente 和 rampe

- pente 表示下坡道。

- rampe 表示上道。

例如:En haut de colline, il faut par une tranchée profonde, couper en deux une colline, pour descendre sans trop de pente à un point plus bas.

在山上,必须以开挖深路堑之方式把山丘截开,以便(线路)坡度较平缓地下到低处。

Par suite de sa flexibilité, le rail forme une cuvette sous la lourde charge et chaque roue trouve constamment une rampe devant elle.

由于钢轨具有弹性,它在重载下便形成一个坑穴,因而每个车轮的前面总有一个向上的斜坡。

8. chemin de fer, ligne, voie ferrée, rail 都可以表示铁路,但在意义和用法上均有差异。

- chemin de fer 用作单数,表示铁路运输方式或铁路线。

例如:faire un voyage en chemin de fer(en chemin de fer =par le train) 乘火车旅行。

Traditionnellement, le chemin de fer est un transporteur de produits lourds: minerais, combustibles, produits de la sidérurgie, matériaux de construction, etc.

通常,铁路运送矿石、燃料、钢铁产品、建筑材料等笨重货物。

Le chemin de fer tient son nom de ce qui le caractérise depuis son origine : une double file de rails métalliques qui guident les roues du train. (le chemin de fer=la voie)

铁路这一名称来源于它最初的构成特点:两条钢轨引导车轮运行。

- les chemins de fer 表示铁路企业或一个地区、一个国家的全部铁路线,相当于 le réseau。

例如:les chemins de fer français 法国铁路(=la S. N. C. F.)

Les chemins de fer britanniques de l'ouest durent poser un troisième rail sur toutes leurs voies, de façon à permettre le passage des trains à large écartement et aussi de ceux à écartement standard.

英国西部铁路势必在所有的线路上铺设第三条轨道,以使宽轨列车和准轨列车都能运行。

- la ligne 线路

例如:la ligne à double voie 复线(铁路)

la nouvelle ligne Paris-Lyon 把巴黎-里昂新干线

l'étude d'une ligne de chemin de fer 铁路线路设计

附录4. 会计

总账　grand livre	典押贷款　prêt gagé [sur gages]
现金账　compte de caisse	抵押贷款　prêt hypothécaire
开立账户　ouvrir un compte	担保贷款　prêt garantie [sur garanties]
结束账户　clore un compte	高利贷　prêt usuraire [à usure]
对账单　relevé de compte,extrait de compte	全额贷款　prêt franc
借记　débiter	活期贷款　prêt remboursable sur demande
贷记　crédit	借贷　prêt et avance
借方　débit	金融贷款　prêt financier
贷方　crédit	证券及投资　valeurs et investissements
借记通知单,结欠通知　avis débit	房地产　propriété foncière et immobilière,bien-fonds
贷方通知单,结余通知　avis de crédit	其他资产　autres actifs
借方余额　solde débiteur [du débit]	负债　passifs
贷方余额　solde créditeur [du crédit]	其他负债　autres passifs
我方结余　solde en notre faveur	净值　valeur nette
贵方结余　solde en votre faveur	资本　capital
结欠　solde négatif	公积金,积累基金　fonds d'accumulation
结余　solde positif	现金收支盈余　surplus de caisse
计息日,起息日　date de valeur	储备,提留,准备金,备用金　réserves
到期日(票据)　date d'échéance	收益和亏损,损益　profits et pertes
生效日期　date d'effet	净利　profit net
收支　dépenses et recettes	本年度净利　profit net pour l'année courante
收支相抵　les dépenses sont équilibrées par les recettes	资产总额　total de l'actif
纯益,净利　profit net	负债总额　total du passif
纯损,净损　perte nette	负债总额及净值　total des passifs et valeur nette
债权人　créancier	开支　dépenses
债务人　débiteur	各项费用　frais divers
查账人　contrôleur,vérificateur de compte	折旧　amortissement
核对清单　vérifier un état	税款　taxes et impôts
应付未付账　sommes à payer,comptes payables	其他支出　autres dépenses
应收未收账　sommes à recevoir,comptes recevables	收入　revenu
尾欠额　somme due	手续费　commissions;frais de commission
账面价值　valeur comptable	其他收入　autres revenus

续上表

面值，票面价值 valeur nominale(faciale)	会计年度 exercice，année comptable，année financière
准备金 fonds de réserve	账户年度 année comptable
贷款资金 fonds de prêt	预算年度 année budgétaire
冻结资金 fonds bloqués	日历年度 année calendrière
未动用资金 fonds non utilisés	财务报告 rapport financier
总数，总额 total，motant global	年终决算表 balance annuelle
总计 total	现金收支平衡 balance de caisse
总收入 bénéfices bruts，recette totale	资产负债平衡 balance de l'actif et du passif
整数 somme ronde	财务收支平衡，对账 balance des comptes
零数 fraction	现金平衡 balance des espèces
小数 fraction décimale	流动资金收支平衡 balance des liquidités
循环小数 fraction décimale périodique infini	经常项目收支平衡 balance des paiements courants
小数点 point décimal，virgule	投资收入平衡表 balance des revenus de placement
百分数 fraction centésimale	总账收支平衡 balance générale
到小数第…位 à … place de décimale，jusqu'à la … décimale	月计表 balance mensuelle
十进制 système décimal	试算表 balance d'essai
会计凭证 pièce de comptabilité	资产负债表 bilan
会计科目 poste comptable	损益计算书 compte-rendu de profits et pertes
年度结算 arrêté annuel	损益账 compte de profits et pertes
半年结算 arrêté semestriel	报告书，统计表 rapport，état
季度结账 arrêté trimestriel des écritures comptables	营业报告 rapport d'affaires
临时结算 arrêté provisoire	上期转入(结转)金额 report antérieur，rapport de l'exercice précédent
结账单 arrêté de compte	年终结余转下年 report de crédits à l'exercice suivant
过次页 à reporter à la page suivante	承前页 report de la page précédente
承前页 reporté de la page précédente	上年度转入金额 report de l exercice précédent
增值 plus-value	延期付款 report de paiement
资产 actifs	盈余展期 report bénéficiaire
固定资产 actifs immobilisés	亏损展期 report déficitaire
流动资产 actifs liquides	收益展期 report du résultat
现金 argent comptant，argent au comptant，argent liquide，espèces，liquidités，cash	延缓课税 report d'impôt
定期贷款 prêt à terme	日记账转录总账 report des écritures du journal aux comptes du grand livre
长期贷款 prêt à long terme	总金额转次页 report d'un total à la page suivante
中期贷款 prêt à moyen terme	移前扣减 report en amont
短期贷款 prêt à court terme	移后扣减 report en aval
有息贷款 prêt à intérêt	延期交割和调期交割，加权和除权 report et déport

续上表

无息贷款 prêt sans intérêt [gratuit]	年终盘点 inventaire de fin d'année
民事月 mois civil	日历年度,历年,民用年 année civile
法定月 mois légal	会计年度,财务年度 année financière
会计月度 mois comptable	年度,本年度 année d'exercice
本月 mois courant	本年度 année courante,
结算月 mois de décompte	去年 année dernière
上(个)月 mois dernier	上年度 année précédente, année antérieure
下(个)月 mois prochain	下年度 année prochaine

附录5. 资产负债表

资产负债表真实地反映企业在某一时期的资产和财政情况。一般用表格分两列来表示企业财政情况:左列是资产项,表示企业所获的资金作何用途;右列是负债项,表示企业掌握有何种资金,并注明资金来源。在资产项内有固定资产(无形固定资产、有形固定资产、金融固定资产)以及流动资产(库存、债权、现金)。负债项包括企业固有资本(资本和准备金),用以应付风险及其他开销的备用金以及债务(金融债务、商业债务、欠税,社会保险债务、其他债务)。

资产负债表中的两项应该是平衡的,因为每一笔花费总是有其相应的来源。

Le bilan donne une image fidèle de la situation financière du patrimoine de l'entreprise à un moment donné. Le bilan se présente sous la forme d'un tableau à deux colonnes matérialisant la situation financière de l'entreprise: à gauche l'actif indique l'utilisation que l'entreprise a faite des fonds qu'elle a reçus ; à droite le passif indique de quelles ressources financières dispose l'entreprise, en précisant l'origine de ces ressources. Dans la colonne "actif" figurent l'actif immobilisé (immobilisations incorporelles, immobilisations corporelles, immobilisation financières) et l'actif circulant (stocks, créances, disponibilités). La colonnes "passif" comprend les capitaux propres (capital, réserves), les provisions pour risques et charges et les dettes (dettes financières, dettes commerciales, fiscales et sociales, dettes diverses).

Le bilan est toujours équilibré. En effet, chaque emploi doit être financé par une ressource d'un montant égal.

资产负债表词汇
Vocabulaire du bilan

名称　Désignation	办公费,行政费用　Frais d'administration
财务年度,会计年度　Année financière	管理费　Frais de gestion [de gérance]
年度,本年度　Année d'exercice, année courante	折旧费　Frais d'amortissement
上年度　Année précédente	亏损和盈利,损益　Pertes et profits
下年度　Année prochaine	净损　Perte nette, perte sèche
财政年度　Exercice financier	固定资产转让损失　Perte sur cession d'actifs immobilisés
会计年度　Exercice comptable	固定资产原值　Valeur originale d'actifs immobilisés
本财政年度,本年度　Exercice en cours	固定资产净值　Valeur nette d'actifs immobilisés
上年度　Exercice écoulé, exercice précédent	净资产值　Valeur nette du patrimoine
下年度　Exercice ultérieur	累计折旧　Amortissement cumulé
公司会计年度　Exercice social	资产和负债　Actif et passif
货币资金　Ressources monétaires	递延资产　Actif différé
货币资产,货币资金　Actif monétaire	无形资产　Actif immatériel, Actif incorporel

续上表

周转金　Fonds de roulement	可折旧固定资产　Actif immobilisé amortissable
短期投资　Investissements à court terme	资产总额　Total de l'actif
长期投资　Investissements à long terme	负债总额　Total du passif
应收账项　Comptes à recevoir	合计,总计　Total global,total général
本年度账　Comptes de l'exercice	支出总额,合计支出　Totalisation des dépenses
上年度账　Comptes de l'exercice écoulé	收入总额,合计收入　Totalisation des recettes
内部划账　Comptes de virements internes	全部支出　Totalité des dépenses
转期账项　Compte à report	全部收入　Totalité des recettes
明细账　Comptes matières	银行贷款　Prêt bancaire
法定提留　Réserve réglementaire	有条件贷款　Prêt à condition
折旧提留　Réserve d'amortissement	应付票据　Effet à payer
坏帐准备金　Réserve pour créances douteuses	应收票据　Effet à recevoir
折旧准备金　Réserve pour dépréciation	应付账款,应付账项　Comptes à payer
固定资本折旧提留　Réserve pour dépréciation du capital fixe	未付款(拒绝付款)　Défaut de paiement,faute de paiement
紧急备用金　Réserve pour éventualité	未付款(欠款)　Arriérés de paiement
意外备用金　Réserve pour imprévus	未付税款　Arriérés d'impôts
设备更新提留　Réserve pour renouvellement d'équipements	预收客户款　Avances et acomptes reçus des clients
合并提留　Réserve consolidé	可分配利润　Bénéfice distribuable
预付款　Avance,acompte,débours	已分配利润　Bénéfice distribué
应收出口退税　Détaxe à l'exportation à recevoir	上期转入(金额),上年度结转(金额)　Report antérieur
应收未收金额　Somme à recevoir	上年度转入金额　Report de l'exercice précédent
其他应收款　Autres sommes à recevoir	承前页(会计)　Report de la page précédente
存货　Stocks	年度结余转下年　Report de crédits à l'exercice suivant
待摊费用,应分摊费用　Frais à étaler	亏损展期　Report déficitaire
应收费用　Frais à recevoir	亏空展期　Report des déficits antérieurs
资产　Actif	收益展期　Report du résultat
净资产　Actif net	透支　Situation à découvert
固定资产　Actif fixe,actif immobilisé	损益表　Compte de résultat
可折旧固定资产　Actif immobilisé amortissable	附加税　Taxe additionnelle
无形资产　Actif incorporel,actif immatériel	增值税　Taxe à valeur ajoutée
有形资产,物质资产　Actif matériel	财源　Ressources financières
金融资产　Patrimoine financier	债权和负债　Créances et engagements
账面资金　Actif comptable	债务　Dettes
账项资产　Actif du bilan	金融债务　dette financière
流动资产　actif circulant	商业债务　dette commerciale
借方和贷方　débit et crédit	利润,赢利　Bénéfice

续上表

收入和支出　Recette et dépense	税后利润　Bénéfice après impôt
盈亏差额,收益,损益　Résultat	税前利润　Bénéfice avant impôt
贷款　Prêt,Crédit	亏损　perte
负债　Passif	损益,亏损和盈利　Pertes et profits
账面负债　Passif comptable	欠税,拖欠税款　dette fiscale
递延债务　Passif différé	社会保险债务　dette sociale
资产负债表右方(负债)　Passif du bilan	其他债务　dettes diverses
损益逆差　Passif du compte de résultat	债务报表　Etat de dettes
法定储备金　Réserves légales	债权人和债务人　Créancier et débiteur
坏账准备金　Réserve [provision] pour créances douteuses	流动资金　Fonds circulants, fonds liquides, liquidités de caisse, fonds disponibles, disponibilité de fonds
折旧准备金　Réserve pour dépréciation	股票　Action
固定资本折旧提留　Réserve pour dépréciation du capital fixe	支出分期备抵资金　Provision pour charges à répartir sur plusieurs exercices
自有资本　Capital propre	风险准备金　Provision pour risques
设备更新提留　Réserve pour renouvellement d'équipements	流动资产　Actif circulant, actif de roulement, biens circulants, actif liquide
税款提留　Réserve pour impôts	呆账备抵资金　Provision pour litige
紧急备用金　Réserve pour éventualités	可支配资产　Valeurs disponibles
意外备用金　Réserve pour imprévus	库存现金　Disponibilités en caisse
账目结余展期　Report du solde d'un compte	权益回报率　Rentabilité des capitaux propres
总金额转次页　Report d'un total à la page suivante	会计师　Expert-comptable
延期交割和调期交割,加权和除权　Report et déport	注册审计师　Expert-comptable agréé
财务状况　Situation de trésorerie, situation financière	审计员　Commissaire aux comptes
资产负债净值　Situation nette	查账员　Commissaire-vérificateur

附录 6. 商务书信的正文和客套语

法文商务书信由笺头、日期、收信人的地址名称、发文编号、事由、信首称谓、正文、客套语、签名、信末附言或附件等构成。

正文是书信的主体部分，撰写时既要考虑商务书信的行文格式和专门用语，又要注意文字简练、意思明确、合乎礼节这样三条原则。

一、正文

正文通常由开场白、说明的事情和结尾三部分组成。

1. 开场白。力求简短，开门见山。例如：

- Ayant apprit que vous fabriquiez des extincteurs, j'aimerais savoir si …
- Suite aux dernières discussions que vous avez eues avec Monsieur X, je vous pris de bien vouloir …
- Comme suite à l'entretien que vous avez bien voulu accorder à Monsieur X, nous avons l'honneur de …
- En réponse à votre lettre du …
- Pour faire suite à votre lettre du …
- Nous vous remercions de votre lettre du …
- Nous avons le plaisir de vous faire part de …
- Nous sommes heureux de vous informer [annoncer] …

2. 说明的事情。如果要说明的事情仅有简短的一项，可以在正文开头的一段里说明。例如：

- En réponse à votre lettre du 15 mars, je vous serais reconnaissant [obligé] de me faire savoir s'il vous est possible de nous expédier six générateurs au lieu de trois.

如果要说明的事情有几项而且性质不同，每件事情可以单独构成一段或者按顺序分列并冠以序号。例如：

- Voudriez-vous avoir l'amabilité de nous communiquer les renseignements suivants :

  (1) Puissance du moteur et ampérage. Nombre de tours à la minute.

  (2) Délai de livraison et mode paiement.

  (3) Conditions de paiement.

3. 结尾。在简短的书信里，客套语可以用作结尾。例如：

- En vous remerciant d'avance de votre amabilité, nous vous prions …
- Avec nos remerciements anticipés, nous vous présentons …
- Dans l'attente de votre réponse, nous vous prions …
- Nous vous serions reconnaissants de nous faire part de tous les renseignements que vous pourrez nous communiquer sur cette affaire, nous vous prions …

- Je vous souhaite bonne réception de ces documents et je vous prie …
- Dans l'attente de vos nouvelles et du plaisir de vous revoir à Beijing, je vous prie …
- Espérant une réponse favorable à cette invitation qui permettrait ouvrir des perspectives de collaboration entre nos deux pays, nous vous prions …

在比较复杂的书信里，结尾部分在客套语之前单独构成一段，常常用来概括理由、论据或观点，表明决定的事情或促使对方付诸行动。例如：

- Pour ces raisons, nous estimons que …
- A la lumière de ces faits, nous avons décidé de …
- Vous désirez certainement faire l'essai de ce nouvel appareil …
- Pour recevoir un échantillon, il vous suffit de …

二、客套语

客套语视写信人与收信人等级关系或私人关系程度的不同，在选词用句上亦有所差异。商务书信的客套用语虽然不像外交文书那样程式严格，但也有一些约定俗成的习惯用法。例如：

- Agréez, Monsieur, l'assurance de mes meilleurs sentiments.
- Je vous prie de croire, Cher Monsieur X, en l'expression de mes sentiments les meilleurs.

在下面的表格里，列出了写给不同收信人的信末客套用语的最后一部分，以供参考使用。

Agréez(ou recevez, ou croyez en)
Veuillez agréer
Je vous prie d'agréer

收信人	信末用语
商务关系	…mes salutations distinguées. … mes meilleures, mes sincères salutations. … l'expression ou l'assurance de mes sentiments dévoués. distingués. les meilleurs.
上级	… l'expression ou l'assurance de mon respectueux dévouement. de mes sentiments respectueux et dévoués. de ma haute considération. de ma considération la plus distinguée.
部长、使节、议员	… l'assurance de ma très haute considération. de mes sentiments les plus distingués.
教士	… l'expression ou l'hommage de mes sentiments très respectueux.
男士写给女士	…mes respectueuses salutations. … mes plus respectueux hommages. … l'hommage de mon respect.
女士写给男士或女士	… l'expression de mes sentiments distingués.
朋友	… l'assurance de mes sentiments amicaux [très cordiaux, les meilleurs]. de ma cordiale sympathie. Bien cordialement. Amicalement.

附录 7. 心理学与商务通信

通信联系的和谐关系在很大程度上取决于我们交往的态度，即使用的语言（语气和文笔等）。商务通信的目的在于是对方信服自己的观点。以为优秀的商业家，首先应该是一位精明的心理学家，即会考虑人的因素，会掌握人的心理。

要让对方信服自己的观点，并不是把自己的观点强加于人，只有让对方自己接受你的观点才能取得成功。归根结底，收信人对你通信的反应如何是你能否达到预期目的的关键。因此，在撰写书信时，必须把自己摆在收信人的位置上加以思考："如果我是收信人，我的反应是什么呢？"下面略谈通信中应该注意的几个问题。

1. "Nous"和 "Vous"的使用。

在通信中，如果我们只顾及自己的观点，不顾及堆放的利益，则会产生这样的弊病：

"Nous estimons, Nous savons, Nous vous enverrons, etc."

然而，对方所感兴趣的，往往不是你打算向他提供什么商品和服务，而是他从中可以获得什么利益和好处。如果你站在对方的位置上，势必会这样写：

"Vous conviendrez, Vous savez certainement, Vous recevrez, etc."

在一篇好的商务文章里，"Vous"和"Votre"往往要比"Nous"和"Notre"用得多。这样，对方会感到你是站在他的立场上讲话的。

2. 会要求。

当我们要求别人做什么时，也要置身于对方的位置上考虑。倘若别人这样对你讲，你会有何想法呢？

"Vous êtes prié d'arriver à l'heure."

"Aller me chercher le dossier."

要让对方产生积极的反应才能行之有效，越是强求就越难达到目的。如果这样说，对方就会觉得顺耳："Nous comptons sur vous pour arriver à l'heure."（不是命令，而是信任）。

"Voulez-vous m'apporter le dossier?"（不是强求，而是提问）。

3. 不要指责。

错误和缺点人皆有之，这并不是罪过，因此要避免指责。指责有损于人与人之间的和谐关系。倘若你调查不够，根据不足，别人也会反而指责你。所以，不要说这样的话：

"Vous avez tort." 或者 "Votre calcul est faux." 或者 "Vous ne savez pas répondre aux clients."

在对方有过失的情况下，如果你对他表示理解和关心，采取适当的形式提出来，不是对方感到难堪，就会取得较好的效果。因此，是否可以考虑这样讲：

"Voulez-vous m'expliquer votre point de vue ?"

"Nos chiffres ne concordent pas avec les vôtres."

"Ce client n'était pas facile à satisfaire ; peut-être auriez-vous dû lui proposer un autre article."

4. 善于拒绝。

同意别人的要求总是容易的。拒绝别人的要求,又要保持良好的关系就比较难。不能不加解释地断然拒绝了事,同样也要避免使用辛辣的语气、令人目瞪口呆的论据。相反,应该置身于对方的位置上摆事实讲道理,说明拒绝的理由。不要对一个谋职的人这样说:"Nous ne pouvons vous engager parce que vous n'êtes pas compétent",而是要向他说明le poste offert ne lui permettrait pas de faire valoir ses aptitudes, il est dans son intérêt de chercher un emploi qui lui conviendrait mieux.

5. 积极的态度。

比方说看两个人喝酒,看到瓶中酒越来越少,一个说:

"Elle est déjà à moitié vide."(已经空了一半了)。另一个说:

"Non, elle est encore à moitié pleine."(不,一半还满着呢)。

两个人所说的意思虽然相同,但态度却不同。前者的态度是消极的,后者的态度是积极的。如果这商务通信中,你这样给顾客写信:

"Nous ne pouvons vous livrer cet article qu'en deux couleurs: vert et rouge."(这种商品,我们给您提供红绿两种颜色)。那么顾客一定会想:怎么,只有两种颜色呀!(Deux couleurs seulement!)可是,如果你换一种方式,效果则不同了。

"Vous avez le choix entre deux couleurs."(有两种颜色供您选择)。你的态度是积极的,顾客的反应也同样是积极的。下面列举的例子就是应该避免的消极形式的错误:

La livraison ne fera que dans huit jours(一周以后才能交货)。

Le mauvais état de nos marchandises.(我们的货物状态不好)。

Vous n'êtes pas satisfait(您不满意)。

Nous ne pouvons faire mieux(我们不能做得更好了)。

Votre erreur(您的错误)。

下面是一个实际应用的例子。有位顾客给儿子买了一辆电动小火车玩具,买回家以后小火车不走了。于是乎写信给商店说这是"劣质商品",要求退货。如果你没有考虑到"用户至上,信誉第一"的格言,而认为这是顾客的操作错误导致的损坏,道理是他儿子太小,还不会摆弄电动火车,况且货物已经售出,商店一般不予退换。于是,你可能会不耐烦地采取与顾客一样的口吻复信说:

Madame,

Vous vous plaignez dans votre lettre de la mauvaise qualité du train que nous vous avons vendu, prétendant que c'est de la "camelote". Vous semblez oublier que ce train ne vous a coûté que ＄19,95: à ce prix, vous n'espériez tout de même pas obtenir un jouet de luxe ! si en plus vous avez laissé votre enfant jouer avec ce train comme si c'était un jeu de construction, vous devriez être assez intelligent pour savoir que …

这样的话,你使用了伤人的言语、令人气愤的讽刺和错误的论据,顾客自然会认为你的商店不负责任,不可信任,以后就避免去你那里购买东西了。如果你采用积极的态度,可能会这样写道:

Madame,

Noue vous remercions de nous avoir écrit au sujet du train électrique que vous avez acheté à votre fils. Nous nous efforçons toujours de donner satisfaction à notre clientèle et nous aimerions vous compter parmi les nombreuses personnes qui nous renouvellent régulièrement leur confiance.

Les jouets que nous vendons ont tous été essayés et mis entre les mains d'enfants avant d'être inscrits à notre catalogue. Vous pouvez donc être assurée qu'ils sont d'une qualité éprouvée, auel que soit leur prix. Mais vous savez certainement qu'un train électrique n'est pas un jouet ordinaire : son montage et son fonctionnement nécessitent souvent l'aide des parents. Votre mari sera certainement très heureux de "donner un coup de main" à son fils (la notice d'instructions se trouve dans la pochette en plastique fixée au couvercle de la boîte).

Si toutefois vous estimiez qu'un train d'une qualité supérieure conviendrait mieux à votre enfant, nous vous recommandons le modèle "Flèche d'or" qui est illustré à la page 1234 de notre catalogue.

Veuillez agréer, Madame, …

附录8. 阿尔及利亚工程有关的税费

1.	营业税	Impôt sur le chiffre d'affaire
2.	预提利润税	Impôt sur le bénéfice prélevé
3.	工资税	Impôt sur les salaires
4.	人员社会保险	Assurance corporelle & Sécurité sociale
5.	建筑行业特殊险	Assurance contre les risques particuliers du secteur de construction
6.	室外作业险	Assurance contre les risques des opérations extérieures
7.	国外人员入境办证费	Frais d'entrée en Algérie des travailleurs étrangers
8.	海运保险	Assurance transport maritime
9.	工地一切险	Tout risque sur chantier
10.	第三者民事责任险	Assurance contre la responsabilité civile à l'égard du tiers
11.	十年责任险	Responsabilité décennale
	(1)印花税 (2)关税 (3)增值税 (4)营业税 (5)个人所得税 (6)企业所得税 (7)雇员社会福利分摊	Droit de timbre Droit de douane TVA Impôt sur le chiffre d'affaire Impôt sur le revenu personnel Impôt sur le revenu de l'entreprise Répartition du bien-être social

附录9. 汉法建筑构造和装修词汇

Lexique chinois-français des éléments de construction, d'aménagement et de finition du bâtiment

1. 墙和有关构件

砌体:maçonnerie(*f.*)
砖砌体:maçonnerie de briques
石砌体:maçonnerie en pierres
合成砖砌体:maçonnerie en agglomérés(指不用普通黏土砖而用胶结压制不经窑烧的砖砌成)
砖块砌体:maçonnerie en parpaings(指墙的厚度是只用整块材料砌成的)
墙与隔墙:mur (*m.*)et cloison(*f.*),法文 mur 在习惯上指有一定厚度的墙(单砖 24 cm 左右以上),cloison 半单砖 12 cm左右以下)指较薄的隔断墙。但作围墙或外墙用时,不论厚度多少都称作 mur。很厚的墙如"城墙"称为 muraille(*f.*)
内墙:mur(*m.*)intérieur 或 mur de refend
外墙:mur(*m.*)extérieur 或 mur de façade
承重墙:mur(*m.*)porteur
非承重墙:mur(*m.*)non-porteur
山墙:mur(*m.*)de pignon
双层墙:mur(*m.*)à double paroi
防火墙:mur(*m.*)coupe feu
分隔墙:mur(*m.*)séparatif
围墙:mur (*m.*)de clôture
砖墙:mur (*m.*)en briques
干砌石墙:mur (*m.*)en pierres sèches
土坯墙:mur (*m.*)en pisé
综合墙:mur (*m.*)mixte
大型板材墙:
①élément (*m.*)de mur préfabriqué(板材墙预制件)
②panneau (*m.*)de mur en préfabrication lourde(大型预制墙板)
振动砖板墙:panneau (*m.*)préfabriqué vibré en briques
板筑墙:mur (*m.*)en béton banché
砌体墙:mur (*m.*)maçonné 或 mur en maçonnerie
填充墙:mur(*m.*) de remplissage
木框架填充墙:mur (*m.*)en pan de bois,简称:pan de bois
铁框架填充墙:mur(*m.*) en pan de fer,简称:pan de fer
挡土墙:mur de (*m.*)soutènemment
地沟墙:mur (*m.*)de caniveau
地龙墙,地垄墙:mur (*m.*)d'appui 或 murette (*f.*) d'appui
清水墙:mur (*m.*)en briques apparentes
一面抹灰墙:mur (*m.*) enduit sur une face
两面抹灰墙:mur (*m.*) enduit sur deux faces
女儿墙,压檐墙:parapet (*m.*) 较高,能挡人的;acrotère (*f.*) 较矮,不足以挡人的
窗槛墙:allège(*f.*)或 mur (*m.*) d'allège
窗间墙:trumeau (*m.*) 指两个窗之间的墙
小墙:①murette (*f.*) 指矮的、局部的、零星的墙,如"地龙墙"可称 murette d'appui ;"室内不砌到顶的砖墙"可称 murette en briques ;"墙角掩护管子的假柱"称作 murette d'habillage
②mur-bahut (*m.*),简称 bahut (*m.*)指室外矮墙,如花格围墙的底座
幕墙:mur (*m.*) rideau,是近代框架结构建筑物外墙的一种做法
一堵墙:un pan de mur,即"一面墙"
墙端(露明的):tête (*f.*)de mur
墙角:angle (*m.*)de mur
墙的错拐:décrochement (*m.*)de mur
墙棱(角):crête (*f.*)de mur
尖角:crête (*f.*) vive
抹角:arête chanfreinée
墙收分:fruit (*m.*)de mur
层间腰带,腰线:bandeau (*m.*)
勒脚:soubassement (*m.*)
墙压顶:①couronnement (*m.*)de mur,墙顶遮盖物的总称
②chapeau (*m.*) 或 chaperon (*m.*),"砖砌压顶"chaperon en briques,"石条压顶"chaperon en pierre,"混凝土压顶"chaperon en béton,"镀锌钢板压顶"chaperon en zinc 或 chaperon en tôle galvanisée
挑檐:corniche (*f.*)
挑砖(层):assise (*f.*)de briques en surplomb
牛腿(肘托):console (*f.*)
拱:arc (*m.*),"砖拱"arc en briques,"半圆拱"arc en plein cintre,"弧形拱"arc surbaissé

续上表

替力拱：arc (*m.*) de décharge

平拱：plate-bande (*f.*)，"砖平拱"plate-bande en briques，"石平拱"plate-bande en pierre

过梁：linteau (*m.*)

壁柱(半露柱)：pilastre (*m.*) 指贴在墙上的小柱垛，一般柱宽比突出度大

砖门柱：①pilastre (*m.*)en briques(半露砖柱)，一般围墙上大门两侧的独立砖柱或铁栅栏围墙上的砖柱均可叫 pilastre ②pylône (*m.*) 指围墙上大门两侧的大砖柱

扶壁，扶垛：contre-fort，contrefort (*m.*)指墙上凸出的、主要用来抵抗上部结构水平推力的垛子。

砖扶垛(墙垛)：contrefort en briques

礅子(墩子)：①dé (*m.*)矮的墩子；
②socle (*m.*) 较高的、顶上一般有花饰的墩子；
③piédestal (*m.*)柱下方礅

柱座：socle (*m.*) de poteau [de colonne]

砖柱：①poteau (*m.*)en briques
②pilier en briques (*m.*) 含有支柱的意思

立柱(隔墙中的直立龙骨)：montant (*m.*)，也可叫 poteau (*m.*)或 potelet *m.*(小立柱)

砖柱：poteau en briques

组合柱：poteau compose

门柱：poteau de porte，piédroit (*m.*)de porte

型钢立柱：montant (*m.*)en acier profile

圆钢立柱：montant en fer rond

框架立柱：montant de cadre

门窗挺子，窗洞柱：montant de baie

隔断：①cloisonnement(*m.*)或 cloisonnage (*m.*) 起分隔作用的一切板、壁、屏、障的总称，在建筑上习惯用于不到顶我的小隔断，例如"这个大房间中间有一个木板隔断墙"：un cloisonnement en planches se trouve au milieu de la grande pièce；"壁柜内隔断"：cloisonnement intérieur de placard
②cloison (*f.*) séparative 只能用于墙的隔断，例如"淋浴隔断"：cloison séparative(或 cloisonnement) des douches

隔墙：cloison (*f.*)

实心砖隔墙：cloison en briques pleines

空心砖隔墙：cloison en briques creuses

轻质隔墙：cloison légère

花格墙：cloison ajourée

玻璃隔墙：cloison vitrée

板条墙：cloison en pan de bois et lattis(pan de bois 是木骨架，lattis 是板条)

钢丝网隔墙：cloison avec treillis métallique cloué sur lattis

(木骨架)钢板网隔墙：cloison en pan de bois et métal déployé

立砖隔墙：cloison en briques posées de champ

活动隔墙：①cloison amovible
②cloison mobile
③cloison démontable

新旧砌体相接 liaisonnement (*m.*) entre maçonneries anciennes et nouvelles

抗震带：chaînage antisismique (*m.*)

腰箍，圈梁：chaînage (*m.*)général，如局部则称：chaînage

齿接：harpe (*f.*)或 harpage (*m.*)

(砌体内)配筋加固：renforcement (*m.*)par des armatures

每隔×皮砖：toutes les × assises de briques

墙砌法(砖及石块砌体的各种排列)：
appareillage (*m.*)或 appareil (*m.*)，例如"规律性砌法"：appareillage régulier，"非规律性砌法"：appareillage irrégulier，"虎皮墙砌法"：appareillage en opus incertum

砖墙砌法：appareil (*m.*)en briques

单砖墙：mur (*m.*)d'une brique

一砖半墙：mur d'une brique et demie

双砖墙：mur de 2 briques

全顶(满丁)砌法：appareil (*m.*) en briques boutisses 或 appareil en parpaings

一顺一丁(一条一顶、一顶一走)砌法：appareil anglais [à l'anglaise] 或 appareil gothique 或 appareil en boutisses et carreaux 或 appareil en boutisses et panneresses

顺丁分皮(满丁满条、一次重排)砌法：appareil français 或 appareil à assises alternées de boutisses et panneresses

三顺一丁(满丁满条、三次重排)砌法：appareil à 3 panneresses et une boutisse

五顺一丁(满丁满条、五次重排)砌法：appareil à 5 panneresses et une boutisse

勾缝：rejointoiement (*m.*)

平缝：joint (*m.*)plein

平凹缝：joint creux plat

斜缝：joint plat en biseau

V形平缝 ：joint à fleur triangulaire

V形凹缝 ：joint creux triangulaire

V形凸缝 ：joint saillant triangulaire

圆形平缝：joint à fleur arrondi

圆形凹缝，圆底凹缝：joint creux arrondi au fond

圆形凸缝：joint saillant rond

灰缝：joint (*m.*)

水平灰缝：joint horizontal

垂直灰缝：joint vertical

错缝：joint décalé

紧缝：joint serré

宽缝：joint large 或 gros joint

砖标号：marque (*f.*)de brique

砖强度：résistance (*f.*) à l'écrasement de la brique

砂浆标号：marque (*f.*)de mortier

砂浆强度：résistance (*f.*)(à l'écrasement) du mortier(kg / cm^2)

水泥标号：marque (*f.*)de ciment，classe (*f.*)de ciment

混凝土标号：dosage (*m.*)en ciment(国以每立方米混凝土中水泥用量来划分混凝土标号)

填塞物：bourrage (*m.*)

续上表

水泥砂浆填实:bourrage au mortier
混凝土卧实:bourrage au béton
填料:remplissage (*m.*)
填砖:remplissage en briques
填石棉水泥:remplissage de ciment et fibres d'amiante
灌浆(纯水泥浆):remplissage au coulis de ciment
砂浆堵严:calfeutrage (*m.*)au mortier
砂浆固定:scellement (*m.*)au mortier
防潮层:couche (*f.*)d'étanchéité
骨架:ossature (*f.*)
主龙骨:solive (*f.*)principale
次龙骨:solive (*f.*)secondaire
龙骨连接木:①entretoise (*f.*)或 étrésillon (*f.*),指楼板的木龙骨或其他水平木骨架系统内在小龙骨,或小梁之间为达到稳定作用增加整体刚度所支撑的横木。
②chevêtre (*f.*),指在木楼板或吊顶上为留孔而在两木龙骨之间所做的横木。
墙木骨架各部位名称(板条墙或其他轻质墙的木骨架所用木料依其部位各有名称):
-上槛:lisse (*f.*)
-斜撑:écharpe (*f.*) 或 décharge (*f.*)
-横木:traverse (*f.*)
-柱子:poteau (*m.*)
-直挺:montant (*m.*)
-段柱:tournisse (*f.*)
-角柱:poteau (*m.*)cornier
-下槛:sablière (*f.*)

2. 地面

地面,楼面:sol (*m.*),无论底层的表面还是楼层的表面都叫做"地面"。在设计图纸中为了便于区分两者的不同,常分为"地面"和"楼面"两个词,"地面":sol sur terre-plein(填土地面);"楼面":sol sur plancher(楼板上的地面)
室外地坪:niveau (*m.*)du sol extérieur
室内地坪:niveau (*m.*)du sol intérieur
地表面(完成面):sol (*m.*)fini
填土:remblai (*m.*) 或 terre-plein (*m.*)(T. P.)
素土夯实(地面):sol (*m.*)naturel damé
结合层:couche (*f.*)de liaisonnement 指较薄的(2~3 cm)铺装缸砖或水泥砖时用的砂浆垫层
混凝土垫层:forme (*f.*)en béton
水泥焦砟垫层:forme en béton de mâchefer
砂子垫层:forme en sable
面层:① revêtement (*m.*)du sol 地面面层的总称
②couche (*f.*) de surface(表面层)或 couche de finition(完成面层)
③dallage (*m.*) 或 carrelage (*m.*)(小块块料铺装的地面面层),常用在块料铺装的地面,前者用于较大的如石板、水磨石板等,后者用于较小的如缸砖、水泥砖等
④pavement (*m.*) 或 pavage (*m.*),面积比较小而厚的石料或预制块所铺装的面层,主要用于室外人行道等
水泥地面:sol (*m.*)en ciment
水泥砖地面:sol en carreaux de ciment
水磨石地面:sol en granite,现制或预制都可用此词
预制水磨石快地面:sol en dalles de granite
水磨石地面铜条分格:granito (*m.*)avec joints en bandes de cuivre
缸砖地面:sol (*m.*) en carreaux de terre cuite 或 sol en carreaux céramiques
瓷砖地面:sol en carreaux de grès cérame
马赛克地面:sol en mosaïque de grès cérame,用任何小块材料镶拼称为 mosaïque (*f.*)(镶拼用块料),而中文的"马赛克"一词是专指小瓷砖镶拼的,所以译成法文时必须注明 grès (*m.*) cérame(陶土,粗陶器)
斩假石地面(人造石地面):sol en simili-pierre
塑料地面:sol en plastique
木地板:parquet (*m.*) 或 parquet en bois
硬木地板:parquet en bois dur
松木地板:parquet en bois de sapin
拼花地板:parquet en panneaux 或 parquet mosaïque,几块小的先拼成整块的,然后再铺成地板面的
毛地板:voligeage (*m.*) ,与"屋顶望板"同词:plancher (*m.*)
刨光:raboté (*a.*),raboter (*v.*),rabotage (*m.*)
磨光:poncé (*a.*),ponçage (*m.*),poncer(*v.*)
打蜡:ciré (*a.*),cirage (*m.*),cirer(*v.*)
油地毡地面:revêtement (*m.*)en linoleum 或 revêtement du sol en linoleum 或 sol (*m.*) en linoléum
沥青地面(地沥青):sol (*m.*)asphalté
土地面:sol (*m.*) en terre battue
漂浮地面(隔音地板的一种做法):parquet sur lambourde flottante
橡胶地面:tapis de [en] caoutchouc
踢脚板:①plinthe (*f.*),一般高度 10~15 cm
②stylobate (*m.*),20 cm 上下高度
地板龙骨:lambourde (*f.*)
混凝土板上的木地板:①parquet posé sur lambourde(铺在搁栅上的木地板),是木地板铺装在混凝土板或混凝土楼板上带有木龙骨的一种做法,夹在木龙骨两侧的三角形状的沥青称为 auget (*m.*) 或 solin (*m.*)
②parquet posé sur bain de bitume 是木地板铺装在混凝土板或混凝土楼板上不带木龙骨而直接用沥青粘合的一种做法。
企口地板:parquet à lames assemblées par rainure et languette
压口地板:parquet à feuillures
条形地板:parquet à frise 或 parquet à l'anglaise
席纹地板:parquet en points de Hongrie(尖头人字纹);parquet à bâtons rompus(平头人字纹)
地面分格:quadrillage (*m.*) formé par les joints du sol
水泥地分格:répartition (*f.*) des joints du sol en ciment
地毯:①tapis (*m.*) 一般常用地毯
②moquette (*f.*)满铺在室内并钉牢在木地板上的地毯

续上表

脚擦(放在房门口的):tapis-brosse (*m.*)
泛水(地面):pente (*f.*)d'écoulement des eaux
地漏:siphon (*m.*)de sol
流水槽:rigole (*f.*)或 caniveau (*m.*)
槽坑:①fosse (*f.*),大而宽、足以进入操作的槽坑,比如汽车修理槽坑之类
②cavité (*f.*),形小、不足以进人的槽坑

3. 楼梯

楼梯:escalier (*m.*)
室外楼梯:escalier extérieur
室内楼梯:escalier intéricur
直上楼梯:escalier droit
两跑直上式楼梯(两跑间有休息板):escalier droit à deux volées avec palier intermédiaire
曲尺式双跑楼梯(有转角平台):escalier à deux volées en équerre avec palier d'angle
平行式双跑楼梯(有中间平台):escalier à deux volées en retour avec palier droit 或 escalier à rampes alternatives(平行式转弯楼梯)
平行式楼梯(带转弯踏步):escalier à deux quartiers tournants 亦称为"混合梯":escalier mixte
平行式楼梯如果是带楼梯井的,则在上列法文后面加 à noyau évidé 或 à vide central;如果是叠合栏板式的则加 à limons superposés
三折式楼梯:escalierà trois volées
三折式楼梯(有两个转角平台):escalier à trois volées avec deux paliers d'angle
合上双分式楼梯(有直平台):escalier à trois volées en retour avec palier droit
螺旋式楼梯(弧形楼梯):escalier tournan
旋转楼梯(螺旋形楼梯):escalier hélicoïdal
旋转楼梯(中间为立柱的):escalier à vis à noyau 或 escalier en colimaçon
旋转楼梯(中间为楼梯井的):escalier à vis sans noyau
半圆形旋转楼梯:escalier tournant semi-circulaire
带中间休息平台的半圆形旋转楼梯:escalier tournant semi-circulaire avec palier intermédiaire
楼梯间:cage (*f.*) d'escalier
楼梯平台:palier (*m.*)(d'escalier)
入口休息平台:palier d'arrivée
中间休息平台:①palier de repos
②palier d'angle(楼梯转角平台,拐角处休息板)
中间板,楼梯中间休息平台:palier intermédiaire
平台踏步:marche (*f.*)palière(楼梯最后一踏步)
楼梯起步:départ (*m.*)d'escalier 指每层楼梯起步部分,包括栏杆等在内
走行线:ligne (*f.*)de foulée
"上","下":montée (*f.*),descente (*f.*)(图上注字用)
楼梯空间高度(净高):échappée (*f.*)
楼梯踏步:marche (*f.*)指整个踏步也指踏步板
踏步板:dessus (*m.*)de marche
大理石踏步板:dessus (*m.*)de marche en marbre
水磨石踏步板:dessus de marche en granito
预制踏步板:dessus préfabriqué
扇形踏步:marche (*f.*)tournante 或 marche balancée
扇形踏步的配置:balancement (*m.*)des marches
悬挑踏步:marche (*f.*)en porte-à-faux
踢(脚)板:contremarche (*f.*)指踏步板下的垂直挡板
踏步凸边:nez (*m.*)de marche 指踏步板突出踢板外的部分
踏步高(起步):hauteur (*f.*)de marche
踏步宽:giron (*m.*),每个踏步的计算宽度不包括凸边
防滑条:baguette (*f.*)antidérapante
金刚砂防滑条:baguette au mortier de sable d'émeri
第一步踏步,踢脚拐弯部分:partie (*f.*) arrondie de la première marche
斜梁:poutre (*f.*) rampante 斜的梁,不限于楼梯间
楼梯斜梁,楼梯边梁:limon (*m.*) 支承楼梯踏步的梁,但楼梯边缘虽不起结构上支承作用的也可以用此词
明步楼梯边梁:limon (*m.*)à crémaillère 或 limon à l'anglaise
暗步楼梯边梁:limon (*m.*)à la française
中间梁:limon (*m.*) central
栏杆:①garde-corps(*m. inv.*),护栏,各种场合如桥、屋顶等边上,各种形式如墙、栅等,用以挡护的矮栏都可用此词,亦称 garde-fou (*m.*);
②rampe (*f.*)专用于楼梯或斜坡的栏杆;
③balustrade (*f.*)略加美化较为考究的栏杆
楼梯栏板(满板):balustrade pleine
(楼梯)扶手扶手:main (*f.*)courante
靠墙扶手:main courante scellée au mur
踢脚(板):plinthe (*f.*)
楼梯地毯:tapis (*m.*)d'escalier
楼梯地毯棍(杆):tringle (*f.*)de fixation de tapis 或 tringle de tapis d'escalier
楼梯顶棚:plafond (*m.*)sous escalier
爬梯,工作梯(检修用):échelle (*f.*)de service
铁爬梯:échelle (*f.*)en fer
有扶手铁梯:échelle (*f.*) meunière en fer,固定的梯子坡度较一般楼梯稍陡,踏步不是铁条而是铁板,有扶手的叫 échelle meunière
安全梯,抢险梯:échelle de secours
消防梯:échelle d'incendie
电梯:ascenseur (*m.*)
货梯:monte-charge (*m. inv.*)
电梯轨:guide d'ascenseur (*m.*)
电梯间,电梯厢:cabine (*f.*)d'ascenseur
钢丝绳:câble (*m.*)
机房:machinerie (*f.*)
滑轮:poulie (*f.*)

4. 门窗和附件

门:porte (*f.*),指门洞又指门

大门,正门:①porte d'entrée 或 porte principale
②portail (*m.*) principal 一般指建筑物较庄严的大门,包括周围的装修部分(门头),也指围墙上的大门

门扇,窗扇:① vantail (*m.*)
②battant (*m.*)

单扇门:porte à un vantail 或 porte à un battant

双扇门:porte à deux vantaux 或 porte à deux battants

双面弹簧门:porte va-et-vient

推拉门:porte coulissante

转门:porte tournante

折页门:porte accordéon(指折扇较多的门),或 porte pliante,(一般折页较少的门),如"三扇折页门" porte pliante à 3 panneaux

镶板门:porte à cadre et panneaux

夹板门:porte avec revêtement en contreplaqué

实拼板门:porte à frises assemblées

玻璃门:porte vitrée

铁丝网门,栅栏门:porte grillage

纱门:porte à moustiquaire

防火门:porte coupe-feu

防盗门:porte antivol

太平门:porte de secours

保温门:porte calorifugée

密闭门:porte étanche

覆有软垫的门,镶皮隔音门:porte matelassée(有软垫,作隔音用)

木门:porte en bois

金属门,铁门:porte métallique

木栅门:①porte à frises non-jointives 用于镶木板离缝的木栅门
②porte à barreaudage en bois 用于镶木棍或铁条的木栅门
③porte ajourée en bois 或 porte à claire-voie en bois 以上两种情况下通用

铁板门(大门):porte en tôle 或 portail en tôle

铁丝网门(大门):porte à panneaux grillagés 或 portail à panneaux grillages

熟铁大门:grille (*f.*)d'entrée(带栏杆的)

活动(铁)栅门:grille (*f.*) articulée 直条马眼铁拉门

卷帘铁栅:grille (*f.*) à enroulement 或 rideau (*m.*) métallique 或 rideau en fer 可网上卷起的铁花栅或铁片做成的帘,如商店橱窗常用的

手摇自动铁板门:rideau (*m.*)à lames plates superposes

车库门:porte (*f.*)de garage

保险门(加固防撬门):porte (*f.*) blindée

透空门:porte (*f.*) à claire-voie

小门:portillon (*m.*) 往往指矮围墙上的矮栅门和大门上的小套门

窗:①fenêtre (*f.*) 口语中普遍使用,意义较广泛,包括窗洞和窗都在内
②croisée (*f.*) 建筑业常用此词,意义较明确,指窗本身

窗扇:①ventail (*m.*) 或 battant (*m.*)
②chassis (*m.*),指窗扇,但某些窗如单扇窗、固定窗等,整个窗连框带扇都称作 chassis(此字广义为"框子")

单层窗:fenêtre (*f.*)simple 或 croisée (*f.*)simple

双层窗:fenêtre (*f.*)double 或 double-fenêtre(*f.*) 或 croisée (*f.*) double

吊拉窗:fenêtre (*f.*)à guillotine

推拉窗:fenêtre (*f.*)coulissante 或 fenêtre à châssis coulissant

上悬窗:fenêtre à châssis suspendu

下悬窗:fenêtre à soufflet

中悬翻窗(垂直):fenêtre pivotante 或 fenêtre à châssis pivotant

中悬翻窗(水平):fenêtre basculante 或 fenêtre à châssis basculant

折页窗:fenêtre pliante 或 fenêtre en accordion

外开窗:fenêtre ouvrant vers l'extérieur 或 fenêtre à l'anglaise

内开窗:fenêtre ouvrant vers l'intérieur 或 fenêtre à la française

落地长窗:porte-fenêtre (*f.*)

天窗:①lanterneau (*m.*)凸出于平屋顶或坡屋面上面的窗子
②verrière (*f.*) 屋面的一部分用玻璃做成

老虎窗:lucarne (*f.*) 坡屋顶上向旁凸出的窗子,一般是单独的或较小的

屋面窗:châssis (*m.*)(à) tabatière,与屋面平行的小窗

锯齿形屋顶天窗:châssis (*m.*)shed

固定窗(不能开的):châssis (*m.*)fixe,窗扇中的死扇也用此词,反之,"活扇"称:châssis ouvrant

通风窗:vasistas (*m.*) 或 châssis (*m.*)d'aération 指主要作用是通风的窗子,一般是较小的,不一定是玻璃的,也可能在一个窗子的上部

纱窗:châssis (*m.*)moustiquaire

"掩护窗"的总称:fermeture (*f.*),窗外做掩护用的板窗、百叶窗、金属活动栅栏等,也能用在门上

板窗:volet (*m.*) 木板或金属板窗,有时镂有漏空图案

百叶窗:persienne (*f.*)

活动百叶窗:persienne à lames adjustables

死百叶窗:persienne à lames fixes

玻璃(片)百叶窗:persienne à lames de verre

铁百叶窗:persienne à lames de fer

百叶板窗:volet (*m.*) roulant(卷帘式百叶窗),可以往上卷起的木片或金属片卷帘,这些片子可以离缝或合缝但不能转动,如果放下时还可以整块向外撑出的,叫做 volet avec projection à l'italienne

软百叶:jalousies (*f. pl.*)(多用复数),用带子串起的木片或金属片,常悬在窗的内侧作遮阳用

续上表

帆布遮阳篷：store (*m.*) en toile

窗亮子，楣窗：imposte (*f.*)

门窗的局部，构件和零件：Parties constitutives et accessoires des portes et fenêtres

(固定的)门窗框：bâti (*m.*) dormant 或 dormant (*m.*)

各种窗框及一般墙(不是隔断墙)内的木门框

(隔断上的)门框：huisserie (*f.*)，薄隔断墙上的门框(断面与墙厚相同的)，但钢门框不论在厚薄墙上一般不用 bâti dormant 而叫做 huisserie

钢门框：huisserie (*f.*) métallique

门槛：seuil (*m.*)或 pièce (*f.*) d'appui

木门槛：seuil en bois

铸铁门槛：pièce (*f.*) d'appui en fonte 或 seuil (*m.*) en fonte

(门窗) 边立挺：montant (*m.*) 门窗框边上的立柱

横挡：traverse (*f.*) 门窗框或门窗扇上各种横木的总称

上冒头：traverse (*f.*) haute

中挡，横楣：traverse (*f.*) d'imposte

中冒头：traverse (*f.*) intermédiaire

中立梃：meneau (*m.*) 门窗框的中柱，几个门窗间的小砖柱或混凝土柱也用此词

门心板：panneau (*m.*)

窗口防风槽：rainure (*f.*) de decompression

防风阴阳槽：noix (*m.*) et gueule-de-loup (*f.*)

窗格，窗心，窗棂：petit-bois (*m.*)

筒子板：chambranle (*m.*)，这个词一般指门窗四周的镶边，包括筒子板贴脸等都在内的全部装修，但有时也单指筒子板，有时也说 habillage (*m.*) de l'ébrasement 或 habillage (*m.*) des jouées

贴脸：couvre-joint (*m.*)，片形的贴脸，往往也用 chambranle (*m.*)或 moulure (*f.*)

压缝条：baguette (*f.*)

滴水槽：larmier (*m.*)

(门窗下端的)披水板：jet d'eau (*m.*)

流水孔：tube de buée (*m.*)

流水槽：rainure de buée (*f.*)

门(窗)洞：①baie (*f.*) de porte(fenêtre)

②baie libre(没装门、窗扇的) 洞口

门窗洞顶 (指过梁的下皮)：sous-face (*f.*) de linteau

(门、窗框外的) 边墙：①tableau (*m.*) 指窗外边墙

②ébrasement (*m.*) 指窗内边墙

注：在欧洲，习惯上窗洞大多是外洞口小，内洞口大，墙上有一铲口，窗框就放在铲口处，故窗边墙有内外之分

地下室气窗：soupirail (*m.*)

地下室窗的斜窗台：glacis (*m.*)

窗台(外面的)：appui de fenêtre (*m.*)

窗台板：tablette d'appui (*f.*)

窗口外 (或内) 的铁栅：barreaudage de fenêtre (*m.*)

窗口 (内或外的) 栏杆：garde-corps de la baie (*m.*)，如只有一、二根横条时，称作：barre (*f.*) d'appui

窗配件：garniture (*f.*) de la fenêtre 除窗上五金以外的附件，如窗帘等

窗帘：rideau (*m.*)

窗帘盒：coffre (*m.*) à rideau

窗帘棍：tringle (*f.*) à rideau

窗帘轨：rail (*m.*) à rideau

门窗五金：quincaillerie (*f.*)，锁、铰链等零件的总称，一般称作"小五金"

门窗铁件：ferrure (*f.*) 或 ferrage (*m.*)，金属的附件如铁脚、铁三角等，也包括小五金在内

挂锁：cadenas (*m.*)

门锁：serrure (*f.*)

锁舌：pêne (*m.*) 或 pêne dormant

活舌：pêne (*m.*) demi-tour，带有弹簧，由门执手控制，舌型作直角或弧形

死舌：pêne (*m.*) dormant 方形舌头，用钥匙转动来控制

活舌锁：serrure (*f.*) à bec de cane，只有执手及活舌，不能锁上的门锁

死锁，死舌锁：serrure (*f.*) à pêne dormant，只有钥匙孔而无执手的锁，一般用在大门上；普通门锁多数是活舌和死舌各一，总称作：serrure (*f.*)

明锁：serrure en appliqué

暗锁：serrure encastrée(镶嵌式暗锁) 或 serrure à larder(镶嵌在门挺内的暗锁)

钥匙：clé，clef(*f.*)

总钥匙，万能(百宝)钥匙：passe-partout (*m. inv.*) 可开启一所房屋内所有的门的钥匙

执手，把手(圆形)：bouton (*m.*)

双面圆执手：bouton double

横执手，横把手：béquille (*f.*)

双面横执手：béquille double

一面圆执手，一面横执手：béquille et bouton

拉手：①poignée (*f.*) 各种拉手或执手的总称，但主要指较小的，如弓背拉手之类的

②bâton (*m.*) de maréchal，较长的棍式拉手(垂直的)

推板：plaque (*f.*) poussoir 弹簧门上用的推手板。

脚踢板(清洁板)：plaque (*f.*) de propreté 金属的或木质的，钉在门的下冒头上，这个词也指门锁执手与钥匙孔处的那块金属板。

碰珠：va-et-vient (*m.*)

圆球碰珠：va-et-vient à pêne rond

三角舌碰珠：va-et-vient à pêne 32°

合页，铰链：charnière (*f.*)

抽心合页：charnière à dégonder

长脚合页：charnière renvoyée 或 charnière à renvoi

双袖(对袖)合页，套心合页：paumelle (*f.*) 可把门窗扇随时取下的一种套心式合页

长脚双袖合页：paumelle renvoyée

铁扁担：大都是按设计临时用熟铁打成的一种长形片袖合页，分两部分：钉在门扇上的"阴页"叫 penture (*f.*)，"阳页"叫 gond (*m.*)

单面弹簧合页：charnière (*f.*) à resort

双面弹簧合页：charnière à ressort pour va-et-vient

续上表

门轴:pivot (*m.*) 地龙,地弹簧:pivot à ressort pour va-et-vient 关门器(门弹簧):ferme-porte (*m.*),装在门上部,有缓关作用的自动关门器 定门器:fixe-porte (*m.*) 或 arrêt de porte (*m.*) 门碰头:butée (*f.*) de porte,heurtoir (*m.*) 或 arrêt (*m.*) de porte,装在门后地上或墙上的门碰头或金属卡子 插销:verrou (*m.*),普通圆棍式插销,无论大小、横直、明暗的总称 熟铁插销:verrou en fer(一般车库门上用) 套筒插销:verrou à douille 暗插销:verrou en feuillure(双扇门上用) 扁插销:targette pêne plat (*f.*),扁铁形的插销,一般都较小 弹簧插销:loqueteau à ressort (*m.*),俗称"飞机插销",一般用在高窗或亮子上 搭闩:loquet (*m.*),转动的铁片扣入铁钩内用以锁门,如火	车上用的"有人无人闩":loquet à voyant(转动型的),或 targette (*f.*) à voyant(插入型的) (门窗) 长插销,通长插销:crémone (*f.*),用在窗上的通长插销,转动中间的旋柄,上下同时插紧 暗藏长插销:crémone à feuillure 螺丝圈,螺丝钩:piton (*m.*) 螺丝圈,羊眼螺钉:piton à vis et àoeil 螺丝钩:piton à vis et à crochet 风钩:crochet (*m.*) à piton 销钉:goupille (*f.*) 开尾销,开口销:goupille fendue 铁三角:équerre (*f.*) droite 加强门窗转角处用的直角形铁片 丁字铁:équerre (*f.*) en T 加强门的中冒头用 铁角:patte (*f.*) à scellement 开尾铁脚:patte (*f.*) à bout fendu (合页的) 轴:goujon (*m.*) 瓜子链:chaînette (*f.*)

5. 屋顶

(1)概念

屋顶:以下四个词一般可以互相通用 1)toit (*m.*) 一般口语中用的较多。例如 :四世同堂 :quatre générations sous un même toit 2)toiture (*f.*)例如 :屋顶是指一座房屋的整个顶部,由屋面和支承结构两部分组成:La toiture est la partie supérieure d'un édifice ; elle est constituée par la couverture et son armature. 屋顶总是带一定坡度的:Les toitures ont toujours une certaine pente. 平屋顶有能上人和不能上人之分:Les toitures-terrasses sont accessibles ou non-accessibles 3)comble (*m.*) 一般专指坡顶,其含义大体有三个:①指坡屋顶的骨架部分。例如 :承重屋面的全部骨架叫做"comble" :On appelle comble l'ensemble de la charpente qui supporte la couverture. 设计坡屋顶骨架时要考虑到地震:La conception des combles doit tenir compte des secousses sismiques. ②指坡屋顶的空间。例如:他住在坡屋顶室内:Il loge dans [ou sous] les combles. 设计屋架时要考虑到屋顶层的居住房间:Dans la conception des fermes, il faut prévoir des locaux d'habitation dans les combles. ③指坡屋顶建筑的整个屋顶。例如:这个屋顶坡度太大:La pente de ce comble est excessive. 这座建筑的屋顶是两面坡:Le comble de cet édifice est à deux versants 4)couverture (*f.*) 主要指屋面,有时也可指整个屋顶。例如:	这个房屋的屋顶是钢屋架的:La couverture [ou la toiture] de cet édifice comporte une charpente en fer(在这句话里用 la toiture 更恰当). 而在类似拱顶,例如薄壳屋顶等屋面与屋架结合为一体的屋顶,只有用 couverture 更合适。例如:这座房屋的屋顶是钢筋混凝土的:La couverture de cet édifice est un voile en béton armé 屋面:couverture (*f.*) 指屋顶结构以上的覆盖部分。例如:平屋顶的屋面做法能上人和不能上人的不一样:Les modes de couverture des toits plats accessibles et non-accessibles sont différents. 45°的坡屋顶可采用几种不同的屋面:Un comble à 45° peut avoir plusieurs modes de couverture 屋架:①ferme (*f.*) 指桁架本身 ②charpente (*f.*) 坡屋顶结构:①comble (*m.*) ②charpente (*f.*) 指包括桁架、檩、椽子和各种支撑在内的全部屋顶结构。在这个意义下,这两个词相同。例如:木屋顶结构:charpente en bois de la toiture ;钢屋架结构:charpente métallique de la toiture. 也可泛指整幢房屋的骨架,比如木骨架、钢骨架等,但是钢筋混凝土骨架除外。例如:这幢建筑的骨架,包括柱、梁、楼板和屋顶的骨架都是木料的:L'ensemble de la charpente de ce bâtiment, y compris les poteaux, poutres, planches et combles, est en bois

(2)屋顶形式

平屋顶,平屋面:toit plat (*m.*)或 toiture-terrasse (*f.*)或 couverture en terrasse (*f.*),在图纸上常简写为 terrasse (*f.*)

坡屋顶:toiture inclinée (*f.*) 或 toit incliné (*m.*)。根据法国 D. T. U. (Documents techniques Unifiés)规定,屋顶坡度小于 3%称作"平屋顶"toiture plate ;坡度大于 8%的称作"坡屋顶"toiture inclinée ;坡度介于 3%～8%之间的,则称为"斜屋顶"toiture rampante

单坡屋顶:①toiture [ou toit] à un seul versant 或者 à une seule pente
②toiture [ou toit] en appentis,简称 appentis,指的是小型的、靠在其他墙上的单坡屋顶

双坡屋顶,两坡顶:toiture [ou toit] à 2 versants 或 à 2 pentes 或 à 2 longs-pans

四坡顶:①toiture [ou toit] en pavillon,四个斜脊汇集在一点,形成四个同等面积的坡面
②toiture [ou toit] à [ou avec] croupe,带有水平屋脊的四坡顶。croupe (*f.*) 指这种四坡顶两端三角形的小坡面,俗称"臀坡"

壳体屋顶,薄壳屋顶:couverture en voiles minces 或 couverture en coques,各种薄壳,如扁壳,筒壳,扭壳等的总称

拱式屋顶,拱形屋顶:couverture en voûtes,用石或砖砌成,混凝土灌注等为主体结构,所形成无论内部外部都是圆筒形

筒形屋顶:couverture [ou toit ou toiture] cintrée,内部有屋架支撑而形成半圆的外形。

圆形屋顶,球形屋顶(穹窿):①coupole (*f.*) 半球形的拱
②dôme (*m.*) 半球形屋顶

塔楼:tour (*f.*) 建筑物上部耸起的各种形式的塔上的尖顶部分称作 flèche (*f.*)

多面坡顶:toiture [ou toit ou comble] brisée,坡屋面折成不同新式的各种坡屋面的总称,例如"折腰屋顶或孟沙式屋顶或复折屋顶"(法国式屋顶):toit [ou toiture] à la Mansarde

锯齿形屋顶:toit [ou toiture] en sheds

(3)坡屋顶各部件

山墙:pignon,mur-pignon (*m.*)

大斜面:long-pan,versant (*m.*)

小斜面:croupe (*f.*) 长方形建筑四坡顶的顶端所形成的三角形小斜面

屋脊:faîtage (*m.*)

屋脊线:ligne de faîte (*f.*)

斜脊:arêtier (*m.*)

斜沟:noue (*f.*)

屋面边沿(边缘):指屋面的各个边沿。屋面下部(檐口)的屋面边沿称作"底边",因其用以排水故法文也称 rive d'égout 或 égout (*m.*)

屋脊交点:poinçon (*m.*),例如四坡顶的屋脊各端和两个斜脊的相交点

悬山:saillie du toit (*f.*),山墙上挑出的屋面部分

挑檐:avant-toit (*m.*)

老虎窗:lucarne (*f.*)

斜天窗:châssis (*m.*)(à)tabatière 或 tabatière (*f.*)

通风窗:chatière (*f.*)

通风百叶:grille (*f.*)de ventilation,山墙上的小气窗(篦子)

封檐板:planche (*f.*)de rive

水流坡度线:ligne (*f.*)de plus grande pente,一个坡屋面上的最大坡度线

天沟: gouttière (*f.*)或 chéneau (*m.*)

(4)坡屋顶细部

挂瓦条:liteau (*m.*),*latte* (*f.*),是任何部位所用小木条之泛称。liteau [latte] d'accrochage des tuiles

压条,顺水条:baquette (*f.*) [ou latte] de fixation

倾斜木条:chanlatte (*f.*),木条的一端成斜状或三角形状,如果木椽对开则称之为 chevron chanlatté(对开木椽)

望板:voligeage (*m.*) 密封望板:voligeage jointif

离缝望板:voligeage non-jointif;望板的每一块称 volige (*f.*)(望板的每一块"板条")

天沟:①gouttière (*f.*)指用金属皮做成的悬挂在檐头上的天沟,悬挂用的拖钩称 crochet (*m.*) de suspension,简称 croche
②chéneau (*m.*) 指在房屋挑檐上的天沟。木挑檐用金属皮镶嵌、钢筋混凝土挑檐用铺油毡的流水沟;在坡屋顶的两坡之间或一墙一坡之间的天沟称 chéneau encaissé.

(5)平屋面细部做法

平屋顶:toiture-terrasse (*f.*),toit-plat (*m.*)

平屋面:couverture en toiture-terrasse (*f.*)

上人平屋顶:toiture-terrasse (*f.*) accessible

不上人平屋顶:toiture-terrasse (*f.*) non-accessible

承重层(基层):support (*m.*),分为两种,一种是整体承重层 support monolithe,一般为现浇钢筋混凝土板或拱;另一种是装配承重层 support fractionné"分散式",包括预制钢筋混凝土板 dalle préfabriquée en B. A.,木构造板 plancher en bois 和钢构造 charpente métallique,等

隔气层:barrière de vapeur (*f.*),*pare-vapeur*

冷底子油层:couche d'imprégnation de bitume à froid,简称:couche d'imprégnation (*f.*)

保温层:couche d'isolation thermique, couche d'isolement thermique,简称 couche isolante (*f.*)

找平层:chape de surfaçage, chape de nivellement (*f.*), enduit de nivellement (*m.*)

垫层:forme (*f.*)

找坡层:forme de pente (*f.*)

油毛毡,沥青油毡:feutre bitumé [bitumineux] (*m.*) 或 chape souple bitumée (*f.*)

防水层:①étanchéité (*f.*) 防水部分的泛称

②couche étanche 或 couche d'étanchéité (*f.*)

③revêtement étanche 或 revêtement d'étanchéité (*m.*)

④chape étanche (*f.*) 或 complexe d'étanchéité (*m.*)

防水做法:mode (*m.*) de réalisation [d'exécution] de l'étanchéité

油毛毡屋面铺设方法:一般是一皮沥青胶合材料、一皮油毛毡逐皮叠铺粘贴在一起。我们通常称为七层做法(三毡四油)或五层做法(两毡三油)等,但是法国无此说法。不论多少层统称为"多层做法"procédé(s) multicouches。在冷底子油以上铺设第一皮油毡时,如果用热沥青胶合材料全面粘结的,称之为"结合式"système adhérent 或 système collé 如果是干铺不需要粘结的,称之为"脱离式"système indépendant。如果是局部粘结的,则称为"半脱离式"système semi-indépendant。沥青胶合材料一般用"热铺石油沥青"couche d'application à chaud d'enduit à base de bitume,简称 bitume coulé à chaud。还有"带有沥青的掺和料"enduit pâteux 和"火山灰水泥"ciment volcanique (*m.*)

屋面直接现制铺设沥青的方法,其主要材料是以天然沥青石为主要成分的"地沥青砂胶"mastic d'asphalte;在现场加热掺和纯沥青现制铺设的方法称为"流体沥青"或"液态地沥青" asphalte coulé (*m.*);如果掺和砂子现制铺设,则称为"砂地沥青"或"地沥青砂胶"asphalte coulé sablé.

铺设油毛毡屋顶与女儿墙或其他垂直墙面相接时,油毛毡或其他防水材料卷起贴在女儿墙或其他垂直墙面上有一定高度,这"防水层卷起部分"称作 relief (*m.*) de l'étanchéité 或 relevé(*m.*) d'étanchéité,简称:relevé。其"卷起的高度"称作 hauteur (*f.*) du relevé。随油毡或其他防水材料卷起砂浆保护层称作"泛水"solin (*m.*),对此保护层起盖板作用,而从垂直墙上挑出的部分也称 solin。如果卷起的油毛毡伸进女儿墙的凹槽内,此"凹槽"称为 engravure (*f.*),如在凹槽上面做铁皮泛水时,此"泛水"称为 bande(*f.*) de solin

保护层:protection (*f.*),或 couche de protection (*f.*), 另有一种事先贴在卷材上的保护层,称作 auto-protection (*f.*),以下各种材料的保护层全文都应写成:couche de protection par ou en…

铺贴薄层小石子:surfaçage (*m.*) minéral, granulat (*m.*) répandu,保护层平均厚度为 2 cm

铺贴薄层油砂小石子:granulat (*m.*) pré-enrobé

铺贴厚层小石子:granulat (*m.*) de protection lourde

小石子铺成 4 cm 厚的保护层

砂石保护层:couche de protection par [en] granulat sur couche de sable,一般为 3 cm 厚的小石子铺在 3 cm 厚的一层砂子上

大孔径混凝土:béton caverneux,3～4 cm 厚的大孔径混凝土(无砂混凝土)铺在 3 cm 厚的一层砂子上作为保护层

混凝土保护层:①couche de protection par dalles en béton de ciment coulées sur place. 现制混凝土约 3 cm 厚,分块

② couche de protection par dalles en béton de ciment préfabriquées,预制混凝土约 4 cm 厚,分块

架空预制混凝土板保护层:couche de protection par dalles préfabriquées en B. A. posées sur plots

水泥砖保护层:couche de protection par carreaux ciment(放在 2 cm 厚的干砂层上,用水泥砂浆砌)

陶土砖保护层:couche de protection par carreaux céramiques (放在 2 cm 厚的干砂层上,用水泥砂浆砌)

泛水:泛水是建筑上的一种防水工艺,通俗的说其实就是在墙与屋面,也就是在所有的需要防水处理的平立面相交处进行的防水处理,其构造要点及做法为:(1)将屋面的卷材继续铺至垂直墙面上,形成卷材防水,泛水高度不小于 250 mm;(2)在屋面与垂直女儿墙面的交接缝处,砂浆找平层应抹成圆弧形或 45°斜面,上刷卷材胶粘剂,使卷材胶粘密实,避免卷材架空或折断,并加铺一层卷材。(3)做好泛水上口的卷材收头固定,防止卷材在垂直墙面上下滑。一般做法是:在垂直墙中凿出通长的凹槽,将卷材收头压入凹槽内,用防水压条钉压后再用密封材料嵌填封严,外抹水泥砂浆保护。凹槽上部的墙体亦应做防水处理

①glacis (*m.*)(墙压顶等部位的流水坡)

②pente d'écoulement (*f.*)(例如阳台平台、平屋面在表面层所做的流水坡)

金属皮压顶:larmier (*m.*) 或 protection par garniture métallique。细部组成有:扁形折边 pince (*f.*),圆形折边 ourlet,直折角 pli (*m.*),大开口折角 biseau(*m.*),固定卡子 bande d'agrafe (*f.*)

滴水槽:larmier (*m.*) 或 goutte-d'eau (*f.*)

伸缩缝盖顶处理:arrangement (*m.*) 或 dispositif (*m.*) de recouvrement du joint de dilatation

续上表

压顶：chapeau (*m.*)或 chaperon (*m.*) 或 couronnement (*m.*)

预制压顶：chapeau (*m.*) *ou*chaperon (*m.*)préfabriqué [ou moulé]

软性隔绝层：isolant mou (*m.*)

盖缝保护片：couvre-joint (*m.*)de protection

软嵌缝绳：cordon souple (*m.*)或 cordon compressible

折式五金片：soufflet métallique (*m.*)

塑性嵌缝：joint plastique (*m.*)

粘性缝：joint pâteux (*m.*)

活动保护板：protection démontable (*f.*)

防水嵌缝：calfeutrage étanche (*m.*)

防水油膏：mastic étanche (*m.*)

排(雨)水：évacuation (*f.*) des eaux pluviales，简 évacuation (*f.*)

室内排水：évacuation (*f.*)intérieure，“收水口用平篦子集水器排水”称 évacuation par grille；“收水口用内斗集水器排水”称 évacuation par cuvette intérieure；如带有防护罩 crapaudine (*f.*)，则称“带防护罩集水器排水” évacuation par crapaudine

室外排水：évacuation (*f.*)extérieure

连接管：moignon (*m.*)，“圆形连接管”称 moignon cylindrique，“锥形连接管”称 moignon conique

天沟：chéneau (*m.*)，一般平屋顶的“挑檐”称为 corniche，如果此挑檐带有天沟称为：chéneau en corniche 或 chéneau-corniche

女儿墙：acrotère bas，简称 acrotère (*m.*)

平屋顶栏板：balustrade (*f.*)，或 parapet (*m.*)，或 garde-corps (*m.*)

(6)平屋面共同部件

屋面“穿出物”：pénétration (*f.*)，指从屋面穿出的烟囱、出入孔等构筑物之泛称，其四周的外墙称 costière (*f.*)(靠墙)

天窗：lanterneau (*m.*)或 lanternon (*m.*)

出顶烟囱：souche (*f.*)de cheminée (砖砌烟囱的出屋面部分) 或 souche de conduit de fumée.

烟囱帽：chapeau (*m.*)de cheminée 或 aspirateur statique (*m.*)；如果不是盖板式的，仅从烟囱顶部突出的小头则称为 mitron (*m.*)

出顶通风孔：souche (*f.*)des tuyaux de ventilation 或 souche des gaines de ventilation

出顶透气管：tuyau (*m.*)de ventilation secondaire

出人孔，检查孔：trappe (*f.*) de visite

泄水位置：point d'évacuation(des eaux)，泛指泄水位置，如具体指泄水口，则称 trou (*m.*) d'évacuation 或 trou d'écoulement

溢水口：déversoir (*m.*) 或 trop-plein (*m.*)

蓄水池泄水管 déversoir (*m.*)du réservoir

出水口或出水管：barbacane (*f.*) 或 gueulard (*m.*) 或 buse d'écoulement (*f.*) 指阳台、雨罩等所设置的小排水管，有时亦称 tube (*m.*) d'évacuation 或 déversoir (*m.*)

(雨水)落水管：tuyau de descente des eaux pluviales 简称 descente (*f.*) 或 descente E. P. 外管：descente extérieure；内管：descente intérieure；明管：descente apparente；暗管：descente encastrée 或 descente enrobée

卡子，卡箍：collier de fixation 简称 collier (*m.*)，卡子的泛称

卡箍，卡环：collier (*m.*)de serrage

双螺(栓)卡子：collier (*m.*) à deux boulons

带轴卡子：collier (*m.*) articulé

接头管，鹅颈形管接头：moignon (*m.*)

连接弯管，弯头：coude (*m.*)

出水弯头：dauphin (*m.*)

(天花板或地板上的)翻版活门，门洞：trappe (*f.*)

6. 细部部件和构件

洞，坑：trou (*m.*)，即穿通或不穿通的“窟窿”。除有专用词货习惯用词以外，不论是墙壁、地面或一般构件上的孔眼、洞、坑等均可返用此词。例如：“每 50 cm 一个螺栓孔”un trou de boulon tous les 50 cm；“在天花板上留一个进人孔”réserver en plafond un trou d'homme

洞口：ouverture (*f.*)例如：“这个墙上的洞口是为穿通管子用的”cette ouverture pratiquée dans le mur est destinée au passage des canalisations. “临时施工洞口”ouverture temporaire pour les travaux

洞口尺寸：dimensions (*f.*)des ouvertures

门窗洞口：baie (*f.*) 指为了安装门窗在墙壁上所开的洞口，例如：“门窗洞口尺寸”les dimensions de la baie，如果此洞口不安装门窗，称之为 baie libre(没装窗、门的洞)

孔洞：perforation (*f.*)或 trou (*m.*)，泛指“小孔洞”，也专指用工具钻出来的或冲压出来的各种形状的小孔洞。例如：“带孔板”plaque perforée；“铆钉孔洞”trou de rivet

壁龛，壁橱，壁洞：niche (*f.*)

槽洞：①niche (*f.*)，指在墙壁上所开的、而不穿通的洞口，例如：“在墙上开一槽洞为安装配电盘”ménager une niche dans le mur pour y loger un tableau de distribution électrique ②défoncement (*m.*) 指在墙壁凹进较小深度与范围的槽洞，

续上表

例如:"墙的一部分可凹进 2 cm 深"on peut faire un défoncement de 2 cm dan une partie du mur ③cavité (*f.*)或 alvéole (*f.*)较小的孔、穴、窝、隙、洞。例如:"板面上的孔洞都要堵平"Il faut boucher toutes les cavités de la planche."轻混凝土内部经常有许多空洞"Les bétons légers comportent souvent de nombreuses alvéoles 裂纹:fissure (*f.*) 或 fissuration (*f.*) 指木料上或墙面抹灰面上所出现的裂纹 裂缝:crevasse (*f.*)或 lézarde(*f.*) 一般比裂纹较宽,大和长,如果裂缝贯穿整体时则称为 fente (*f.*) 缝隙:fente (*f.*) 或 interstice (*m.*) 指因某种需要而预留的缝隙,例如:"两板之间留出 2 cm 宽的缝隙"une fente de 2 cm sera réservée entre les deux panneaux 工程缝(拉头):joint (*m.*) 指工程上的常用词,填充的或不填充的均可用 伸缩缝:joint (*m.*) dedilatation 沉降缝:joint (*m.*) de tassement 抗震缝:joint (*m.*) sismique 砖墙灰缝:joints (*m.*) d'un mur en briques 防水缝:joint (*m.*) étanche 槽(缺口):entaille (*f.*) 泛指木料或砌体等表面较短的、类此缺口的槽。较长的槽还有一些专有词,例如: 条形角槽:feuillure (*f.*) 条形凹槽:rainure (*f.*) 条形圆槽:①gorge (*f.*),②cannelure (*f.*)一般指成排的、装饰中的凹线,如古典柱子上常有的 凹槽: tranchée (*f.*) 墙或地面上不管什么形状的均可用,一般指预留的; saignée (*f.*),一般指后凿的 小缺口:encoche (*f.*),主要用于木料上的缺口;屋架下弦的齿槽叫 embrèvement (*m.*) 木砖:taquet (*m.*),指埋在墙里的小木块,一般小于一砖。木砖做成楔形的叫做"楔形木砖"taquet trapézoïdal;"预埋木砖" taquet préalablement encastré 木针:Cheville (*f.*)en bois 原意是木工接头用的"楔子",也可引用到为连接其他构件而塞到墙上的木针 垫木: ①cale(en bois) (*f.*),指各种形状的、起衬垫作用的小木块,主要用于施工过程中的临时衬垫 ②tasseau (*m.*),主要指铁皮屋面连接处的长木条,也可用于起"托着"作用的木条 木条:	①liteau (*m.*) 例如(屋面)挂瓦条(或 latte (*f.*)或 volige (*f.*)) ②tasseau (*m.*) 小托木 ③baquette (*f.*) 小木条,往往为弧形 ④tringle (*f.*) 泛指"棍"、"杆" ⑤latte (*f.*) 指板条墙的板条等 ⑥volige (*f.*)原意是望板的每一块"板条",有时也用在屋面上的扁形"挂瓦条" 压条:可在上面几个字后面加上 de fixation,例如 : liteau de fixation,baquette de fixation 托条:可在上面几个字后面加上 de support,例如:liteau de support,tasseau de support 铁脚:patte (*f.*) à scellement 为了与墙连接而在门窗框上所预留的扁铁 连接铁:fer (*m.*) de fixation 或 fer de liaisonnement 用于连接两部件的铁件 锚固铁件:fer (*m.*) d'ancrage 一般用于较大的而锚在混凝土砌件里的铁件 锚固螺栓:boulon (*m.*)d'ancrage 燕尾形尽端:bout (*m.*)à queue de carpe 转角式尽端:bout recourbé 劈开式尽端:bout fendu et fourchu 绑扎:ligature (*f.*),或 attache (*f.*) 扒钉:crampon (*m.*) 或 clameau (*m.*) 或 happe (*f.*) 固定:fixation (*f.*)(fixer *v.*) 用钉子、螺丝、焊接等方式固定时用此词 窝牢:scellement (*m.*)(sceller *v.*) 用砂浆固定到一砌体里使用此词 预埋件:pièce (*f.*)incorporée 或 élément (*m.*)noyé 预留钢筋:acier rond (*m.*) incorporé et laissé en attente,[以下词也表示钢筋:barre (*f.*)d'acier 或 fer (*m.*)à béton] 填空: ①remplissage (*m.*) 其用法比较概括,填、灌、塞都可用。例如"用小石子混凝土灌满" remplissage au béton de gravillon ②bourrage (*m.*) 有"填塞"、"挤进去"的意思。例如"用砂浆填塞缝隙" bourrage des interstices au mortier ③calfeutrage,calfeutrement (*m.*) 与②类似,但常用于要求更严密的填塞 ④garnissage (*m.*) 与①类似,但使用范围小些,主要用于起"补齐"作用的各种填空

7. 装修和设备

(1)墙面处理

墙面 :Parement (*m.*)du mur 凸出部分:partie (*f.*)saillante 凹进部分:partie (*f.*) rentrante	阳角(棱角,凸角,凸墙角):angle (*m.*)saillant 暗角(凹角,阴角,凹墙角):angle (*m.*) rentrant 圆角:arrondi (*m.*)

续上表

抹角:chanfrein (*m.*)

抱角:protection (*f.*)d'angle 棱角的保护,比如水泥抱角等

毛面:face (*f.*)brute,指"未加工处理的表面",或"结构面"

完成面:face (*f.*)finie

光面:face (*f.*)polie 或 face lisse

墙面装饰:décoration (*f.*)murale

装饰品:ornement (*m.*) 指装饰零件或部件,如"柱子的装饰"ornement du poteau

墙棱,墙角:arête de mur

线脚:baguette (*f.*) profilée 墙面突出嵌条,各种线脚

顶棚线脚:corniche (*f.*)(与室外的"屋檐"用同一个字),指室内墙面和顶棚连接处的各种线脚,如果此处只有一个小圆角,则称"gorge (*f.*) 顶棚线脚处的小圆角"

挂镜线:cimaise (*f.*) 木护墙的上部线脚也用此词

抹灰:enduit (*m.*),enduit intérieur 室内抹灰

enduit (*m.*)extérieur 室外抹灰

水泥砂浆抹面:enduit (*m.*) au mortier de ciment

石灰抹面:enduit (*m.*)en plâtre

底层灰(打底):enduit (*m.*)de fond,或 crépi(室外用) 底层灰(同 enduit hourdé)

罩面:couche (*f.*)de finissage 如果是"细石膏罩面"couche de finissage au plâtre fin

板条抹灰:enduit (*m.*) sur lattis

钢板网抹灰:enduit sur treillage en métal déployé

斩假石墙面:parement (*m.*) en simili-pierre

水刷石墙面:parement en mignonnette lavée

水泥拉毛墙面(喷出或甩出的):mouchetis (*m.*) 或 crépi (*m.*)moucheté 或 enduit tyrolien

水泥拉毛墙面(用木蟹压出的):enduit (*m.*) à parement grésé

水泥拉毛墙面(用刮刀或铁片刮出来的):enduit (*m.*) à parement raclé 水泥拉毛墙面

水泥拉毛墙面(用特制锤子砸出来的):enduit (*m.*) à parement bouchardé

墙面分格:①répartition (*f.*)des joints(接缝的分布)

②division (*f.*)du parement(墙的分格法)

表面凿平:face (*f.*)en taille pointée 用锤子凿,表面不很平整

表面剁平:face (*f.*)bouchardée 用斧子剁平,表面较细而平整

墙面层:① revêtement (*m.*) 或 revêtement mural 或 revêtement du mur,指一般的面层处理、贴面、抹面都可以用

②placage (*m.*) 用于大型片材的贴墙面(抹灰墙面不可用此词)

瓷砖贴面(浴室常用的光面瓷砖):revêtement en carreaux de faïence

贴面砖(室外瓷面砖):revêtement céramique 或 revêtement en carreaux céramiques

水磨石墙面:revêtement (*m.*)en granite

麻布墙面(护墙面):revêtement du mur en toile de jute 或 tenture (*f.*) en toile de jute

大理石贴面:placage (*m.*)en marbre

预制水磨石贴面:placage (*m.*) en dalles préfabriquées de granite

薄片石贴面:placage (*m.*)en pierre

(注:凡是用糊纸或布料等做的墙面均用 tenture)

镶石块墙面,石墙砌面:

parement en pierres maçonnées

砂浆打底:mortier (*m.*)de pose(用于贴面砖)

墙裙(台座):soubassement (*m.*)与室外"勒脚"同一个词。室内指墙的下部,例如:"到 1,50 m 高的墙裙":soubassement jusqu'à 1,50 m de hauteur

木护墙:lambris (*m.*)en bois

镶板护墙:lambris (*m.*)assemblé

胶合板拼缝护墙:lambris (*m.*) en panneaux jointifs de contreplaqué

盖缝条:couvre-joint (*m.*)

压条:baguette (*f.*)de fixation

(2)油漆粉刷

准备工作:travaux préparatoires

洗刷:lessivage (*m.*)(lessiver *v.*)

刷净:brossage (*m.*)(brosser *v.*)

堵塞:rebouchage (*m.*)(reboucher *v.*) 即把小孔隙堵平

刮平:égrenage (*m.*)(égrener *v.*) 即把小突起部分刮掉

磨光:ponçage (*m.*),(poncer *v.*) 例如"用砂纸磨光":poncer au papier de verre 用砂纸磨光

除锈:dérouillage (*m.*),(dérouiller *v.*)

除油:dégraissage (*m.*),(dégraisser *v.*)腻子刮平:aplanissage,aplanissement (*m.*)(aplanir *v.*) au mastic

上腻子,嵌油灰:masticage (*m.*),(mastiquer *v.*)

底层(油漆或粉刷的):couche (*f.*)d'impression

中间层:couche (*f.*)intermédiaire

罩面:couche (*f.*) de finition

粉刷:

①peinture (*f.*) 泛指油漆和粉刷,如不加其他形容词,一般指普通的粉刷。通常是加胶料,如果明确指加胶料的粉刷,可称为:peinture à la colle(带胶料粉刷) 或 peinture à la détrempe,简称:détrempe (*f.*)

②badigeon,与 peinture 相同,但多用于粗粉刷,例如"白灰浆粉刷":badigeon à la chaux

油漆(调和漆):peinture (*f.*)à l'huile 或 peinture au vernis (磁漆)

无光油漆:peinture (*f.*)à l'huile mate 简称:peinture mate

续上表

(à l'huile) 喷浆:①用一般喷浆器时称 peinture (*f.*)projetée au vaporisateur 或 au pulvérisateur ②用喷枪上漆时称 peinture au pistolet 清漆:vernis (*m.*)transparent 磁漆:peinture-émail (*f.*) 或 laque (*f.*)	乳胶漆,油浆:peinture-émulsion (*f.*) 银粉漆,铝粉漆:peinture (*f.*)à la poudre d'aluminium 银粉漆,锌粉油漆 peinture (*f.*)à la poudre de zinc 防锈漆:peinture (*f.*)antirouille 樟丹油,红丹漆:peinture (*f.*)au minium

(3)顶棚

天花板:plafond (*m.*) 指一般楼板底面或吊顶顶棚的底面 吊顶:①faux-plafond (*m.*) 多用于抹灰顶棚 ②plafond (*m.*)suspendu 多用于板材(如木丝板等)吊顶 ①和②能通用 透光吊顶:plafond (*m.*) suspendu transparent 板条吊顶:faux-plafond (*m.*)sur lattis en bois 钢板网吊顶:faux-plafond (*m.*)sur métal déployé	吊杆:suspente (*f.*) 吊顶龙骨:solivage (*m.*)de plafond 吊顶线,吊顶面层:face (*f.*) inférieure du plafond suspendu (指完成面) 进人孔 trémie (*f.*)(de service ou d'inspection) 或 trou (*m.*) d'homme

(4)室外部件

散水:Trottoir (*m.*) 与"人行道""便道"是同一个词。 花架:pergola (*f.*) 花坛,花圃:parterre(*m.*),parterre fleuri 花坛 草坪:parterre gazonné 台阶:perron (*m.*) 指整个台阶,包括平台、踏步等,例如"这个台阶有八个踏步":Ce perron comporte 8 marches 坡道:plan (*m.*)incliné 或 rampe (*f.*) 雨罩:auvent (*m.*) 或 marquise (*f.*) 凸出窗,凸肚窗:bow-window (*m.*)(英) 窗井:cour (*f.*) (或 courette (*f.*))anglaise,有时也叫 saut-de loup	地下室窗:soupirail(*m.*) 窗井栅:barreaudage (*m.*)de cour anglaise 或 grille (*f.*)de cour anglaise 窗前铁栅:barreaudage (*m.*)de fenêtre 擦脚篦子:racle-pieds (*m.*) 擦脚垫:essuie-pieds (*m.*) 镂空花格:claire-voie (*f.*) 铁栅:grille (*f.*) 铁花饰:ornement (*m.*)en fer

(5)卫生设备及配件

卫生设备:équipement (*m.*)sanitaire 卫生器材:appareil (*m.*)sanitaire 洗涤盆,洗涤池:évier (*m.*),timbre (*m.*)d'office 洗菜池:bac (*m.*)à laver les légumes 洗米池:bac (*m.*) à laver le riz 搁板:égouttoir (*m.*) 冲洗池(墩布池等):bac (*m.*)à rincer 或 bac de rinçage,简称:bac (*m.*) 工作台:paillasse (*f.*) 厨房或试验室内用水泥或瓷砖做的固定工作台,(洗碗槽旁的) 瓷砖台,瓷砖试验台,paillasse carrelée 瓷砖试验台 炉灶:cuisinière (*f.*),fourneau (*m.*)de cuisine(厨房炉灶),简称:fourneau (*m.*) 煤炉灶:cuisinière (*f.*)à charbon 煤气灶:cuisinière (*f.*)à gaz, 小型的称为:réchaud (*m.*) à gaz	电炉: cuisinière (*f.*) électrique, 小的称为: réchaud (*m.*)électrique 烤箱,电炉: four (*m.*),four électrique 热水器:chauffe-eau (*m.*),电热水器:chauffe-eau électrique,燃气热水器:chauffe-eau à gaz;浴室热水器:chauffe-bain (*m.*),电热水器: chauffe-bain électrique,燃气热水器: chauffe-bain à gaz 垃圾箱:poubelle (*f.*)或 caisse (*f.*)à ordures,或 boîte (*f.*) à ordures 垃圾道:vide-ordures (*m.*)或 descente (*f.*)d'ordures 污衣管道(医院的):chute (*f.*) de [pour] linge sale 通风道: gaine (*f.*) de ventilation 或 conduit (*m.*) de ventilation 或 conduit d'aération 通风管(通风口):bouche (*f.*)d'aération 或 bouche de ventilation 排气罩:hotte (*f.*)d'évacuation d'air 或 hotte d'évacuation

续上表

des gaz 送饭口:passe-plat (*m.*)(厨房与餐厅间的) 递菜小窗口 食品橱,食品柜,存菜柜:garde-manger(*m. inv.*) 冰箱:glacière (*f.*),frigo (*m.*) 电冰箱:frigidaire (*m.*),réfrigérateur(*m.*), 冷库:chambre froide (*f.*) 小便器:urinoir (*m.*),"立式小便斗":urinoir en stalle,"平面小便器,挂墙小便池":urinoir en applique,"小便槽":urinoir en auge 蹲式大便器:siège à la turque (*m.*),W. C à la turque 坐式大便器:WC à l'anglaise,或 cuvette (*f.*) à l'anglaise,或 cuvette de WC,简称:cuvette (*f.*) 下身盆:bidet (*m.*) 水箱:réservoir (*m.*)de chasse,"高(位)水箱":réservoir de chasse supérieur ;"低(位)水箱":réservoir de chasse bas	或réservoir adossé,"悬挂水箱":réservoir suspendu 手纸盒:boîte (*f.*)à papier hygiénique 简称:boîte à papier 洗脸盆,手盆:lavobo (*m.*),指一般挂式的,也可叫 lavabo en appliqué,较高级的、带立柱的脸盆叫 lavabo sur pied(立柱式洗脸盆),或 lavabo sur piédestal 洗脸槽,盥洗台:lavobo (*m.*) en auge 或 auge (*f.*)de toilette 浴盆:baignoire (*f.*)"磁浴盆":baignoire en grès "(铁胎)搪瓷浴盆":baignoire en fonte émaillée "一般浴盆":baignoire ordinaire "镶进浴盆,嵌入式浴盆":baignoire encastrée "坐式浴盆"baignoire assise 或 baignoire en fauteuil 淋浴:douche (*f.*) 淋浴喷头:pomme (*f.*)de douche 淋浴池:receveur (*m.*)de douche

(6)零星部件

脚踏板:caillebotis (*m.*) 指用木条钉成的木排 肥皂盒:porte-savon (*m.*) 毛巾杆:porte-serviette (*m.*) 挂衣钩:patère (*f.*) 衣帽架,衣帽钩:porte-manteau (*m.*) 挂衣棍:tringle pour porte-manteau (*f.*) 镜箱(卫生间或浴室的):armoire de toilette 镜子:miroir (*m.*),glace (*f.*) 暖气罩:cache-radiateur (*m.*) (玻璃)橱窗:vitrine (*f.*) 壁炉:cheminée (*f.*) 信箱:boîte (*f.*)aux lettres 黑板:tableau noir	讲台:estrade (*f.*) 柜台:comptoir (*m.*) 折叠床:lit (*m.*)escamotable 固定长椅子:banquette (*f.*) 书架:①rayonnages (*m.*),étagère (*f.*) ②casier (*m.*)à livres ③ bibliothèque (*f.*),"嵌入墙内的书柜":bibliothèque encastrée 柜子:①armoire (*f.*) 指存放衣服、食物和各种存物的橱、柜 ②buffet (*m.*)碗橱,餐具橱(柜) ③commode (*f.*) 五斗柜,带抽屉的衣柜 文件柜:classeur (*m.*) 办公桌:bureau (*m.*)

(7)照明和灯具

直接照明:éclairage (*m.*) direct 间接照明,反射照明:éclairage (*m.*)indirect 半反射照明:éclairage (*m.*) semi-direct 开关,电门:interrupteur (*m.*) 插销:prise (*f.*)de courant,"量孔插销":prise bipolaire "三孔插销":prise tripolaire 照明器材:appareil (*m.*) d'éclairage 灯:lampe (*f.*) 管形灯,灯管:lampe (*f.*)tubulaire,lampe-tube (*f.*) 白炽灯:lampe (*f.*)à incandescence 荧光灯:lampe (*f.*)fluorescente 霓虹灯:tube (*m.*)aunéon 灯具:luminaire (*m.*) 顶棚灯:plafonnier (*m.*) 泛指吊在或镶在顶棚内的灯 吊灯:plafonnier (*m.*)suspendu	吸顶灯:plafonnier (*m.*)appliqué 枝形吊灯:lustre (*m.*) 壁灯:applique (*f.*) 球形灯:globe (*m.*) 暗灯:lampe dissimulée (*f.*) 反光灯罩:réflecteur (*m.*)(de lampe),泛指向上或向下反射的灯罩 扩散灯罩,散光灯罩:diffuseur (*m.*) 泛指各种把灯泡包起来的灯罩,一般为乳白玻璃(verre opale)的 灯泡:ampoule (*f.*)(électrique) 投光灯,探照灯:projecteur (*m.*) 暗槽灯:gorge (*f.*)lumineuse 或 rampe (*f.*)lumineuse 防水灯:diffuseur (*m.*)étanche 或 lampe (*f.*)étanche,如是镶入墙或顶棚内的,则称:hublot (*m.*) étanche,如是非防水的即称:hublot (*m.*)

附录 10. 建筑构造和装修部分图解

Illustrations partie des éléments de construction, d'aménagement et de finition du bâtiment

1. 砌墙法(砖及石块砌体的各种排列):appareil lage(*m.*)或 appareil(*m*),如:规律性砌法 appareillage régulier;非规律性砌法 appareillage irrégulier;虎皮墙砌法 appareillage en opus incertum	顺丁分皮砌法,顺顶分皮砌法,满丁满条(一次重排)砌法,法国式砌合:appareil français, appareil à assises alternées de boutisses et panneresses
全顶砌法(满丁砌法):appareil en brique boutisses, appareil en parpaings	三顺一丁砌法,三顺一顶砌法,满丁满条(三次重排)砌法:appareil à trois panneresses et une boutisse
一顺一丁(一顺一顶,一条一丁,一丁一走)砌法:appareil anglais, appareil à l'anglaise, appareil gothique, appareil en boutisses et carreaux, appareil en boutisses et panneresses	五顺一丁砌法,五顺一顶砌法,满丁满条(五次重排)砌法:appareil à 5 panneresses et une boutisse

2. 勾缝　rejointoiement(*m.*)	V 形凹缝:joint creux triangulaire
平缝,齐平接缝,满缝(灰浆饱满的接缝):joint(*m.*)plein	V 形凸缝:joint saillant triangulaire
平凹缝:joint creux plat	圆形平缝:joint à fleur arrondi
斜缝,斜平接缝:joint plat en biseau, joint plat en glacis	圆形凹缝,圆底凹缝:joint creux arrondi au fond

续上表

V 形平缝：joint à fleur triangulaire

圆形凸缝：joint saillant rond

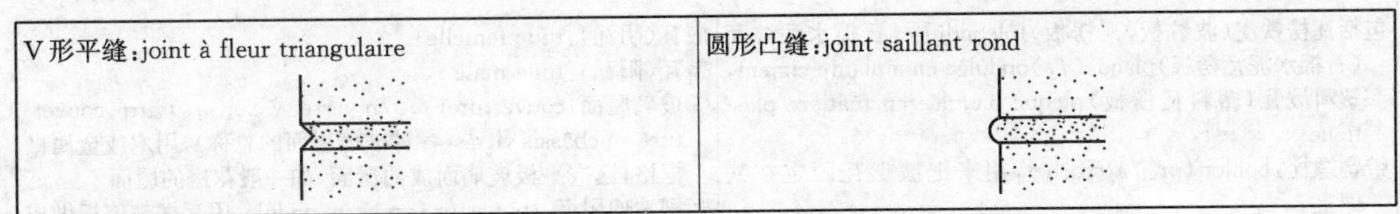

3. 龙骨连接木：(1)entretoise(*f.*)或 étrésillon(*m.*)，指楼板的木龙骨或其他水平木龙骨系统内在小龙骨或小梁之间，为达到稳定作用增加整体刚度所支撑的横木。

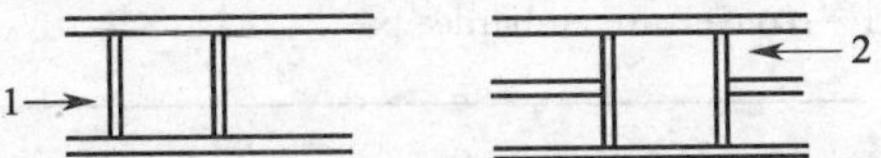

(2)chevêtre(*f.*)，指在木楼板或吊顶上为留孔而在两木龙骨之间所做的横木

4. 墙木骨架各部位名称：如板条墙或其他轻质墙的木骨架所用木料，依其部位各有名称，如下图：

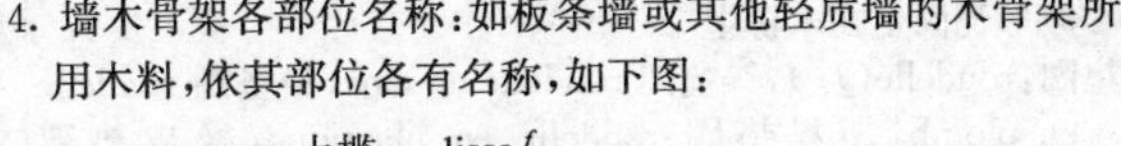

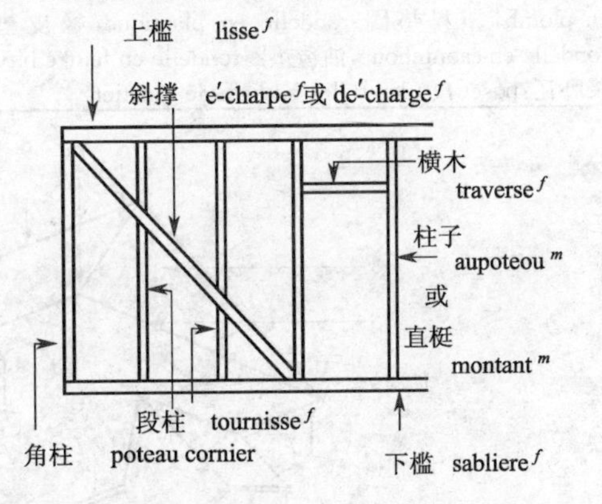

5. 屋面　couverture(*f.*)

① 平瓦屋面：couverture(*f.*)en tuiles à emboîtement. 平瓦：tuile(*f.*)à emboîtement 或 tuile mécanique，瓦面有流水槽，瓦边有搭接槽口。用黏土烧成的称陶瓦：tuile mécanique en terre cuite，简称 tuile mécanique。用水泥砂浆制成的瓦称水泥瓦 tuile mécanique en ciment

平瓦槽口搭接：emboîtement(*m.*)

-双槽口搭接：double emboîtement

-三槽口搭接：triple emboîtement

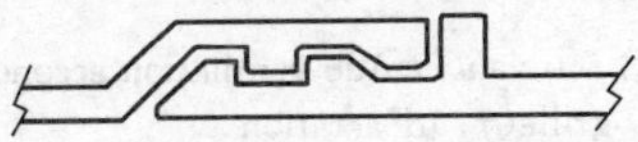

穿孔瓦：tuile à douille 专为安装通气管使用有孔洞的专制瓦

玻璃瓦：tuile de[en]verre

②平板瓦屋面：couverture(*f.*)en ardoises et éléments similaires. 平板瓦一般包括天然平板瓦，称为 ardoises(*f.*)，此种瓦有长形和方形之分。长方形的称　ardoises rectangulaires，方形的称　ardoises carrées

石棉平板瓦：plaques(*f.*)planes en amiante-ciment

瓦钉眼：trou(*m.*)

平铺法：pose(*f.*)en plan rectangulaire. 铺筑平板瓦搭接外的露明部分，其宽度称　pureau(*m.*)(图中的 *P*)，三层重叠部分的宽度称　recouvrement(*m.*)(图中的 *r*)

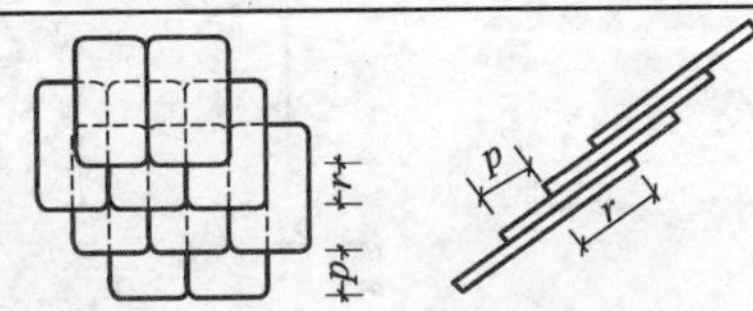

斜铺法(鱼鳞式铺法)：pose en diagonale

固定钩：crochet(*m.*)(　　)或 crochet-agrafe

()

③金属皮屋面：couverture(*f.*)en grandes plaques métalliques 或 couverture en feuilles métalliques. 金属皮一般包括铁皮 feuille d'acier galvanisé(即镀锌薄钢板，白铁皮)，铅皮 feuille(*f.*)de plomb，铜皮 feuille de cuivre，锌皮(锌片，锌板)feuille de zinc，铝皮 feuille d'aluminium

立式单折搭接：joint(*m.*)de bout à agrafure simple

立式双折搭接：joint de bout à agrafure double

卧式单折搭接：agrafure(*f.*)horizontale simple

卧式双折搭接：agrafure horizontale double

金属屋面阶梯：ressaut(*m.*)

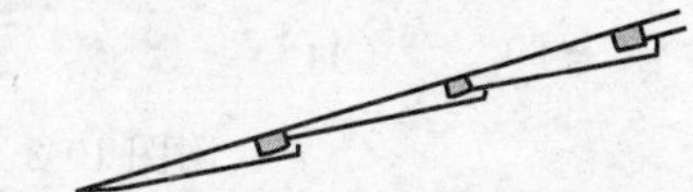

④波形瓦屋面：couverture(*f.*)en plaques ondulées，波形瓦一般

续上表

包括瓦楞铁皮(波纹板,瓦楞板)tôleondulée,石棉水泥波瓦(石棉水泥瓦楞板)plaque(*f.*)ondulée en amiante-ciment,塑料波瓦(塑料瓦楞板)plaque ondulée en matière plastique 带钩螺栓:boulon(*m.*)à crochet,用来把波形瓦固定在铁檩上 大型螺丝(方头木螺钉):tire-fond,tirefond(*m. inv.*)用来把波形瓦固定在木檩上 垫圈:rondelle(*f.*),锌垫圈 rondelle en zinc,铅垫圈 rondelle en plomb,塑料垫圈 rondelle en plastique,橡皮垫圈 rondelle en caoutchouc,油毡垫圈rondelle en feutre bitumé 砂浆卧瓦:pose(*f.*)des tuiles au bain de mortier	底瓦(阴瓦):tuile femelle 盖瓦(阳瓦):tuile male ⑤玻璃屋面:couverture(*f.*)en verre 或 ciel(*m.*)vitré;couverture en châssis vitrés(各种玻璃屋面的总称),用木或金属做框格,镶嵌平板玻璃而成的屋面,如一般花房的屋面 瓦楞玻璃屋面:couverture en verre ondulé,用瓦楞玻璃板做成的屋面 灰泥屋面:couverture en torchis,如灰泥顶,青灰顶,焦砟顶 木屋面:couverture en planches,用比较大块的木板而铺成的坡屋面。如果用小木片与小型平瓦片同样铺法做成的屋面,则称:couverture en bardeaux

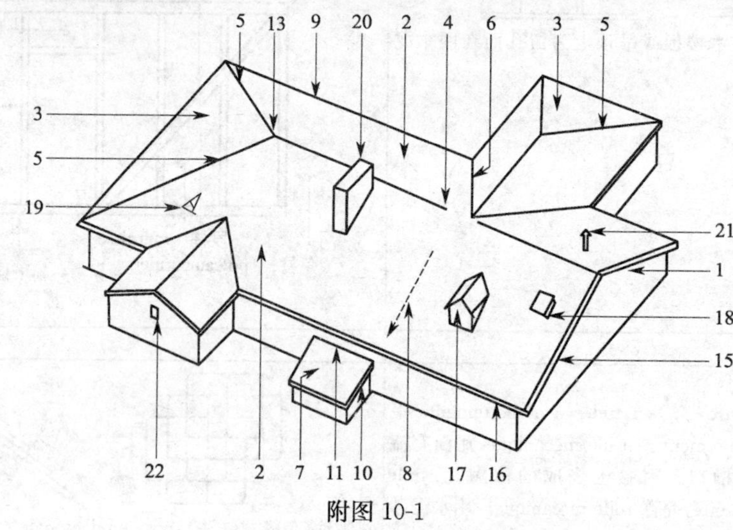

附图 10-1

1. 山墙 pignon(*m.*) 2. 大斜面 long-pan(*m.*),versant(*m.*) 3. 小斜面(四坡屋顶两端三角形的) croupe(*f.*) 4. 屋脊 faîtege(*m.*),ligne de faîte(*f.*) 5. 斜脊 arêtier(*m.*) 6. 斜沟 noue(*f.*) 7. 单坡屋顶 appentis(*m.*) 8. 最大坡度线 ligne(*f.*)de la plus grande pente 9. 底边沿线 rive(*f.*)d'égout,rive inférieure 10. 侧边沿 rive latérale,rive de pignon 11. 高边沿 (单坡屋顶的)rive de tête 12. 斜边沿 rive biaise(见下图)	13. 屋脊交点 poinçon(*m.*) 14. 小平顶 terrasson(*m.*)(见附图 10-1) 15. 悬山 saillie du toit(*f.*) 16. 挑檐(斜屋面的) avant-toit(*m.*) 17. 老虎窗 lucarne souche de cheminée 18. 平式老虎窗(斜天窗) tabatière(*f.*) 19. 通风窗(屋面通风孔) chatière(*f.*) 20. 出顶烟囱(砖砌烟囱的出屋面部分) souche de cheminée(*f.*) 21. 出顶透气管 tuyau(*m.*)de ventilation secondaire 22. 通风篦子 grille(*f.*)d'aération 23. 折线(复折屋顶上半部与复折屋顶下斜面的交线) ligne(*f.*)de bris

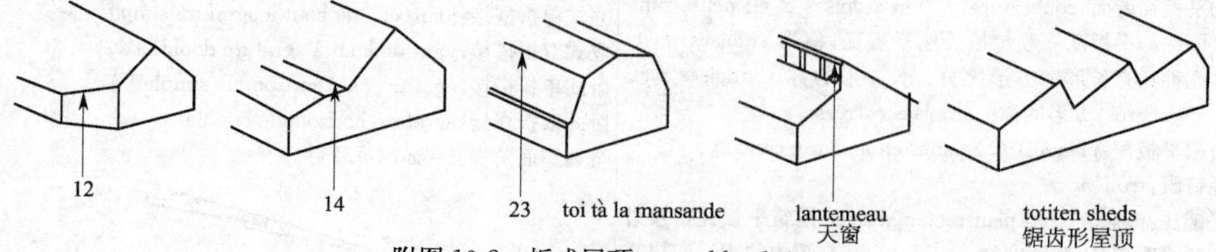

附图 10-2 折式屋顶 combles brisés

注:复折屋顶(折式屋顶):comble(*m.*)brisé,toit(*m.*)à la mansarde(即孟沙式屋顶)

脊檩
panne faîtière
上弦
arbalétrier
檩子
panne
椽子
chavron
檩托
échantignoue
箸椽
coyau
Panne
sablière
箸檩
中柱
Poincon
小立柱
jambetre
下弦
entrait
或tirant
小斜叉
contrefiche
斜撑
jambe de force
斜撑
aisselier

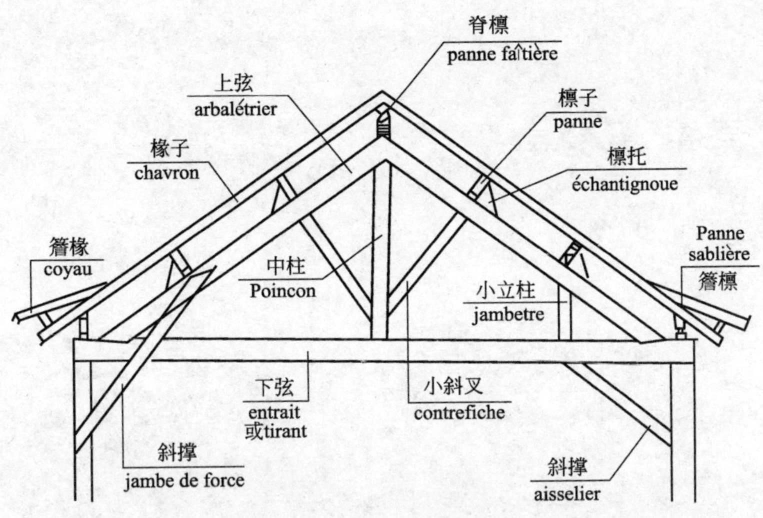

附图 10-3　三角屋架图